Wechselkurszielzonen

Europäische Hochschulschriften
Publications Universitaires Européennes
European University Studies

Reihe V
Volks- und Betriebswirtschaft

Série V Series V
Sciences économiques, gestion d'entreprise
Economics and Management

Bd./Vol. 2692

PETER LANG
Frankfurt am Main · Berlin · Bern · Bruxelles · New York · Oxford · Wien

Alexander M. Krüger

Wechselkurszielzonen

Implikationen der Theorie der Wechselkurszielzonen für die Währungspolitik und ihre Bedeutung für die Empirie

PETER LANG
Europäischer Verlag der Wissenschaften

Die Deutsche Bibliothek - CIP-Einheitsaufnahme

Krüger, Alexander M.:

Wechselkurszielzonen : Implikationen der Theorie der Wechselkurszielzonen für die Währungspolitik und ihre Bedeutung für die Empirie / Alexander M. Krüger. - Frankfurt am Main ; Berlin ; Bern ; Bruxelles ; New York ; Oxford ; Wien : Lang, 2000

(Europäische Hochschulschriften : Reihe 5, Volks- und Betriebswirtschaft ; Bd. 2692)

Zugl.: Bielefeld, Univ., Diss., 2000

ISBN 3-631-37041-5

Diese Arbeit wurde als Dissertation
unter dem Titel „Währungspolitische
Implikationen von Wechselkurszielzonen.
Eine theoretische und empirische Analyse"
im März 2000 an der Universität Bielefeld
eingereicht.

D 361

ISSN 0531-7339

ISBN 3-631-37041-5

Für meine Eltern

Vorwort

Die Idee der inhaltlichen Auseinandersetzung mit der Theorie der Wechselkurszielzonen hat ihren Ursprung in einer von mir an der Universität-GH-Essen im Hauptstudium besuchten Vorlesung von Herrn Prof. Dr. Wilhelm Kohler zur monetären Außenwirtschaft. Schon damals war mein Interesse an Wechselkurszielzonen sehr groß, wenngleich an die Überlegung, diesen Bereich einmal im Rahmen einer Dissertation zu vertiefen, mit Blick auf die damalige Prüfungssituation, überhaupt nicht zu denken war. Infolge der Aufnahme meiner wissenschaftlichen Tätigkeit an der Universität Bielefeld und der Suche nach einem Promotionsthema hatte ich zunächst die Vorstellung, über Instrumente der Währungspolitik zur Wechselkursstabilisierung zu schreiben. Als ich dazu, weil aus dem Studium schon bekannt, mit Wechselkurszielzonen begann, erschien mir unter Berücksichtigung der umfangreichen Literatur, daß ein eigenständiges Thema zu diesem Bereich nicht nur machbar, sondern vor allem auch viel mehr meinen Neigungen entsprechen würde. Von da an schrieb ich also über Wechselkurszielzonen. Die Tatsache, daß in der jüngeren Diskussion bezüglich der Ausgestaltung eines Währungssystems zwischen wichtigen Weltwährungen auch Wechselkurszielzonen sehr umfangreich thematisiert wurden, bestätigte meine Entscheidung vor dem Hintergrund der Aktualität.

Es ist keine neue Erkenntnis, daß persönlicher Wille, Fleiß und Engagement bisweilen nicht ausreichen, um letztlich einen erfolgreichen Abschluß zu erreichen. Zusätzlich ist ebenso ein Umfeld wichtig, von dem aus die notwendige Unterstützung für ein angestrebtes Ziel ausgeht. Insofern haben besonders folgende Menschen zum Erfolg dieser Arbeit beigetragen:

Meine Eltern, Ulrike und Dieter Krüger. Sie haben mir von Geburt an Voraussetzungen geboten, die sich jeder wünscht und mit denen das Erreichen meines Abschlusses vergleichsweise leicht fiel. Die jahrelange Geduld während der Anfänge meiner Schulzeit hat überdies dazu beigetragen, daß ich die wirklichen Anforderungen des Lebens rechtzeitig erkannt habe.

Meine Frau Patricia. Gerade sie hat meine schlechte Laune ertragen, wenn es mal nicht so lief, wie ich es mir vorstellte. Darüber hinaus hat sie mir, neben ihrem Beruf, ein häusliches Umfeld geschaffen, in dem ich stets verlorene Energie tanken und fehlende Begeisterung für mein Thema zurückgewinnen konnte. Ebenso haben mich meine Kinder, Julie und Dario, die beide während meiner Promotionszeit geboren wurden, immer gut von gelegentlichen Zweifeln abgelenkt und zu neuem Tatendrang animiert.

Meine Betreuer, Herr Prof. Dr. Werner Glastetter und Herr Prof. Dr. Michael Nelles. Herrn Prof. Dr. Glastetter danke ich vor allem dafür, daß er mir Gelegenheit zur Mitarbeit an seinem Lehrstuhl gab, mir ein interessantes Tätigkeitsfeld anbot und mir vorzügliche Arbeitsbedingungen gewährte. Herrn Prof. Dr. Nelles danke ich für seine Überzeugungskraft, die mich überhaupt erst zur Promotion veranlaßte, für seine Bereitschaft, als Zweitgutachter zu fungieren sowie für wertvolle Ratschläge, die mich schon während des Studiums begleiteten. Beide hatten stets ein offenes Ohr für meine Fragen und haben mich optimal betreut.

Ihnen allen danke ich herzlich!

Bielefeld, im August 2000 Alexander M. Krüger

Inhaltsverzeichnis

Abbildungsverzeichnis

Tabellenverzeichnis

Abkürzungsverzeichnis

Ausl.	Ausländische
APEC	Asia Pacific Economic Co-operation
bfr	Belgischer Franc
BIZ	Bank für Internationalen Zahlungsausgleich
bzw.	beziehungsweise
ca.	cirka
DIW	Deutsches Institut für Wirtschaftsforschung
d.h.	das heißt
dkr	Dänische Krone
DM	Deutsche Mark
Dr.	Griechische Drachme
ECU	European Currency Unit
EEA	Einheitliche Europäische Akte
EFWZ	Europäischer Fonds für Währungspolitische Zusammenarbeit
EG	Europäische Gemeinschaft
Esc	Portugiesischer Escudo
etc.	et cetera
EU	Europäische Union
EWS	Europäisches Währungssystem
EWU	Europäische Währungsunion
EWV	Europäischer Wechselkursverbund
EWWU	Europäische Wirtschafts- und Währungsunion
f.	folgende
ff.	fortfolgende
FF	Französischer Franc
f.o.b.	free on board (frei an Bord)
hfl	Holländischer Gulden
IMF	International Monetary Fund
IR£	Irisches Pfund
lfr	Luxemburgischer Franc
Lit	Italienische Lira
Mrd.	Milliarden
NAFTA	North American Free Trade Agreement
o.a.	oben angeführte(n)
OECD	Organization for Economic Cooperation and Development
o.g.	oben genannten
o.V.	ohne Verfasserangabe
PRI	Institutional Revolutionary Party
Pta	Spanische Peseta
S.	Seite(n)
s.o.	siehe oben
SVR	Sachverständigenrat zur Begutachtung der gesamtwirtschaftlichen Entwicklung
u.a.	unter anderem
US	United States
USA	United States of America
vgl.	vergleiche
v.H.	von Hundert
WE	Währungseinheit
WWU	Wirtschafts- und Währungsunion
z.B.	zum Beispiel
£	Pfund Sterling

KAPITEL I

Einleitung

Eine beachtenswerte Anzahl von Ökonomen vertritt in der Literatur die Ansicht, daß die Stabilisierung von nominalen Wechselkursen einem System flexibler Wechselkurse überlegen ist. Um den eigentlichen inhaltlichen Anspruch dieser Arbeit jedoch nicht bereits schon an dieser Stelle fehlzuinduzieren, wird im weiteren Verlauf nicht darauf abgestellt, ein Ergebnis in der zuvor beschriebenen Form abzuleiten und die grundsätzliche Überlegenheit der festen gegenüber den flexiblen Wechselkursen in den Vordergrund einer institutionellen Betrachtungsweise zu stellen.[1] Vielmehr ist beabsichtigt, ausgehend von einer Situation, in der die Wirtschaftspolitik einer Ökonomie von einem gesamtwirtschaftlichen Stabilitätsgedanken getragen wird, der Frage nachzugehen, inwieweit Wechselkurszielzonen als geeignetes Instrument der Währungspolitik herangezogen werden können, um eine anhaltende Stabilität von Wechselkursen zu bewirken. Dieses erfordert somit eine allgemein andersartige wechselkurspolitische Sicht, als sie im o.a. ersten Satz aufgeführt worden ist. Demnach fragen wir - mit einer Ausnahme - im weiteren nicht nach den einzelnen Vor- und Nachteilen alternativer Wechselkurssysteme, sondern berücksichtigen und untersuchen primär das direkte Stabilisierungspotential eines konkret ausgewählten währungspolitischen Instruments.[2]

---

[1] Die währungspolitische Möglichkeit der Devisenbewirtschaftung bzw. -kontrolle soll uns hierbei im weiteren nicht interessieren.

[2] Daneben existieren weitere alternative Möglichkeiten der Wechselkursstabilisierung, die im folgenden kurz genannt werden sollen. Diese betreffen (vgl. WAGNER [1995, S. 136 ff.] und WILLMS [1990, S. 334 ff.; 1992, S. 162 ff. und S. 172 ff.]) - zum ersten - den MCKINNON-Vorschlag einer international koordinierten Geldpolitik, die u.a. eine verstetigte Wachstumsrate der Weltgeldmenge

Begeben wir uns aber zunächst noch einmal auf die eingangs beschriebene Ebene, so ist grundsätzlich anzuerkennen, daß in der Realität immer wieder Anhänger einer bestimmten idealtypischen Richtung anzutreffen sind. Wenn z.B. in unserem Fall von den Vertretern für flexible Wechselkurse argumentiert wird, daß diese das Ergebnis eines freien Marktprozesses seien und durch das unbeeinflußte Zusammenspiel der Marktkräfte entstanden sind, so beinhaltet dieses Verständnis eine bestimmte Grundeinstellung gegenüber dem Wechselkursgeschehen. Danach wird der freie Markt per se als wünschenswerte Einrichtung angesehen, und die Resultate, die er hervorbringt, sind letztlich als effizient zu beurteilen. Für das im Titel dieser Arbeit angedeutete Vorhaben bedeutet dieses aber gleichzeitig, daß diese Sichtweise an dieser Stelle zur inhaltlichen Ablehnung der vorliegenden Analyse führt; denn die Befürworter flexibler Wechselkurse würden stabilitätspolitischen Bemühungen keinerlei Beachtung schenken, da sie mit interventionistischen Eingriffen - seitens des Staates oder der Zentralbank - in das freie Marktgeschehen verbunden sind. Insofern erfolgt ihre Abkehr aus systemorientierten Gründen.

Falls eine derartige Grundeinstellung nicht gegenwärtig ist, entsteht die Frage nach der subjektiven Einschätzung und inneren Überzeugung, welchem Wechselkurssystem im Zweifel der Vorzug zu geben ist; beide sind dabei anhand unterschiedlicher Merkmale durchaus hinreichend begründbar. In der Literatur findet sich daher eine Vielzahl von argumentativen Darstellungen, die für eine Prävalenz des einen und des anderen Wechselkurssystems votieren. Zur besseren Veranschaulichung und vollständigeren inhaltlichen Einordnung dieser Arbeit sollen sie im weiteren grob dargestellt werden, ohne dabei nun vom eingangs geäußerten eigentlichen Vorgehen abweichen zu wollen.[3] Dabei wird es offenkundig, daß die Vorteile des einen Systems gleichzeitig die Nachteile des anderen Systems bedeuten, und vice versa.

a) Die Vertreter flexibler Wechselkurse erwarten, daß flexible Wechselkurse insbesondere zur Erreichung der nachstehend aufgeführten Verhaltensweisen beitragen können. Dieses betrifft - zum ersten - den Umstand, daß Wechselkurse weniger durch de-

---

erreichen soll und daneben - zum zweiten - die von TOBIN angeregte Steuer auf internationale Finanzmarkttransaktionen, die insbesondere auf eine Einschränkung der Volatilität des kurzfristigen Kapitalverkehrs abzielt. Darüber hinaus verweist WILLMS [1992, S. 169 ff. und S. 174 ff.] - zum dritten - auf die Bedeutung einer Wirtschaftspolitik, die die Stabilisierung durch eine Koordination ex-ante ausgewählter Indikatoren anstrebt; ebenso besteht - zum vierten - die Möglichkeit der Einführung eines dualen Wechselkurses. Dieser sieht für Güter- und Dienstleistungstransaktionen einen festen Wechselkurs vor, wohingegen sich letzterer bei Kapitaltransaktionen flexibel bewegen soll. Dieses Szenario hat dann den Vorteil, eine Abspaltung des Güter- und des Dienstleistungsverkehrs von kurzfristigen Wechselkursvolatilitäten zu erreichen. (Vgl. auch KÖSTERS [1990] zu den Wohlfahrtsgewinnen einer international koordinierten Wirtschaftspolitik.)

3 Einen Überblick hinsichtlich der Vor- und Nachteile fester und flexibler Wechselkurse vermitteln z.B. NIEHANS [1984, S. 285 ff.], GLISMANN, HORN, NEHRING und VAUBEL [1986, S. 210 ff.], GENBERG [1989, S. 441 ff.], WAGNER [1991, S. 119 ff.], KOCH [1992, S. 384 f.], BURDA und WYPLOSZ [1994, S. 673 ff.], OBSTFELD und ROGOFF [1995, S. 76 f.], JARCHOW und RÜHMANN [1997, S. 201 ff.] sowie DIECKHEUER [1998, S. 426 ff.]. Die nachfolgend unter a) und b) benannte Beweisführung bezieht sich inhaltlich auf WILLMS [1992, S. 142 f. und 148 ff.].

stabilisierende Spekulationen, die mitunter überschießende Reaktionen hervorrufen können, geleitet werden, sondern daß sie sich vielmehr an der konkreten Entwicklung ausgewählter Fundamentaldaten orientieren. Oftmals werden hierzu von den Wirtschaftssubjekten die Inflationsrate, der Zinssatz und auch reale Größen herangezogen. Wenngleich dieses System durchaus beträchtliche Wechselkursvolatilitäten beherbergen kann, so vermeidet es die insgesamt als wesentlicher eingeschätzte Besonderheit, daß eventuell „falsche“ Wechselkursparitäten verteidigt werden, die den fundamentalen Verhältnissen nicht mehr entsprechen. Die damit verbundenen gesamtwirtschaftlichen Kosten (z.B. in der Form von ineffizienten Produktionsstrukturen) werden somit insgesamt höher bewertet als die durch die Wechselkursvolatilität verursachten Anpassungsprozesse. Des weiteren wird - zum zweiten - erwartet, daß sich infolge der gestiegenen Bedeutung der relativen Kaufkraftparität (vgl. dazu später ausführlicher) eine direkte Robustheit der nationalen Ökonomie gegenüber inflatorischen Prozessen im Ausland einstellt. Dieses wird damit begründet, daß ausländische Preissteigerungen aufgrund der perfekten Wechselkursflexibilität eine sofortige Aufwertung der heimischen Währung verursachen, die ihrerseits wieder für den Fortbestand der ursprünglichen relativen Kaufkraftverhältnisse sorgt; eine vom Ausland auf das Inland übertragene Inflation wird somit durch die Wechselkursreaktion verhindert. Dieser Anpassungsprozeß trägt - zum dritten - dazu bei, daß die Vorteile der internationalen Arbeitsteilung, infolge derer sich nicht selten umfangreiche Integrationsbestrebungen anschließen, durch die sinkende Bedeutung des nationalen Protektionismus in zunehmendem Maße genutzt werden können. Da ein Inflationsimport aus dem Ausland im allgemeinen nicht möglich ist, besteht auch nicht die Notwendigkeit, mit Hilfe korrigierender Maßnahmen (z.B. Ausfuhrzölle) einen etwaigen Nachfrageüberhang im Inland und den daraus resultierenden Preissteigerungsdruck entsprechend abzuwenden. Hierbei können zwar im Wege der Wechselkursreaktion kurzfristig Leistungsbilanzungleichgewichte entstehen, die jedoch infolge der erforderlichen Zinsanpassung wieder über die Kapitalbilanz ausgeglichen werden.

b) Entsprechend der wechselkurspolitischen Vorstellungen der Befürworter fester Wechselkurse werden vor allem die folgenden Gründe angeführt, die deren Stabilisierung - mit oder ohne Währungskooperation - als sinnvoll erscheinen lassen. Dabei wird - zum ersten - konstatiert, daß sich die Wechselkursbildung an der Entwicklung wichtiger Fundamentaldaten orientiert und gleichzeitig zusätzliche Parameter, die lediglich in einem festen Wechselkurssystem relevant werden (z.B. bilaterale Interventionsverpflichtungen), stabilisierend auf das gesamte Wechselkursgeschehen wirken. Es ist somit ein gewisser Druck bzw. Zwang enthalten, der bereits a priori eine andersartige Wechselkursbestimmung unterbinden soll. Im weiteren wird - zum zweiten - der Einwand erhoben, feste Wechselkurse tragen zur Vermeidung einer undisziplinierten Geldpolitik bei, wodurch destabilisierende Wechselkursvolatilitäten verhindert werden. Im Vergleich zu anderen der an einem festen Wechselkurssystem teilnehmenden Länder bedeutete eine zu expansive Geldpolitik eines Landes den Verlust von Devisenreserven, da wegen der Erhöhung der Einkommen mehr importiert und die Zinssenkung eine Kapitalumschichtung zugunsten ausländischer Assets bewirken würde. Da die Aufrechterhaltung eines solchen Zahlungsbilanzdefizits nicht unbegrenzt und allenfalls temporär möglich ist, sind die Teilnehmerländer untereinander gehalten, eine geldpolitische Koordinierung ihrer Aktivitäten vorzunehmen. Dieses führt oftmals dazu, daß sich ein Leitwährungsland herausbildet, an dessen stabilitätsorientierte Geldpolitik sich die anderen Länder anlehnen. Ein weiteres Merkmal fester Wechselkurse betrifft - zum dritten - den Umstand, daß eine nachteilige Beggar-My-Neighbour-Politik ausgeschlossen wird. Letztere versucht, infolge einer Abwertung der eigenen Währung einen Abbau der inländischen Arbeitslosigkeit durch eine Exportsteigerung zu erzielen. Da diese Art der internationalen Nachfrageumlenkung hin zu den heimischen Gütern mitunter zu Arbeitsmarktproblemen im Ausland führt, ist davon auszugehen, daß auch das Ausland seine Währung abwertet und möglicherweise ein genereller Abwertungswettlauf entsteht. Dieser birgt insofern (weltwirtschaftliche) Gefahren, als er bei einer daraus resultierenden Verschärfung protektionistischer Maßnahmen die möglichen Vorteile der internationalen Arbeitsteilung erheblich einschränkt und für alle daran beteiligten Länder entsprechende (Wohlfahrts-)Nachteile mit sich bringt. Ein letztes Argument hebt schließlich - zum vierten - die sinkende Bedeutung von Kurssicherungskosten hervor. Letztere sollen die Marktteilnehmer im internationalen Handel davor schützen, aufgrund unerwarteter Wechselkursänderungen Umsatzeinbußen hinnehmen zu müssen. Die Verringerung dieser Kosten, denen zunächst keine wirtschaftliche Gegenleistung gegenübersteht, könnte überdies einen effizienten und zielgerichteteren Einsatz der aufzuwendenden Mittel bewirken.[4]

Entsprechend der dargestellten Ansprüche hat es im Verlauf des 20. Jahrhunderts unterschiedliche Erfahrungen mit beiden Wechselkurssystemen gegeben. Dieses betrifft insbesondere den Goldstandard (1871 bis 1914), das Bretton-Woods-Abkommen (1944 bis 1973), eine Phase teilweise flexibler Wechselkurse (1971 bis 1979), den EWV (1972 bis 1978) sowie das EWS (1979 bis 1998); aus inhaltlichen Gründen soll hier aber im weiteren nicht ausgelotet werden, welche konkreten Tatbestände den jeweiligen Systemen funktionale Schwierigkeiten bereiteten. Wichtig ist an dieser Stelle vielmehr, die unterschiedliche Begründbarkeit fester und flexibler Wechselkurse aufzunehmen und darüber hinaus zu erkennen, daß im Rahmen eines festen Wechselkurssystems gleichenteils auch anpassungsfähige Wechselkurse bestehen können. Letztere sind dabei zwar grundsätzlich fest, können aber in einem zuvor definierten Umfang um einen bestimmten als gleichgewichtig erachteten Wechselkurs schwanken; sie besitzen daher eine gewisse Elastizität. Dieses mögliche Szenario führt nunmehr direkt zu den in dieser Arbeit betrachteten Wechselkurszielzonen, wenngleich zum jetzigen Zeitpunkt noch keine Einordnung dahingehend vorgenommen werden soll, worin die zusätzlichen Vor- und Nachteile anpassungsfähiger Wechselkurse gegenüber vollständig festen Wechselkursen auszumachen sind; gleichwohl gelten die oben angeführten Argumente für feste Wechselkurse analog auch für die Institutionalisierung eines anpassungsfähigen, aber grundsätzlich festen Wechselkurssystems.

---

[4] Dieses Argument wird häufig auch - zusammen mit anderen - zur Rechtfertigung der Errichtung der EWWU angeführt.

Unabhängig davon, welche der voranstehenden Begründungen im Einzelfall den Vorzug erhält, ist nun ein weiterer inhaltlicher Scheidepunkt zu identifizieren. Infolge der dargelegten Auflistung der Vor- und Nachteile fester und flexibler Wechselkurse mag es nunmehr weiterhin Anhänger geben, die sich für eine insgesamte Überlegenheit flexibler Wechselkurse aussprechen. Dieses führt dann aber konsequenterweise wieder dazu, daß für sie das mit dieser Arbeit intendierte Ziel der Wechselkursstabilisierung mit Hilfe von Wechselkurszielzonen keine oder allenfalls eine untergeordnete Rolle einnimmt. Insofern wäre für sie der inhaltliche Fortgang dieser Arbeit an dieser Stelle ebenfalls wieder nicht begründbar.

Wir sehen somit, daß mitunter nachdrückliche Schwierigkeiten eine aufmerksame Haltung gegenüber der inhaltlichen Ausrichtung der vorliegenden Arbeit verhindern können. Wenngleich letztere bei den Vertretern für feste Wechselkurse ohne weiteres in deren konzeptionelle Vorstellungen zu integrieren ist, so erfährt sie jedoch unter gewissen Umständen auch für die wechselkurspolitische Gegenseite eine gesteigerte Bedeutung: Sollten die Anhänger flexibler Wechselkurse je dahingehend argumentieren, daß feste Wechselkurse nur deswegen nicht anzustreben sind, da der Währungspolitik keine geeigneten Möglichkeiten zur Verfügung stehen, diese auch tatsächlich zu erreichen, so sind sie geradezu automatisch mit der inhaltlichen Auseinandersetzung dieser Arbeit aufgefordert. Ungeachtet dessen, daß mit der Thematisierung von Wechselkurszielzonen nur ein stabilitätspolitisches Instrument ausführlich aufgegriffen ist, wird sich zeigen, daß Wechselkurse diesen Transfer unter bestimmten Voraussetzungen durchaus leisten können, sofern auf der administrativen Ebene der (währungs-)politische Wille dazu vorhanden ist.

Die Einführung von Zielzonen zur Stabilisierung von Wechselkursen besitzt in der heutigen Währungspolitik eine insgesamt hohe praktische Relevanz; hierbei sind jedoch die unterschiedlichsten Ausprägungen denkbar. Ausgehend von der Vorstellung, daß verschiedene Länder übereinkommen, ihre Währungen innerhalb symmetrischer (oder asymmetrischer) Bandbreiten mit bilateralen Interventionsverpflichtungen zu stabilisieren,[5] wie es z.B. im EWS typischerweise anzutreffen war, ist das wechselkurspolitische Agieren innerhalb eines Crawling-Peg-Systems ebenso möglich. Dabei handelt es sich um ein einseitiges Verfahren, mit Hilfe dessen sich ein Land an die stabilitätspolitische Ausrichtung eines anderen Landes oder mehrerer anderer Länder bindet.[6] Im

5 Die wechselkurspolitische Verpflichtung zu bilateralen Interventionen ergibt sich in einem Zielzonensystem insbesondere in folgenden Situationen (vgl. dazu später noch ausführlicher): Steigt (sinkt) z.B. der FF/DM-Wechselkurs an das obere (untere) Zielzonenende - was einer Abwertung (Aufwertung) des Francs und einer Aufwertung (Abwertung) der Mark entspricht -, so ist zur Aufrechterhaltung der bestehenden Bandbreite einerseits die französische Zentralbank zu einer restriktiven (expansiven) inländischen Geldpolitik gehalten, während andererseits die Deutsche Bundesbank gleichzeitig einen expansiven (restriktiven) Kurs in der Ausgestaltung ihrer Geldpolitik verfolgen muß. Mit anderen Worten: Während die französische Zentralbank im Interventionsfall französische Francs an den Devisenmärkten kauft, muß die Deutsche Bundesbank dort im Gegenzug Deutsche Mark anbieten, und umgekehrt.

6 Die Interventionsverpflichtung ist dabei ebenfalls nur einseitig gegeben. Eine offizielle Zusammenarbeit bzw. eine Kooperation mit den Zentralbanken anderer Staaten besteht hierbei nicht.

Unterschied zu den bilateralen Wechselkurszielzonen verändern sich hierbei jedoch - aus Gründen der realen Wechselkursentwicklung heraus - kontinuierlich entweder eine der Zielzonengrenzen (mitunter auch beide) und/oder die Wechselkursparität; dieses kann sich - wie noch gezeigt wird - an unterschiedlichsten (ökonomischen) Merkmalen orientieren. Diese Art der Ausgestaltung von Wechselkurszielzonen ist sowohl in lateinamerikanischen als auch in asiatischen und osteuropäischen Ländern häufig anzutreffen.[7]

Mit Blick auf die konkrete Ausgestaltung einer Zielzone für den nominalen Wechselkurs wollen wir nunmehr in den Abbildungen 1 bis 3 anhand einer *willkürlichen* Auswahl von Währungen *beispielhaft* illustrieren, wie sich diese z.B. im EWS für die Zeit von März 1979 bis Ende 1998 für den französischen Franc, den holländischen Gulden und die italienische Lira in bezug zur Deutschen Mark dargestellt haben.[8,9]

Abbildung 1

Der nominale FF/DM-Wechselkurs von 1979 bis 1998

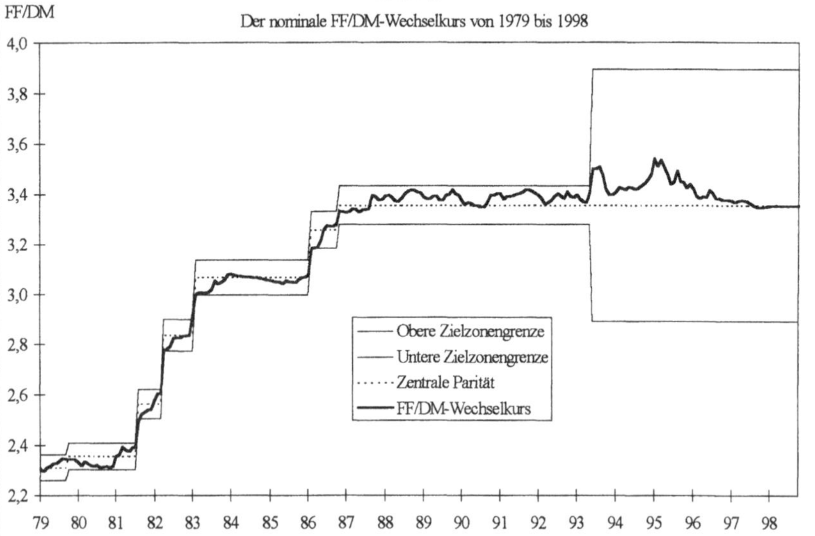

---

7 Eine weitere Variante eines festen Wechselkurssystems ist in der Institution eines Currency Boards gegeben. Dieses besitzt jedoch keine Zielzonen und ist in seiner konzeptionellen Beschaffenheit nicht für die nachfolgende Betrachtung opportun. Eine Darstellung hinsichtlich der Voraussetzungen und der Wirkungsweise dieses Systems gewährt SCHWEICKERT [1998a].

8 Die den Abbildungen 1 bis 3 zugrundeliegenden Daten entstammen: DEUTSCHE BUNDESBANK, Die Währungen der Welt, Devisenkursstatistik. Der nominale Wechselkursverlauf ergibt sich anhand monatlicher Durchschnittswerte.

9 Oberhalb (unterhalb) der zentralen Parität wertet die ausländische Währung ab (auf) und die Deutsche Mark wertet auf (ab).

Abbildung 2

Der nominale hfl/DM-Wechselkurs von 1979 bis 1998

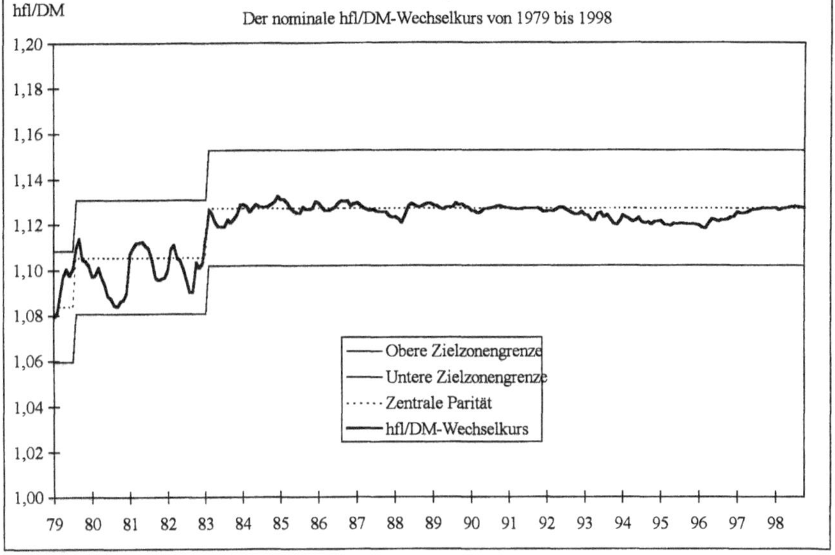

Abbildung 3

Der nominale Lit/DM-Wechselkurs von 1979 bis 1998

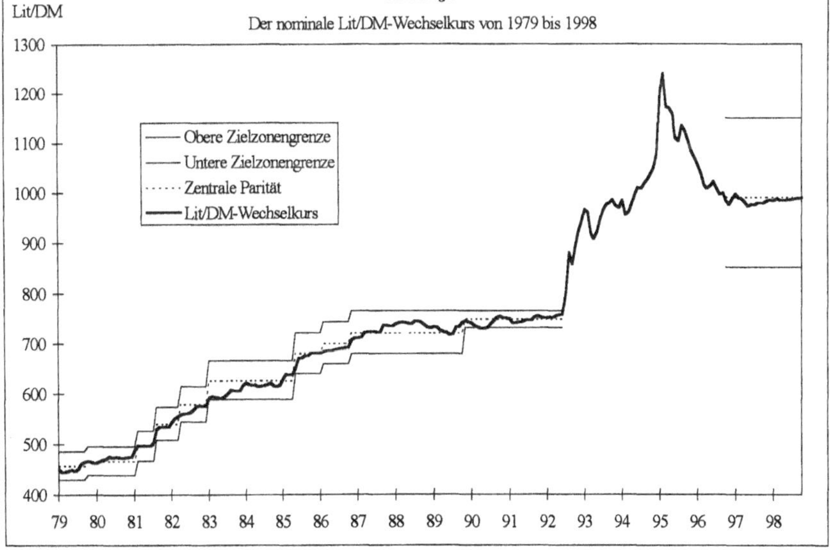

Die voranstehenden Abbildungen zeigen zum Teil sehr unterschiedliche Erfahrungen der ausgewählten Wechselkurse innerhalb eines Zielzonensystems. Diese reichen von annähernder Wechselkursstabilität (hfl/DM-Wechselkurs) über mehrfache Realignments (FF/DM- und Lit/DM-Wechselkurs) bis hin zu einer Phase der flexiblen Notierung (Lit/DM-Wechselkurs).

Gestützt auf die noch zu erörternde Zielzonentheorie bilden neben der Betrachtung von nominalen Wechselkursen sowohl Nominalzinsdifferentiale als auch reale Wechselkurse einen wichtigen Gegenstand der anstehenden theoretischen und empirischen Analyse; sie stellen die Grundlage zur Überprüfung verschiedenartiger Aussagen und Ergebnisse dar, die vor allem in Kapitel II abgeleitet werden sollen. Ebenso wie bei der Darstellung der nominalen Wechselkurse in den Abbildungen 1 bis 3 ist daher im Wege der nachstehenden grafischen Veranschaulichung lediglich beabsichtigt, wieder einen beispielhaften Überblick hinsichtlich der empirischen Ausgestaltung von Nominalzinsentwicklungen (vgl. die Abbildungen 4 und 5)[10] und von realen Wechselkursbewegungen (vgl. die Abbildungen 6 und 7)[11] aufzuzeigen, der ebenfalls wieder am Beispiel des EWS erfolgt. Eine hintergründige Interpretation ist daher zum jetzigen Zeitpunkt entbehrlich; sie wird an den relevanten Stellen konkreter und präziser durchgeführt.

Abbildung 4

Die Nominalzinsentwicklung im Europäischen Währungssystem für verschiedene Länder, Teil 1

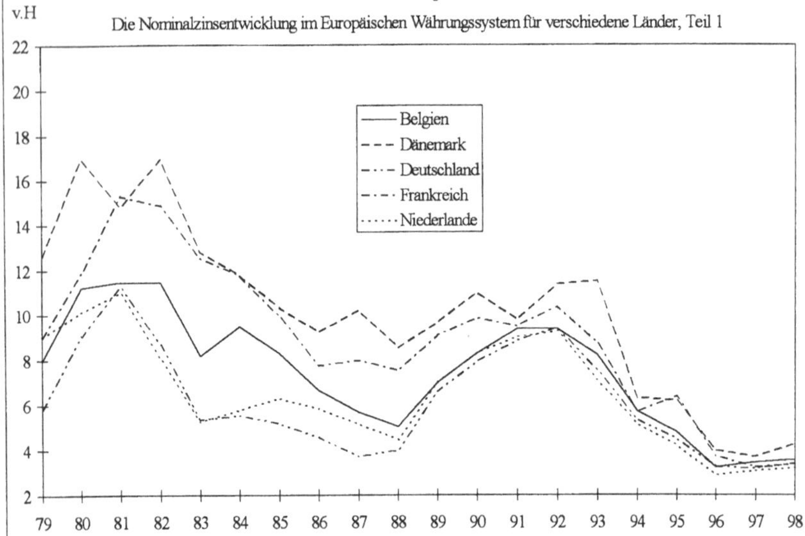

[10] Quelle: IMF [1996, S. 97; 1998b, S. 107; 1999a, S. 109]. Die in den Abbildungen verwendeten Zahlen sind in v.H. ausgewiesene jährliche Durchschnittswerte.

[11] Quelle: DEUTSCHE BUNDESBANK, auf Anfrage hin übermittelte monatliche Durchschnittswerte vom 03.11.1998. Stand: 30.10.1998. Index: 1972 = 100, Werte bis September 1998.

Abbildung 5

Die Nominalzinsentwicklung im Europäischen Währungssystem für verschiedene Länder, Teil 2

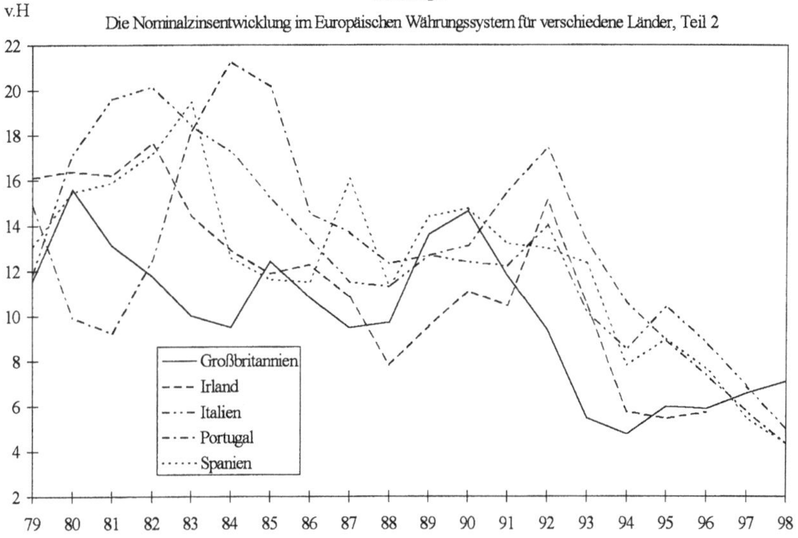

Abbildung 6

Die reale Wechselkursentwicklung von Deutschland gegen Frankreich, Italien und die Niederlande

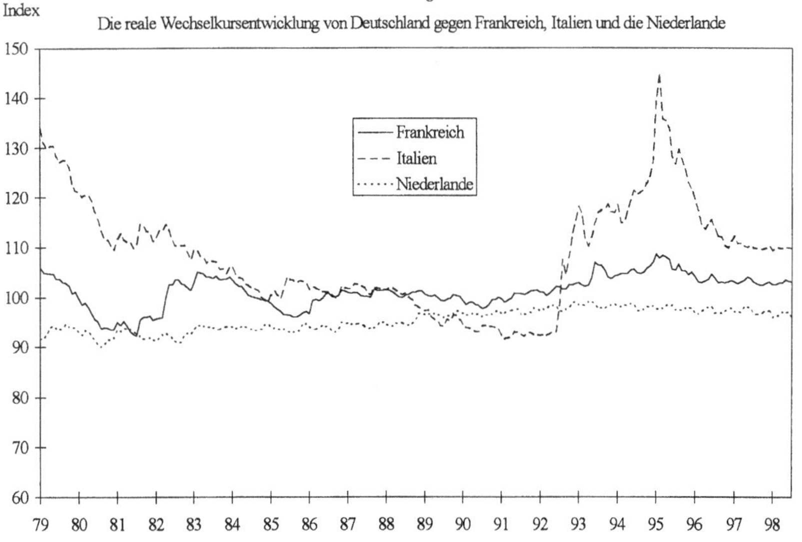

Abbildung 7

Die reale Wechselkursentwicklung von Deutschland gegen Belgien, Dänemark, Großbritannien und Spanien

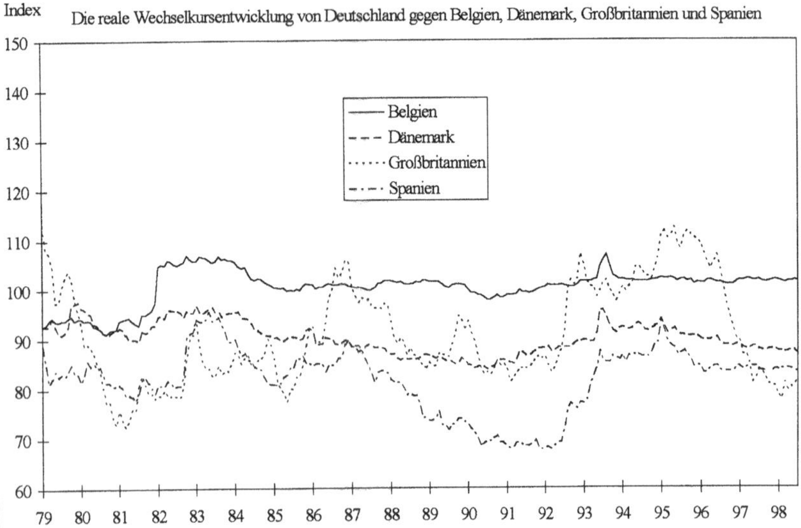

Um nun den weiteren Fortgang dieser Arbeit zu veranschaulichen, mag die nachstehende Übersicht der inhaltlichen Orientierung dienen. Danach weist die grobe Gliederung sowohl einen theoretischen als auch einen empirischen Teil aus (Kapitel II und Kapitel III). Hierbei wird die Entwicklung der Theorie der Wechselkurszielzonen im Kapitel II vorgestellt, und es soll der Frage nachgegangen werden, inwiefern die Stabilisierung von Wechselkursen mit der Einführung von Zielzonen (auch: Bandbreiten) erreicht werden kann (1. Aufgabenstellung). Demnach stehen hierbei die institutionellen Bedingungen für Währungsbänder sowie die Berücksichtigung differenter ökonomischer Verhaltensweisen von Wirtschaftssubjekten und Währungspolitik im Vordergrund der anstehenden Analyse. Im weiteren wird dann im Kapitel III der Versuch unternommen, die anhand der Modelle erhaltenen theoretischen Ergebnisse auf ausgesuchte Fallbeispiele anzuwenden und zu überprüfen (2. Aufgabenstellung). Dieses Vorhaben soll anhand der EWS-Krisen in den Jahren 1992 und 1993, der mexikanischen Peso-Krise im Dezember 1994 sowie der indonesischen Währungskrise im Sommer 1997 realisiert werden. Im wesentlichen wird somit im Kapitel III vorwiegend der Frage nachgegangen, ob mit Hilfe der aus den Modellen hervorgehenden Erklärungsmustern, die mitunter recht vielschichtig sein können, einzelne Tatbestände der ausgewählten Währungskrisen hinreichend erklärbar sind. Diese beiden Aufgabenstellungen beschreiben somit nichts anderes als die dieser Arbeit zugrundeliegende Zielsetzung. Dabei ist es wichtig, sich zu vergegenwärtigen, daß letztere nicht primär darauf abstellt, die wirtschaftspolitischen Fehler der jeweiligen Entscheidungsträger im Zusammenhang mit den analysierten Krisen hervorzuheben bzw. Vorschläge zu machen, wie möglicherweise eine andersartige Wirtschafts- und/oder Währungspolitik die identifizierten Unwägbarkeiten hätte verhindern oder beseitigen können, sondern eine Überprüfung der theoretisch untersuchten Ergebnisse anhand der empirischen Fakten vornimmt. Insofern werden allein die theoretischen Verlaufsprämissen vor dem Hintergrund der ausgewählten Empirie auf ihre Aussagefähigkeit hin untersucht. Hierzu schließt sich letztlich eine Schlußbetrachtung in Kapitel IV an.

KAPITEL II

Wechselkurszielzonen und ihre Wirkung: eine theoretische Analyse

1. Einführung in die Wechselkurszielzonenthematik

Die Diskussion der Vor- und Nachteile fester versus flexibler Wechselkurssysteme ist eines der kontroversesten Gebiete, dessen Ausgestaltung zumeist zu einer Trennung der Ökonomen in unterschiedliche „Lager“ geführt hat. Um den aus wirtschafts- und währungspolitischer Sicht vorhandenen (Risiko-)Problemen perfekt flexibler Wechselkurse, aber auch den sich aus einem Fixkurssystem ergebenden (Erhaltungs-)Problemen angemessen zu begegnen, fanden Politiker und Ökonomen den bereits beschriebenen Kompromiß zwischen den Vor- und Nachteilen der bisherigen Wechselkurssysteme, indem sie stabile Wechselkurse bzw. eine verringerte Wechselkursvolatilität mit Hilfe einer Zielzone für den Wechselkurs erreichen wollten. Diese Idee wurde z.B. bei der Errichtung des Bretton-Woods-Wechselkurssystems im Jahre 1944 insofern konkretisiert, als die Wechselkurse der 45 Mitgliedsstaaten in einem Umfang von ± 1% um den US-Dollar, dem die Leitwährungsfunktion zukam, schwanken durften. Ein weiteres bedeutendes Wechselkurszielzonensystem entstand - mit Blick auf das in Europa langfristig angestrebte Ziel eines Gemeinsamen Marktes und einer WWU - im März 1972, als die Mitgliedsstaaten der EG den EWV als Reaktion auf die Bandbreitenerweiterung des 1971 im Rahmen des Bretton-Woods-System beschlossenen Smithsonian Agreements gründeten.[12] Die intendierte Wirkung des EWV war es, über die Bandbreitenverengung der teilnehmenden europäischen Währungen die innergemeinschaftlich erlangte währungspolitische Disziplin zu erhalten bzw. zu erweitern, um so die integrationspolitischen Bemühungen im Sinne des Werner-Plans zu unterstützen. Dabei gingen die EG-Länder dazu über, untereinander eine Schwankungsbreite von ± 2,25% ihrer bilateralen Leitkurse einzuhalten, während sie gegenüber dem US-Dollar um ± 4,5% abweichen durften („Schlange im Tunnel"). Nach dem Zusammenbruch des Bretton-Woods-Systems im März 1973 und dem Übergang zu flexiblen Wechselkursen wurde der EWV in modifizierter Form fortgeführt. An der währungspolitischen Verfahrensweise zwischen den europäischen Teilnehmerwährungen änderte sich dabei nichts, während gegenüber dem US-Dollar ein sogenanntes Block- bzw. Gruppenfloating vereinbart wurde. Aufgrund der fehlenden Bereitschaft zur wirtschaftspolitischen Koordinierung der nationalen Politiken reduzierte sich jedoch der Teilnehmerkreis bis zum Ende des Jahres 1978 auf nur noch fünf Länder; damit war die eigentliche Intention des EWV kaum zu realisieren. Dennoch wurden die Ziele der Wechselkursstabilität und der wirtschaftlichen Konvergenz nicht aufgegeben. Dieses führte im März 1979 zur Errichtung des EWS, in dem die Wechselkurse der Mitgliedsstaaten weiterhin in einem Umfang von ± 2,25% um einen zuvor administrativ festgelegten bilateralen Leitkurs, der sich aus der Definition einer jeden Gemeinschaftswährung in der künstlichen Währung ECU ergab und das sogenannte Paritätengitter (parity grid) bildete, schwanken durften (vgl. dazu später ausführlicher). Daneben bestehen - über den europäischen Raum hinaus - weitere wechselkurspolitische Zielzonenabkommen, in denen die beteiligten Länder entweder untereinander eine bilaterale Bandbreite etablieren oder aber eine einseitige Bindung der eigenen an eine stabile Währung vornehmen; dieses betrifft insbesondere den lateinamerikanischen und den asiatischen Raum, aber auch Osteuropa[13]. Hinsichtlich des Innenverhältnisses der beteiligten Länder sind die Wechselkurse demnach zwar anpassungsfähig, aber grundsätzlich fest, während gegenüber Drittländern, die nicht involviert sind, eine vollständige Flexibilität gegeben ist. SALVATORE [1995, S. 523] erfaßt die institutionelle Einordnung von Wechselkurszielzonen hinsichtlich der an sie gestellten Erwartungen in der nachstehenden Weise:

> *„Target zones are an attempt to have a system that incorporates the advantages of both a fixed and a flexible exchange-rate sytem while avoiding the shortcomings of either."*[14]

Der Umstand, daß Wechselkurszielzonen diesen Beitrag möglicherweise nicht immer in der zuvor beschriebenen Form leisten können und mitunter entsprechende Unsicher-

---

[12] Vgl. zur historischen Abfolge im weiteren JARCHOW und RÜHMANN [1997, S. 288 ff.] sowie MCCALLUM [1996, S. 228 f.].

[13] KRZAK [1995] beschreibt die Erfahrungen osteuropäischer Länder mit unterschiedlichen Wechselkurssystemen.

[14] In diesem Sinne formulieren auch FRENKEL und GOLDSTEIN [1986, S. 635]: *„Target zones mean different things to different people. Perhaps the easiest way to think of them is as a hybrid exchange rate system that combines some of the attributes and characteristics of both pegged and flexible exchange rate systems."*

heiten bezüglich dieser Wirkungsweise bestehen, wird durch die Aussage von KRUGMAN [1992b, S. 14] deutlich:

„Target zones are a halfway house between fixed and floating rates. Do they combine the best of both worlds or the worst?"

Unabhängig von der Frage, welche dieser Positionen eine realitätsnähere Beschreibung zuläßt, gilt es auf einer übergeordneten Ebene festzuhalten, daß sich insgesamt ein Nebeneinander zweier Wechselkurssysteme zeigt, wobei unser Interesse im weiteren der Wirkungsweise eines Zielzonensystems hinsichtlich der Wechselkursstabilität sowie den sich daraus ergebenden praktischen Problemen und ökonomischen Handlungsimplikationen gilt.

Gleichwohl ist auch danach zu fragen, ob innerhalb einer Zielzone nicht auch eine instabile Wechselkursentwicklung möglich ist. Wenngleich dieses grundsätzlich nicht ausgeschlossen werden kann, so bemerkt KRUGMAN [1991, S. 670], dessen „Pionier-" Arbeit die Gründe für Wechselkursbewegungen in einem Zielzonensystem modelltheoretisch zu fassen und zu erklären versucht (vgl. dazu später), daß die Wirtschaftssubjekte bzw. die Devisenmärkte allein durch die Kenntnis des Bestehens einer Wechselkurszielzone ein im Gegensatz zu alternativen Wechselkurssystemen differenziertes Verhalten und eine andersartige Erwartungsbildung zeigen. Der Wechselkurs unterliegt somit allein durch die Existenz einer Zielzone bereits von vornherein stabilitätsorientierten Einflüssen, die unabhängig von seiner Position innerhalb der Bandbreite stabilisierend auf ihn wirken. In dieselbe Richtung argumentiert auch HALLETT [1992, S. 893 und S. 912]. Er sieht in der Institution einer Wechselkurszielzone insofern zwei wesentliche ökonomische Vorteile gegenüber flexiblen Wechselkursen, da sie einerseits einen effektiven Weg zu beschreiben vermag, das Stabilitätsziel in den Vordergrund zu stellen, und andererseits die Handlungsfähigkeit der Wirtschaftspolitiker relativ einfach dahingehend beschneidet, mit Hilfe des wirtschaftspolitischen Instrumentariums ineffiziente Maßnahmen zu ergreifen oder sich aus binnenwirtschaftlichen Zwängen an Abwertungswettläufen mit anderen Ländern zu beteiligen. Darüber hinaus begründen KRUGMAN und MILLER [1993] die Wechselkurszielzone als geeignete Institution, um nachteilige Spekulationsbewegungen gegen bestimmte Währungen zu eliminieren. Ausgehend von einer Situation flexibler Wechselkurse bestimmen sie eine Zielzone und können so deren stabilisierenden Effekt auf den Wechselkurs erklären (Mechanical Trading, vgl. dazu später). Infolge einer glaubhaften Zielzonenpolitik können Spekulanten so zu einem stabilitätskonformen Verhalten veranlaßt werden, was es im weiteren jedoch noch genauer zu konkretisieren gilt. Insgesamt ist es durch diese allgemeinen Bemerkungen somit möglich, eine gewisse Intuition für die Rechtfertigung einer Wechselkurszielzone gegenüber alternativen Wechselkurssystemen zu entwickeln.

Aufgrund der im Zusammenhang mit Wechselkurszielzonensystemen bestehenden Vielzahl von Fragestellungen halten es SVENSSON [1992a, S. 119 f.] sowie GARBER und SVENSSON [1994, S. 7] für ratsam, eine Zuordnung letzterer in zwei Hauptbereiche vorzunehmen. Dazu schlagen sie eine Unterscheidung der positiven von der normativen Sichtweise vor. Hiernach werden im positiven Bereich die Grundsätze thematisiert, die der Frage nachgehen, wie Wechselkursbandbreiten im Vergleich zu vollständig fixen Wechselkursen wirken bzw. welche Dynamik reale und nominale Wechselkurse, Zinsen und Zentralbankinterventionen innerhalb einer Zielzone entfalten. Demgegenüber steht die normative Fragestellung, die die Bedeutung des Unterschieds zwischen festen Wechselkursen und einer Wechselkursbandbreite hervorheben will bzw. eine Antwort zu geben versucht, welche Alternative im Zweifel vorzuziehen ist. Diese Unterscheidung wird im weiteren jedoch nicht fortgesetzt; im Rahmen dieser Arbeit steht allein die *positive* Fragestellung im Vordergrund der Betrachtung.

Ausgehend vom Krugmanschen „Basis“-Zielzonenmodell im Abschnitt 2. soll die Wirkung einer Wechselkurszielzone theoretisch modelliert und im Abschnitt 3. um realitätsspezifische ökonomische Merkmale erweitert werden. Diesen Ausführungen schließt sich im Abschnitt 4. ein Verfahren an, mit dessen Hilfe wir die Glaubwürdigkeit einer konkreten Zielzone genauer untersuchen und bewerten wollen. Letztlich ist es dem Abschnitt 5. vorbehalten, verschiedene Bereiche ausführlicher zu thematisieren, die innerhalb der Modellbetrachtung nur indirekt oder gar nicht behandelt werden konnten.

2. Das originäre Wechselkurszielzonenmodell

Das von PAUL KRUGMAN [1988; 1991] entwickelte Zielzonenmodell[15] kann als „Auslöser“ einer bis heute andauernden und intensivierten Diskussion um die Wirkung sowie der ökonomischen Vor- und Nachteile der Einführung bzw. des Bestehens von Wechselkurszielzonen (Wechselkursbandbreiten) mit dem wirtschafts- und währungspolitischen Ziel der Wechselkursstabilisierung angesehen werden. Ausgehend von diesem Modell hat sich ein breites Spektrum an (theoretischer) Literatur entwickelt, dessen inhaltliche Ausgestaltung zu einem bestimmten Teil in die nachfolgenden Abschnitte einfließen soll.[16]

Beginnend mit dem formalen Aufbau des Modells im Abschnitt 2.1. und den daraus hervorgehenden währungspolitischen Implikationen wird das Modell im Abschnitt 2.2. hinsichtlich seiner ökonomischen Beschaffenheit kritisch beleuchtet. Diesen Ausführungen schließt sich im Abschnitt 2.3. eine erste modelltheoretische Modifikation an, die KRUGMAN selbst gewählt hat.

---

15 Eine inhaltlich und formal identische Darstellung dieses Modells präsentiert KRUGMAN [1992a, S. 77 ff.].

16 Einen weitreichenden Überblick hinsichtlich der (nicht nur dem KRUGMAN-Modell zugrundeliegenden) Wechselkurszielzonenthematik präsentieren - jeweils mit einer unterschiedlich ausgeprägten inhaltlichen Gewichtung - u.a. SVENSSON [1992a], BERTOLA [1994], DE ARCANGELIS [1994] sowie KEMPA und NELLES [1999].

2.1. Die intendierte Wechselkursstabilität

In diesem Abschnitt wird das Modell, so wie KRUGMAN es seinerzeit präsentierte, analytisch hergeleitet; darüber hinaus sind die wesentlichen Ergebnisse anhand geeigneter Grafiken veranschaulicht. Bevor jedoch mit dem formalen Aufbau des eigentlichen Modells begonnen wird, ist zunächst auf die „Modellwelt", d.h. die übergeordneten Rahmenbedingungen, in denen sich das Modellgeschehen manifestiert, einzugehen.

2.1.1. Die Modellstruktur

Bei der weiteren Diskussion um Wechselkurszielzonen (exchange rate target zones) liegt ausschließlich die Welt des monetaristischen Wechselkursmodells zugrunde.[17] Dieses Modell ist annahmegemäß frei von jeglichen Rigiditäten, d.h. Güter- und Assetpreise sind *perfekt* flexibel, so daß der Güter- und der Geldmarkt stets geräumt sind und der reale Wechselkurs zu jedem Zeitpunkt konstant ist. Somit beschreibt diese Modellgrundlage begrifflich das permanente Gelten der Kaufkraftparitätentheorie (purchasing power parity). Durch sie wird der Wechselkurs (exchange rate) dahingehend bestimmt, daß bei gegebenen in- und ausländischen Preisen die in- und die ausländische Währung immer dieselbe Kaufkraft besitzen. Anders gewendet bedeutet dieser Zusammenhang also nichts anderes, als daß die ausländischen Preise - bedingt durch die Umrechnung mit dem Wechselkurs - infolge der bestehenden Wechselkursflexibilität den inländischen Preisen entsprechen. Es ist unmittelbar einsichtig, daß sich dieser Sachverhalt nur auf international handelbare Güter beziehen kann, wohingegen nichthandelbare Güter lediglich aus der im weiteren vernachlässigbaren binnenwirtschaftlichen Perspektive zu sehen sind. WILLMS [1992, S. 102] argumentiert hierzu, daß unter den zuvor genannten Voraussetzungen sowie den Annahmen homogener Güter und eines vollkommenen Wettbewerbs auf den Güter- und Faktormärkten (jeweils im In- und Ausland) eine vollkommene internationale Güterarbitrage[18] entsteht, wenn zusätzlich von Informations- und Transportkosten sowie von tarifären und nichttarifären Handelshemmnissen abstrahiert werden kann. Der Preis des betrachteten international *handelbaren* Gutes in Inlandswährung P ergibt sich dann aus der Multiplikation des nominalen Wechselkurses e mit dem Preis des betrachteten Gutes in Auslandswährung P^*.

$$P = eP^*$$

Mit Hilfe einer einfachen Umformung erhalten wir mit $e = P/P^*$ die absolute Kaufkraftparität, deren Transformation die relative Kaufkraftparität in Veränderungsraten anzeigt.

$$\hat{e} = \hat{p} - \hat{p}^* \quad (1)$$

---

[17] Vgl. BILSON [1979b] und FRENKEL [1977] zur theoretischen sowie empirischen Konzeption des monetaristischen Wechselkursmodells.

[18] Vgl. auch CLARK, BARTOLINI, BAYOUMI und SYMANSKY [1994, S. 4].

Die Konstanz des realen Wechselkurses[19], die dieses Modell impliziert, wird nun durch den Umstand deutlich, daß der aktuelle nominale Wechselkurs[20] (auch: Kassakurs) augenblicklich auf unterschiedliche in- und ausländische Preisveränderungen ausgleichend reagiert. Zeigt sich im Inland im Zeitverlauf eine im Vergleich zum Ausland höhere inländische Inflationsrate, so werden die homogenen ausländischen Güter aus der Sicht der heimischen Konsumenten attraktiver, da sie im Vergleich zu den heimischen Produkten billiger geworden sind. Die inländischen Wirtschaftssubjekte werden demnach verstärkt ausländische Güter nachfragen, weshalb es durch die Mehrnachfrage nach Devisen zu einer sofortigen Abwertung der heimischen Währung, die im analogen Umkehrschluß mit einer sofortigen Aufwertung der ausländischen Währung einhergeht, kommt. Diese nominale Abwertung der inländischen Währung bewirkt schließlich die generelle Konstanz des realen Wechselkurses bzw. das permanente Gelten der Kaufkraftparitätentheorie;[21] eine Annahme, die bereits eingangs als eine der Grundlagen des monetaristischen Wechselkursmodells getroffen wurde und die nunmehr auch ökonomisch zu erklären ist.[22] Beobachtbare Wechselkursschwankungen können daher nur hinsichtlich des nominalen Wechselkurses auftreten, weshalb fortan unter dem Begriff der „Wechselkursstabilisierung“ immer die Stabilisierung des *nominalen* Wechselkurses zu verstehen ist.[23] Gleichwohl geht hieraus im Umkehrschluß ebenso hervor, daß infolge einer eingeschränkten oder fehlenden Beweglichkeit des nominalen Wechselkurses eine Anpassung der inländischen Preise oder der inländischen Einkommen an die veränderte Situation erforderlich wird.

Hinsichtlich der Gleichgewichtsbedingung für den inländischen Geldmarkt gilt der folgende elementare Zusammenhang:

---

[19] Die Terms of Trade stellen den reziproken Wert des realen Wechselkurses dar. Sie zeigen das Verhältnis der Ausfuhrpreise (p) zu den Einfuhrpreisen (ep^*) an.

[20] Die Notierung des nominalen Wechselkurses kann durch die Preis- oder die Mengennotierung erfolgen. Bei der Preisnotierung (auch: Devisennotierung) drückt der Wechselkurs den Preis einer Devise in inländischer Währung aus (z.B. 1,50 DM/1 US-$), während im umgekehrten Fall die Mengennotierung die Anzahl an Devisen angibt, die für eine Einheit der inländischen Währung erhältlich ist (z.B. 0,67 US-$/1 DM). Danach ist die Mengennotierung also der reziproke Wert der Preisnotierung; begrifflich entspricht die Mengennotierung auch dem Außenwert der Inlandswährung. Im folgenden betrachten wir den Wechselkurs immer in der Form der Preisnotierung (auch: Devisenkurs).

[21] Ein im Rahmen dieser Bedingungen entstandener realer Wechselkurs ist folglich als „gleichgewichtig“ zu bezeichnen. Gleichwohl können zur Ableitung eines gleichgewichtigen realen Wechselkurses durchaus auch alternative Verfahren herangezogen werden (vgl. z.B. EDWARDS [1989, S. 8]). Da sie für die weitere Betrachtung jedoch nicht weiter relevant sind, sei auf eine Darstellung an dieser Stelle verzichtet.

[22] Umgekehrt ist es ebenso vorstellbar, daß sich im Zeitverlauf im Ausland eine höhere Inflationsrate als im Inland einstellt. Die homogenen inländischen Güter werden somit verstärkt nachgefragt, da sie aus der Sicht der ausländischen Wirtschaftssubjekte nunmehr attraktiver geworden sind. Dieses führt zu einer erhöhten Nachfrage nach inländischer Währung, die mit einer Aufwertung derselben und mit einer Abwertung der ausländischen Währung einhergeht; letztlich sind die realen Wechselkursverhältnisse aber wieder gleichgeblieben. Für eine Darstellung dieser Zusammenhänge vgl. auch ROSE und SAUERNHEIMER [1995, S. 177 f.].

[23] Diese Annahme wird im Abschnitt 3.4. aufgelöst.

(2) $$m_t - p_t = \kappa\bar{y} - \alpha i_t - v_t, \quad \kappa, \alpha > 0.$$

In dieser (logarithmierten)[24] Gleichung zeigt die linke Seite die reale Geldmenge bzw. das vorhandene inländische Geldangebot, das sich durch die Subtraktion des perfekt flexiblen nominalen Preises p_t von der nominalen Geldmenge m_t ergibt. Letztere ist dabei im Wege interventionsbedingter Eingriffe jederzeit von der Zentralbank variierbar. Auf der rechten Seite ist die gesamte inländische Geldnachfrage zusammengefaßt. Sie teilt sich in den konstanten Vollbeschäftigungsoutput $\bar{y}$, der mit der konstanten Einkommenselastizität κ multipliziert wird, in den inländischen Zinssatz i_t (unter der Berücksichtigung der Zinselastizität α) und in die stochastische Variable v_t, die mögliche exogene Geldnachfrageschocks anzeigt,[25] auf. Dabei unterliegt die genaue Bewegung von v_t innerhalb der Wechselkurszielzone einem gesonderten (formalen) Interesse. Insofern sei bereits an dieser Stelle darauf hingewiesen, daß v_t annahmegemäß einer Brownschen Bewegung ohne Drift unterliegt. Wie dieses Verhalten im einzelnen konkret zu betrachten ist und warum eine derartige Annahme in diesem Modell als zweckmäßig erscheint, wird im Abschnitt 2.1.2. ausführlich dargestellt. An dieser Stelle ist es daher zunächst ausreichend, die Geldmarktgleichgewichtsbedingung im bisher aufgezeigten inhaltlichen Kontext zu verstehen und darüber hinaus eine Vorstellung zu gewinnen, in welcher Weise der Übergang von einem deterministischen zu einem *stochastischen* Modell gelingen kann.

Schließlich sei als weitere Voraussetzung noch hinzugefügt, daß im Rahmen des KRUGMAN-Modells die ungedeckte Zinsparität (uncovered interest rate parity) gilt:

(3) $$E_t\left(\frac{de}{dt}\right) = i_t - i_t^*.$$ [26]

Hierbei entspricht das Zinsdifferential, das sich aus der Subtraktion des exogen gegebenen ausländischen Zinssatzes i_t^* vom inländischen Zinssatz i_t ergibt (beide jeweils

---

[24] Die Darstellung in logarithmierten Größen ist deshalb gewählt worden, da die Veränderung des Logarithmus im Zeitverlauf eine prozentuale Veränderung angibt.

[25] KRUGMAN [1992b, S. 9] betont, daß in diesem Term all jene Variablen aggregiert sind, die nicht das Geldangebot betreffen.

[26] Die bislang diskutierten anpassungsfähigen Wechselkurse können nicht allgemein als fixe Wechselkurse im engeren Sinne bezeichnet werden, da durch die vorhandene Schwankungsbreite eine gewisse Flexibilität besteht. Es wäre somit erforderlich, eine Risikoprämie in das in der Gleichung (3) beschriebene Zinsdifferential aufzunehmen, die bei „flexiblen" Wechselkursen normalerweise zu berücksichtigen ist. Aus Vereinfachungsgründen wird hiervon jedoch im weiteren Verlauf abgesehen, da sich die ableitbaren Schlußfolgerungen - mit oder ohne Risikoprämie - nicht ändern. Insofern verstehen wir unter dem Zinsdifferential die ungedeckte Zinsparität, die dann besteht, wenn die Wirtschaftssubjekte risikoneutral (vollständige Substituierbarkeit zwischen in- und ausländischen Wertpapieren) sind und/oder die Risikoprämie sehr klein ist. Dieses gilt in Anlehnung an SVENSSON [1992b], dessen Untersuchungen eine (äußerst) geringe Risikoprämie im Falle enger Zielzonenbänder und gemäßigtem Realignmentrisiko erkennen lassen. Darüber hinaus liegt die ungedeckte Zinsparität immer dann vor, wenn von einem Währungsrisiko nicht abstrahiert werden kann. Läge kein Währungsrisiko vor, so würde die gedeckte Zinsparität herangezogen werden müssen, und das Zinsdifferential entspräche dem Swapsatz.

zum Zeitpunkt *t*), der von den Wirtschaftssubjekten gebildeten Wechselkursänderungserwartung $E_t(de/dt)$ für die heimische Währung. Dieser Zusammenhang ist ökonomisch insofern plausibel, da er die perfekte Substitutionalität in- und ausländischer Assets unterstreicht. Für diesen Fall ist es einsehbar, daß die inländischen Wirtschaftssubjekte eine Anlage im Ausland nur dann anstreben werden, sofern sie eine zu alternativen Inlandsanlagen äquivalente Rendite erwarten können - und vice versa. Während bei einer Inlandsanlage lediglich der heimische Zinssatz maßgebend ist, müssen die Wirtschaftssubjekte bei einer Auslandsanlage sowohl den ausländischen Zinssatz als auch eine mögliche Wechselkursänderung, die mit dem Ablauf der Anlagedauer eingetreten sein kann, mit in ihre Erwartungen einbeziehen. Demnach ist eine Anlage im Inland als risikoneutral im Vergleich zu einer Auslandsanlage zu bewerten, sofern der inländische Zinssatz dem ausländischen Zinssatz zuzüglich einer Wechselkursänderungserwartung entspricht. Dieser Umstand resultiert aus der Umformung der Gleichung (3). Im ökonomischen Sinne verweist er auf die bestehende Risikoaversion der - in diesem Modell - betrachteten Wirtschaftssubjekte. Aber auch anders gewendet verbleibt dieser Zusammenhang inhaltlich plausibel, wenn in der Ausgangssituation eine Aufwertungserwartung für die heimische Währung unterstellt wird. Bei der Gleichheit des in- und ausländischen Zinses würde dieses unmittelbar einen renditeorientierten Nettokapitalimport in das Inland bedeuten. Damit treten Kapitalbewegungen bei vorhandenem Währungsrisiko infolge von Zinsdifferentialen auf, und der inländische Zinssatz wird im Rahmen der ungedeckten Zinsparität über die Wechselkursänderungserwartungen der Wirtschaftssubjekte endogenisiert. Daher steht er zur Beseitigung etwaiger Ungleichgewichte auf dem Geldmarkt nicht zur Verfügung. Mit Blick auf die Gleichung (2) verbleibt - aufgrund der unterstellten perfekten Flexibilität - der Preis als einzige Variable, der eine derartige Anpassung zu leisten vermag und einen ungleichgewichtigen in einen gleichgewichtigen Geldmarkt überführen kann.[27,28]

Die Bemerkungen zur ungedeckten Zinsparität verdeutlichen bereits an dieser Stelle einen wichtigen zielzonenspezifischen Aspekt, der aber auch allgemein für ein Festkurssystem gilt: Je nach der vorhandenen Breite der jeweiligen Zielzone wird die Möglichkeit zur Durchführung einer unkoordinierten inländischen Geldpolitik sehr eingeschränkt. Dieses resultiert aus dem Umstand, daß eine auf Expansion (Restriktion) ausgelegte Geldpolitik tendenziell von sinkenden (steigenden) Zinsen und einem steigenden (sinkenden) Preisniveau begleitet wird. Sofern von den an einem Festkurssystem (hier: Zielzonensystem) beteiligten Ländern unterschiedliche geldpolitische Kurse verfolgt werden, stellen sich infolge der Zinsentwicklung direkte Kapitalbewegungen sowie aufgrund der festen Wechselkurse und der Preisniveauentwicklung veränderte reale Wechselkursrelationen ein, die ihrerseits wieder die Handelsströme beeinflussen

[27] Ein ähnliches Szenario entwickelt sich, sobald ein Land die inländischen Zinsen zur Begrenzung der heimischen Inflation erhöht.

[28] Wie bei nahezu allen Modellannahmen kann auch die Annahme der Geltung der ungedeckten Zinsparität angezweifelt werden. Hierzu stellt z.B. GRÖßL-GSCHWENDTNER [1991, S. 131 f.] die Endogenisierung des inländischen Zinssatzes über die Wechselkursänderungserwartungen der Wirtschaftssubjekte, das alleinige Auftreten von Kapitalbewegungen infolge von Zinsdifferenzen sowie die perfekte Substitutionalität der in- und ausländischen Assets in Frage.

und somit letztlich ein Ungleichgewicht auf dem Devisenmarkt bewirken. Zur Beseitigung dieses Ungleichgewichts sind oftmals nur umfassende Interventionen oder Realignments geeignet, die die betroffenen Währungen entsprechend auf- oder abwerten. Daher kann sich die nationale Geldpolitik in einem Festkurssystem niemals nur ausschließlich und allein an inländischen Erfordernissen orientieren, sondern sie muß unter den Teilnehmerländern einer aufeinander abgestimmten Koordinierung unterliegen, die die währungspolitischen Notwendigkeiten der Gemeinschaft in den Vordergrund des wirtschaftspolitischen Handelns stellt. Anders gewendet ist es auch zulässig zu sagen, daß Festkurssysteme die Mitgliedsstaaten nachgerade zu geldpolitischer Disziplin zwingen; dieses betrifft in analoger Weise auch die Ausrichtung der Fiskalpolitik, deren Wirkung mitunter direkt auf das Preis- und Zinsniveau zielt (vgl. dazu später).

Anhand dieser globalen Darstellung der Rahmenbedingungen sowie der übergeordneten Funktionsweise des Modells ist es nun möglich, die zielzonenspezifischen Überlegungen zu vertiefen und die elementaren ökonomischen Ergebnisse, die KRUGMAN ableiten konnte, herauszuarbeiten.

2.1.2. Das Wechselkursverhalten innerhalb der Wechselkurszielzone

KRUGMAN geht in seinem Modell davon aus, daß der Wechselkurs innerhalb einer symmetrischen Zielzone durch ein Aggregat von mehreren Einflußgrößen gesteuert wird (vgl. die Gleichungen (1) bis (3)). Aus dieser Annahme heraus formulierte er die folgende elementare Wechselkursgleichung, die sich durch die Substitution der Gleichungen (1) und (3) in die Gleichung (2) ergibt:

(4) $$e_t = f_t + \alpha E_t\left({}^{de}\!/_{dt}\right),$$

$$f_t \equiv m_t + v_t + \left(\alpha i_t^* - \kappa\bar{y} - p_t^*\right).$$

Demnach wird der (logarithmierte) nominale Wechselkurs e_t vom (logarithmierten) fundamentalen Aggregat f_t zuzüglich einer von den Wirtschaftssubjekten gebildeten Wechselkursänderungserwartung $E_t(de/dt)$ für die heimische Währung bestimmt. Diese Größen beziehen sich einheitlich auf einen willkürlich angenommenen Zeitpunkt *t*. Die vor der Wechselkursänderungserwartung stehende Wechselkurselastizität α gibt dabei an, wie stark die Wechselkursänderungserwartung ausfällt; annahmegemäß gilt $\alpha > 0$,[29] d.h. für hohe (niedrige) Werte von α ergibt sich eine starke (schwache) Auf- oder Abwertungserwartung für die betrachtete Währung, wodurch eine gleichgerichtete Wirkung auf den aktuellen Wechselkurs entsteht. Die Aufnahme der Erwartungsbil-

---

[29] Die Wechselkurselastizität α ist mit

$$\alpha = \frac{\Delta L^d}{\Delta i} \cdot \frac{i}{L^d}$$

definiert. Sie gibt an, um wieviel sich die Geldnachfrage L^d der Wirtschaftssubjekte prozentual verändert, wenn der inländische Zinssatz *i* um 1% ansteigt.

dung durch die Wirtschaftssubjekte in der Gleichung (4), die annahmegemäß ausschließlich *homogener* und *rationaler* Natur ist (vgl. dazu später noch ausführlicher), verleiht diesem Modell einen (wichtigen) realitätsbezogenen Charakter. Sie reflektiert die praktisch allgegenwärtige Verfügbarkeit von Marktinformationen sowie deren Verwendung durch die Wirtschaftssubjekte. Insofern ist ihnen das konkrete Modell vollständig bekannt; sie wissen, daß die Zentralbank in der bereits beschriebenen Form intervenieren muß (wird).

Im fundamentalen Aggregat sind mit den dort aufgeführten Geldnachfrage- und Geldangebotsparametern unterschiedliche Variablen enthalten. Um die einzelne Bedeutung letzterer für die weitere Betrachtung hervorzuheben, definieren wir den Ausdruck $\Pi \equiv \alpha i_t^* - \kappa \bar{y} - p_t^* \equiv 0$. Diese Verfahrensweise ist deshalb möglich, da es sich ausschließlich um exogen gegebene Variablen handelt, deren Einfluß auf das Modellgeschehen keine primären Auswirkungen hat und demnach problemfrei vernachlässigt werden kann. Insofern ist im weiteren dazu überzugehen, das Fundamentalaggregat als Summe der beiden in der Gleichung (5) aufgeführten Komponenten zu begreifen.

(5) $$f_t = m_t + v_t$$

Hierbei ist zu beachten, daß sich die Variablen v_t und m_t dahingehend unterscheiden, daß der Velocity-Shift-Term v_t eine exogene Variable ist, der sich dem direkten Einfluß der Zentralbank entzieht und allenfalls indirekt kontrolliert werden kann. In ihm kommen die bereits erwähnten Geldnachfrageschocks zum Ausdruck, deren Auftreten sich einer adäquaten Vorhersage entziehen, da sie von einer Vielzahl dessen, was ein gewisses Maß an volkswirtschaftlicher Relevanz besitzt, abhängen. Im Gegensatz dazu ist die inländische Geldmenge m_t jederzeit von der Zentralbank im Wege interventionistischer Eingriffe veränderbar.[30] Dieses ist insofern von entscheidender Bedeutung, als die Zentralbank(en) beim Vorliegen eines Zielzonensystems das Geldangebot dahingehend steuern muß (müssen), damit der Wechselkurs eine administrativ vorgegebene Bandbreite nicht verläßt. Um ein Verharren des Wechselkurses innerhalb der Zielzone zu gewährleisten, muß die inländische Zentralbank z.B. am oberen Ende der Zielzone (die heimische Währung ist schwach) eine kontraktive Geldpolitik durchführen, damit

[30] Grundsätzlich stehen der Zentralbank mit den Instrumenten der Zins- und Geldmengensteuerung zwei Maßnahmen zur Verfügung, um Geldpolitik zu betreiben. Aus der Modellstruktur heraus zeigt sich jedoch, daß die Zinssteuerung insofern nicht möglich ist, da inländische und ausländische Assets perfekte Substitute sind; inländischer und ausländischer Zinssatz entsprechen sich somit zu jedem Zeitpunkt (vgl. die Gleichung (3)). Folglich besteht die Aufgabe der Zentralbank in der Steuerung der inländischen (nominalen) Geldmenge, um den zielzonenspezifischen Anforderungen gerecht zu werden. Die Entscheidung, ob und wie die inländische Geldmenge zu variieren ist, wird von der Zentralbank von Fall zu Fall getroffen. Losgelöst von alternativen Möglichkeiten führt sie demnach eine diskrete Geldpolitik auf der Basis nichtsterilisierter Devisenmarktinterventionen durch. Letztere erfolgen dabei entweder durch den Verkauf (oberes Zielzonenende) oder den Kauf (unteres Zielzonenende) von ausländischer Währung am Devisenmarkt, oder aber es werden im Wege einer Offenmarktpolitik inländische Wertpapiere angeboten (oberes Zielzonenende) oder nachgefragt (unteres Zielzonenende). Gemäß seiner modelltheoretischen Zielzonenkonzeption geht KRUGMAN implizit davon aus, daß der gesamte Umfang beider Interventionsmöglichkeiten infinitesimal klein ist.

der Abwertungsdruck von der heimischen Währung genommen wird. Analog dazu ergibt sich im umgekehrten Fall am unteren Ende der Zielzone (die heimische Währung ist stark) die Notwendigkeit einer expansiven Geldpolitik zur Verminderung der Aufwertungstendenz.[31] Aus diesen Überlegungen heraus ist eine Wechselkurszielzone wie folgt zu definieren:

(6) $$e_u \leq e_t \leq e_o.$$

Es zeigt sich, daß sich der aktuelle nominale Wechselkurs (Kassakurs) e_t zwischen dem exogen festgelegten unteren Ende e_u und dem exogen festgelegten oberen Ende e_o bewegen kann. Erreicht der Wechselkurs hingegen eines der beiden Zielzonenenden, so rechtfertigt dieser Tatbestand noch nicht das Eingreifen der Zentralbank(en) im Sinne der bilateralen Interventionsverpflichtungen, da die Zielzonengrenzen Bestandteil der Zielzone sind und der Wechselkurs allein von einem Wegdriften aus der Bandbreite abgehalten wird. Aus diesen Überlegungen heraus ergibt sich konsequenterweise mit $f_u \leq f_t \leq f_o$ das zur Wechselkursbandbreite zugehörige Fluktuationsband für die Fundamentalvariablen.

Bevor die formale Analyse nun bis hin zur grafischen Veranschaulichung fortgesetzt wird, sind zunächst noch präzise Vorstellungen über die im Wechselkurs enthaltenen Informationen zu entwickeln. Mit Blick auf die Gleichung (4), in der sich der aktuelle Wechselkurs aus den gegenwärtigen Fundamentalvariablen zuzüglich einer Wechselkursänderungserwartung für die heimische Währung zusammensetzt, ist danach zu fragen, woraus der absolute Wert letzterer besteht. In vielen Wechselkursmodellen werden Wechselkursänderungserwartungen generell als regressiv (zurückschauend) betrachtet; eine teilweise zu oberflächliche und naive Sicht der Wirtschaftsabläufe, die den Wirtschaftssubjekten systematische Erwartungsfehler zuweist, aus denen sie nicht lernen. Die Annahme rationaler Erwartungen der Wirtschaftssubjekte stellt dazu eine allgemein anerkannte Gegenposition dar, wobei GÄRTNER [1997, S. 114] allerdings einräumt, daß die perfekte Kenntnis aller ökonomischen Vernetzungen die Wirtschaftssubjekte letztlich überfordern dürfte.[32] Da wir bei unseren einleitenden zielzonenspezifischen Betrachtungen (zunächst) die Welt des monetaristischen Wechselkursmodells zugrunde gelegt haben, müssen wir uns in diesem Modell mit dem Umgang der unterstellten (homogenen) rationalen Erwartungen vertraut machen. Hierzu stellt sich notwendigerweise die Frage nach dem konkreten Inhalt rationaler Erwartungen. Aus dem Modell heraus ergeben sich dazu Ergebnisse in zweierlei Hinsicht. Einerseits zeigen FRENKEL [1977] und BILSON [1979b], daß sich hinter den rationalen Erwartungen Inflationsdifferentiale ($E_t(dp/dt)$) verbergen können, wobei sie jedoch keine Antwort dar-

[31] In diesem Zusammenhang betont WILLMS [1988, S. 47, 56], daß die Geldpolitik nicht vordergründig zur Wechselkursstabilisierung eingesetzt werden sollte, sondern langfristig eine Orientierung am Wachstumspfad der beteiligten Länder erstrebenswert ist. Hiervon gehen dann gleichzeitig stabilisierende Effekte auf andere Variablen aus, die dann wieder entsprechend auf den Wechselkurs zurückwirken.

[32] Aufgrund dieser berechtigten Einschränkung wollen wir fortan zwar weiterhin von rationalen Erwartungen sprechen, sie inhaltlich jedoch als *semi-rational* begreifen.

auf geben, worin die Ursache für beobachtbare Inflationsdifferentiale zu sehen ist. FRANKEL [1979] betont die Präsenz von Realzinsdifferentialen in den rationalen Erwartungen; der Nachteil hierbei ist, daß diese Erwartungen regressiv gebildet werden. Insgesamt gesehen ist es durch diese Überlegungen jedoch möglich, rationale Erwartungen konkreter zu definieren und in einem weiteren Schritt die in dem Wechselkurs enthaltenen Informationen modelltheoretisch zu bestimmen. Dazu wechseln wir für einen kurzen Moment die Betrachtungsposition und gehen in der Gleichung (4) vom kontinuierlichen Ansatz - denn $E_t(de/dt)$ bedeutet nichts anderes als Kontinuität - zum diskreten Ansatz über.[33] Wir erhalten mit

(4a) $$e_t = f_t + \alpha\left[E_t(e_{t+1}) - e_t\right]$$

die (diskrete) Modifikation der elementaren Wechselkursgleichung (4), in der sich die Wechselkursänderungserwartung aus der von den Wirtschaftssubjekten in t gebildeten Erwartung über den Wechselkurs in $t+1$ abzüglich des aktuellen nominalen Wechselkurses (Kassakurses) zusammensetzt. Mit Hilfe einiger Umformungen erhalten wir als Lösung:

(4b) $$e_t = \theta f_t + \xi E_t(e_{t+1}),$$

$$\theta = \frac{1}{1+\alpha},\ \xi = \frac{\alpha}{1+\alpha}.$$

Wir erkennen die Abhängigkeit des Wechselkurses von den gegenwärtigen Fundamentalvariablen, die im Zentrum struktureller Wechselkursmodelle stehen (hier muß es sich nicht zwingend um das monetaristische Wechselkursmodell handeln), und von einem Erwartungswert mit zum Zeitpunkt t verfügbaren Informationen über den Wechselkurs in der Periode $t+1$. Problematisch erweist sich in diesem Fall der Erwartungswert $E_t(e_{t+1})$, für den nun eine Lösung zu bestimmen ist. Da wir (homogene) rationale Erwartungen unterstellt haben, können wir davon ausgehen, daß die Wirtschaftssubjekte das Modell kennen, d.h. sie wissen, daß der Wechselkurs der Differenzengleichung (4b) folgt. Demnach erwarten die Wirtschaftssubjekte zum Zeitpunkt t, daß die durch das Modell aufgezeigten Zusammenhänge auch zum Zeitpunkt $t+1$ gelten. Dieser Umstand trägt dazu bei, die Differenzengleichung (4b) durch Vorwärtsintegration zu lösen. Dazu treffen wir die ökonomisch sinnvolle Annahme des permanenten Geltens der Transversalitätsbedingung, die es ermöglicht, den Einfluß von Wechselkursänderungserwartungen, die unendlich weit in der Zukunft liegen, von vornherein auszuschließen. Dieses erscheint insofern plausibel, als z.B. der heute in fünf Jahren erwartete Wechselkurs eine gegen null tendierende Einflußnahme auf den heutigen (aktuellen) Wechselkurs haben wird; eine Grenze, die den Zeithorizont und dessen Auswirkung auf den Wechselkurs systematisch angibt, ist hier jedoch kaum zu ziehen. Unter der Berücksichtigung dieses Zusammenhangs gelangen wir somit zur modifizierten elementaren Wechselkursgleichung:

---

[33] Die ausführliche Herleitung des diskreten Ansatzes ist im Anhang 1 aufgeführt.

(4c) $$e_t = \theta \sum_{i=0}^{\infty} \xi^i E_t(f_{t+i}).$$

Sofern die Transversalitätsbedingung erfüllt ist, entspricht der aktuelle Wechselkurs der mit θ multiplizierten Summe aller diskontierten erwarteten zukünftigen exogenen Fundamentals, d.h. er inkorporiert alle zum heutigen Zeitpunkt bekannten künftigen Entwicklungen der Fundamentalvariablen. Auf das monetaristische Wechselkursmodell bezogen betrifft dieses die inländische, im erweiterten Modell auch die ausländische Geldmengen- und Outputentwicklung; lösen wir uns von diesem Modell, so erkennen wir die Relevanz weiterer wichtiger Einflußfaktoren auf den Wechselkurs als Vermögenspreis, die sich - unerheblich ob ihrer nationalen oder internationalen Klassifizierung - z.B. an politischen und/oder wirtschaftlichen Institutionen, prozeßpolitischen Variablen und ordnungspolitischen Gegebenheiten festmachen lassen. Dabei zeigt sich, daß die Auswirkung einer erwarteten fundamentalen Variablenänderung den Wechselkurs um so geringer tangiert, je weiter sie in der Zukunft liegt. Darüber hinaus gilt es schließlich festzuhalten, daß, sofern sich der Wechselkurs in t+1 ändert, die tatsächliche Wechselkursänderung mit

(4d) $$e_{t+1} - e_t = \theta \sum_{i=0}^{\infty} \xi^i E_t(f_{t+1+i} - f_{t+i}) + \theta \sum_{i=0}^{\infty} \xi^i E_{t+1}(f_{t+1+i}) - E_t(f_{t+1+i})$$

umschrieben ist und das Ergebnis zweier unterschiedlicher Prozesse sein kann. Hier ist es zum einen möglich, daß sich die in t von den Wirtschaftssubjekten erwarteten Fundamentalvariablen hinkünftig verändern, und zum anderen, daß sich hinkünftig die Erwartungen der Wirtschaftssubjekte hinsichtlich der Fundamentals in t+1+i durch das Eintreffen neuer Informationen verändern. Aus der Sicht der Wirtschaftssubjekte dominiert in Zeiten großer (Währungs-)Turbulenzen der zweite Teil der Gleichung; er ist für die Wirtschaftssubjekte zufällig (random) bzw. unvorhersehbar und reflektiert die Verfügbarkeit neuer Informationen bezüglich der künftigen Fundamentals. Obwohl es mit Hilfe des diskreten Ansatzes nunmehr möglich ist, Wechselkursänderungserwartungen der Wirtschaftssubjekte exakter zu beleuchten, wollen wir im weiteren zum kontinuierlichen Ansatz der Gleichung (4) zurückkehren. Für die Analyse des KRUGMAN-Modells betrachten wir - in Anlehnung an die bisherigen Ergebnisse - den aktuellen nominalen Wechselkurs (Kassakurs) fortan als *Vermögenspreis*, in dem bereits aktuelle Informationen hinsichtlich gegenwärtiger und zukünftiger Fundamentaldaten enthalten sind und letztere sich entsprechend der Gleichung (5) in die inländische Geldmengenentwicklung m_t und in den Velocity-Shift-Term v_t untergliedern lassen.[34]

[34] An dieser Stelle ist danach zu fragen, weshalb in der Vergangenheit liegende Entwicklungen des Wechselkurses in der aufgezeigten Erwartungsbildung der Wirtschaftssubjekte keine Berücksichtigung finden. Wirtschaftssubjekte, die derart verfahren, werden auch als Chartisten bezeichnet. Sie gewinnen ihre Erwartungen dadurch, indem sie Vergangenheitswerte des Wechselkurses in die Zukunft extrapolieren. Diese Art der Erwartungsbildung scheidet aber für unsere Betrachtung insofern aus, da wir annahmegemäß von homogenen Wirtschaftssubjekten ausgehen, die sich entsprechend der Gleichung (4a) verhalten. Sicherlich wäre es durchaus denkbar, die Gesamterwartungsbildung

Insgesamt erlaubt uns diese „Modellbasis“ nun den detaillierten Einstieg in das Krugmansche Zielzonenmodell.

Dabei ist zunächst einmal festzuhalten, daß dem KRUGMAN-Modell zwei „kritische“ Annahmen (crucial assumptions) zugrunde liegen:

a) Die Wirtschaftssubjekte gehen uneingeschränkt davon aus, daß die Zentralbank die Zielzone immer verteidigen wird und daß ihr die dazu erforderlichen quantitativen Mittel jederzeit zur Verfügung stehen, um den Wechselkurs innerhalb der exogen festgelegten Bandbreite zu halten; es bestehen also keine Reservedefizite. Die Zielzone wird somit als *perfekt* glaubwürdig (perfect credibility) betrachtet; infolgedessen sind mögliche Änderungen der zentralen Parität (central parity) sowie damit verbundene Realignments nicht in die Erwartungen der Wirtschaftssubjekte einbezogen. Gleichzeitig bewirkt diese Annahme auch, daß spekulative Attacken und ein Regimewechsel hin zu flexiblen Wechselkursen in diesem Kontext ebenfalls vernachlässigbar sind.

b) Die Verteidigung der Wechselkurszielzone findet ausschließlich mittels *marginaler* Interventionen (marginal interventions) statt.[35] Solange sich der Wechselkurs innerhalb des Zielzonenbandes bewegt, hält die heimische Zentralbank das inländische Geldangebot konstant.[36] Droht der Wechselkurs jedoch, eines der beiden Zielzonenenden zu überschreiten, so sind die Zentralbanken gehalten, in der bereits beschriebenen Art und Weise zu intervenieren, damit der Wechselkurs die vorgegebene Zielzone nicht verläßt.

An dieser Stelle sei bereits darauf verwiesen, daß beide Annahmen für die Entwicklung - und für die Erweiterungen - des KRUGMAN-Modells zwar von essentieller Bedeutung, gleichzeitig jedoch nicht mit einer Vielzahl von empirischen Beobachtungen vereinbar sind. Hierauf wird im weiteren Verlauf noch ausführlicher eingegangen.

Für eine insgesamt konsistente Struktur des Krugmanschen Zielzonenmodells ist nun eine genauere Betrachtung der Bewegung der exogenen Komponente v_t des fundamentalen Aggregats f_t erforderlich, bevor die speziellen ökonomischen Ergebnisse abgeleitet werden können. Dabei hat es sich - ausgehend von KRUGMAN [1991] - als allge-

theoretisch zu erweitern, indem die Erfahrungen der Wirtschaftssubjekte bezüglich der Wechselkursbewegungen aus der Vergangenheit (Chartisten), die Beobachtungen hinsichtlich der Fundamentaldaten in der Gegenwart sowie die Erwartungen hierüber in der Zukunft (Fundamentalisten) mit einer wie auch immer ausgestalteten allgemeingültigen Gewichtung in eine Gesamterwartungsbildung einfließen. Homogene Erwartungen können hierbei zwar weiterhin auftreten; es besteht aber die Gefahr, daß - je nach gewählter Gewichtung - exogene Schocks und News einen nur unzureichenden Einfluß auf den Wechselkurs ausüben und sich der Wechselkurs infolgedessen für eine unbestimmte Zeit von seinem fundamentalen Gleichgewichtswert löst. Um die Analyse nicht unnötig zu erschweren, werden der Einfluß einer chartistischen Erwartungsbildung fortan vernachlässigt und (homogene) rationale Wechselkursänderungserwartungen im Hinblick auf die Gleichung (4a) als fundamentalbestimmt angesehen.

35 Diese Interventionsart wird oftmals auch als „obligatorisch“ bezeichnet. Ihr Einsatz unterliegt den Erfordernissen an den Devisenmärkten.

36 Analog dazu verändert die ausländische Zentralbank das ausländische Geldangebot nicht.

mein zweckmäßig erwiesen, für v_t eine Brownsche Bewegung[37] zu unterstellen. Diese Vorgehensweise hat dabei zum Ziel, die bisherige Deterministik des Modells durch das Einfügen eines stochastischen Merkmals aufzulösen, d.h. das Modell beinhaltet nunmehr eine Komponente, deren Bewegung nicht durch die modellspezifischen Zusammenhänge bestimmt wird, sondern sich im Wege unvorhersagbarer Ereignisse zufällig verändern kann. Es resultiert mit

(7) $$df = dv + dm = \mu_f dt + \sigma_f dW_f + dL - dU,$$

$$dL > 0 \text{ wenn } f \leq f_u, \text{ sonst } dL = 0,$$
$$dU > 0 \text{ wenn } f \geq f_o, \text{ sonst } dU = 0,$$

die allgemeine Gleichung für das Fundamentalaggregat, in der μ den konstanten Drift-Parameter der Geldnachfrage, σ die Varianz und dW_f die Veränderung eines Wiener Prozesses mit Markov-Eigenschaft angeben, d.h. die Variable v_t folgt einem Zufallsprozeß (Random-Walk-Verhalten), der unabhängig vom Wechselkurs ist und bei dem das Steigen oder Fallen von v_t in der Periode t_1 nicht von seiner Bewegung in der Periode t_0 abhängt.[38] Die in der allgemeinen Lösung vorhandenen regulierenden Funktionen L und U beinhalten die von den marginalen Interventionen ausgehende Stabilisierungsabsicht der Zentralbanken an den Zielzonenenden. Insgesamt ist zu dieser formalen Verfahrensweise festzustellen (vgl. KRUGMAN [1991]), daß generell kein gehaltvoller Grund anzuführen ist, der die Annahme des Random-Walk-Verhaltens für v_t ökonomisch oder metaökonomisch erklären könnte. Gleichzeitig erlaubt diese Annahme jedoch die ausschließliche Konzentration auf entscheidende Variablen, die in der Gegenwart eines Zielzonensystems das Wechselkursverhalten maßgebend beeinflussen. Vernachlässigbar sind hingegen Beobachtungen hinsichtlich möglicher Veränderungen von v_t, da sie im Grunde ohnehin nicht konkret zu fassen bzw. vorhersehbar sind. Des weiteren wird die gesamte Analyse entscheidend erleichtert, wobei die ökonomische Realität nicht zu verfälschen droht. KRUGMAN vereinfachte seine theoretischen Überlegungen dahingehend, daß er für v_t zusätzlich eine Brownsche Bewegung *ohne* Drift unterstellte ($\mu \equiv 0$).[39] Diese Annahme erscheint aus ökonomischer Sicht vor allem deshalb sinnvoll, als sie die Ursachen für Wechselkursbewegungen innerhalb der Zielzone nicht in einem beliebig wählbaren Drift-Term zu ergründen sucht. Im einzelnen sind hinsichtlich der Bewegung des Velocity-Shift-Terms somit zwei grundlegende Aussagen festzuhalten:

---

[37] Zur theoretischen Konzeption einer Brownschen Bewegung vgl. HARRISON [1985, S. 1 ff.].

[38] Die Annahme, v_t folge einer Brownschen Bewegung, impliziert, daß der Free-Float-Wechselkurs ebenfalls einer Brownschen Bewegung folgt. Das wiederum läßt sich mit empirischen Beobachtungen vereinbaren, die den zeitlichen Verlauf des Wechselkurses als Random-Walk ausweisen (vgl. MEESE und ROGOFF [1983]).

[39] Diese Annahme ist selbstverständlich nicht zwingend. FROOT und OBSTFELD [1989, S. 16 f.] betrachten eine unsymmetrische Zielzone, in der die Fundamentals mit einem durchweg konstanten Drift getrieben werden.

a) Der Zeitpfad dieser Variable ist kontinuierlich und unterliegt keinen diskreten Sprüngen.

b) Die Veränderung der Variable über ein bestimmtes endliches Intervall ist normalverteilt mit einem Erwartungswert von null und einer konstanten Varianz σ^2, wobei diese zur Länge der Periode proportional ist.

Im Hinblick auf die grafische Veranschaulichung des KRUGMAN-Modells ist es nunmehr erforderlich, die formale Lösung von Ito´s Lemma mit der Gleichung (4) zu verbinden. Die Zweckmäßigkeit dieser Anwendung ergibt sich allein dadurch, daß die dort beschriebene Wechselkursgleichung lediglich die Bestimmungsgründe für beobachtbare Wechselkursbewegungen innerhalb der Zielzone anführt; gleichwohl ist die Erklärung eines konkreten Wechselkursverlaufs, der die veränderten institutionellen Bedingungen einer Wechselkurszielzone im Vergleich zu flexiblen Wechselkursen repräsentiert, nicht möglich. Es zeigt sich somit eine Differentialgleichung zweiter Ordnung, deren allgemeines Ergebnis sich wie folgt zusammenfassen läßt:[40]

(8) $$e_t = \alpha\mu + f_t + A_1 \exp[\lambda_1 f_t] + A_2 \exp[\lambda_2 f_t],$$

$$\lambda_1 = -\frac{\mu}{\sigma^2} + \sqrt{\frac{\mu}{\sigma^2} + \frac{2}{\alpha\sigma^2}},$$

$$\lambda_2 = -\frac{\mu}{\sigma^2} - \sqrt{\frac{\mu}{\sigma^2} + \frac{2}{\alpha\sigma^2}}.$$

Diese allgemeine Wechselkursgleichung besteht aus dem konstanten Drift-Term $\alpha\mu$, der den bekannten Drift in der Geldnachfrage markiert und im KRUGMAN-Modell gleich null ist, dem Fundamentalaggregat f_t sowie den dämpfenden Wirkungen bzw. dem bremsenden Einfluß der Zielzonengrenzen $A_1\exp[\lambda_1 f_t]$ und $A_2\exp[\lambda_2 f_t]$ auf den Wechselkurs innerhalb der Zielzone, die sich als Folge der marginalen Interventionstätigkeit der Zentralbanken ergeben. Dabei stellen die (konstanten) Werte A_1 und A_2 die Zielzonengrenzen dar, die in einem Free-Float-System gleich null sind und damit keinen stabilisierenden Einfluß auf den Wechselkurs ausüben können.[41] Die Exponentialfunktionen geben schließlich die aktuelle Abweichung des Wechselkurses von seinem fundamentalen Wert an. Insgesamt erhalten wir eine symmetrische Wechselkursfunktion, die innerhalb der Bandbreite einen nichtlinearen und unterproportionalen Zusammenhang zwischen dem Wechselkurs und dem Fundamentalaggregat erkennen läßt und eine s-förmige Gestalt annimmt. Dabei verläuft sie im oberen (unteren) Zielzonenbereich unterhalb (oberhalb) der Free-Float-Wechselkursfunktion (vgl. dazu später).

---

[40] Zur Herleitung dieser Funktion sei an dieser Stelle auf den Anhang 1 verwiesen.

[41] Die Bedeutung der genauen Notation der Komponenten A_1 und A_2 ergibt sich erst im weiteren Verlauf dieses Abschnitts. Insofern werden ihre konkreten Werte im inhaltlichen Zusammenhang mit den noch darzustellenden ökonomischen Ergebnissen hergeleitet.

Anhand dieser formalen und kritischen Annahmen gelingt es KRUGMAN, die stabilisierende Wirkung einer Zielzone auf das Wechselkursverhalten grafisch zu veranschaulichen. Hierbei konnte er aus seinem Modell heraus zwei wesentliche ökonomische Aussagen ableiten, die als Ausgangspunkt einer umfassenden Entwicklung der Zielzonenliteratur anzusehen sind. Dazu dient die Abbildung 8 als Grundlage der nachstehenden Erläuterungen.

Abbildung 8

Honey-Moon-Effekt und Smooth-Pasting-Effekt

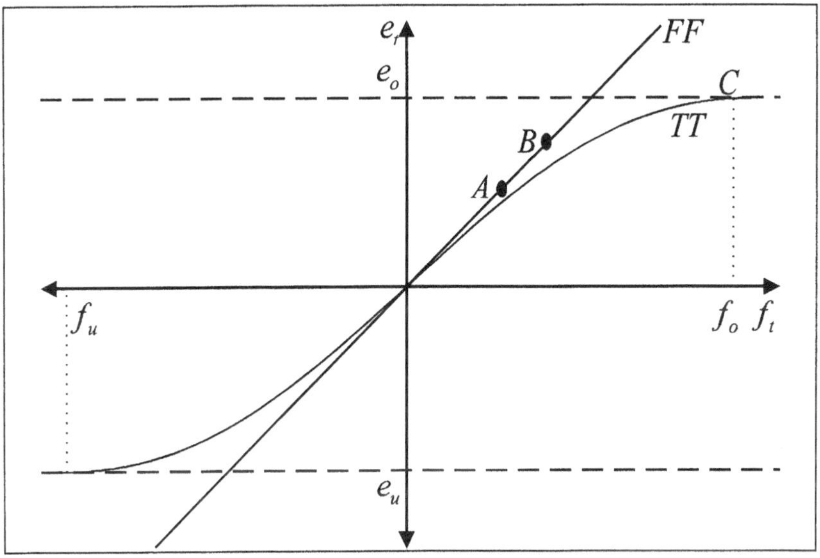

Die durch den Ursprung verlaufende Gerade FF repräsentiert die Bewegung des Wechselkurses in einem Free-Float-System, d.h. eine Wechselkurszielzone liegt in diesem Fall nicht vor. Insofern ist der Wechselkurs unter Free-Float-Bedingungen als Funktion der Fundamentalvariablen aufzufassen. Letztere zeigen sich dabei für beobachtbare Wechselkursveränderungen verantwortlich, und beide Variablen bewegen sich insgesamt proportional zueinander.[42] Im Gegensatz dazu ist die Existenz einer Zielzone durch die gestrichelten Linien e_u unterhalb und e_o oberhalb der zentralen Parität gekennzeichnet (vgl. die Gleichung (6)), zwischen denen sich der Wechselkurs entlang der s-förmigen Funktion, deren Steigung überall kleiner als eins ist (vgl. die Gleichung (8)), bewegt. Hier drängt sich nun die Frage auf, wie sich ein im Vergleich zum Free-

42 Dieser Sachverhalt ergibt sich formal aus der Gleichung (8). Wenn in einem Free-Float-System $\mu = A_1 = A_2 = 0$ gilt, verbleibt $e_t = f_t$, d.h. der Wechselkurs stellt sich als Funktion der Fundamentals dar: $e_t = e_t(f_t)$.

Float-System abweichender Wechselkursverlauf innerhalb einer gegebenen perfekt glaubwürdigen Zielzone mit (homogenen) rational handelnden Wirtschaftssubjekten ökonomisch erklären läßt. Diese Frage führt zum ersten Ergebnis des KRUGMAN-Modells.

Ausgehend von einem oberhalb der zentralen Parität liegenden willkürlich angenommenen Punkt A auf der FF-Linie steigt - aus inländischer Sicht und aufgrund eines Anstiegs des Velocity-Shift-Terms - der Wechselkurs (d.h. die inländische Währung wertet ab) z.B. auf das Niveau des Punktes B, so daß das obere Zielzonenende näher rückt. Entscheidend dabei ist, daß nun die stabilisierende Wirkung der Wechselkurszielzone, unabhängig davon, wie eng oder breit sie ist, hervortritt. Denn ein derartig beschriebener Punkt B ist beim Vorliegen einer Zielzone nicht realistisch, da letztere perfekt glaubwürdig ist. So bildet sich durch die Bewegung des Wechselkurses zum oberen Ende der Zielzone und aufgrund der vorliegenden rationalen Erwartungen der Wirtschaftssubjekte eine Aufwertungserwartung für die heimische Währung, da die Wirtschaftssubjekte an die uneingeschränkte Verteidigung der Zielzone seitens der Zentralbank glauben. Diese Aufwertungserwartung wird um so größer, je weiter sich der Wechselkurs von der zentralen Parität zum oberen Zielzonenende hin bewegt; grafisch wird dieses durch den Abstand zwischen der FF- und der TT-Funktion ausgedrückt, welcher mit zunehmendem Wechselkurs immer größer wird. So ist es letztlich die Aufwertungserwartung für die heimische Währung (die - wie bereits erwähnt - gleichbedeutend mit einer Abwertungserwartung für die ausländische Währung ist), die sich bei den Wirtschaftssubjekten aufgrund einer von ihnen erwarteten inländischen Geldmengenreduktion sowie einer erwarteten ausländischen Geldmengenexpansion bildet und so dazu führt, daß es zur *sofortigen* Aufwertung kommt. Dieses wird aus der Gleichung (4) ersichtlich, in der die Wechselkursänderungserwartung $E_t(de/dt)$ sinkt. Der eingangs angenommene Punkt A auf der FF-Funktion ist daher kein relevanter Wechselkurs beim Vorliegen einer Zielzone. Es findet eine Bewegung entlang der TT-Funktion statt, auf der sich der Wechselkurs unterproportional zum fundamentalen Wert f_t entwickelt. Hierbei zeigen f_u den geringsten und f_o den höchsten Wert des fundamentalen Aggregats an, der innerhalb der betrachteten perfekt glaubwürdigen Zielzone erreicht werden kann. Im Vergleich zum Free-Float-System ergibt sich insgesamt eine Stabilisierung des Wechselkurses, obwohl es faktisch nicht zur marginalen Intervention der Zentralbank(en) gekommen ist.[43]

---

[43] Generell ist festzuhalten, daß sich - infolge einer ursächlichen Erhöhung (Senkung) des Velocity-Shift-Terms - für die heimische Währung oberhalb der zentralen Parität immer eine Aufwertungserwartung (die Wechselkursänderungserwartung ist negativ), unterhalb der zentralen Parität immer eine Abwertungserwartung (die Wechselkursänderungserwartung ist positiv) für die in Preisnotierung betrachtete heimische Währung bilden wird. (Analoges gilt hierbei für die ausländische Währung.) Mit Blick auf die Gültigkeit der ungedeckten Zinsparität (vgl. die Gleichung (3)) erfordert eine bestehende Aufwertungserwartung (Abwertungserwartung) für die heimische Währung gleichzeitig aber ein negatives (positives) Zinsdifferential, d.h. unter den gegebenen Modellannahmen hat eine Aufwertungserwartung (Abwertungserwartung) unmittelbar einen - im Vergleich zum konstanten ausländischen Zinssatz - sinkenden (steigenden) inländischen Zinssatz zur Folge. Diese inländische Zinsveränderung bewirkt jedoch - respektive der Gleichung (2) - kein Gleichgewicht auf dem Geldmarkt,

Gegenteiliges tritt ein, wenn sich der Wechselkurs zum unteren Ende der Zielzone bewegt. Die Wirtschaftssubjekte erwarten nunmehr eine inländische Geldmengenexpansion und eine ausländische Geldmengenreduktion, sollte sich eine Aufwertung der heimischen Währung über das untere Zielzonenende hinaus ergeben. Es bildet sich somit eine Abwertungserwartung für die heimische Währung bzw. eine Aufwertungserwartung für die ausländische Währung, wodurch der Wechselkurs - entsprechend der Gleichung (4) - steigt und somit ebenfalls von der stabilisierenden Wirkung der Zielzone beeinflußt wird. Diesen stabilisierenden Effekt hat KRUGMAN den *„Honey-Moon-Effekt"* genannt. Aus ihm geht hervor, daß es infolge der seitens der Wirtschaftssubjekte bestehenden Antizipation der oberen (unteren) Zielzonengrenze über die Bildung von homogenen rationalen Wechselkursänderungserwartungen sofort zur Aufwertung (Abwertung) der inländischen Währung - und analog dazu zur Abwertung (Aufwertung) der ausländischen Währung - kommt, d.h. die Wirtschaftssubjekte „gehen" augenblicklich in die andere (schwache) Währung. Gleichzeitig erkennen wir, daß sich für jedes beliebige Niveau der Fundamentalvariablen ein im Vergleich zur Free-Float-Situation deutlich geringer Wechselkurs zeigt. Mit anderen Worten: Für jeden beliebig gewählten Wechselkurs innerhalb der Bandbreite besteht durch die Institution einer perfekt glaubwürdigen Zielzone ein größeres Fluktuationsband für die Fundamentals, als es unter Free-Float-Bedingungen der Fall ist. Daher ist die Glaubwürdigkeit der Wechselkurszielzone sowie die daraus insgesamt entstehende Erwartungsbildung der Wirtschaftssubjekte entscheidend für den stabilisierenden Effekt eines Zielzonensystems auf den Wechselkurs. Soweit eine perfekt glaubwürdige Wechselkurszielzone im Rahmen dieser Modellstruktur erreicht werden kann, ergeben sich - unter der strikten Beibehaltung der Stabilisierungsintention - im Vergleich zu vollständig festen Wechselkursen zwei wesentliche Vorteile für die nationale Geldpolitik (vgl. DE ARCANGELIS [1994, S. 77]): Zum einen verbleibt ein gewisser nationaler Spielraum, in dem das inländische Geldangebot zur Erreichung alternativer wirtschaftspolitischer Zielsetzungen eingesetzt werden kann; zum anderen ist - im Gegensatz zum Wechselkurs - eine höhe-

da - wegen des unterproportionalen Wechselkursverlaufs - die Zinssenkung (Zinssteigerung) den Anstieg (das Absinken) des Velocity-Shift-Terms nicht vollständig kompensieren kann und die Geldnachfrage somit insgesamt sinkt (steigt). Um einen Ausgleich auf dem Geldmarkt herbeizuführen, muß demnach auf der Angebotsseite der - perfekt flexible - Preis (nur er räumt den Geldmarkt) im Umfang des Geldnachfragerückgangs (Geldnachfrageanstiegs) steigen (sinken), da die nominale Geldmenge - aufgrund der zweiten kritischen Annahme der ausschließlich marginalen Interventionstätigkeit der Zentralbanken - während dieses Szenarios keinen Variationen unterliegen kann; sie verbleibt innerhalb der Zielzone durchweg konstant. Insofern geht eine Wechselkursbewegung hin zum oberen (unteren) Zielzonenende mit einem augenblicklich steigenden (sinkenden) inländischen Preisniveau einher, das ein Absinken (Ansteigen) der realen Geldmenge nach sich zieht. Hieraus wird schließlich ersichtlich, daß - allgemein gesehen - die Preisveränderung eine gleichgerichtete Wechselkursbewegung impliziert (vgl. die Gleichung (1)) und der reale Wechselkurs innerhalb dieses Modells zu jedem Zeitpunkt konstant ist ($\Delta e = \Delta p \neq \Delta v$). Im Vergleich dazu zeigen sich in einem Free-Float-System - wegen des Fehlens stabilisierender Wechselkursänderungserwartungen der Wirtschaftssubjekte - keine Zinsveränderungen, weshalb eine Veränderung des Velocity-Shift-Terms eine sofortige gleichgerichtete Preis- und Wechselkursveränderung nach sich zieht ($\Delta e = \Delta p = \Delta v$).

re Volatilität der Fundamentalvariablen möglich, die den Einsatz marginaler Interventionen durch die Zentralbank reduziert.

Das zweite Ergebnis des KRUGMAN-Modells stellt eine Besonderheit dar, die ausschließlich nur dann zu beobachten ist, wenn der Wechselkurs eines der beiden Zielzonenenden, also die Punkte (e_o/f_o) oder (e_u/f_u), erreicht hat. Um diese Besonderheit diskutieren zu können, ist zunächst eine genaue Herleitung des horizontalen Verlaufs der Wechselkursfunktion an den beiden Zielzonenenden erforderlich. Aus der formalen Sicht ergibt sich dieser durch die erste Ableitung der Gleichung (8).

(9a) $$1 + A_1\lambda_1 \exp(\lambda_1 f_u) + A_2\lambda_2 \exp(\lambda_2 f_u) \equiv 0$$

(9b) $$1 + A_1\lambda_1 \exp(\lambda_1 f_o) + A_2\lambda_2 \exp(\lambda_2 f_o) \equiv 0$$

Die Bedingungen (9a) und (9b) sind nur dann erfüllt, sofern die nachstehenden Werte für die Konstanten A_1 und A_2 gewählt werden:

(10a) $$A_1 = \frac{\lambda_2 \exp(\lambda_2 f_u) - \lambda_2 \exp(\lambda_2 f_o)}{\lambda_1\lambda_2 \exp(\lambda_1 f_u + \lambda_2 f_o)\lambda_1\lambda_2 \exp(\lambda_1 f_o + \lambda_2 f_u)},$$

(10b) $$A_2 = \frac{\lambda_1 \exp(\lambda_1 f_o) - \lambda_1 \exp(\lambda_1 f_u)}{\lambda_1\lambda_2 \exp(\lambda_1 f_u + \lambda_2 f_o) - \lambda_1\lambda_2 \exp(\lambda_1 f_o + \lambda_2 f_u)}.$$

Anhand dieser formalen Überlegungen ist zu erkennen, daß die Wechselkursfunktion aus dem Modell heraus an den Zielzonenenden eine Steigung von null aufweist. Warum aber ist diese Gegebenheit insbesonders aus ökonomischer Sicht bedeutsam? Dazu ist festzustellen, daß durch eine derartige Modellierung die Möglichkeit exorbitanter Arbitragegewinne, die den Fortbestand des Zielzonensystems unmöglich machen, von vornherein eleminiert wird. Dieses Szenario ist wiederum anhand der Abbildung 8 grafisch nachvollziehbar.

Steigt - aus inländischer Sicht und ausgehend vom Punkt C - der Velocity-Shift-Term v_t - weil sich z.B. die Motive der Geldhaltung bei den inländischen Wirtschaftssubjekten geändert haben - um eine marginale Einheit an, so erhöht sich zum einen - unter Berücksichtigung der Gleichung (5) - das fundamentale Aggregat f_t um gerade jenen Betrag, den v_t gestiegen ist, und zum anderen - entsprechend der Gleichung (8) - der Wechselkurs e_t unterproportional zum Anstieg von v_t entlang der s-förmigen Wechselkursfunktion. Hier zeigt sich, daß der Anstieg von f_t über das Niveau von f_o hinaus - ausgelöst durch die Veränderung von v_t - nicht mit den eingangs beschriebenen Prämissen des Modells vereinbar ist. Da f_o bei einer gegebenen Zielzone das maximal zu erreichende fundamentale Niveau darstellt, würde der Wechselkurs bei einem weiteren Anstieg von v_t die vorgegebene Zielzone verlassen. Daher ist die Zentralbank in einem solchen Fall gehalten, über eine sofortige marginale Geldmengenreduktion, die dem Ausmaß des Anstiegs von v_t entspricht und zum Punkt C zurückführt, ein Verbleiben des Wechselkurses innerhalb der Zielzone zu gewährleisten. Betrachten wir nun in diesem Punkt die elementare Wechselkursgleichung (4), so ist das zweite Ergebnis des KRUGMAN-Modells ableitbar. Betreffend des fundamentalen Aggregats f_t ist den Wirtschaftssubjekten bekannt, daß f_o das maximal zu erreichende fundamentale Niveau der vorliegenden Zielzone repräsentiert. Da letztere perfekt glaubwürdig ist, erwarten die Wirtschaftssubjekte im Punkt C ein künftig sinkendes Fundamentalaggregat ($E_t(df/dt)$ < 0), da die Fundamentals entweder am oberen Zielzonenende verharren, oder aber zurück ins Zielzoneninnere driften können. Faktisch - und dies ist die modellspezifische Besonderheit - liegt im Punkt C jedoch keine Veränderung der fundamentalen Variablen vor ($df = 0$). Daraus folgernd ist hinsichtlich der Wechselkursänderungserwartungen der Wirtschaftssubjekte festzustellen, daß $E_t(de/dt) = 0$ ist, da die Wirtschaftssubjekte - wegen $df = 0$ - in diesem Punkt noch keine Erwartungen über mögliche Veränderungen des Wechselkurses bilden. Dieses wird auch als „no-arbitrage-condition" bezeichnet. In ihr kommt das Fehlen von Spekulationsbewegungen sowie einem daraus resultierenden Verharren des Wechselkurses an seinem maximalen (im analogen Umkehrschluß: minimalen) Niveau innerhalb der Zielzone zum Ausdruck. Obwohl die Wirtschaftssubjekte also in Hinkunft sinkende Fundamentalvariablen erwarten, bewegt sich der Wechselkurs nicht ($de = 0$). Er verhält sich somit vollständig unsensibel bezüglich der Fundamentaldaten und verharrt - auch bei mehrfach gleichgerichteten positiven Veränderungen von v_t - am oberen Ende der Wechselkurszielzone (Punkt C).[44] Dieses Verhalten hat KRUGMAN als *„Smooth-Pasting-Effekt"* bezeichnet.[45,46] (Eine analoge Argumentation resultiert im Falle des Erreichens der unteren Zielzonengrenze f_u.)

---

[44] Sofern wir jedoch den Velocity-Shift-Term auf der Abszisse abtragen, ist eine Wechselkursbewegung entlang der originären Wechselkursfunktion infolge mehrfach gleichgerichteter positiver (negativer) Veränderungen von v_t nicht mehr möglich. Die Wechselkursfunktion verschiebt sich bei den unterstellten Schocks auf v_t immer weiter nach rechts (links), während die inländische Zentralbank gleichzeitig eine entsprechend restriktive (expansive) inländische Geldpolitik durchführen muß. Obwohl das System nach rechts (links) driftet, verharrt der Wechselkurs dennoch am oberen (unteren) Ende der Zielzone, da die Geldpolitik lediglich darauf ausgerichtet ist, den Wechselkurs vor dem Verlassen der Zielzone zu bewahren. Ferner ist zu beachten, daß sich die Lage der Wechselkursfunktion bei zufällig auftretenden entgegengesetzten Schocks auf v_t nicht verändert, sondern eine Bewegung entlang der dann aktuellen Wechselkursfunktion zur zentralen Parität stattfindet. In einer solchen Situation hat die inländische Geldmenge eine im Vergleich zur Ausgangsposition starke Reduktion (Expansion) erfahren, während der Velocity-Shift-Term durchweg exogen gestiegen (gefallen) ist. Das Fundamentalaggregat bleibt daher konstant, und der stabilisierende Einfluß des gesamten Zielzonensystems auf den Wechselkurs ist nach wie vor unverkennbar.

[45] Der Effekt des Smooth-Pasting findet in der Finanzmarkttheorie, speziell in der Optionspreistheorie, seinen Ursprung (vgl. hierzu DIXIT [1994]).

[46] Sofern die Wirtschaftssubjekte am oberen Zielzonenende (Punkt C) davon ausgehen könnten, daß sich eine Reduktion der Fundamentalvariablen ($df < 0$) infolge ihrer Erwartungen bezüglich eines künftig sinkenden Fundamentalaggregats ($E_t(df/dt) < 0$) auch tatsächlich einstellt, so würden alle Wirtschaftssubjekte augenblicklich in inländischer Währung disponieren. Die Gültigkeit der Gleichung (4) wäre damit aufgehoben, und mit dem Wegfall des Smooth-Pasting-Effekts erübrigt sich die Institution eines Wechselkurszielzonensystems.

Die Krugmanschen Ergebnisse des Honey-Moon- und des Smooth-Pasting-Effekts weisen auf eindeutige ökonomische Zusammenhänge für das Wechselkursverhalten innerhalb einer Zielzone hin. So ist - zum einen - sowohl oberhalb als auch unterhalb der zentralen Parität generell eine negative Korrelation des Wechselkurses mit dem korrespondierenden Zinsdifferential vorhanden, während sich - zum anderen - eine u-förmige Dichtefunktion des Wechselkurses infolge der Gleichverteilung der Fundamentals zeigt, die auf die hauptsächliche Präsenz des Wechselkurses an den Zielzonenenden bzw. auf die vornehmliche Gültigkeit der Smooth-Pasting-Bedingungen verweist. Durch die letzte Schlußfolgerung ergibt sich somit durch die Errichtung einer perfekt glaubwürdigen Wechselkurszielzone die generelle wirtschafts- und währungspolitische Möglichkeit einer konsequenten und erfolgreichen Wechselkursstabilisierung. Dieses bedeutet, daß infolge des Auftretens der u-förmigen Wechselkursdichtefunktion zwar eine insgesamt verringerte Wechselkursvolatilität an den Zielzonenenden entsteht, gleichzeitig aber auch die höchste Volatilität (bzw. Ausprägung) der Zinsdifferentiale innerhalb der Bandbreite auszumachen ist. Insofern zeigt sich im KRUGMAN-Modell ein Trade-Off zwischen einem ausgeglichenen (volatilen) Devisenmarkt und einem volatilen (ausgeglichenen) inländischen Geldmarkt (vgl. DE ARCANGELIS [1994, S. 78]). Vor diesem Hintergrund erscheint es daher zweckmäßig, die Gültigkeit dieser Aussagen anhand verschiedener empirischer Daten zu überprüfen.[47]

---

[47] Bevor dieser Schritt allerdings vollzogen wird, soll zunächst noch eine Parallele zum Goldstandard aufgezeigt werden. Schon im Goldstandard war eine Wechselkurszielzone intuitiv an sich nichts ungewöhnliches; im Vergleich zu heutigen Zielzonensystemen wurde sie jedoch - unter Beibehaltung ihrer intendierten stabilisierenden Wirkung - nicht administrativ festgelgt, sondern ergab sich eher zwangsläufig aus den Versendungskosten des Goldes, wobei sich letztere hauptsächlich in den Transport- und Versicherungskosten des Goldes konkretisierten. Hier zeigte sich, daß es - bei bestehender Golddefinition (z.B. 2 DM/£ ≡ zentrale Parität), erfolgter Goldkonversion und entsprechender Golddeckung - aus dem System heraus für die Wirtschaftssubjekte ab einem bestimmten Punkt ökonomisch sinnvoller war, anstelle der Bezahlung der nachgefragten Importgüter mit Devisen Gold zum administrativ festgelegten Kurs zu erwerben und zu verschicken. Der Wechselkurs stabilisierte sich somit quasi-automatisch innerhalb einer bestimmten Bandbreite (Goldimport- und Goldexportpunkt), ohne daß währungspolitische Maßnahmen, sei es durch die Notenbank oder den Staat, erforderlich waren. Sind die institutionellen (Zielzonen-)Voraussetzungen des Goldstandards und des KRUGMAN-Modells somit durchaus unterschiedlich, so läßt sich dennoch eine gewisse Analogie in der Wechselkursstabilisierung ausmachen. Unterstellen wir eine (Preis-)Notierung des Wechselkurses in Höhe von 2 DM/£ und nehmen wir des weiteren eine exogene Erhöhung der £-Nachfrage an, die z.B. - infolge veränderter individueller Präferenzen - aufgrund eines gestiegenen Importbedarfs resultiert, so steigt der Wechselkurs - wegen des Devisennachfrageüberhangs - z.B. auf 2,20 DM/£. Sofern dieser Wechselkurs gleichzeitig auch der Goldexportpunkt ist, würden die Wirtschaftssubjekte bei einem weiteren Wechselkursanstieg zum Kurs von 2 DM/£ bei der Deutschen Notenbank DM in Gold umtauschen (Goldkonversion) und dieses versenden, da die Verschickung inklusive der Transport- und Versicherungskosten nunmehr für sie günstiger ist. Wenn die Wirtschaftssubjekte allerdings Gold versenden, so ist die Deutsche Notenbank aufgrund der Golddeckungspflicht gehalten, die inländische Geldmenge im zuvor festgelegten Verhältnis entsprechend zu verringern. Dieser Umstand zieht - und das ist entscheidend - einen inländischen Zinsanstieg nach sich ($i > i^*$), der eine Geldanlage im Inland - im Vergleich zum Ausland - attraktiver macht. Dieses bevorstehende Szenario wird von den Wirtschaftssubjekten folgerichtig antizipiert, d.h. sie bilden entsprechende Wechsel-

Dabei hat die Frage, inwiefern die voranstehenden Aussagen mit der Realität zu vereinen sind, zu intensiven und detaillierten empirischen Tests des KRUGMAN-Modells geführt, die sich insbesondere auf die Daten des EWS, der skandinavischen Länder (vor allem Schweden), des Bretton-Woods-Systems und des Goldstandards bezogen. Hier zeigte sich, daß zwischen der ökonomischen Botschaft des KRUGMAN-Modells und den in der Realität beobachtbaren tatsächlichen Gegebenheiten keinerlei Übereinstimmungen bestehen; vielmehr weisen Theorie und Empirie eine gegenläufige Tendenz auf, die im einzelnen wie folgt zusammengefaßt werden kann.

a) Aus dem KRUGMAN-Modell geht hervor, daß - aufgrund der Gleichverteilung der Fundamentals - die Bewegung des Wechselkurses innerhalb der Bandbreite hauptsächlich an den Zielzonenenden stattfindet und sich somit für ihn eine u-förmige Dichtefunktion ergibt. Tatsächlich aber zeigen die empirischen Ergebnisse keine vornehmliche Wechselkursbewegung entlang des oberen oder des unteren Teils der in der Gleichung (8) abgeleiteten Wechselkursfunktion, sondern lediglich eine geringe Schwankungsbreite bzw. -intensität um die zentrale Parität (vgl. FLOOD, ROSE und MATHIESON [1991], BERTOLA und CABALLERO [1992b], BEETSMA und VAN DER PLOEG [1994] sowie LINDBERG und SÖDERLIND [1994a,b]). Dieses gilt insbesondere für den hfl/DM-Wechselkurs (vgl. die Abbildung 2), der über die Zeit hinweg zumeist im Zielzoneninneren zu finden ist. Demnach deutet dieser Wechselkursverlauf auf eine buckelförmige Dichtefunktion hin. Einen Erklärungsansatz dafür bietet u.a. die Vermutung, daß die Zentralbanken nicht nur ausschließlich - wie bisher angenommen - dann intervenieren, wenn der Wechselkurs die Zielzone zu verlassen droht; vielmehr ist davon auszugehen, daß zusätzlich bereits innerhalb der Zielzone intramarginal interveniert wird, um den Wechselkurs von den Zielzonenenden fernzuhalten.

b) Betreffend des Zinsdifferentials innerhalb der Zielzone resultiert - respektive der bisherigen Erläuterungen - der in der Gleichung (3) beschriebene Zusammenhang. Danach bewirken Veränderungen der Wechselkursänderungserwartungen der Wirtschaftssubjekte, die infolge aktueller Wechselkursbewegungen entstehen, eine gleichgerichtete Änderung des Zinsdifferentials. Befindet sich der Wechselkurs z.B. in der Nähe des oberen (unteren) Zielzonenendes, so antizipieren die Wirtschaftssubjekte bei einer gegebenen zentralen Parität zweier Währungen infolge der bevorstehenden interventionsbedingten inländischen Geldmengenreduktion und einer ausländischen Geldmengenexpansion (einer inländischen Geldmengenexpansion und einer ausländischen

kursänderungserwartungen. Demnach entsteht bei einer Bewegung des Wechselkurses zum Goldexportpunkt (Goldimportpunkt) eine Aufwertungserwartung (Abwertungserwartung) für die DM und synchron eine Abwertungserwartung (Aufwertungserwartung) für das Pfund. Diese Wechselkursänderungserwartungen führen nun dazu, daß es, um Kursverluste zu vermeiden, zur sofortigen Aufwertung (Abwertung) der DM und zur augenblicklichen Abwertung (Aufwertung) des Pfundes kommt. Wir erkennen das Krugmansche Ergebnis des Honey-Moon-Effekts, d.h. auch im Goldstandard wurden die Wechselkurse aufgrund von Wechselkursänderungserwartungen der Wirtschaftssubjekte innerhalb bestimmter Bandbreiten stabilisiert. Wirtschaftspolitisch interessant ist dabei, daß diese Wechselkursstabilisierung, im Unterschied zum KRUGMAN-Modell, bei einer fortwährenden Konstanz der Fundamentalvariablen erreicht wurde, d.h. Veränderungen des Fundamentalaggregats konnten nicht als Auslöser für Wechselkursänderungserwartungen betrachtet werden.

Geldmengenreduktion) eine künftig stärkere (schwächere) inländische Währung, d.h. es bildet sich aufgrund der perfekten Glaubwürdigkeit der Zielzone und wegen der homogenen rationalen Erwartungen der Wirtschaftssubjekte eine Aufwertungserwartung (Abwertungserwartung) für die heimische Währung. Dieser Umstand führt - da $E_t(de/dt)$ sinkt (steigt) - zu einem Ungleichgewicht in der Gleichung (3), welches nur durch das Sinken (Steigen) des inländischen Zinssatzes behoben werden kann ($i_t^* \equiv$ konstant). Folglich müßte, gemäß der Krugmanschen (Wechselkurszielzonen-)Intention, in der Realität ein steigender (sinkender) Kassakurs mit einem sinkenden (steigenden) Zinsdifferential einhergehen. Genau das Gegenteil zeigt sich jedoch anhand verschiedener empirischer Untersuchungen. Um den Abwertungsdruck (Aufwertungsdruck) von der Inlandswährung zu nehmen, liegen hohe (niedrige) Zinsdifferentiale vor, wobei letztere nur gelegentlich negativ sind (vgl. FLOOD, ROSE und MATHIESON [1991], SVENSSON [1991c], HELPMAN, LEIDERMAN und BUFMAN [1994] sowie LINDBERG und SÖDERLIND [1994b]).

Diesen empirischen Beleg verdeutlichen insbesondere die Abbildungen 1, 3, 4 und 5 für den französischen Franc und die italienische Lira. Beide Währungen haben in dem dort dargestellten Betrachtungszeitraum eine ständige nominale Abwertung gegenüber der Deutschen Mark erfahren; gleichzeitig sind für diesen Zeitraum durchweg positive Zinsdifferentiale gegenüber Deutschland zu beobachten, deren Volatilität zu Anfang des EWS relativ hoch war und die sich im Laufe der achtziger Jahre - für den französischen Franc nachhaltig und für die italienische Lira etwas langsamer - abschwächte. Ebenso zeigte sich z.B. infolge massiver Spekulationseinflüsse gegen die schwedische Krone, daß die schwedische Zentralbank im September 1992 mit einer Anhebung des Zinssatzes auf 500% pro Jahr reagierte, um so den anhaltenden Abwertungsdruck auf die eigene Währung zu entschärfen. Eine ähnliche Erfahrung durchlebte der Hongkong-Dollar im Oktober 1997, als dessen einseitige Bindung an den US-Dollar das Ziel eines spekulativen Angriffs bot, da die Finanzmärkte nicht länger von der Aufrechterhaltung der seit 1987 bestehenden Anbindung überzeugt waren. Zur Verteidigung letzterer wurden die Zinsen zeitweise drastisch angehoben, wodurch es zu exorbitanten Einbrüchen am Hongkonger Aktienmarkt kam.[48] Insofern besitzt der empirische Befund der in der Realität vorherrschenden positiven Wechselkurs-Zinsdifferential-Korrelationen, die sich mit dem KRUGMAN-Modell nicht erklären lassen, eine wichtige ökonomische Relevanz.

2.2. Kritische Bemerkungen

Neben den zuvor angeführten empirischen Beobachtungen bestehen weitere Anhaltspunkte, die das KRUGMAN-Modell vor dem Hintergrund seiner realitätsbezogenen Struktur in Frage stellen. Hier sind u.a. - wie es bei theoretischen Modellen oftmals der

[48] Mit 280% wurde Ende Oktober 1997 der höchste Tagesendstand erreicht (vgl. BIZ [1998, S. 48 f.]).

Fall ist - die dem Modell zugrundeliegenden Annahmen einer detaillierten Würdigung zu unterziehen.

a) KRUGMAN unterstellt in seiner Modellwelt die perfekte Glaubwürdigkeit der Wechselkurszielzone. Diese Annahme erscheint hinsichtlich der in der Realität beobachtbaren häufigen Realignments zu optimistisch (vgl. z.B. die Abbildungen 1 und 3). Die vor den einzelnen Realignments ansteigenden Zinsdifferentiale geben - entsprechend der ungedeckten Zinsparität in der Gleichung (3) - die bestehende Antizipation der Wirtschaftssubjekte hinsichtlich eines künftigen Realignments zu erkennen. Insofern verlangen sie - durch die Bildung von Aufwertungserwartungen für die Deutsche Mark - im Vergleich zum deutschen Zinsniveau höhere französische und italienische Zinsen. Darüber hinaus setzt das Arbeiten mit der perfekten Glaubwürdigkeit der Zielzone generell voraus, daß der Zentralbank die benötigten Interventionsmittel zu jedem Zeitpunkt in ausreichender Menge zur Verfügung stehen. Betrachten wir jedoch den theoretischen Grenzfall, in dem die Zentralbank aufgrund gegebener Kapitalmarkteinflüsse - z.B. durch Spekulanten - zu permanenten Interventionen über einen längeren Zeitraum hinweg gezwungen wird. Es ist nicht auszuschließen, daß der Vorrat (bzw. die Ziehungsmöglichkeiten) der einzusetzenden ausländischen Devisen zu einem Zeitpunkt aufgebraucht sind, zu dem die Notwendigkeit der bilateralen Interventionspflicht noch nicht vollständig erloschen ist.[49] In einer solchen Situation sind letztlich ein Realignment oder der Übergang zu einem Free-Float-Wechselkurssystem unumgänglich. So verweisen auch FLOOD, ROSE und MATHIESON [1991] sowie SVENSSON [1991b] darauf, daß die Annahme der perfekten Glaubwürdigkeit einer Zielzone für eine große Anzahl von bestehenden Bandbreiten im EWS nicht gegeben ist.[50]

b) Ebenso ist - wie zuvor bereits erwähnt - die zweite kritische Annahme der ausschließlich marginalen Interventionstätigkeit der Zentralbanken in Zweifel zu ziehen. Hier stellt sich die Frage, warum die Zentralbanken zunächst eine passive Rolle einnehmen und abwarten, bis der Wechselkurs eines der beiden Zielzonenenden erreicht. Vielmehr ist es stabilitätspolitisch angemessener und daher nicht auszuschließen, daß

---

49 Vor dem Hintergrund der spekulationsbedingten Unruhen im EWS im September 1992 erweist sich dieser theoretische Extremfall jedoch als praktische Normalität. Die Zentralbanken der am EWS beteiligten Länder waren aufgrund einer gewaltigen Spekulationswelle - insbesondere gegen das britische Pfund und die italienische Lira -, die nicht vorherzusehen war, fortwährend zu exorbitanten bilateralen Interventionen gezwungen, um die festgelegten Wechselkursbandbreiten aufrechtzuerhalten. (Die französische Zentralbank war z.B. zum Einsatz ihres gesamten Devisenvorrates gezwungen, während die Deutsche Bundesbank mit 60 Mrd. DM intervenierte.) Sie reichten jedoch letztendlich bei weitem nicht aus, um die Wirtschaftssubjekte bzw. „den Markt“ davon zu überzeugen, daß auf administrativer Ebene bedingungslos an den bestehenden Paritäten festgehalten wird. Diese permanenten Interventionen führten schließlich aufgrund mangelnder quantitativer Verfügbarkeit der benötigten Devisen dazu, daß der Fortbestand des EWS unter den damaligen Bedingungen nicht mehr möglich war.

50 Eine einfache Möglichkeit, die perfekte Glaubwürdigkeit einer Wechselkurszielzone zu überprüfen, stellt der von SVENSSON [1991b] formulierte „simplest test“ dar. Danach fehlt es einer Zielzone an Glaubwürdigkeit, sofern zukünftige Wechselkurse, etwa Terminkurse, für verschiedene Laufzeiten außerhalb einer betrachteten Zielzone liegen (vgl. dazu später).

bereits innerhalb der Wechselkursbandbreite zu einem beliebigen Zeitpunkt gezielte intramarginale Interventionen stattfinden (vgl. DELGADO und DUMAS [1992]), die darauf zielen, den Wechselkurs von den Zielzonenenden fernzuhalten und statt dessen eine Bewegung zur zentralen Parität zu erwirken. Diese Vermutung wird mit Hilfe vorhandener Daten über Zentralbankinterventionen gestützt. Sie verweisen darauf, daß intramarginale Interventionen eher die Regel als die Ausnahme sind (vgl. GIAVAZZI und GIOVANNINI [1989], DOMINGUEZ und KENEN [1992] sowie LINDBERG und SÖDERLIND [1992]). Vor dem Hintergrund der Annahme der perfekten Glaubwürdigkeit einer Wechselkurszielzone erscheinen sie ökonomisch sinnvoll; sie wirken unterstützend zur Stabilisierungsabsicht.

c) Aus dem KRUGMAN-Modell geht ein insgesamt nichtlinearer und unterproportionaler Zusammenhang zwischen dem Wechselkurs und dem Fundamentalaggregat innerhalb der Zielzone hervor, der sich in der abgeleiteten s-förmigen Wechselkursfunktion konkretisiert (vgl. die Gleichung (8)). Eine empirische Untersuchung dieses Zusammenhangs gestaltet sich insofern als ungemein schwierig, da das Fundamentalaggregat aufgrund der Vielzahl der dort enthaltenen Variablen nicht direkt zu beobachten ist.[51] In ihren Untersuchungen gelingt es FLOOD, ROSE und MATHIESON [1991] jedoch, typische Kombinationen zwischen dem Wechselkurs und den Fundamentals abzuleiten. Im Ergebnis erhalten sie eine breite Streuung innerhalb der Wechselkurszielzone, die keineswegs auf eine beobachtbare s-förmige Beziehung schließen läßt.

d) Darüber hinaus wird die perfekte Glaubwürdigkeit der Zielzone durch die in der heutigen Zeit bereits gängige Form des Erwerbs von Devisenoptionen beeinflußt. Bei diesen Optionsgeschäften liegt die Besonderheit vor, daß der Käufer lediglich ein Optionsrecht erwirbt und dafür zunächst kein Geld einsetzen muß. Nehmen wir nun an, es läge eine Situation vor, in der sich der Wechselkurs in der Nähe des oberen Zielzonenbandes befindet. Entsprechend der Krugmanschen Argumentation entsteht nun eine Aufwertungserwartung für die heimische Währung, die auch eine sofortige Aufwertung nach sich zieht. Dieser Umstand tritt jedoch nicht ein, wenn wir davon ausgehen, daß die Wirtschaftssubjekte die entstandene Aufwertungserwartung zum Anlaß nehmen, um Devisenoptionen zu kaufen.[52] Denn durch den Erwerb solcher Optionen entsteht keine Geldnachfrage, wodurch der Wechselkurs auch keinen (nominalen) Veränderungen unterliegen kann. Die erforderliche Aufwertung bleibt daher aus, und ein nicht vorhersagbares Wechselkursverhalten ist die Folge. Dieses impliziert u.a., daß

[51] Eine Schätzung der Fundamentals ist durch die Einbeziehung der ungedeckten Zinsparität (vgl. die Gleichung (3)) in die elementare Wechselkursgleichung (4) möglich:

$$\hat{f}_t = e_t - \hat{\alpha}\left(i_t - i_t^*\right).$$

[52] Für die anstehende Betrachtung ist es nicht von Bedeutung, ob die erworbenen Optionen nach dem Ablauf der Optionsfrist auch wahrgenommen werden. Wird - aus welchen Gründen auch immer - von dem Optionsrecht nicht Gebrauch gemacht, so fallen für den Optionskäufer der Optionspreis, die Provision sowie sonstige Gebühren an, die für ihn den eigentlichen Verlust darstellen. Des weiteren gehen wir davon aus, daß Veränderungen in den Optionspreisen keinen Einfluß auf den Wechselkurs haben. Ob diese Annahme der Realität immer gerecht wird, sei dahingestellt. Wichtig ist in diesem Zusammenhang allein die Möglichkeit, daß ein derartiger Einfluß nicht unbedingt gegeben sein muß.

der Wechselkurs weiter abwertet und die gegebene Zielzone unter Umständen verläßt. Hieraus wird ersichtlich, daß das zu beobachtende Verhalten der Wirtschaftssubjekte die Glaubwürdigkeit der Zielzone an entscheidender Stelle schwächt.[53]

Wir sehen also, daß insgesamt durchaus inhaltlich hinreichende und ökonomisch plausible Gründe anzuführen sind, die für eine theoretische Überarbeitung bzw. für eine faktische Erweiterung der von KRUGMAN gewählten Modellstruktur plädieren. Gleichwohl entsprach der Krugmansche Vorstoß, den Wechselkursverlauf innerhalb einer Wechselkurszielzone modelltheoretisch zu erklären, gleichzeitig auch einem Anreiz für andere Ökonomen, die beschriebene Modellproblematik aufzugreifen und infolge modifizierter Rahmenbedingungen konkretere Implikationen für die Wirtschaftspolitik herauszuarbeiten (vgl. dazu später).

2.3. Nicht-perfekte Glaubwürdigkeit

KRUGMAN erkannte die aus seinem Modell hervorgehende Problematik der negativen Korrelation zwischen theoretischer und empirischer Vereinbarkeit und formulierte die kritische Annahme der perfekten Glaubwürdigkeit (Kreditfähigkeit) der Wechselkurszielzone dahingehend um, daß er nun davon ausging, daß es der Zentralbank zu *keinem* Zeitpunkt möglich ist, eine perfekte Glaubwürdigkeit der Zielzone bei den Wirtschaftssubjekten zu erzeugen. Letztere gehen aufgrund ihrer rationalen Erwartungen nun davon aus, daß es fraglich ist, ob die Zentralbank die vorgegebene Zielzone immer („schulmäßig“) verteidigt. Diese Erweiterung des elementaren KRUGMAN-Modells wird nun vor dem Hintergrund ihrer stabilitätspolitischen Implikation theoretisch fundiert.

Wie zuvor schon angedeutet, sind die Wirtschaftssubjekte nun - in Annäherung an die Realität - unsicher bezüglich des Fortbestehens der betrachteten Zielzone.[54] Bislang ist immer davon ausgegangen worden, daß sich alle (homogenen) Wirtschaftssubjekte entsprechend der modellspezifischen Annahmen verhalten. Demzufolge konnten (wechselkursbedingte) Instabilitäten, die die betrachtete Zielzone in Frage gestellt hätten, von vornherein ausgeschlossen werden, während Wechselkursbewegungen innerhalb der Zielzone systembedingt und somit als unschädlich angesehen wurden. Sofern die Wirtschaftssubjekte - aus organisatorischen Gründen wird dies nur ein bestimmter Teil

[53] Die voranstehenden Bemerkungen haben gezeigt, daß Optionspreise durch ein Wechselkurszielzonensystem beeinflußt werden können. Dieser Zusammenhang wird im weiteren jedoch nicht mehr thematisiert, da sich die vorliegende Arbeit allein mit den Auswirkungen von Wechselkurszielzonen auf den nominalen Wechselkurs beschäftigt.

[54] An dieser Stelle sei ausdrücklich darauf hingewiesen, daß sich die unterstellte Unsicherheit der Wirtschaftssubjekte *nicht* auf ein mögliches Realignment bezieht. Die Wirtschaftssubjekte bilden am Zielzonenende lediglich Erwartungen über die Aufrechterhaltung der betrachteten Zielzone. Dabei ist es entweder möglich, daß die bestehende Zielzone im Wege bilateraler Interventionen der Zentralbanken erhalten wird, oder aber es findet ein Übergang zum Free-Float-Wechselkurssystem statt. Realignments und Realignmenterwartungen sind somit von der Betrachtung weiterhin ausgeschlossen.

sein - jedoch „testen“, mit welchen Anstrengungen bzw. mit welcher Ernsthaftigkeit die administrative Ebene bemüht ist, die bestehenden Paritäten tatsächlich beizubehalten oder aber von den Wirtschaftssubjekten - aus welchen Gründen auch immer - erwogen wird, mit strategischen Spekulationen vorteilhaftere Wechselkursparitäten herbeizuführen, wird das gesamte Szenario immer mit einer gewissen Unsicherheit behaftet sein. Diese Unsicherheit gilt es nun, in Anlehnung an KRUGMAN [1991, S. 679 f.], in die bereits bekannten modelltheoretischen Zusammenhänge zu integrieren.

Berücksichtigen die Wirtschaftssubjekte in ihrem Kalkül, daß die bestehende Zielzone nicht immer aufrechterhalten werden kann, so ist eine Bewegung entlang der bisherigen perfekt glaubwürdigen TT-Funktion nicht mehr möglich. Die Wirtschaftssubjekte erwarten mit einer Wahrscheinlichkeit ϕ, daß die Verteidigung der Zielzone gelingt; dagegen kalkulieren sie mit der Wahrscheinlichkeit 1-ϕ das Scheitern dieses Versuches ein. Folglich muß es eine Wechselkursfunktion geben, die - intuitiv - zwischen der FF- und der TT-Funktion liegen muß und in der das Maß der Unsicherheit zum Ausdruck kommt. Die Lösung stellt die in der Abbildung 9 enthaltene ZZ-Funktion dar, auf der sich der Wechselkurs innerhalb der Zielzone weiterhin unterproportional zum fundamentalen Aggregat entwickelt; im Vergleich zum elementaren KRUGMAN-Modell ist

Abbildung 9

Nicht-perfekte Glaubwürdigkeit

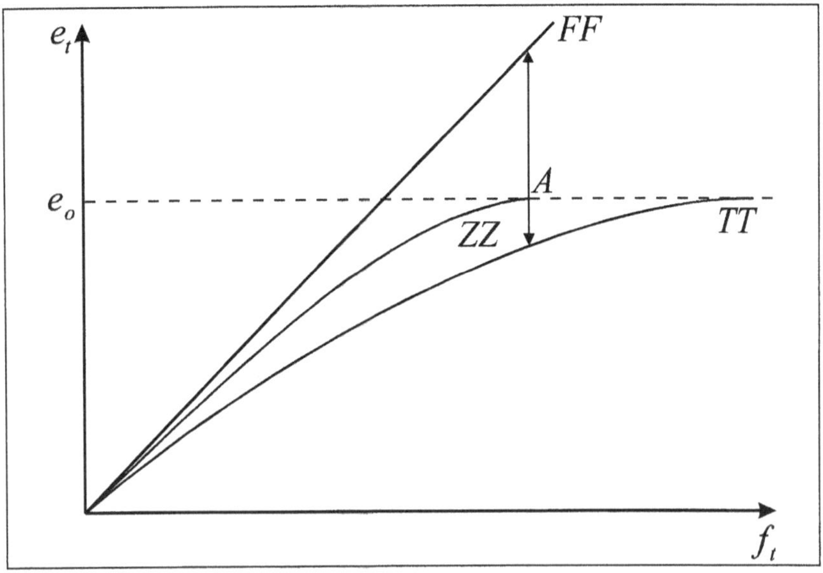

diese Unterproportionalität jedoch - bedingt durch die Unsicherheit - geringer geworden. Mit anderen Worten: Das Maß der Aufwertungserwartung für die heimische Währung hat sich verringert bzw. der Honey-Moon-Effekt ist kleiner geworden. Führt ein Anstieg des Wechselkurses nun dazu, daß das obere Zielzonenende (Punkt A) erreicht wird, so bilden die Wirtschaftssubjekte eigene Erwartungen über die anstehende Verteidigung. Scheitert letztere, ergibt sich ein Übergang zum Free-Float-Wechselkurssystem und der Wechselkurs springt vom Punkt A auf die FF-Funktion; gelingt die Verteidigung, so findet ein sofortiger Übergang zur (perfekt glaubwürdigen) TT-Funktion statt. Diese Überlegungen zeigen, daß die stabilisierende Wirkung der Zielzone auf den Wechselkurs durch die vorhandene Unsicherheit nicht unbedingt aufgehoben wird; im Gegensatz zur bisherigen Betrachtungsweise ist sie jedoch weniger stark ausgeprägt, d.h. der Honey-Moon-Effekt „verwässert" und hängt ganz entscheidend vom *Grad* der bestehenden Unsicherheit ab. Dieses wird insbesondere dann sehr deutlich, wenn $\phi = 1$ angenommen wird; hier ergibt sich eine ausschließliche Wechselkursbewegung entlang der TT-Funktion, und die Zielzone ist - wie bislang gewohnt - perfekt glaubwürdig, während sie im Falle von $\phi = 0$ nicht mehr fortbestehen kann und ein Übergang zum Free-Float-Wechselkurssystem stattfindet.[55] Gleichwohl erklärt die von KRUGMAN gewählte Modifikation das Wechselkursverhalten innerhalb einer Zielzone unter nach wie vor sehr restriktiven Bedingungen, da die modelltheoretische Zuweisung der Erwartungsbildung hinsichtlich eines Regimewechsels ausschließlich am Zielzonenende sowie das generelle Vernachlässigen von administrativen Realignments durch die Zentralbanken und die Bildung von Realignmenterwartungen durch die Wirtschaftssubjekte innerhalb der Zielzone keine wirkliche Beschreibung realitätsnaher Bedingungen bzw. Verhaltensweisen zuläßt (vgl. z.B. die Abbildungen 1 bis 3). Gerade die Berücksichtigung der Realignmenterwartungsbildung durch die Wirtschaftssubjekte würde den Anforderungen an die unterstellte rationale Erwartungsbildung in hohem Maße gerecht werden. Ebenso zeigen sich auch in diesem modifizierten Modell eine nach wie vor negative Korrelation zwischen dem Wechselkurs und dem Zinsdifferential innerhalb der Bandbreite sowie eine u-förmige Wechselkursdichtefunktion; ein Umstand, den wir schon zuvor im elementaren KRUGMAN-Modell als mit der empirischen Realität nicht vereinbar identifiziert hatten.

3. Modifikationen des Krugman-Modells

Aus den vorangegangenen Schwierigkeiten der theoretischen Übereinstimmung des elementaren KRUGMAN-Modells mit dem beobachtbaren empirischen Zusammenhang von Wechselkursen und Zinsdifferentialen in Zielzonensystemen ergibt sich hinsichtlich eines realitätsnäheren Abbildes dieses Modells die klare Forderung nach einer inhaltlichen Überarbeitung bzw. Neuformulierung der beschriebenen ökonomischen Restriktionen. Sinn und Zweck dieses Abschnitts ist es daher, die dem KRUGMAN-Modell

[55] Die Diskussion der Szenarien $\phi = 0$ und $\phi = 1$ liefern - zusätzlich zur bereits angeführten ökonomischen Erklärung - auch den analytischen Beweis zur Lage der ZZ-Funktion zwischen der FF- und der TT-Funktion.

zugrundeliegenden kritischen Annahmen entsprechend zu lockern und um spezifische Komponenten, die u.a. auch den Unsicherheitsaspekt einrechnen, zu erweitern. Durch die Berücksichtigung einer „zweiten Generation" von Zielzonenmodellen ist es daher möglich, den Aussagegehalt der Wechselkurszielzonentheorie durch die Aufhebung der perfekten Glaubwürdigkeit einer Bandbreite insgesamt zu verbessern und die eingangs genannten Ansprüche zu realisieren.

In einem ersten Schritt (vgl. den Abschnitt 3.1.) werden - zusätzlich zur bestehenden marginalen Interventionstätigkeit an den Zielzonenenden - intramarginale (mean-reverting) Interventionen in die Betrachtung eingeführt, die von den Zentralbanken - aufgrund der bilateralen Interventionsinterdependenz - bereits innerhalb der Bandbreite vorgenommen werden und eine Wechselkursbewegung zur (weiterhin unveränderlichen) zentralen Parität induzieren sollen. Darüber hinaus wird die Zielzonenperspektive in den Abschnitten 3.2. und 3.3. durch die Möglichkeit administrativer Realignments sowie durch den Eintritt spekulativer Attacken (speculative attacks) entscheidend erweitert. Hierbei unterliegen sowohl die Bildung von exogenen und endogenen Realignmenterwartungen (realignment expectations) durch die Wirtschaftssubjekte als auch das Auftreten spekulativer Attacken einer besonderen ökonomischen Relevanz. Diesen Ausführungen, die sich bislang ausschließlich auf die Stabilisierung des nominalen Wechselkurses konzentrierten, schließt sich im Abschnitt 3.4. eine Analyse bezüglich der Stabilisierung des realen Wechselkurses an. Dazu wird es dann notwendig sein, die zugrunde gelegte Welt des monetaristischen Wechselkursmodells zu verlassen und - im Sinne von DORNBUSCH [1976] - realitätstypische Preisrigiditäten am Gütermarkt in das Wechselkurszielzonensystem zu integrieren.

3.1. Intramarginale Interventionen in Wechselkurszielzonen

Entgegen der sich aus dem KRUGMAN-Modell ergebenden vorherrschenden Bewegung des Wechselkurses entlang der Zielzonenenden, die die beschriebene u-förmige Wechselkursdichtefunktion zur Folge hat, zeigen z.B. die bereits erwähnten empirischen Untersuchungen bezüglich mehrerer bilateraler Wechselkurse im EWS eine eher geringe Schwankungsbreite dieser Wechselkurse um deren zentrale Parität, was insgesamt auf eine hauptsächlich buckelförmige Wechselkursverteilung innerhalb der Zielzone hindeutet. Um diese empirischen Gegebenheiten mit Hilfe eines konkreten theoretischen Modells erklären zu können, distanzierten sich DELGADO und DUMAS [1992] von der bis dahin geläufigen Modellierung ausschließlich marginaler Zentralbankinterventionen in Zielzonenmodellen, indem sie realitätstypische intramarginale mean-reverting Interventionen - bei nach wie vor gegebener perfekter Glaubwürdigkeit der Wechselkurszielzone - in das KRUGMAN-Modell integrierten.[56] Das währungspolitische Ziel

[56] Vgl. hierzu auch SVENSSON [1992a, S. 133 ff.] sowie GARBER und SVENSSON [1994, S. 21 ff.]. LEWIS [1991, S. 72 ff.] hebt die besondere Bedeutung einer intramarginalen Interventionstätigkeit

dieser durch die Zentralbank ausgelösten Interventionen ergibt sich dabei in zweierlei Hinsicht: Zum einen wird durch sie versucht, bereits innerhalb der Bandbreite eine destabilisierende Wechselkursveränderung hin zu einer der beiden Zielzonengrenzen zu verhindern (intramarginal interventions), während zum anderen gleichzeitig eine - zur beobachteten destabilen Entwicklung entgegengesetzte - Wechselkursbewegung zur administrativ bestimmten zentralen Parität erwirkt werden soll (mean-reverting interventions).[57,58] Diese intramarginalen Interventionen ergeben sich dabei infolge stochastischer Abweichungen des Fundamentalaggregats von seinem Ausgangsniveau. Den Wirtschaftssubjekten sei - aufgrund der unterstellten rationalen Erwartungsbildung - bekannt, daß sowohl marginal als auch - zu nicht vorhersehbaren Zeitpunkten - intramarginal interveniert wird, und sie nehmen diesen Tatbestand in ihr Kalkül mit auf.

Diese theoretische Erweiterung ist in der Abbildung 10 veranschaulicht.

Wie aus den voranstehenden Abbildungen bereits bekannt ist, repräsentiert die FF-Funktion die gleichgerichtete proportionale Bewegung von Wechselkurs und fundamentalem Aggregat beim Vorliegen flexibler Wechselkurse. Im Gegensatz dazu existiert das sogenannte *„Managed-Float"*-Wechselkurssystem, bei dem permanente zentralbankpolitische Interventionen - zunächst einmal unabhängig davon, ob feste oder anpassungsfähige Wechselkurse vorliegen - darauf zielen, den aktuellen Wechselkurs (Kassakurs) zur zentralen Parität zu leiten. Hierzu sind das Bestehen einer Wechselkursbandbreite bzw. das Durchführen von marginalen Interventionen nicht erforderlich. Warum aber verläuft die charakteristische Wechselkursfunktion, die die Bewegung des Wechselkurses in einem Managed-Float-System repräsentiert, im Vergleich zur Free-Float-Situation flacher? Um diese Frage beantworten zu können, ist es zunächst erforderlich, den stochastischen Prozeß der Fundamentalvariablen zu verändern. Diese Vorgehensweise ist unmittelbar einsichtig: In der bisherigen Betrachtungsweise war es durchweg unerheblich, wie groß die stochastischen Veränderungen der Fundamentalvariablen innerhalb der Zielzone ausfielen, da die Zentralbank nur dann einzugreifen hatte, wenn der Wechselkurs - infolge dieser, dem unterstellten Brownschen

für die Weiterentwicklung von Wechselkurszielzonenmodellen hervor und zeigt auf, welchen Einfluß diese auf den Wechselkurs ausüben kann.

57 Diese intramarginalen mean-reverting Interventionen werden u.a. von GARBER und SVENSSON [1994, S. 21] auch als „Leaning-against-the-wind"-Interventionen bezeichnet. Letztere unterscheiden sich inhaltlich jedoch nicht von den zuerst genannten. Daher macht es Sinn, die gesamte Einordnung dieser Interventionen im weiteren Kontext dieser Arbeit vornehmlich auf den Begriff der „intramarginalen Interventionen" zu beschränken und sie entsprechend dem Verständnis von DELGADO und DUMAS [1992] zu begreifen. Die gelegentliche Verwendung des Ausdrucks der mean-reverting Interventionen erfolgt nunmehr nur noch in der Absicht, die Art der intramarginalen Zentralbankinterventionen im inhaltlichen Zusammenhang hervorzuheben.

58 Die beschriebene zentralbankpolitische Verfahrensweise bestätigen und erläutern z.B. LINDBERG und SÖDERLIND [1992] am Beispiel der schwedischen Krone. In ihren Untersuchungen dokumentieren sie, daß die buckelförmige Dichtefunktion des Wechselkurses durch diese Modifikation modelltheoretisch erklärt werden kann. Ebenso zeigen GIAVAZZI und GIOVANNINI [1989] sowie BEETSMA [1995] die Bedeutung der intramarginalen Interventionstätigkeit für verschiedene EWS-Währungen auf.

Bewegungsprozeß folgenden fundamentalen Veränderungen - eines der beiden Zielzonenenden zu überschreiten drohte. Aufgrund der nun eingeführten intramarginalen Interventionen ist die Zentralbank jetzt insofern schon innerhalb der Zielzone aktiv gefordert, da geringen stochastischen Veränderungen der Fundamentalvariablen, die entsprechende Wechselkursbewegungen induzieren (destabilisierendes Element), mittels

Abbildung 10

Intramarginale Interventionen

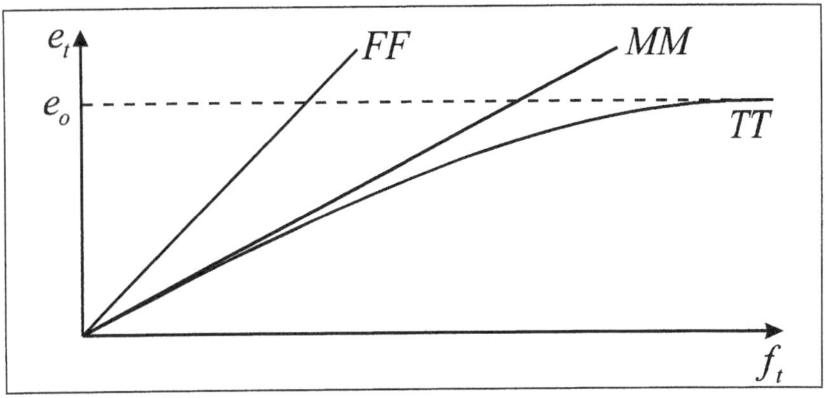

sofortiger mean-reverting Interventionen entgegengewirkt werden soll (stabilisierendes Element). Dieses Verhalten kann analytisch mit Hilfe der nachstehenden Gleichungen modelliert werden. Zunächst gilt

(11) $$x_t = e_t - c_t,$$

bzw. in der Schreibweise als Erwartungsoperatoren

(12) $$E_t\left(dx/dt\right) = E_t\left(de/dt\right) - E_t\left(dc/dt\right),$$

wobei mit dem Ausdruck x_t die Veränderung des Wechselkurses innerhalb der Bandbreite beschrieben wird, die sich durch die Subtraktion der zentralen Parität c_t vom aktuellen Wechselkurs e_t ergibt. (Analoges gilt für die Interpretation der Gleichung (12).) Durch die Substitution der Gleichung (4) in die Gleichung (11) gelangen wir schließlich mit Hilfe einiger Umformungen zur charakteristischen Wechselkursfunktion innerhalb der Bandbreite in der Gleichung (13):

(13) $$x_t = h_t + \alpha E_t\left(dx/dt\right),$$

$$h_t \equiv f_t - c_t + \alpha E_t\left(\frac{dc}{dt}\right),$$ [59]

wobei der Ausdruck h_t das *erweiterte* Fundamentalaggregat umfaßt.

Diese formale Herleitung ermöglicht es nun, den stochastischen Prozeß der erweiterten Fundamentalvariablen analytisch zu fassen. Ausgehend von der Vorstellung, daß das erweiterte fundamentale Aggregat infolge exogener Einflüsse von der zentralen Parität - nach oben oder unten - abweicht, bilden die Wirtschaftssubjekte (homogene) rationale Erwartungen über zukünftige intramarginale mean-reverting Zentralbankinterventionen, mit denen die ursprüngliche zentrale Parität wieder erreicht werden soll. So formulieren wir - in Anlehnung an DELGADO und DUMAS [1992] und entsprechend SVENSSON [1992a, S. 134] sowie GARBER und SVENSSON [1994, S. 21] - die Gleichung

(14) $$E_t\left(\frac{dh}{dt}\right) = -\rho h_t, \quad \rho > 0,$$ [60]

in der $E_t(dh/dt)$ die von den Wirtschaftssubjekten gebildete Erwartung hinsichtlich der - mit Hilfe von intramarginalen Interventionen bewirkten - künftigen Veränderung des erweiterten Fundamentalaggregats ausdrückt, und ρ - als positive Konstante - den Zufall der bevorstehenden Umkehrung (mean reversion) der erweiterten Fundamentalvariablen (bzw. des Wechselkurses) durch die intramarginalen Interventionen der Zentralbank beschreibt. Wir sehen also, daß der Ausdruck auf der rechten Seite immer dann ein erhöhtes Maß an intramarginaler Interventionsintensität der Zentralbanken nach sich zieht, je größer die tatsächliche Veränderung des erweiterten Fundamentalaggregats innerhalb der Zielzone ist. Letztere resultiert dabei aus der Abweichung der ursprünglichen Fundamentalvariablen von der zentralen Parität (vgl. die Gleichung

[59] Diese Gleichung beinhaltet mit der von den Wirtschaftssubjekten erwarteten Realignmentrate $E_t(dc/dt)$ eine zusätzliche ökonomische und formale Erweiterung. Aus ökonomischer Sicht ist diese insofern sinnvoll und unproblematisch, da die Bildung von Realignmenterwartungen eine naturgemäße Verhaltenserscheinung der Wirtschaftssubjekte darstellt und damit ihre inhaltliche Berücksichtigung rechtfertigt. In formaler Hinsicht sei deren Eingliederung allerdings, insbesondere wegen der Unterscheidung in endogene und exogene Realignmenterwartungen, auf den nächsten Abschnitt verschoben, um zunächst die alleinige Wirkung von intramarginalen Interventionen innerhalb einer Wechselkurszielzone untersuchen zu können sowie die insgesamte Vereinbarkeit dieser einzelnen Erweiterung mit den empirischen Ergebnissen darzustellen. Aufgrund dessen betrachten wir in diesem Abschnitt $E_t(dc/dt) \equiv 0$, so daß das erweiterte Fundamentalaggregat h_t nunmehr von der inländischen Geldmenge m_t, dem Velocity-Shift-Term v_t und der zentralen Parität c_t bestimmt wird. Gleichzeitig entwickeln wir aber auch eine gewisse (formale und ökonomische) Intuition dafür, wie mögliche Realignmenterwartungen das erweiterte Fundamentalaggregat verändern und dadurch intramarginale Zentralbankinterventionen auslösen können.

[60] Der Fall $\rho = 0$ impliziert die formale Rückkehr zur ausschließlich marginalen Interventionstätigkeit, während für die Werte $\rho < 0$ eine Leaning-with-the-wind-Strategie der Zentralbanken vorliegt, die die Veränderung des Fundamentalaggregats weiter verschärft und insofern destabilisierend auf das gesamte Zielzonensystem wirkt.

(13)), die somit die Intensität der mean-reverting Interventionen bestimmen.[61] Insgesamt zeigt sich demnach für die Bildung stabiler Wechselkursänderungserwartungen allein die Kenntnis der Wirtschaftssubjekte über mögliche intramarginale Zentralbankinterventionen, die zu einem beliebigen Zeitpunkt stattfinden können, verantwortlich. Mit Hilfe weiterer einfacher Umformungen können wir schließlich den formalen Beweis der im Vergleich zum KRUGMAN-Modell flacheren Steigung der gesuchten Wechselkursfunktion in einem Managed-Float-Wechselkurssystem anführen:

$$(15) \qquad x_t = \frac{h_t}{1+\alpha\rho}.$$

Diese, für die Bewegung des Wechselkurses innerhalb der Bandbreite relevante Funktion, die von bereits bekannten Parametern abhängt, führt mit Hilfe der bislang durchgeführten Überlegungen zu der in der Abbildung 10 enthaltenen MM-Funktion, die die Antwort auf die eingangs gestellte Frage ist. Analytisch gesehen ergibt sich der im Vergleich zur FF-Funktion flachere Verlauf der MM-Funktion einfach dadurch, daß der Nenner größer als der Zähler ist, da das erweiterte Fundamentalaggregat maximal einen Wert von eins annehmen kann. Aus ökonomischer Sicht repräsentiert der flachere Verlauf die bestehende permanente Interventionstätigkeit der Zentralbanken und zeigt den stabilisierenderen Einfluß auf den Wechselkurs, der sich, entgegen der bisherigen Betrachtung im elementaren KRUGMAN-Modell, deutlich unterproportionaler mit der Zu- bzw. der Abnahme des erweiterten Fundamentalaggregats entwickelt und somit eine insgesamt verringerte Volatilität aufweist. Ausgehend von der zentralen Parität erwarten die Wirtschaftssubjekte bei einem steigenden (fallenden) Wechselkurs, daß die Zentralbanken augenblicklich intervenieren, um den Wechselkurs mit Hilfe von mean-reverting Interventionen zur zentralen Parität zu bewegen bzw. dort zu belassen. Aus dieser Erwartung heraus, die für die gesamte Argumentation innerhalb des Managed-Float-Systems von entscheidender Bedeutung ist, ergibt sich ein im Vergleich zu ausschließlich marginal durchgeführten Interventionen weitaus stabilisierenderes Element, das von sich aus auf den Wechselkurs wirkt. Mit anderen Worten zeigt sich auch in einem Managed-Float-Wechselkurssystem ein Honey-Moon-Effekt, der - mit Blick auf den Einsatz sofortiger mean-reverting Interventionen durch die Zentralbanken - augenblicklich eine stabilisierende Wechselkursänderungserwartung bei den Wirtschaftssubjekten herbeiführt und die Wechselkursvolatilität a priori reduziert. Sein Auftreten erfordert die Institution einer Wechselkurszielzone jedoch nicht.

Entlang welcher Funktion bewegt sich aber der Wechselkurs, wenn in die bisherige Betrachtungsweise eines ausschließlichen Managed-Float-Systems eine Wechselkurszielzone eingeführt wird? Die Antwort hierzu ist - aus ökonomischer Sicht - relativ einfach: Es wird weder eine Bewegung des Wechselkurses entlang der FF-Funktion

---

[61] KLEIN und LEWIS [1993] modellieren (stochastische) intramarginale Zentralbankinterventionen und führen eine Interventionswahrscheinlichkeit in die Betrachtung ein. Aus der Sicht der Marktteilnehmer wird eine intramarginale Intervention mit der zunehmenden Abweichung der Fundamentalvariablen von ihrem Gleichgewichtswert immer wahrscheinlicher.

noch eine Wechselkursbewegung entlang der MM-Funktion stattfinden. Beim Vorliegen einer Zielzone und dem Vorhandensein von intramarginalen Interventionen resultiert - in der Abbildung 10 und entsprechend der Gleichung (8) - eine Bewegung entlang der schon bekannten s-förmigen Wechselkursfunktion. Im Gegensatz zum KRUGMAN-Modell verläuft diese Funktion jedoch wesentlich flacher und relativ nahe entlang der MM-Funktion, wodurch ein zusätzlicher Honey-Moon-Effekt auszumachen ist, der jedoch im Vergleich zur Managed-Float-Situation ohne Zielzone weitaus kleiner ist. Somit lassen sich durch die Einführung einer Wechselkurszielzone insgesamt zwei Honey-Moon-Effekte ausmachen, deren unterschiedlich starke, aber gleichgerichtete Wirkungsweise wie folgt zusammengefaßt und erklärt werden kann:

a) Aufgrund der vorhandenen intramarginalen Interventionen geht insofern eine stabilisierende Wirkung in der Form eines Honey-Moon-Effekts auf den Wechselkurs aus, da die Wirtschaftssubjekte das Bestreben der Zentralbanken, den Wechselkurs zur zentralen Parität zu bewegen, mit in ihre Erwartungen aufnehmen. Dieser Umstand kommt durch die vertikale Differenz zwischen der FF-Funktion und der MM-Funktion, der das Ausmaß der permanenten intramarginalen Interventionen anzeigt, zum Ausdruck. Hieraus wird der bereits beschriebene Gedanke des Managed-Float-Systems mit seiner stabilitätspolitischen Implikation ersichtlich. Zur Wirkung letzterer ist das Bestehen einer Wechselkurszielzone jedoch nicht zwingend erforderlich.

b) Beim Vorliegen einer Wechselkurszielzone berücksichtigen die Wirtschaftssubjekte ferner, daß beim Überschreiten eines der Zielzonenenden seitens der Zentralbanken marginal interveniert wird, damit der Wechselkurs die vorgegebene Zielzone nicht verläßt. Somit liegt bei möglichen intramarginalen Interventionen ein weiterer Honey-Moon-Effekt vor, der sich durch die vertikale Differenz zwischen der MM-Funktion und der TT-Funktion ergibt und die Bildung der stabilisierenden Wechselkursänderungserwartungen seitens der Wirtschaftssubjekte ausdrückt. Dieser Honey-Moon-Effekt ist jedoch insgesamt kleiner als im elementaren KRUGMAN-Modell und auch im Vergleich zum Honey-Moon-Effekt des ausschließlichen Managed-Float, da die Wahrscheinlichkeit, daß der Wechselkurs eines der beiden Zielzonenenden tatsächlich erreicht, durch den Einsatz von intramarginalen Interventionen erheblich reduziert wird. Dennoch ist die zusätzliche stabilisierende Wirkung auf den Wechselkurs nicht zu verkennen, obgleich dazu eine Wechselkurszielzone zwingend erforderlich ist.

Generell ist somit als Ergebnis festzuhalten, daß die stabilisierende Wirkung des gesamten Honey-Moon-Effekts in einem Managed-Float-Wechselkurssystem weitaus größer ist als die durch das alleinige Vorhandensein von marginalen Zentralbankinterventionen hervorgerufene stabilisierende Wirkung auf den Wechselkurs innerhalb der Zielzone. Insgesamt ergibt sich somit eine Wechselkursfunktion, die im Vergleich zum KRUGMAN-Modell zwar ebenfalls eine s-förmige Gestalt annimmt, jedoch insgesamt wesentlich flacher verläuft und demnach in hohem Maße ihre Nichtlinearität verliert. Die stabilisierende Wirkung dieses Szenarios kann weiter erhöht werden, wenn die Zentralbanken das Ausmaß ihrer intramarginalen Interventionen weiter steigern. In diesem Fall steigt die positive Konstante ρ in der Gleichung (14) entsprechend an und bewirkt - mit Blick auf die Gleichung (15) - die Reduktion der Steigung der MM-Funktion. Letztlich nähern sich die Managed-Float-Funktion und die Wechselkursfunktion immer mehr an und der sich daraus ergebende stabilisierende Effekt auf den Wechselkurs wird somit stetig größer. (Ergänzend sei in diesem Zusammenhang darauf hingewiesen, daß die Ergebnisse bezüglich des Smooth-Pasting-Effekts durch die Wirkung von intramarginalen Interventionen unberührt bleiben.) Dieses Ergebnis zeigt somit, daß die in einer geringen Schwankungsbreite empirisch beobachtbare Wechselkursbewegung mehrerer EWS-Wechselkurse um deren zentrale Parität, die auf eine buckelförmige Dichtefunktion des Wechselkurses verweist, durch die gewählte Modifikation theoretisch erklärt werden kann. Gleichzeitig impliziert dieses aber auch, daß der Smooth-Pasting-Effekt und die Nichtlinearität der Wechselkursfunktion allenfalls aus theoretischer Sicht von Bedeutung sind, da sie infolge einer steigenden intramarginalen Interventionstätigkeit an faktisch relevantem Gewicht verlieren. Hinsichtlich des charakteristischen Wechselkurs-Zinsdifferential-Zusammenhangs ergibt sich in diesem Modell eine im Vergleich zu KRUGMAN [1991] zwar weiterhin deterministische, jedoch erheblich ausgeprägtere negative Korrelation, da sich bereits infolge geringer Abweichungen des Wechselkurses von der zentralen Parität eine wesentlich größere (bzw. stabilisierendere) Wechselkursänderungserwartung der Wirtschaftssubjekte einstellt, die in Verbindung mit der ungedeckten Zinsparität (vgl. die Gleichung (3)) eine dazu entsprechend gleichgerichtete Reaktion des inländischen Zinssatzes verlangt. Gleichwohl wissen wir, daß dieser grundsätzliche theoretische Zusammenhang einer empirischen Überprüfung insgesamt nicht standhält.

Aus währungspolitischer Sicht impliziert dieses Ergebnis für das Verhalten der Zentralbanken, daß das Verfolgen einer Wechselkursstabilisierungspolitik mit Hilfe einer Zielzone insbesondere dann erfolgreich bzw. effizient ist, wenn bereits innerhalb der Bandbreite intramarginal interveniert wird, d.h. die Zielzone wirkt im Vergleich zum elementaren KRUGMAN-Modell weitaus stabilisierender auf den Wechselkurs. Diese Aussage wird durch die Überlegungen von SVENSSON [1992a, S. 136] gestützt, der eine Wechselkurszielzone nicht vordergründig als eine bilaterale Bindung an marginale Interventionen verstanden wissen will, sondern vielmehr als nachweisbare Übereinkunft zwischen den beteiligten Ländern, Wechselkursvolatilitäten durch intramarginale Interventionen reduzieren zu wollen. Da im DELGADO-DUMAS-Modell jedoch nach wie vor von der Krugmanschen Annahme der perfekten Glaubwürdigkeit der Wechselkurszielzone ausgegangen wird, erscheint dieses Ergebnis vor dem Hintergrund seines Realitätsbezuges insgesamt noch sehr restriktiv. Vielmehr ist davon auszugehen, daß - allgemein gesehen - die zusätzliche Präsenz von intramarginalen Interventionen innerhalb einer Zielzone in einem höheren Ausmaß dazu beitragen kann, ein Glaubwürdigkeitsproblem zu entschärfen bzw. zu verhindern und somit als geeignetes Instrument einer erfolgreichen Wechselkursstabilisierungspolitik anzusehen ist. Die Problematik dieses Abschnitts liegt jedoch allein darin, daß durch das Vernachlässigen von administrativen Realignments von vornherein mit der Annahme der perfekten Glaubwürdigkeit der Wechselkurszielzone zu arbeiten ist. Die dadurch gewonnenen wirtschaftspolitischen Empfehlungen sind prinzipiell zwar als durchaus gehaltvoll zu beurteilen; gleichzeitig erscheint es jedoch ratsam, die momentane modelltheoretische „Gradwanderung" aufzugeben, Realignments als weitere wirtschafts- und währungspolitische Maßnahme in die Wechselkurszielzonenbetrachtung einzuführen und deren Wirkungsweise im Zusammenhang mit dem Ziel der Wechselkursstabilisierung zu untersuchen. Diese Aussage wird durch die Abbildungen 1 und 3 insofern empirisch gestützt, als in dem betrachteten Zeitraum für den FF/DM-Wechselkurs sieben und für den Lit/DM-Wechselkurs neun Realignments stattgefunden haben. Demnach wird im folgenden dazu übergegangen, das Glaubwürdigkeitsproblem in die Analyse aufzunehmen, exogene und endogene Realignmenterwartungen der Wirtschaftssubjekte innerhalb der Zielzone voneinander zu unterscheiden und sie auf ihre stabilitätspolitisch relevante Wirkung auf den Wechselkurs hin zu untersuchen.

3.2. Realignmenterwartungen in Wechselkurszielzonen

Nachdem bislang von der Bildung spezifischer Realignmenterwartungen durch die Wirtschaftssubjekte und administrativen Realignments der Währungsbehörden gänzlich abstrahiert wurde, sollen sie nun in die vorliegende Modellbetrachtung eingeführt werden. Damit wird gleichzeitig auch die bislang unterstellte perfekte Glaubwürdigkeit der Wechselkurszielzone aufgehoben, wodurch der Unsicherheitsaspekt eine erhöhte Bedeutung erhält. Im Gegensatz zum Abschnitt 2.3., in dem die Erwartungen der Wirtschaftssubjekte auf einen Regimewechsel zielen konnten, ist die vollständige Aufgabe des Zielzonensystems hier nicht relevant. Insofern können Realignmenterwartungen nur das Verlassen der aktuellen und das Bestimmen einer neuen Wechselkurszielzone bewirken.

3.2.1. Exogene Realignmenterwartungen

In diesem Abschnitt treffen wir die modelltheoretische Annahme, daß die Realignmenterwartungen der Wirtschaftssubjekte im ganzen exogener Art sind,[62] d.h. ihr Auftreten wird durch das jeweilige Modell nicht erklärt. Dieses bedeutet für die Zielzonenbetrachtung, daß sich die exogene Realignmenterwartungsbildung der Wirtschaftssubjekte nicht aus der beobachtbaren fundamentalen Entwicklung heraus ergibt, sondern vielmehr durch unvorhersehbare Schocks, Sonnenflecken usw. gekennzeichnet sein kann. Die direkte Beeinflussung dieser Art von Realignmenterwartungen ist hierbei durch das Instrumentarium der Zentralbank(en) nicht möglich; sie müssen als überraschendes Ereignis hingenommen werden. Im weiteren wird also davon ausgegangen, daß die Wirtschaftssubjekte - in der Kenntnis möglicher Realignments - bereits a priori spezifische exogene Realignmenterwartungen bilden,[63] und dieser Umstand ist nun

---

[62] Ein detaillierter Überblick hinsichtlich der Bildung von exogenen Realignmenterwartungen wird u.a. von DE ARCANGELIS [1994] präsentiert.

[63] Aus der allgemeinen Sicht betont BILSON [1979a, S. 62], daß die Wirtschaftssubjekte vordergründig danach fragen, *„when will the government devalue, and by how much?"*.

speziell deshalb genauer zu hinterfragen, da sich durch ihn die bisher vorliegenden währungspolitischen Aussagen bezüglich der stabilisierenden Wirkung von Zielzonen auf das Wechselkursverhalten ändern können.

3.2.1.1. Die Drift-Adjustment-Methode

Bei der Bewertung der Unsicherheit hinsichtlich möglicher administrativer Realignments (vgl. GARBER und SVENSSON [1994, S. 19 f.]) sind zwei prägnante Merkmale hervorzuheben. Zum einen ist den Wirtschaftssubjekten - wegen der unterstellten (homogenen) rationalen Erwartungen, die aufgrund der jedem einzelnen Wirtschaftssubjekt zur Verfügung stehenden Marktinformationen entstehen - bekannt, daß derartige Realignments - infolge von als unerwünscht diagnostizierten (fundamentalen) Fehlentwicklungen - von den Zentralbanken (oder auch von den jeweiligen Regierungen) vorgenommen werden können; zum anderen wissen sie jedoch nicht, zu welchem Zeitpunkt diese erfolgen, weshalb ein permanentes stochastisches Realignmentrisiko besteht. Aus diesen Annahmen heraus ist es nun erforderlich, die Gleichung (12) umzuformulieren. Wir erhalten die gesamte Wechselkursänderungserwartung $E_t(de/dt)$ in modifizierter Form als Summe zweier Erwartungsoperatoren:

$$(16) \qquad E_t\left(\frac{de}{dt}\right) = E_t\left(\frac{dx}{dt}\right) + E_t\left(\frac{dc}{dt}\right),$$

wobei $E_t(dx/dt)$ die erwartete Wechselkursänderung innerhalb der Bandbreite, die sich im Zusammenhang mit dem Honey-Moon-Effekt und dem Smooth-Pasting-Effekt ergibt, beschreibt, während die jederzeit möglichen Realignmenterwartungen, die im elementaren KRUGMAN-Modell gleich null sind, in der Komponenten $E_t(dc/dt)$ enthalten sind.[64] Zur weiteren Betrachtung ist es zunächst zweckmäßig, die Gleichung (16) mit dem Zinsdifferential in der Gleichung (3) in Verbindung zu setzen, um so die Kritik bezüglich des unterschiedlichen empirischen wie theoretischen Zusammenhangs zwischen dem Wechselkurs und dem inländischen Zinssatz aufzugreifen und zu integrieren. Mit Hilfe einiger Umformungen ergibt sich

$$(17) \qquad E_t\left(\frac{dc}{dt}\right) = \left(i_t - i_t^*\right) - E_t\left(\frac{dx}{dt}\right)$$

als von den Wirtschaftssubjekten erwartete Realignmentrate. Hier wird in der Literatur auch von der Drift-Adjustment-Methode gesprochen.[65] Letztere ist Gegenstand der Abbildung 11 sowie der sich anschließenden Erläuterungen.

---

[64] Die Substitution der Gleichung (16) in die Gleichung (4) zeigt, daß der aktuelle Wechselkurs (Kassakurs) jetzt - im Gegensatz zur bisherigen Betrachtung - von zwei fundamentalen Variablen (f_t und $E_t(dc/dt)$) bestimmt wird.

[65] Die Untersuchungen von SVENSSON [1993], LINDBERG, SÖDERLIND und SVENSSON [1993] sowie ROSE und SVENSSON [1995] unterstreichen die empirische Bedeutung der Drift-Adjustment-Methode innerhalb einer gegebenen Wechselkurszielzone.

In der nachstehenden Abbildung repräsentiert die TT-Funktion die im elementaren KRUGMAN-Modell bestehende Wechselkursbewegung innerhalb der Zielzone und entlang der Zielzonenenden. Bei einem steigenden (fallenden) Wechselkurs würde sich demnach eine Bewegung auf der TT-Funktion oberhalb (unterhalb) der zentralen Parität ergeben; gleichzeitig liegen - im Vergleich zu den konstanten ausländischen Zinsen und entsprechend der Gleichung (3) - niedrigere (höhere) inländische Zinsen vor, da sich aus inländischer Sicht aus dem Modell heraus eine stabilisierende Aufwertungserwartung (Abwertungserwartung) für die heimische Währung ergibt. Tatsächlich zeigen die bereits erwähnten empirischen Ergebnisse jedoch, daß ein derartiger Zusammenhang zwischen dem Wechselkurs und dem Zinsdifferential innerhalb der Zielzone eher die Ausnahme ist. Vielmehr sind - auf empirischer Ebene - die Punkte A und B als Ausdruck einer typischen Wechselkurs-Zinsdifferential-Konstellation anzusehen. Wie ist dieser Sachverhalt jedoch ökonomisch zu erklären? Hierzu sollen nun die in diesem Abschnitt eingangs angeführten Bemerkungen zur Anwendung kommen.

Abbildung 11

Exogene Realignmenterwartungen

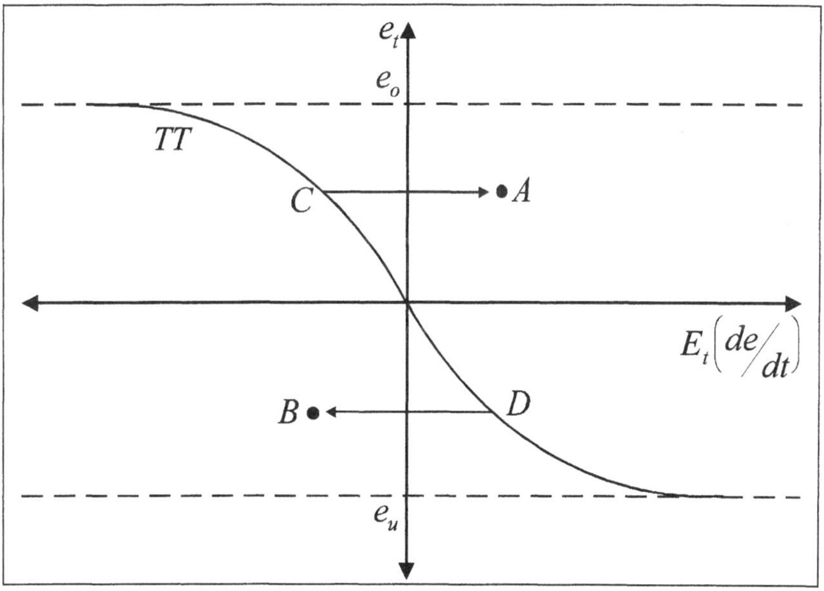

Ausgehend von dem willkürlich angenommenen Punkt C auf der TT-Funktion entsteht für die Wechselkursbewegung innerhalb der Bandbreite eine Aufwertungserwartung für die heimische Währung ($E_t(dx/dt)$ sinkt). Dieses hat in der Gleichung (17) einen Anstieg der Realignmenterwartungen zur Folge. Übertragen wir dieses Ergebnis in die Gleichung (16), so ist insgesamt ein uneindeutiger Einfluß auf die gesamte Wechselkursänderungserwartung auszumachen, da die stabilisierende Wechselkursänderungserwartung innerhalb der Bandbreite sinkt (was einer Aufwertungserwartung für die heimische Währung entspricht), gleichzeitig aber die Realignmenterwartungen der Wirtschaftssubjekte gestiegen sind. Dennoch ist der Einfluß auf den Wechselkurs vor dem Hintergrund der empirischen Ergebnisse genau zu quantifizieren. Die Realignmenterwartungen *überkompensieren* hierbei die stabilisierenden Wechselkursänderungserwartungen innerhalb der Bandbreite; dieses ist grafisch an der horizontalen Differenz zwischen den Punkten A und C zu erkennen. Nur so ist es möglich, daß die gesamte Wechselkursänderungserwartung steigt, dadurch in der Gleichung (3) für einen im Vergleich zum konstanten ausländischen Zinssatz höheren inländischen Zinssatz sorgt und letztlich zur Angleichung der Theorie an die Empirie führt.[66]

Problematisch ist in diesem Zusammenhang jedoch die exakte Bestimmung der Realignmenterwartungen der Wirtschaftssubjekte zu bewerten. Dieses wäre insofern von ökonomischem Vorteil, da die Punkte A und B nur dann erreicht werden, wenn die Überkompensierung in dem zuvor angeführten Ausmaß durchgreifen kann. Darüber hinaus gilt es zu bemerken, daß die *Art* des Auftretens der Realignmenterwartungsbildung in diesem Modell unspezifiziert ist; ein Umstand, dem im weiteren Verlauf aber noch Rechnung getragen wird.

3.2.1.2. Realignments am Zielzonenende

Mit der genauen theoretischen Modellierung der Realignmenterwartungen der Wirtschaftssubjekte innerhalb von Wechselkurszielzonen haben sich anfänglich insbesondere BERTOLA und CABALLERO [1992b] beschäftigt. In ihrer (Pionier-)Arbeit zeigen sie den Einfluß stochastischer Realignments auf das Wechselkursstabilisierungspotential einer Wechselkurszielzone. Dabei unterstellen sie, daß administrative Realignments allein dann vorgenommen werden, wenn der Wechselkurs eines der beiden Zielzonenenden bereits erreicht hat. Insofern steigt die Wahrscheinlichkeit für ein künftiges Realignment aus der Sicht der Wirtschaftssubjekte mit der Zunahme der Wechselkursabweichung von der zentralen Parität entsprechend an, d.h. die Wahrscheinlichkeitshöhe verweist gleichzeitig auf die vorhandene Glaubwürdigkeit der betrachteten Zielzone. Darüber hinaus bestimmen sich die Fundamentals - infolge der währungspolitischen Möglichkeit einer Paritätskorrektur - nicht mehr ausschließlich entsprechend der Gleichung (5). Im BERTOLA-CABALLERO-Modell sind sie mit $f_t = m_t + v_t + \Pi + c_t$, $\Pi \equiv 0$, definiert, d.h. ihre Veränderung ergibt sich - im Vergleich zum elementaren KRUGMAN-Modell - in modifizierter Form mit

(18) $$df = dm + dv + dc\,.$$

Hinsichtlich des Zentralbankverhaltens gehen BERTOLA und CABALLERO davon aus, daß an den bislang bekannten Punkten weiterhin diskret und infinitesimal interveniert

66 Im analogen Umkehrschluß zeigt sich unterhalb der zentralen Parität die gestiegene ökonomische Bedeutung des Punktes B gegenüber dem Punkt D.

wird.[67] Diese Interventionspunkte sind mit $c_t - \bar{f}$ und $c_t + \bar{f}$ von vornherein festgelegt (vgl. die Gleichungen (6) und (8)), wobei c_t - als nunmehr zweite stochastische Variable - nach wie vor für die zentrale Parität steht, die jetzt, im Unterschied zur vorherigen Betrachtungsweise, durchaus diskreten Veränderungen unterliegen kann. Die Parameter $-\bar{f}$ und $+\bar{f}$ markieren dabei die untere bzw. die obere Zielzonengrenze; des weiteren verweisen sie auf die bestehende Symmetrie der gegebenen Zielzone.[68] Sofern der Wechselkurs infolge des Steigens oder des Sinkens des Fundamentalaggregats das obere oder das untere Zielzonenende erreicht, bestehen nunmehr seitens der beteiligten Zentralbanken (bzw. der jeweiligen nationalen Regierungen) *zwei* währungspolitische Möglichkeiten, um auf das Wechselkursverhalten stabilisierend einzuwirken.

a) Zum einen können sie am oberen Zielzonenende mit Hilfe einer inländischen Geldmengenreduktion und einer ausländischen Geldmengenexpansion, bzw. am unteren Zielzonenende durch eine inländische Geldmengenexpansion und eine ausländische Geldmengenreduktion, den Verbleib des Wechselkurses innerhalb der Bandbreite sichern. Dieses ist dann für die Wirtschaftssubjekte als glaubwürdiges Signal zur Aufrechterhaltung der aktuellen Zielzone zu verstehen, da auf administrativer Ebene mit dem beabsichtigten diskreten „Push" des Wechselkurses ins Innere der betrachteten Bandbreite an der bestehenden Parität festgehalten wird. Dieses (Interventions-)Szenario ist formal wie folgt zu fassen:

$$(19) \qquad dm = \begin{cases} -\bar{f} & wenn \quad f = f_o \\ \bar{f} & wenn \quad f = f_u \\ 0 & sonst \end{cases}.$$

b) Zum anderen besitzen die betroffenen Zentralbanken alternativ die währungspolitische Möglichkeit, aufgrund einer ihnen überlassenen Einschätzung des Devisenmarktes ein Realignment zu erwägen und durchzuführen. In diesem Fall bestimmen sie z.B. am oberen Ende der alten Zielzone (administrativ) eine neue Wechselkursparität, bei der - annahmegemäß - das untere Zielzonenende identisch mit dem oberen Zielzonenende der alten Bandbreite ist und das Ausmaß letzterer (z.B. ± 2,25% im EWS) durch die währungspolitische Korrektur unverändert bleibt. Erfolgt das Realignment hingegen am unteren Ende der alten Zielzone, so stimmen die obere Grenze der neuen und die untere Grenze der alten Zielzone überein. Aus diesen Überlegungen heraus ergibt sich in diesem Modell die Veränderung der zentralen Parität durch ein Realignment wie folgt:

[67] Mit dieser Annahme vernachlässigen wir - ebenfalls aus Vereinfachungsgründen - im weiteren Verlauf den Einsatz von intramarginalen Interventionen, ohne dabei die Gültigkeit der währungspolitischen Aussage dieses Modells ausschließlich auf marginale Interventionen zu reduzieren. Ebenso ergibt sich aus dieser Abstraktion die formale Rückkehr vom erweiterten zum ursprünglichen Fundamentalaggregat.

[68] $\bar{f} = f_o - c = c - f_u$

$$\text{(20)} \qquad dc = \begin{cases} 2\bar{f} & wenn \quad f = f_o \\ -2\bar{f} & wenn \quad f = f_u \\ 0 & sonst \end{cases}.$$

Ein gewichtiger Aspekt, der für die weitere Analyse von erheblicher Relevanz ist, bezieht sich auf die rationale Erwartungsbildung der Wirtschaftssubjekte. Hat der Wechselkurs eines der beiden Zielzonenenden erreicht, d.h. nimmt das Fundamentalaggregat den Wert $f_t = c_t \pm f$ an, so erwarten die Wirtschaftssubjekte - da sie das konkrete währungspolitische Vorgehen der Zentralbank(en) nicht antizipieren können - mit einer Wahrscheinlichkeit von $1-\psi$ die erfolgreiche Verteidigung der bestehenden Wechselkurszielzone durch die Zentralbank(en), unbeschadet der Tatsache, daß mit einer Wahrscheinlichkeit von ψ auch eine neue zentrale Parität deklariert werden kann. Dieser Prozeß der Wahrscheinlichkeitsbildung besitzt die aus dem Abschnitt 2.1.2. bekannte Markov-Eigenschaft, die es nun erlaubt, den Wechselkurs innerhalb der Bandbreite als Funktion des gegenwärtigen Fundamentalaggregats sowie der gegenwärtigen zentralen Parität zu fassen: $x_t = x(f_t; c_t)$. Die charakteristische Funktion für den Verlauf des Wechselkurses innerhalb der Bandbreite ergibt sich dabei analog zur Gleichung (8); sie verläuft innerhalb der Zielzone ebenfalls symmetrisch. Darüber hinaus übernehmen BERTOLA und CABALLERO mit $\mu \equiv 0$ die Annahme für den Drift-Parameter der Geldnachfrage.

$$\text{(21)} \qquad x_t = f_t + A_1 \exp[\lambda_1(f_t - c_t)] + A_2 \exp[\lambda_2(f_t - c_t)]$$

Im Gegensatz zum elementaren KRUGMAN-Modell, in dem das genaue Hinterfragen von $A_{1,2} > 0$ wegen fehlender Paritätsänderungsmöglichkeiten keine währungspolitische Relevanz besaß, ist nun die exakte Bestimmung von $A_{1,2}$ - insbesondere wegen der Wahrscheinlichkeitsbildung der Wirtschaftssubjekte - von entscheidendem Interesse. Dazu nehmen wir an, daß der Wechselkurs an den beiden Zielzonenenden nicht aus eigener Kraft - z.B. durch eine eigenständige Veränderung der Fundamentalvariablen - ins Innere der aktuellen Wechselkurszielzone zurückkehren kann. Es kommt also für den Fall, daß $f_t = c_t \pm f$ gilt, zu einer für die Wirtschaftssubjekte unvorhersehbaren Zentralbankentscheidung im Rahmen der oben beschriebenen Möglichkeiten. Die Wirtschaftssubjekte besitzen Kenntnis über die verschiedenen Zentralbankvarianten, und das gesamte Szenario kann formal wie folgt gefaßt werden:

$$\text{(22)} \qquad \psi x_t(c_t + 2\bar{f}; c_t + 2\bar{f}) + (1-\psi)x_t(c_t; c_t) = x_t(c_t + \bar{f}, c_t).$$

Diese Gleichung beschreibt eine Wechselkursfunktion im Sinne von BERTOLA und CABALLERO, deren genauer Verlauf von den konkreten Wahrscheinlichkeiten abhängt, die die Wirtschaftssubjekte einem Realignment oder der Rückkehr zur alten zentralen Parität beimessen. Um den hier auftretenden Spielraum für Spekulanten von vornherein auf null zu reduzieren, nehmen BERTOLA und CABALLERO an, daß der Wechselkurs, der sich in der Gleichung (22) aufgrund der Erwartungen der Wirtschaftssubjekte ergibt, exakt mit dem Wechselkurs übereinstimmt, der - sofern die Fundamentalvariablen eine der beiden Zielzonengrenzen erreicht haben - aufgrund der Zentralbankentscheidung in der Gleichung (21) entstehen wird. Mit anderen Worten besteht also insofern kein Freiraum für Spekulationsbewegungen, da der Wechselkurs im Falle eines Realignments - die alte und die neue Wechselkurszielzone grenzen annahmegemäß aneinander - nicht von einem diskreten Sprung betroffen ist. Verknüpfen wir die Gleichungen (21) und (22) miteinander, so erhalten wir die gesuchten Werte für die Konstanten A_1 und A_2:

(23)
$$A_1 = \frac{(2\psi - 1)\bar{f}}{\exp[\lambda_1 \bar{f}] - \exp[\lambda_2 \bar{f}]},$$

$$A_2 = \frac{(1 - 2\psi)\bar{f}}{\exp[\lambda_1 \bar{f}] - \exp[\lambda_2 \bar{f}]}.$$

Bei der Betrachtung der Gleichung (23) wird sichtbar, daß die Höhe von $A_{1,2}$ allein von der Wahrscheinlichkeit ψ abhängt, die die Wirtschaftssubjekte einem Realignment beimessen. Unter der Berücksichtigung der Abbildung 12, die als Stütze für die weiteren Aussagen heranzuziehen ist, gelangen wir demnach zu folgenden Ergebnissen:

Abbildung 12

Exogene Realignmenterwartungen

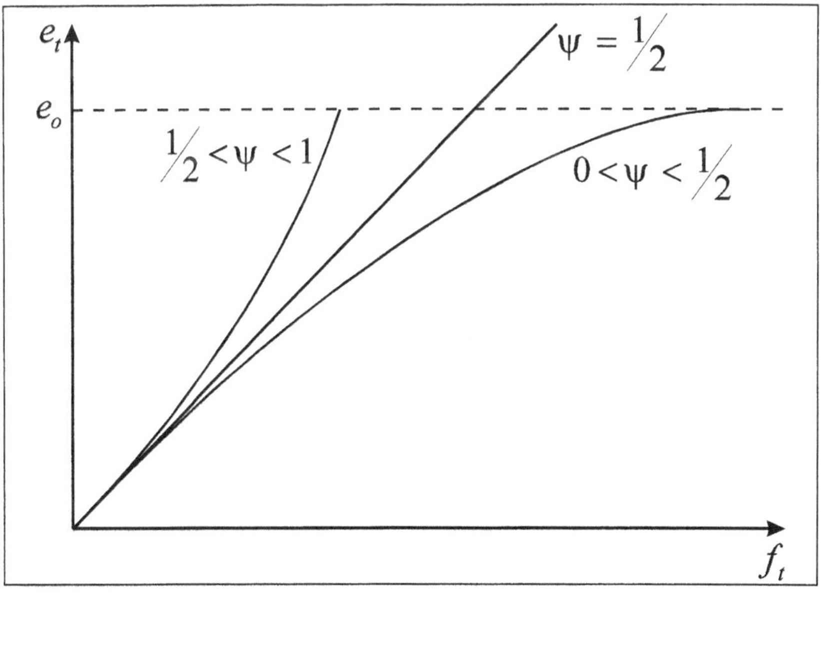

a) Im Vergleich zum elementaren KRUGMAN-Modell erhalten wir nun für A_1 (A_2) nur dann einen negativen (positiven) Wert, wenn $0 < \psi < 1/2$ gilt. Hier zeigt sich der schon bekannte typisch s-förmige Verlauf der Wechselkursfunktion innerhalb der Zielzone, deren Steigung von der konkreten Höhe von $A_{1,2}$ abhängig ist, die wiederum durch ψ bedingt werden. Die Wechselkurszielzone ist somit aus der Sicht der Wirtschaftssubjekte in hohem Maße glaubwürdig, wobei sich mit steigendem ψ eine immer steilere Wechselkursfunktion mit einer entsprechend geringer akzentuierten stabilisierenden Aufwertungserwartung (Abwertungserwartung) für die heimische Währung ergibt.

b) Für den Fall $\psi = 0$ liegt die Wechselkursfunktion innerhalb der Bandbreite auf der Abszisse. Dieses bedeutet, daß die Zielzone perfekt glaubwürdig ist und zu jedem Zeitpunkt entschlossen verteidigt werden kann. Ein steigendes (sinkendes) Fundamentalaggregat führt dann konsequenterweise zu einer derart starken Aufwertungserwartung (Abwertungserwartung) für die heimische Währung, daß der Wechselkurs auf dem Niveau der zentralen Parität verharrt. Dieser währungspolitische Idealfall ist stabilitätspolitisch sehr effizient.

c) Steigt ψ auf den Wert $\psi = 1/2$, so fällt die Wechselkursfunktion innerhalb der Bandbreite mit der 45°-Linie zusammen, die charakteristisch für den gleichgerichteten proportionalen Verlauf von Wechselkurs und Fundamentalaggregat unter Free-Float-Bedingungen ist. Hier sind die erfolgreiche Verteidigung der Wechselkurszielzone und ein Realignment aus der Sicht der Wirtschaftssubjekte gleich wahrscheinlich.

d) Der vielleicht interessanteste - weil bislang nicht betrachtete - Fall betrifft den Umstand, in dem die Wirtschaftssubjekte eine neue Wechselkursbandbreite - im Vergleich zur erfolgreichen Verteidigung der aktuellen Wechselkurszielzone - als wahrscheinlicher erachten, ψ also den Wert $1/2 < \psi < 1$ (bzw. $\psi = 1$, vgl. dazu später) annimmt. In einem solchen Fall ist die Wechselkursfunktion innerhalb der Bandbreite generell steiler als die Free-Float-Funktion, d.h. schon bei geringen Veränderungen des Fundamentalaggregats zeigen sich zwar gleichgerichtete, aber überproportionale Wechselkursbewegungen. Der Verlauf dieser Wechselkursfunktion deutet vor allem darauf hin, daß nun, entgegen der bisherigen Ergebnisse, oberhalb (unterhalb) der zentralen Parität eine Abwertungserwartung (Aufwertungserwartung) für die heimische Währung zu beobachten ist, die sich mit zunehmender Abweichung entsprechend rasant entwickelt. Hier zeigt sich, daß die Institution einer Wechselkurszielzone in hohem Maße destabilisierend auf das Wechselkursverhalten wirken kann, sofern es der Zentralbank nicht möglich ist, das bei den Wirtschaftssubjekten vorhandene bzw. in der Ökonomie insgesamt bestehende Glaubwürdigkeitsproblem zu lösen.

e) Der Vollständigkeit halber sei noch erwähnt, daß die Wechselkursfunktion innerhalb der Bandbreite im Falle von $\psi = 1$ identisch mit der Ordinate ist. Die Zielzone ist vollständig unglaubwürdig, weshalb mit dieser Politik kein sinnvoller wirtschafts- bzw. währungspolitischer Beitrag zur Wechselkursstabilisierung zu erwarten ist. Dieses Szenario dürfte in der Realität jedoch eine allgemein vernachlässigbare Relevanz besitzen und nur aus (modell-)theoretischer Sicht von Bedeutung sein.

Welches wirtschafts- und währungspolitische Fazit ist nun aus diesen Überlegungen zu ziehen? Generell ist zunächst einmal festzuhalten, daß das allgemein mögliche Eintreten von Realignments zur Bildung von Realignmenterwartungen bei den Wirtschaftssubjekten führt. Letztere beeinflussen mit der Ausgestaltung ihrer rationalen Erwartungsbildung den Verlauf des Wechselkurses innerhalb der Bandbreite und somit den Erfolg der Wechselkursstabilisierungspolitik der Zentralbank(en). Dabei entwickelt jedes Wirtschaftssubjekt eigene Vorstellungen über die Wahrscheinlichkeit eines Realignments, die unterschiedlich von denen anderer Wirtschaftssubjekte sein können. Letztlich entstehen bei der Gesamtheit der Wirtschaftssubjekte unterschiedliche Auf- und Abwertungserwartungen für die heimische Währung, die sich gegenseitig kompensieren können, aber schließlich eindeutig in eine der zuvor aufgezeigten Richtungen weisen. A priori ist es der Zentralbank jedoch nicht möglich, den genauen Verlauf des Wechselkurses innerhalb der Bandbreite vorherzusagen, da sie die Wahrscheinlichkeitsbildung der Wirtschaftssubjekte nicht kennt. Daher ist sie im Rahmen der ihr zur Verfügung stehenden Möglichkeiten dazu gezwungen, eine glaubwürdige Politik der Wechselkursstabilisierung anzustreben, die dann bei den Wirtschaftssubjekten oberhalb der zentralen Parität eine Dominanz der Aufwertungserwartungen über die Abwertungserwartungen erzeugt - vgl. die Abbildung 12 - und eine Bewegung entlang der s-förmigen Wechselkursfunktion stattfindet ($0 < \psi < 1/2$). In diesem Fall wirkt eine Zielzone stabilisierend auf den Wechselkurs, obwohl administrative Realignments generell nicht unwahrscheinlich sind. Analog dazu zeigt sich - ebenfalls im oberen Zielzonenbereich - beim Scheitern dieser Politik eine Dominanz der destabilisierenden Abwertungserwartungen über die stabilisierenden Aufwertungserwartungen ($1/2 < \psi \leq 1$).[69] Dieses gesamte Szenario ist wirtschafts- und währungspolitisch deshalb sehr bedeutend, da es eine neue Perspektive eröffnet: Eine Wechselkurszielzone *kann* bei möglichen Realignments - infolge derer die beschriebenen Realignmenterwartungen der Wirtschaftssubjekte schon im vorhinein entstehen - durchaus destabilisierend wirken, wenn ein - wie auch immer konkret ausgeprägtes - Glaubwürdigkeitsproblem besteht. Hieraus wird ersichtlich, daß die Zentralbank zwar eine Wechselkurszielzone einführen bzw. eine (neue) zentrale Parität bestimmen kann; der Erfolg ihrer Wechselkursstabilisierungspolitik hängt aber letztlich von der rationalen Erwartungsbildung der Wirtschaftssubjekte hinsichtlich des Glaubwürdigkeitsparameters ψ ab.[70]

[69] Im analogen Umkehrschluß ergibt sich - für die heimische Währung - unterhalb der zentralen Parität für den Fall $0 \leq \psi < 1/2$ eine Dominanz der Abwertungserwartungen über die Aufwertungserwartungen, und im Falle $1/2 < \psi \leq 1$ sind die Aufwertungserwartungen größer als die Abwertungserwartungen. Die konkreten Ergebnisse, die oberhalb der zentralen Parität ableitbar sind, gelten in gewohnter analoger Weise auch für den unteren Bereich der Wechselkurszielzone sowie für die ausländische Währung.

[70] In ihrer Arbeit dokumentieren BERTOLA und CABALLERO die Implikationen der Parameterwerte $\psi = 0{,}6$ und $\psi = 0{,}9$ für das Wechselkursverhalten und die Bewegung der Fundamentalvariablen. Im Ergebnis erhalten sie bei einem Anstieg des Parameters ψ zwei Ergebnisse. Zum einen zeigt sich ein breiteres Wechselkursband bei konstanter Bandbreite für die Fundamentalvariablen, zum anderen ist umgekehrt bei konstanter Wechselkursbandbreite ein engeres Band für die Fundamentalvariablen zu beobachten. Mit anderen Worten: Der destabile (stabile) Fall der Realignmenterwartungsbildung 1/2

Unbeschadet dessen ergeben sich als weitere Ergebnisse dieses Modells einerseits eine überraschende Aussage hinsichtlich der Ausgestaltung der Dichtefunktion des Wechselkurses innerhalb der Zielzone sowie andererseits eine konkrete Implikation bezüglich der Wechselkursvolatilität.

a) Sofern die Wirtschaftssubjekte die Wahrscheinlichkeit für ein Realignment mit $\psi < 0,5$ ansehen, zeigt sich - analog zum KRUGMAN-Modell - eine u-förmige Wechselkursverteilung innerhalb der Zielzone, die auf eine vornehmliche Bewegung des Wechselkurses an den Zielzonenenden hindeutet. Dieses überrascht insofern, da sich bei geringen Realignmenterwartungen der Wirtschaftssubjekte ein Korrekturbedarf der Zentralbank hinsichtlich der zentralen Parität gleichermaßen abschwächt. Erreicht die Wahrscheinlichkeit ψ hingegen Werte von $\psi > 0,5$, so ist die beobachtbare Wechselkursverteilung buckelförmig. Sie repräsentiert eine hauptsächliche Wechselkursbewegung um die zentrale Parität, obwohl die fehlende Glaubwürdigkeit der Wechselkurszielzone gleichermaßen erhöhte Realignmenterwartungen der Wirtschaftssubjekte nach sich zieht und infolgedessen eher ein umgekehrter Wechselkursverlauf zu erwarten wäre.[71] Insofern ist zu konstatieren, daß sich eine buckelförmige Wechselkursdichtefunktion im BERTOLA-CABALLERO-Modell mit einem zunehmenden Verlust der Glaubwürdigkeit der Wechselkurszielzone immer ausgeprägter einstellt.

b) Gleichwohl sind die voranstehenden Bemerkungen ebenso in enger Beziehung zu möglichen Wechselkurs-Zinsdifferential-Konstellationen innerhalb der Wechselkurszielzone zu sehen. Zunächst einmal zeigt sich, daß - im Vergleich zur Free-Float-Situation - die Volatilität von Wechselkursen und Zinsdifferentialen bei Wahrscheinlichkeitswerten von $\psi > 0,5$ entsprechend zunimmt. Dieser Umstand ist anhand der buckelförmigen Wechselkursdichtefunktion zu erkennen. Darüber hinaus fallen - ähnlich wie bei der Drift-Adjustment-Methode - Wechselkursbewegungen in der Nähe des oberen (unteren) Zielzonenendes mit positiven (negativen) Zinsdifferentialen zusammen. Unter der Berücksichtigung der ungedeckten Zinsparität in der Gleichung (3) ist dieser Sachverhalt damit zu erklären, daß sich durch die oberhalb (unterhalb) der Free-Float-Funktion verlaufende Wechselkursfunktion eine Abwertungserwartung (Aufwertungserwartung) für die heimische Währung einstellt, die einen zum konstanten ausländischen Zinssatz höheren (niedrigeren) inländischen Zinssatz erfordert. Diese theoretischen Belege tragen insgesamt zur Unterstützung der wirtschafts- und währungspolitischen Aussage dieses Modells bei. Danach ist infolge einer glaubhaften Zielzonenpoli-

$< \psi \leq 1$ ($0 < \psi < 1/2$) vermindert (erhöht) - bei gegebener Wechselkurszielzone - die Fluktuation der Fundamentalvariablen aufgrund einer für sie engeren (breiteren) Bandbreite.

[71] Betrachten wir den hfl/DM-Wechselkurs im EWS (vgl. die Abbildung 2), so ist lediglich eine äußerst geringe Schwankungsintensität dieses Wechselkurses um dessen zentrale Parität festzustellen. Die zugehörige Dichtefunktion ist demnach buckelförmig. Entsprechend der modelltheoretischen Ergebnisse von BERTOLA und CABALLERO ist eine derartige Dichtefunktion jedoch mit einer wenig glaubwürdigen Wechselkurszielzone verbunden. Gerade aber diese Aussage ist hinsichtlich des hfl/DM-Wechselkurses keineswegs haltbar, da letzterer insgesamt zu den glaubwürdigsten Wechselkursen überhaupt im EWS zählte. Dieser Umstand verdeutlicht somit die zuvor angedeutete (modelltheoretische) Problematik.

tik der Zentralbanken, die vornehmlich Wahrscheinlichkeitswerte von $\psi < 0,5$ nach sich zieht, lediglich eine schwache Wechselkursvolatilität innerhalb der Zielzone zu erwarten.

Im Hinblick auf eine abschließende Bewertung des BERTOLA-CABALLERO-Modells ist daher zunächst festzuhalten, daß der ökonomische Gehalt als nützlich für die Zielzonentheorie anzusehen ist. Die dargestellte Integration von Realignmenterwartungen in Wechselkurszielzonen sowie deren mögliche destabilisierende Wirkung auf das gesamte System zeigen deutliche Probleme bei der währungspolitischen Ausgestaltung auf. Ebenso besitzt die Kombination des zeitkontinuierlichen Brownschen Bewegungsprozesses mit dem diskreten Sprungprozeß (nach dem Poisson-Typ) der zentralen Parität aus technischer Sicht eine sinnvolle Erweiterung. Dennoch sind die beschriebenen Schwierigkeiten bezüglich der buckel- und u-förmigen Dichtefunktion des Wechselkurses unübersehbar; hier zeigt das Modell inhaltlich deutliche Schwächen. Darüber hinaus wirkt die Zuweisung des Zeitpunktes der Realignmenterwartungsbildung durch die Wirtschaftssubjekte ausschließlich an den Zielzonenenden, für die es keine sinnvolle ökonomische Begründung gibt, eher restriktiv.

3.2.1.3. Realignments innerhalb der Zielzone

Entgegen der im vorigen Abschnitt vertretenen Auffassung, daß administrative Realignments, sofern sie aus währungspolitischer Sicht als erforderlich erachtet werden, lediglich am Wechselkurszielzonenende möglich sind, weisen z.B. GARBER und SVENSSON [1994, S. 17] - ohne es jedoch konkret zu modellieren - darauf hin, daß Realignments auch dann vorkommen können, wenn der Wechselkurs eines der beiden Zielzonenenden noch nicht erreicht hat, sich also im Zielzoneninneren befindet. Betrachten wir z.B. die italienische Lira in bezug zur Deutschen Mark im EWS (vgl. die Abbildung 3), so wird diese These empirisch insofern gestützt, als zwischen September 1979 und Januar 1987 einige Realignments bereits zu einem Zeitpunkt stattgefunden haben, als sich der Wechselkurs im Inneren dieser Zielzone befand; gleiches gilt u.a. auch für das Realignment des französischen Francs vom 7. April 1986 (vgl. die Abbildung 1). Somit deutet bereits vieles darauf hin, daß administrative Realignments unabhängig von der Position des Wechselkurses im Band vorgenommen werden.

BERTOLA und SVENSSON [1993] modellieren dieses Szenario in der Weise, als sie davon ausgehen, daß Realignments zu jeder Zeit, also auch innerhalb der Wechselkurszielzone, auftreten können, d.h. es besteht für die Wirtschaftssubjekte zu jedem Zeitpunkt ein permanentes stochastisches Realignmentrisiko. Dabei greifen sie den Umstand der geringen Übereinstimmung zwischen den theoretischen Aussagen bisheriger Zielzonenmodelle und den empirischen Befunden mehrerer EWS-Wechselkurse auf und verweisen, soweit es sich um theoretische Aspekte handelt, auf die generelle Brauchbarkeit dieser Modelle, um aber gleichzeitig in der Beschaffenheit der Modelle den Ursprung des (verbesserungswürdigen) Dilemmas zwischen der Theorie und der Empirie zu sehen, da die Veränderungen der fundamentalen Variablen als einziger

Auslöser für beobachtbare Wechselkursbewegungen und Änderungen des Zinsdifferentials angesehen werden. Diese Ausgangsposition modifizieren sie in der Weise, daß sie - wie oben bereits erwähnt - von vornherein stochastische Realignments innerhalb der Bandbreite als Ausdruck ökonomischer Veränderungen *und* subjektiver Einschätzungen der währungspolitischen Behörden zulassen, ohne dabei die dafür ursächlichen Variablen explizit beleuchten zu wollen. In dieser - wie sie es nennen - Flexibilität ihres Modells sehen sie einen geeigneten Weg zur Realisierung des eingangs genannten Anspruchs. Dazu setzen sie lediglich voraus, daß der Wechselkurs und das Zinsdifferential - einerseits - durch die gegenwärtigen Realignmenterwartungen der Wirtschaftssubjekte innerhalb der Zielzone und - andererseits - durch den nun eingeführten stochastischen Prozeß dieser Realignmenterwartungen beeinflußt werden. Entscheidend bei dieser Modellierung ist die Bedeutung des stochastischen Prozesses der Realignmenterwartungsbildung, durch den es möglich wird, das in verschiedenen empirischen Untersuchungen zu beobachtende Phänomen dicker Enden von Verteilungsfunktionen („fat tails", Leptokurtosis) zu erklären. Je nach Korrelation der beiden stochastischen Prozesse wird es darüber hinaus möglich, eine Schiefe in der Wechselkursdichtefunktion theoretisch aufzuzeigen. Im weiteren soll in einem ersten Schritt (Abschnitt a)) auf das konkrete ökonomische Modell eingegangen werden, während ein zweiter Schritt (Abschnitt b)) die daraus ableitbaren empirischen Implikationen für die Wechselkurs-Zinsdifferential-Konstellationen überprüft.

a) Ausgehend von der elementaren Wechselkursgleichung (4) formulieren BERTOLA und SVENSSON die Bausteine ihres Modells. Wurden in den vorangehenden Zielzonenmodellen der Wechselkurs und die Wechselkursänderungserwartung für die heimische Währung ausschließlich vom Betrag der gegenwärtigen Fundamentalvariablen innerhalb der Bandbreite bestimmt, wodurch sich ein eindeutiger Zusammenhang zwischen dem Wechselkurs und dem Zinsdifferential ergab, so ist es nunmehr ebenso möglich, daß ein hoher (niedriger) Wechselkurs mit einer Abwertungserwartung (Aufwertungserwartung) für die heimische Währung einhergeht. BERTOLA und SVENSSON nehmen - wie es bereits von der Beschreibung des Velocity-Shift-Terms her bekannt ist - an, daß die Fundamentals[72] stochastischen Schwankungen unterliegen:

$$(24) \qquad df_t = \mu_f dt + \sigma_f dW_f(t) + dL_t - dU_t + dc_t .$$

Die Terme μ_f (Drift-Parameter) und σ_f (Varianz) sind über die Zeit hinweg konstant, während $dW_f(t)$ den schon bekannten Wiener Prozeß mit Markov-Eigenschaft darstellt, d.h. die Fundamentals folgen einem Random-Walk, bei dem die Zu- oder die Abnahme von f_t in der Periode t_1 nicht von seiner Bewegung in der Periode t_0 abhängt. Des weiteren beschreiben dL_t und dU_t gleichbleibend fortlaufende Prozesse, die lediglich dann zunehmen, wenn der Wechselkurs eines der beiden Zielzonenenden erreicht. Diese regulierende Zunahme ist insofern erforderlich, um das Verbleiben des Wechselkurses innerhalb der bestehenden Bandbreite zu gewährleisten. Soweit dieses gelingt, bleibt

[72] In diesem Modell sind die fundamentalen Variablen wie folgt definiert: $f_t = \tilde{f}_t + c_t$.

auch dc_t konstant; Veränderungen (diskreter Art) treten hier nur im Falle eines administrativ veranlaßten Realignments auf.

Unter der Berücksichtigung dieser Vorbemerkungen leiten BERTOLA und SVENSSON nun eine *erwartete* Realignmentrate g_t ab, die sich bei den Wirtschaftssubjekten unabhängig von der Position des Wechselkurses innerhalb der Bandbreite bildet. Im Falle eines Realignments unterliegen die zentrale Parität, der Wechselkurs und die Fundamentalvariablen jeweils einem diskreten Sprung. Insofern formulieren BERTOLA und SVENSSON - aus Vereinfachungsgründen und in Anlehnung an SVENSSON [1991c] - mit $z_t = c(t_1) - c(t_0)$ den zufälligen diskreten Umfang der Wechselkursveränderung durch ein Realignment zum Zeitpunkt t, d.h. der Wechselkurs nimmt eine zur alten Bandbreite analoge Position in der neuen Bandbreite ein. Insgesamt zeigt sich der Wechselkurssprung in einem unendlich kleinen Zeitintervall mit einer Wahrscheinlichkeit $\upsilon_t dt$, während die Aufrechterhaltung der betrachteten Wechselkurszielzone mit einer Wahrscheinlichkeit $1-\upsilon_t dt$ erfolgt. Die erwartete Realignmentrate g_t ist demnach analytisch wie folgt zu fassen:

(25) $$g_t \equiv \frac{1}{dt}\upsilon_t E_t[z_t]dt = \upsilon_t \bar{z}_t,$$

$$\bar{z}_t \equiv E_t[z_t].$$

Das Ausmaß bzw. der Umfang der von den Wirtschaftssubjekten erwarteten Realignmentrate hängt dabei allein vom stochastischen Einfluß der Wahrscheinlichkeit für ein Realignment υ_t sowie von der von den Wirtschaftssubjekten gebildeten Erwartung bezüglich der Wechselkursänderung (oder: des diskreten Wechselkurssprungs) $\bar{z}_t$ im Falle eines Realignments ab (beide Variablen jeweils zum Zeitpunkt t). BERTOLA und SVENSSON unterstellen für den Pfad von g_t innerhalb der Wechselkurszielzone die bereits bekannte Brownsche Bewegung mit Drift.

(26) $$dg_t = \mu_g dt + \sigma_g dW_g(t)$$

Im Ergebnis erhalten sie daher sowohl die Abhängigkeit des Wechselkurses als auch der Wechselkursänderungserwartung für die heimische Währung von der von den Wirtschaftssubjekten gebildeten Realignmenterwartung g_t *und* dem Fundamentalaggregat f_t, wobei letzteres im Vergleich zu früheren Zielzonenmodellen zwar anders definiert ist, aber weiterhin - ebenso wie g_t - einer Brownschen Bewegung folgt. Um nun mit Hilfe der Gleichung (4) eine charakteristische Wechselkursgleichung für dieses Modell bestimmen zu können, gehen BERTOLA und SVENSSON davon aus, daß die gesamte Wechselkursänderungserwartung nunmehr als Summe zweier Komponenten, nämlich der Wechselkursänderungserwartung innerhalb der Bandbreite $E_t(dx/dt)$ - die der bekannten Auf- oder Abwertungserwartung für die heimische Währung entspricht - und der Realignmenterwartung g_t (vgl. die Gleichung (25)) bestimmt ist:

(27) $$E_t\left(\frac{de}{dt}\right)=E_t\left(\frac{dx}{dt}\right)+g_t.$$

Die Aufnahme dieser Modifikation in die Gleichung (4) führt zur gesuchten Wechselkursfunktion innerhalb der Bandbreite, deren Verlauf nunmehr von den beobachtbaren Fundamentalvariablen f_t und der gegenwärtigen Realignmentrate g_t abhängig ist:

(28) $$e_t=f_t+\alpha g_t+\alpha E_t\left(\frac{dx}{dt}\right)=\tilde{f}_t+\alpha g_t+\alpha E_t\left(\frac{dx}{dt}\right)+c_t=x_t\left(\tilde{f}_t,g_t\right)+c_t.$$ [73]

Um die Wechselkursbestimmung auf eine abhängige (und überschaubare) Variable zu reduzieren, wird mit $h_t \equiv f_t + \alpha g_t$ eine neue Variable für das (erweiterte) Fundamentalaggregat definiert, die unter Berücksichtigung der bisherigen Annahmen weiterhin einer Brownschen Bewegung folgt.

(29) $$dh_t=\mu_h dt+\sigma_h dW_h(t)$$

Dieses führt in diesem Modell letztlich zur (vereinfachten) elementaren Wechselkursgleichung innerhalb der Bandbreite:

(30) $$e_t=h_t+\alpha E_t\left(\frac{dx}{dt}\right).$$

Hierbei vervollständigen BERTOLA und SVENSSON die vorliegende Betrachtungsweise, indem sie - in Anlehnung an KRUGMAN [1991] und unter der Verwendung von Ito's Lemma - die Wechselkursgleichung

(31) $$e_t=\alpha\mu+h_t+A_1\exp[\lambda_1 h_t]+A_2\exp[\lambda_2 h_t]$$

innerhalb der Zielzone herleiten. Sie ergibt sich auf den ersten Blick ohne nennenswerten Unterschied zu der für perfekt glaubwürdige Zielzonen gültigen Wechselkursfunktion; die ökonomisch wichtigen Unterschiede zeigen sich jedoch in der faktisch veränderten Definition der dem Modell zugrundeliegenden Fundamentalvariablen und dem bestehenden Drift der Geldnachfrage. Dieser Verfahrensweise entsprechend zeigt sich schließlich die für den (aktuellen) Wechselkurs charakteristische Gleichung, ausgedrückt durch die dem Brownschen Bewegungsprozeß unterliegenden Variablen f, g und c, mit

(32) $$e=f+\alpha g+\alpha\left(\mu_f+\alpha\mu_g\right)+A_1\exp[\lambda_1(f-c+\alpha g)]+A_2\exp[\lambda_2(f-c+\alpha g)]$$

als letztliches Ergebnis der vorangegangenen Herleitung. Wie ist diese Wechselkursfunktion, die dem Einfluß exogener Realignmenterwartungen der Wirtschaftssub-

[73] Die Abhängigkeit von $x_t\left(\tilde{f}_t,g_t\right)$ ergibt sich daraus, daß $\tilde{f}_t$ und g_t jeweils einer Brownschen Bewegung folgen. Insofern müssen sie auch mit demselben Wechselkurs übereinstimmen.

jekte unterliegt, ökonomisch zu interpretieren? Hierzu sind insgesamt zwei Aussagen festzuhalten:

1. Die Parameter $f + \alpha g + \alpha(\mu_f + \alpha\mu_g)$ lassen innerhalb der Zielzone einen linearen Verlauf der Wechselkursfunktion erkennen, wie er sich in einem Free-Float-Wechselkurssystem ergeben würde. Jegliche Änderungen von α (Voraussetzung: $\alpha \neq 0$) deuten auf entsprechende Veränderungen in der Erwartungsbildung der Wirtschaftssubjekte hin und bewirken eine sofortige (sprunghafte) Wechselkursbewegung, die letztlich ein Ansteigen oder Absinken der erwarteten Realignmentrate nach sich zieht. Ebenso zeigen Veränderungen des ursprünglichen Fundamentalaggregats die bereits bekannten Auswirkungen auf die Wechselkursbewegungen innerhalb der Zielzone.

2. Die Exponentialfunktionen repräsentieren die bei den Wirtschaftssubjekten vorhandene Erwartung, daß die stabilisierenden Faktoren der Wechselkursbandbreite im Falle einer Bewegung des fundamentalen Aggregats h_t zu einem der beiden Zielzonenenden inkrafttreten werden. Analog dazu geben die Konstanten A_1 und A_2 den tatsächlichen mean-reverting Einsatz an. Beide Effekte zusammen bewirken, daß die Wechselkursfunktion innerhalb der Bandbreite eben nicht linear verläuft, sondern die aus dem KRUGMAN-Modell bekannte s-förmige Gestalt annimmt.

Dieses Ergebnis mutet insofern etwas überraschend an, da in diesem Modell durch das Einfügen einer durch die Wirtschaftssubjekte erwarteten (stochastischen) Realignmentrate ein im Vergleich zum KRUGMAN-Modell übereinstimmender Wechselkursverlauf entsteht. BERTOLA und SVENSSON zeigen dabei, daß durch die Modellierung von Realignmenterwartungen innerhalb der Bandbreite der Realitätsgehalt der Zielzonentheorie erweitert werden kann. Dabei verweisen sie auf den Umstand, daß die Realignmenterwartungen im vorliegenden Modell bislang nur durch den *exogenen* Prozeß der Gleichung (26) bestimmt werden. Dieses würde aber bedeuten, daß die Wirtschaftssubjekte bei der Bildung ihrer Realignmenterwartungen die Position des Wechselkurses innerhalb der Bandbreite unbeachtet lassen. Mit Blick auf die Gleichung (31) ist jedoch zu erkennen, daß der Einfluß von exogenen Realignmenterwartungen über die Abhängigkeit des Wechselkurses innerhalb der Bandbreite vom Fundamentalaggregat auftritt, da erstere Bestandteil der (erweiterten) Fundamentalvariablen sind. Um den Realitätsgehalt des Modells insgesamt zu erhöhen, fügen BERTOLA und SVENSSON darüber hinaus *endogene* Bestandteile in die Realignmenterwartungen ein, die, losgelöst vom stochastischen Prozeß, zum einen vom Fundamentalaggregat, zum anderen von der Wechselkursposition innerhalb der Bandbreite abhängen können. Hier stellt sich jedoch das Problem der analytischen Fassung der endogenen Faktoren in der betrachteten Modellwelt. Dem werden BERTOLA und SVENSSON damit gerecht, indem sie mit

(33) $$g = g_1 + g_2(x_t) = g_1 + a + bx_t$$

eine Gleichung für exogene und endogene Realignmenterwartungen innerhalb der Bandbreite formulieren, in der g_1 dem stochastischen Prozeß der Gleichung (26) entspricht und $g_2(x_t)$ die lineare Abhängigkeit der Realignmenterwartungen innerhalb der Bandbreite von der Position des Wechselkurses im Band repräsentiert. Setzen wir nun die Gleichungen (27) und (33) in die Gleichung (4) ein, so erhalten wir mit

$$(34) \qquad x_t = \frac{\alpha a}{1-\alpha b} + \frac{1}{1-\alpha b} h_t + \frac{\alpha}{1-\alpha b} E_t\left({dx}/{dt}\right),$$

$$h_t \equiv \tilde{f}_t + \alpha g_1,$$

eine modifizierte Form für den Wechselkurs innerhalb der Bandbreite. Für den (wahrscheinlichsten) Fall $\alpha b < 1$ zeigt sich eine Reduktion dieser Gleichung durch den Wegfall der endogenen Realignmenterwartungsbildung, die im Ergebnis mit der Gleichung (30) übereinstimmt und den typisch s-förmigen Charakter beibehält. Die relevanten ökonomischen Unterschiede zu den voranstehenden Modellen zeigen sich hierbei einzig in der konkreten Ausgestaltung der Fundamentals. Im weiteren gilt es nun zu überprüfen, ob dieser (modifizierte) Wechselkursverlauf, der im Vergleich zum KRUGMAN-Modell zwar Realignmenterwartungen der Wirtschaftssubjekte innerhalb der Bandbreite beinhaltet, grafisch aber nicht zu diesem verschieden ist, weiterhin in einer eindeutigen Beziehung zum Zinsdifferential steht.

b) Zur Bestimmung der Faktoren, die für eine - wie auch immer ausgestaltete - Korrelation zwischen dem Wechselkurs und dem Zinsdifferential innerhalb der Zielzone verantwortlich sind, formulieren BERTOLA und SVENSSON einleitend die Bedingung für das Zinsdifferential, die schon aus der Gleichung (3) bekannt ist:

$$(3) \qquad i_t - i_t^* = \delta_t = E_t\left({de}/{dt}\right),$$

wobei das Zinsdifferential δ_t weiterhin der Wechselkursänderungserwartung $E_t(de/dt)$ der Wirtschaftssubjekte entspricht. Um die Abhängigkeit des Zinsdifferentials von den bislang noch unbekannten ökonomischen Faktoren bestimmen zu können, wird die Gleichung (27) in die Gleichung (3) eingesetzt.

$$(35) \qquad \delta_t(h_t, g_t) = \tilde{\delta}_t(h_t) + g_t$$

Aus dieser reduzierten Form ist zu erkennen, daß das Zinsdifferential - innerhalb einer zuvor festgelegten Bandbreite $h_u \leq h_t \leq h_o$ - einerseits durch die konkrete Ausgestaltung des erweiterten Fundamentalaggregats, andererseits durch die Gegenwart exogener Realignmenterwartungen der Wirtschaftssubjekte bestimmt wird. Mit Hilfe einiger Umformungen sowie der Berücksichtigung der Gleichung (30) ergibt sich das Zinsdifferential in Abhängigkeit von den Fundamentals wie folgt:

(36) $$\tilde{\delta}_t(h_t) = E_t\left(\frac{dx}{dt}\right) = \frac{x_t(h_t) - h_t}{\alpha}.$$

Diese Gleichung, deren ökonomische Implikation insbesondere SVENSSON [1991a] ausführlich untersucht, ist insofern von Bedeutung, als sie das Zinsdifferential $\tilde{\delta}_t$ in Abwesenheit von Realignmenterwartungen innerhalb der Bandbreite beschreiben kann und $\tilde{\delta}_t$ in einem solchen Fall mit der erwarteten Wechselkursänderung innerhalb der Zielzone übereinstimmt. Für die weitere grafische Betrachtung gehen BERTOLA und SVENSSON - in Anlehnung an KRUGMAN [1991] - (zunächst) von einer gleichbleibend positiven Korrelation von Wechselkurs und Fundamentalaggregat im Band aus. Dieses impliziert einen für den charakteristischen Wechselkurs-Zinsdifferential-Zusammenhang negativen Verlauf, da Wechselkursbewegungen im Band entgegengesetzte Wechselkursänderungserwartungen innerhalb der Zielzone induzieren und dieses - nunmehr entsprechend der Gleichung (36) - zu einem ebenso ausgeprägten Zinsdifferential führt.

Abbildung 13

Exogene Realignmenterwartungen

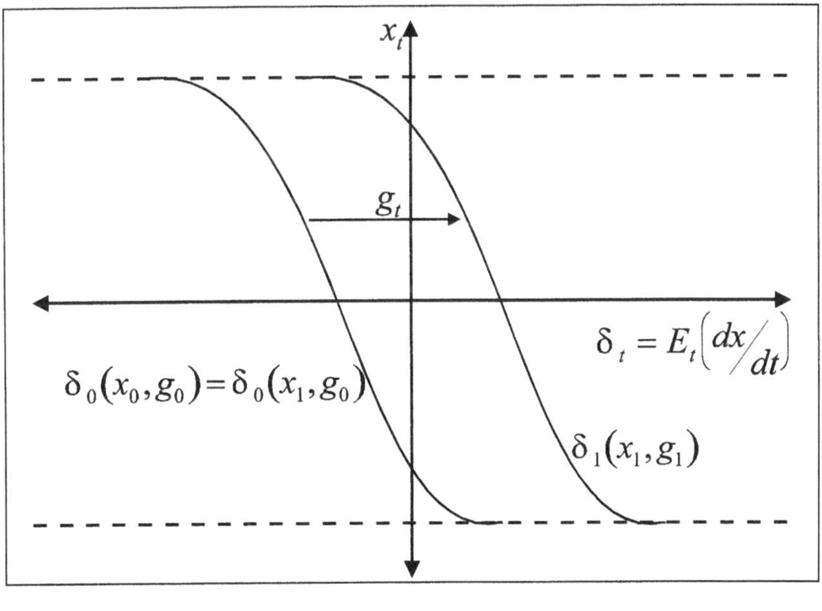

Der entscheidende Unterschied zum KRUGMAN-Modell ist aber relativ leicht ausgemacht: Durch das Vorhandensein von exogenen Realignmenterwartungen der Wirtschaftssubjekte innerhalb der Zielzone *shiftet* die Zinsdifferentialfunktion in der Abbildung 13 um die zentrale Parität. Diese Verhaltensweise gilt unabhängig davon, ob auf der Ordinate der Wechselkurs oder das Fundamentalaggregat abgetragen ist. Die exogenen Realignmenterwartungen bilden den Lageparameter für die Zinsdifferentialfunktion, d.h. die horizontale Differenz zwischen der alten und der neuen Lage dieser Funktion wird durch die Ausprägung der durch die Wirtschaftssubjekte gebildeten Realignmenterwartungen bestimmt. Aufgrund dieser Beobachtungen lassen sich insgesamt zwei wesentliche Aussagen dieses Modells festhalten:

1. Sofern die relative Veränderung der Realignmenterwartungen der Wirtschaftssubjekte innerhalb der Bandbreite gegen null tendiert, erfährt das Fundamentalaggregat hauptsächlich über die dort zusammengefaßten Variablen relative Veränderungen. In diesem Fall verschiebt sich die $\delta_0(x_0,g_0)=\delta_0(x_1,g_0)$-Funktion nicht. Die Wechselkurs-Zinsdifferential-Kombinationen, die sich infolge der Veränderungen der Fundamentals ergeben, liegen alle *auf* dieser Funktion, und die Korrelation von Wechselkurs und Zinsdifferential ist (bleibt) negativ.

2. Hängt die Veränderung der Fundamentalvariablen jedoch in hohem Maße von einer stark ausgeprägten Variabilität der Realignmenterwartungen der Wirtschaftssubjekte ab, so *shiftet* die Zinsdifferentialfunktion im Umfang des Betrages g_t um die zentrale Parität. In diesem Fall findet in der Abbildung 13 z.B. eine Verschiebung der $\delta_0(x_0,g_0)=\delta(x_1,g_0)$-Funktion nach rechts statt, und die neue Funktion ist mit $\delta_1(x_1,g_1)$ gekennzeichnet. Hier zeigt sich nun der entscheidende Unterschied zum elementaren KRUGMAN-Modell: Steigen (Sinken) - aufgrund nicht zu hinterfragender Ursachen - die Realignmenterwartungen der Wirtschaftssubjekte an (ab), so erfährt der Wechselkurs durch den Anstieg (das Absinken) des Fundamentalaggregats eine Bewegung auf der Zinsdifferentialfunktion nach oben (unten). Gleichzeitig shiftet die Zinsdifferentialfunktion im Ausmaß der Realignmenterwartungen nach rechts (links), und es ist zu erkennen, daß der deterministisch negative Zusammenhang zwischen dem Wechselkurs und dem Zinsdifferential innerhalb der Zielzone zwar gegeben sein kann, aber keinesfalls zwingend ist. Ebenso ist es möglich, daß infolge eines Ansteigens (Absinkens) der Realignmenterwartungen ein positives (negatives) Zinsdifferential entsteht und somit eine positive (negative) Korrelation zum Wechselkurs gegeben ist.

Die zweite Aussage rückt die Ergebnisse bisheriger Wechselkurszielzonenmodelle, in denen - entgegen empirischer Befunde - ein generell negativer Zusammenhang zwischen dem Zinsdifferential und dem Wechselkurs ausgewiesen wird, tendenziell in eine neue Betrachtungsposition. Durch die Modellierung exogener Realignmenterwartungen innerhalb der Bandbreite gelingt es BERTOLA und SVENSSON, die zuvor bemerkte Disharmonie zwischen der Theorie und der Empirie mit Hilfe eines realitätsspezifischen Merkmals aufzulockern. Daß letztlich tatsächlich eine uneindeutige Korrelation bei der empirischen Analyse verschiedener Währungen bestehen kann, zeigen die folgenden Untersuchungen: Während SVENSSON [1991c] - für die schwedische Zielzone - und KONTULAINEN, LEHMUSSAARI und SUVANTO [1990] - für die finnische Zielzone - eine negative Korrelation zwischen dem Wechselkurs und dem Zinsdifferential ausmachen konnten, erhalten BERTOLA und CABALLERO [1992b] eine positive

Korrelation für Deutschland und Frankreich innerhalb des EWS. Dahingegen präsentieren FLOOD, ROSE und MATHIESON [1991] sowohl positive als auch negative Korrelationen für verschiedene Länder im EWS. Folgen wir nun den theoretischen Ergebnissen von BERTOLA und SVENSSON [1993], so sind als (Haupt-)Ursache für positive oder uneindeutige Korrelationen zwischen dem Wechselkurs und dem Zinsdifferential innerhalb der Zielzone exogene Realignmenterwartungen der Wirtschaftssubjekte verantwortlich, die - in ihrer Gesamtheit - von Land zu Land verschieden sein können *und* in den jeweiligen Ländern von Periode zu Periode unterschiedlich stark ausgeprägten Schwankungen unterliegen können. Wir sehen, daß stochastisch auftretende exogene Realignmenterwartungen der Wirtschaftssubjekte einen geeigneten Weg beschreiben, um die Theorie und die Empirie in einen ökonomischen Einklang zu bringen. Insofern sollten sie Bestandteil in der Modellierung zukünftiger Zielzonenmodelle sein.

Mit Blick auf die Drift-Adjustment-Methode ist zunächst nicht unbedingt ersichtlich, worin nun der Unterschied zum BERTOLA-SVENSSON-Modell besteht, da es bei einem oberhalb (unterhalb) der zentralen Parität verlaufenden Wechselkurs in beiden Modellen infolge von Realignmenterwartungen durch die Wirtschaftssubjekte zu positiven (negativen) Zinsdifferentialen kommen kann. Insofern gilt es besonders hervorzuheben, daß die inhaltliche Ausgestaltung der Realignmenterwartungen in beiden Modellen zwar exogen, aber dennoch anders angelegt ist. Basiert sie bei der Drift-Adjustment-Methode auf einer unspezifizierten Form, so unterliegen die Realignmenterwartungen bei BERTOLA und SVENSSON einer konkreten Definition, die sie zusätzlich als stochastisch ausweist. Insofern kann währungspolitisch nun konkret beurteilt werden, welche Art der Realignmenterwartungsbildung die bisher ungewohnten Wechselkurs-Zinsdifferential-Kombinationen herbeigeführt hat.

Abschließend sei der Frage nachgegangen, welche ökonomische Botschaft letztlich aus diesem Modell an die Währungspolitik hervorgeht, die den Wechselkurs mit Hilfe einer Zielzone stabilisieren will. Dabei sind inhaltliche Breite und wirtschafts- bzw. währungspolitische Relevanz insgesamt als wenig gehaltvoll zu bewerten.

Sicherlich wird durch die Angleichung der Theorie an die Empirie ein gewisser Makel der Zielzonenthematik beseitigt; eine konkrete Handlungsempfehlung für den Währungspolitiker kann aus dem Modell aber insofern nicht hervorgehen, da das stochastische Auftreten der Realignmenterwartungen keinesfalls vorhergesagt bzw. (administrativ) kontrolliert werden kann und letztere in einer Ökonomie schließlich „vom Himmel fallen". Hierzu ist jedoch zu konstatieren, daß BERTOLA und SVENSSON nicht vordergründig danach streben, die Frage nach dem Zeitpunkt und der Ausgestaltung des Eintritts eines administrativen Realignments infolge exogener Realignmenterwartungen der Wirtschaftssubjekte zu thematisieren, als vielmehr den undeterministisch möglichen Zusammenhang zwischen dem Wechselkurs und dem zugehörigen Zinsdifferential innerhalb der Zielzone durch das Vorhandensein exogener Realignmenterwartungen aufzeigen zu wollen. Danach ist es durch die Einrichtung einer Wechselkurszielzone nach wie vor möglich, eine negative Wechselkurs-Zinsdifferential-Korrelation im Wege einer Reduktion der exogenen Realignmenterwartungen vorzufinden, d.h. es vollziehen sich ausschließlich Bewegungen auf der $\delta_0(x_0,g_0)=\delta_0(x_1,g_0)$-Funktion. Gleichwohl haben wir gesehen, daß durch das stochastische Auftreten von administrativen Realignments ein hoher und realitätsnaher Unsicherheitsfaktor in die vorliegende Zielzonendiskussion integriert wird. Dieser ist zwar in der Lage, empirische Beobachtungen modelltheoretisch zu erklären, gleichzeitig *kann* durch ihn aber auch eine destabilisierende Wirkung auf das gesamte Zielzonen- und Wirtschaftssystem ausgehen, da die zu jedem Zeitpunkt denkbaren Wechselkurs-Zinsdifferential-Kombinationen die Unsicherheit auf die nationalen und internationalen Güter- und Kapitalmärkte überwälzen und von dort aus Rückkopplungen entstehen können. Insofern ist es möglich, daß eine Wechselkurszielzone destabilisierend wirkt, sofern (exogene) Realignmenterwartungen der Wirtschaftssubjekte in einer Ökonomie „vom Himmel fallen" und dazu führen, daß die $\delta_0(x_0,g_0)=\delta_0(x_1,g_0)$-Funktion innerhalb der Zielzone unsystematisch (stochastisch) hin und her shiftet (und den Wert $\delta_1(x_1,g_1)$ annimmt). Fraglich bleibt hingegen der Umstand, wie es der Wirtschaftspolitik gelingen kann, die Gesamtheit der Wirtschaftssubjekte so (modellkonform) zu beeinflussen, daß die destabilisierend wirkenden exogenen Realignmenterwartungen möglichst gegen null tendieren. Hierzu kann abermals lediglich konstatiert werden, daß dieses nur durch eine *glaubhafte* Zielzonenpolitik möglich sein wird, die - z.B. im EWS - auf eine generelle währungspolitische Stabilität, einen allgemeinen Konsens und eine uneingeschränkte Kooperation unter den Teilnehmerländern ausgerichtet ist und Realignments allgemein nur dann vornimmt, wenn es die ökonomische Entwicklung erfordert.[74] Eine faktische Garantie für eine zeitlich unbegrenzte Aufrechterhaltung der Glaubwürdigkeit einer bestimmten Wechselkurszielzone ist dieses jedoch nicht, da die Bildung der Realignmenterwartungen durch die Wirtschaftssubjekte weder von staatlicher noch von notenbankpolitischer Seite grundsätzlich unterbunden bzw. verboten werden kann.[75] Dieses führt letztlich dazu, daß der ökonomische Gehalt des Ganzen in einem wie auch immer zu definierenden Umfang reduziert wird.

Auch aus der empirischen Sicht weist das Modell auf ein weiteres faktisches Problem hin. BERTOLA und SVENSSON können durch die Modellierung stochastischer Realignmenterwartungen zwar jedwede Kombination zwischen dem Wechselkurs und dem Zinsdifferential innerhalb der Bandbreite erklären; was das Modell aber nicht vermitteln kann, ist die empirisch beobachtbare Dichtefunktion des Wechselkurses. Diese müßte eine buckelförmige Gestalt annehmen. Tatsächlich aber deutet der von BERTOLA und SVENSSON abgeleitete Wechselkursverlauf, der sich quasi-analog zum KRUGMAN-Modell ergibt, auf eine u-förmige Dichtefunktion innerhalb der Bandbreite hin. Demnach vermag dieses Modell die zugehörige Dichtefunktion nicht realitätsnah abzubilden.

[74] Infolge ihrer Ausführungen zur Inflationsstabilisierung mit Hilfe eines nominalen Ankers arbeiten CALVO und VÉGH [1994, S. 43 f.] im Rahmen ihrer Politikempfehlungen heraus, daß eine fehlende Glaubwürdigkeit deutlich nachteiliger auf ein festes als auf ein flexibles Wechselkurssystem wirkt.

[75] Vgl. hierzu auch PORTES [1993, S. 2], der darauf hinweist, daß es allgemein keinen Anhaltspunkt dafür gibt, daß Wechselkurse irgendwann keinen Veränderungen mehr unterliegen.

LINDBERG und SÖDERLIND [1994a] greifen die (plausible) Kritik aus den Modellen von DELGADO und DUMAS [1992] und BERTOLA und SVENSSON [1993] auf, da diese Modelle die empirischen Daten für z.B. Schweden nicht hinreichend erklären können. Das Ziel ihrer Bemühungen ergibt sich dahingehend, durch das formale Zusammenfügen dieser beiden theoretischen Modelle - einerseits - anhand eines einzigen Modells die typischen Merkmale marginaler und intramarginaler Interventionen der Zentralbanken sowie stochastischer Realignmenterwartungen der Wirtschaftssubjekte bei möglichen Realignments bereits innerhalb des Währungsbandes gemeinsam in Wechselkurszielzonen zu integrieren, um dadurch - andererseits - die sich aus den einzelnen Modellen ergebende Kritik zu beseitigen (deterministische und negative Korrelation zwischen dem Wechselkurs und dem Zinsdifferential innerhalb der Bandbreite bei DELGADO und DUMAS, u-förmige Wechselkursdichtefunktion bei BERTOLA und SVENSSON). Dazu definieren sie ein Fundamentalaggregat h_t, das aus einem Velocity-Shift-Term v_t ($dv_t = \sigma_v dW_v(t)$), stochastischen Realignmenterwartungen der Wirtschaftssubjekte g_t ($dg_t = \sigma_g dW_g(t)$) und einer marginalen und intramarginalen Interventionstätigkeit der Zentralbanken dm_t ($dm_t = -\rho(h_t - h_0) + dL_t - dU_t$) besteht ($h_t = m_t + v_t + \alpha g_t = f_t + \alpha g_t$). Die Veränderung des Fundamentalaggregats ($dh_t = -\rho(h_t - h_0) + dW(t) + dL_t - dU_t$][76] ergibt sich dabei - zum ersten - infolge der Abweichung der Fundamentals (in denen auch die stochastischen Realignmenterwartungen der Wirtschaftssubjekte enthalten sind) von ihrem gleichgewichtigen Wert und der dadurch ausgelösten intramarginalen mean-reverting Interventionen der Zentralbanken, des weiteren - zum zweiten - durch die dem Brownschen Bewegungsprozeß folgenden Variablen (s.o.) und - zum dritten - aufgrund der marginalen Interventionstätigkeit der Zentralbanken. Im Ergebnis erhalten LINDBERG und SÖDERLIND [1994a] eine Wechselkursfunktion, die innerhalb der Zielzone eine Steigung von kleiner als eins aufweist, durch den Verlust ihrer Nichtlinearität auf eine buckelförmige Dichtefunktion hindeutet und - sofern f_t auf der Abszisse abgetragen wird - jedwede Kombination zwischen dem Wechselkurs und dem Zinsdifferential theoretisch erklären kann. Diese modifizierte Modellierung ist somit insgesamt dazu geeignet, die empirische Realität - nicht nur für Schweden - in geeigneter Weise theoretisch zu erklären, ohne dabei auf die wesentlichen Bestandteile der Stochastik des Brownschen Bewegungsprozesses und der Mean-Reversion der Fundamentals in einer Wechselkurszielzone zu verzichten. Der Aussagegehalt theoretischer Zielzonenmodelle wird somit hinsichtlich seines Realitätsbezuges entscheidend erweitert, weshalb dem Modell innerhalb der Zielzonentheorie eine zentrale Bedeutung zuzuweisen ist.

3.2.2. Endogene Realignmenterwartungen

Die bisher im Abschnitt 3.2.1. diskutierten Wechselkurszielzonenmodelle besitzen - jedes für sich gesehen - das (theoretische) Problem der exogenen Realignmenterwartungsbildung. Der (aktuelle) Wechselkurs und das Zinsdifferential werden (gleichzei-

---

[76] $\sigma = \sqrt{\sigma_v^2 + \alpha^2 \sigma_g^2}$

tig) über endogene/exogene Veränderungen der Fundamentalvariablen und/oder exogene Realignmenterwartungen bestimmt. Dabei bleibt die (währungspolitisch) wichtige Frage offen, wie die durch die Wirtschaftssubjekte gebildeten Realignmenterwartungen entstehen, d.h. die subjektiven Gründe bleiben insgesamt unbeleuchtet. Gerade letztere sind für die Wirtschafts- und Währungspolitik aber von essentieller Bedeutung, da - hinsichtlich des Ziels der Wechselkursstabilisierung mit Hilfe einer Zielzone - das unsichere Element der Realignmenterwartungen durch eine gezielte Einflußnahme des Staates oder der Notenbank vermindert bzw. ausgeschaltet werden könnte. Daher muß es für die Wirtschafts- und Währungspolitik erstrebenswert sein, die Kritik bezüglich der exogenen Verfahrensweise anhand erweiterter Zielzonenmodelle, in denen Realignments und Realignmenterwartungen das *endogene* Ergebnis wirtschaftlich und (währungs-)politisch wechselseitig abhängiger Prozesse sind, auszuräumen.[77] Diesem Anspruch wurden zuerst BERTOLA und CABALLERO [1992a] gerecht, als sie die Bildung endogener Realignmenterwartungen mit der Zu- bzw. der Abnahme der Devisenreserven der Zentralbank(en) erklärten. Sind die Devisenreserven demnach gering (hoch), so steigt (sinkt) die Wahrscheinlichkeit für ein Realignment - und damit die Realignmenterwartung der Wirtschaftssubjekte - entsprechend an (ab). Dabei bestimmt sich der beobachtbare Umfang bzw. die Schwankung des Devisenreservevolumens einzig durch den unterstellten stochastischen Prozeß der Fundamentals, aufgrund dessen die Zentralbanken - marginal und/oder intramarginal - intervenieren; gleichzeitig können BERTOLA und CABALLERO keinen deterministischen Zusammenhang zwischen dem Wechselkurs und dem Zinsdifferential innerhalb der Zielzone ausmachen. Einen ähnlichen Ansatz wählen TRISTANI [1994] und WERNER [1995], indem sie Realignments und Realignmenterwartungen über den nominalen Wechselkurs im Band endogenisieren. Die wirtschaftspolitischen Implikationen, die TRISTANI hierzu - ebenso wie WERNER - erhält, sind nunmehr Gegenstand der nachstehenden Erläuterungen.

Die Grundlage des folgenden Modells bildet die elementare Wechselkursgleichung (4). Im Gegensatz zu den bisherigen Zielzonenmodellen endogenisiert TRISTANI die Realignmenterwartungen der Wirtschaftssubjekte dahingehend, daß sie *proportional* mit der Veränderung der Fundamentalvariablen ansteigen bzw. absinken. Die Endogenität, d.h. die Frage nach dem Grund bzw. der Ursache der Erwartungsbildung, beschreibt er in der „Furcht" der Wirtschaftssubjekte vor einem Realignment, die entsteht, wenn die beobachtbaren Fundamentalvariablen (und somit auch der Wechselkurs) von der zentralen Parität abweichen. Die zunehmende Abweichung letzterer führt dazu, daß die Wirtschaftssubjekte - im Vergleich zum Verharren der Fundamentals bei der zentralen Parität - nun immer weniger davon überzeugt sind, daß die Zentralbank die betrachtete Wechselkurszielzone entsprechend verteidigen wird. Wir formulieren mit

$$(37) \qquad \upsilon(f_t) = \rho\widetilde{f}_t, \quad \rho > 0,$$

[77] Endogene Realignmenterwartungen werden somit aus dem Zielzonensystem heraus „produziert", d.h. sie ergeben sich aus anderen im Modell vorhandenen Größen.

die Wahrscheinlichkeit v für ein Realignment, die vom Fundamentalaggregat f_t abhängig ist und sich durch die Multiplikation der Konstanten ρ mit der Abweichung des Fundamentalaggregats von der zentralen Parität $\tilde{f}_t$ ergibt, wobei $\tilde{f}_t$ - analog zu BERTOLA und SVENSSON [1993] - mit $\tilde{f}_t \equiv f_t - c_t$ definiert ist. Hieraus wird ersichtlich, daß ein Realignment mit einer Wahrscheinlichkeit $\rho\tilde{f}_t$ auftritt und diese Rate - da ρ konstant ist - nur durch die Bewegung von $\tilde{f}_t$ von der zentralen Parität bestimmt wird. Die Realignmenterwartungen steigen somit linear an, sofern die Fundamentalvariablen von der zentralen Parität abweichen.

Als weitere Annahme setzt TRISTANI voraus, daß die Position des Wechselkurses innerhalb der Bandbreite nach einem Realignment dieselbe ist wie vorher, d.h. ein oberhalb (unterhalb) der zentralen Parität administrativ festgelegtes Realignment verursacht - entsprechend der Gleichung (37) - einen gegebenen konstanten Sprung j ($-j$) der Fundamentalvariablen, der seinerseits einen analogen Wechselkurssprung j ($-j$) bewirkt.[78] Diese Vorüberlegungen erlauben es nun, die in der Gleichung (4) enthaltene Wechselkursänderungserwartung in zwei eigenständige Bestandteile aufzuspalten:

(38) $$E_t\left(\frac{de}{dt}\right) = E_t\left(\frac{dx}{dt}\right) + j\rho\tilde{f}_t .$$

Im Vergleich zu BERTOLA und SVENSSON [1993] besteht die Wechselkursänderungserwartung $E_t(de/dt)$ weiterhin aus der (unveränderten) Wechselkursänderungserwartung innerhalb der Bandbreite $E_t(dx/dt)$ - hinter der sich die stabilisierenden Auf- bzw. Abwertungserwartungen für die heimische bzw. die ausländische Währung verbergen - und einer Realignmentrate $E_t(dc/dt)$; letztere ist in diesem Modell jedoch endogen und folglich anders definiert. Setzen wir die Gleichungen (11) und (38) in die Gleichung (4) ein, so erhalten wir für die Bewegung des Wechselkurses innerhalb der Bandbreite die allgemeine Lösung

(39) $$x_t\left(\tilde{f}_t\right) = \tilde{f}_t(1+\alpha\rho j) + \alpha E_t\left(\frac{dx}{dt}\right).$$

Unter der Verwendung von Ito's Lemma zeigt sich die schon bekannte Form der Differentialgleichung zweiter Ordnung für den Wechselkurs innerhalb der Bandbreite mit

(40) $$x_t = \tilde{f}_t(1+\alpha\rho j) + A_1 \exp\left[\lambda_1\tilde{f}_t\right] + A_2 \exp\left[\lambda_2\tilde{f}_t\right].$$

Diese Wechselkursfunktion stimmt - ähnlich wie im Modell von BERTOLA und SVENSSON [1993] - wieder mit dem aus dem KRUGMAN-Modell bekannten s-förmigen Verlauf überein; allerdings ist ihre Steigung - verursacht durch den zusätzlichen Ausdruck $\alpha\rho j$ - überall größer als die unter Free-Float-Bedingungen bestehende 45°-Linie, auf der sich der Wechselkurs und die Fundamentalvariablen proportional zueinander ent-

[78] Dieses Szenario wird von WERNER [1995] nicht modelliert, d.h. er thematisiert nicht die Frage nach der konkreten Ausgestaltung eines Realignments und beschränkt sich auf die Erklärung der Endogenität der Realignmenterwartungen der Wirtschaftssubjekte.

wickeln. Daher ergibt sich nunmehr - im Unterschied zum KRUGMAN-Modell - oberhalb (unterhalb) der zentralen Parität generell eine destabilisierende Abwertungserwartung (Aufwertungserwartung) für die heimische Währung, die linear zur Abweichung der Fundamentals von der zentralen Parität ansteigt. Dennoch erhalten wir den beschriebenen s-förmigen Wechselkursverlauf, da die Antizipation der marginalen Zentralbankintervention in der Nähe der oberen (unteren) Zielzonengrenze gleichzeitig für eine geringe Aufwertungserwartung (Abwertungserwartung) für die heimische Währung - und damit für die Nichtlinearität der Funktion - sorgt. Für den Fall $\rho = 0$ zeigt sich hingegen ein im Vergleich zum KRUGMAN-Modell analoger Wechselkursverlauf. Insgesamt ist es mit der in der Gleichung (40) beschriebenen Wechselkursfunktion - annahmegemäß gilt $\rho > 0$ - nunmehr auch analytisch möglich, zu zeigen, daß die Furcht der Wirtschaftssubjekte vor einem möglichen Wechselkurssprung durch ein Realignment überproportionale Wechselkursschwankungen bzw. eine erhöhte Wechselkursvolatilität zur Folge hat, die bereits durch geringe, durch die Wirtschaftssubjekte beobachtbare Veränderungen der Fundamentalvariablen ausgelöst werden. Dieses Ergebnis gilt unabhängig von der Art des unterstellten Wechselkurssprungs im Falle eines Realignments.

Aus realitätsspezifischem Anlaß untersucht TRISTANI ebenso die Wirkung eines variablen Wechselkurssprungs infolge eines Realignments, da zu erwarten ist, daß sich die Wahrscheinlichkeit für ein Realignment aus der Sicht der Wirtschaftssubjekte hierdurch ändern wird. Tatsächlich ist es intuitiv fragwürdig, z.B. in der Nähe des oberen (unteren) Zielzonenendes des *neuen* Wechselkursbandes ein Realignment zu erwarten, das mit der gleichen Wahrscheinlichkeit wie das vorangegangene auftreten kann. Vielmehr ist ein variabler Wechselkurssprung zu vermuten, der dazu führt, daß die Wahrscheinlichkeit für ein sich sofort anschließendes Realignment gegen null tendiert. Dieses bewirkt dann allgemein, daß der Wechselkurs im Falle eines Realignments zur zentralen Parität des neuen Zielzonenbandes springt. Insgesamt ergibt sich durch dieses variable Szenario jedoch keine veränderte Aussage bezüglich des beschriebenen Wechselkursverlaufs. Es ist hierzu lediglich festzuhalten, daß einerseits der Umfang des variablen Wechselkurssprungs negativ mit der Wahrscheinlichkeit für ein Realignment korreliert - d.h. je näher (weiter entfernt) sich der Wechselkurs an (von) einem der Zielzonenenden befindet, desto höher (niedriger) sind die Realignmenterwartungen der Wirtschaftssubjekte und um so geringer (höher) ist der antizipierte Wechselkurssprung im Falle eines Realignments - und andererseits die Annahme eines fixen Wechselkurssprungs der modelltheoretischen Vereinfachung dient.[79] Ohne Unterschied zum KRUGMAN-Modell gelten an den Zielzonenenden weiterhin die durch die marginale Interventionstätigkeit der Zentralbank(en) hervorgerufenen Smooth-Pasting-Bedingungen, die bereits aus dem Abschnitt 2.1.2. her bekannt sind. Sie verhindern das Ausnutzen des

[79] Die Ergebnisse bezüglich der Durchführung intramarginaler Interventionen, die hier nicht explizit behandelt werden sollen, ändern sich durch das Bestehen endogener Realignmenterwartungen nicht. Es resultiert eine Wechselkursfunktion, die im Vergleich zur obigen Lösung flacher verläuft, insgesamt aber eine größere Steigung als bei DELGADO und DUMAS [1992] aufweist, da letztere Realignmenterwartungen der Wirtschaftssubjekte überhaupt nicht betrachten.

Devisenarbitrage durch die Wirtschaftssubjekte, und der Wechselkurs verharrt am Zielzonenende. Das gesamte Szenario ist nunmehr mit der Abbildung 14 kompatibel.[80]

Abbildung 14

Endogene Realignmenterwartungen

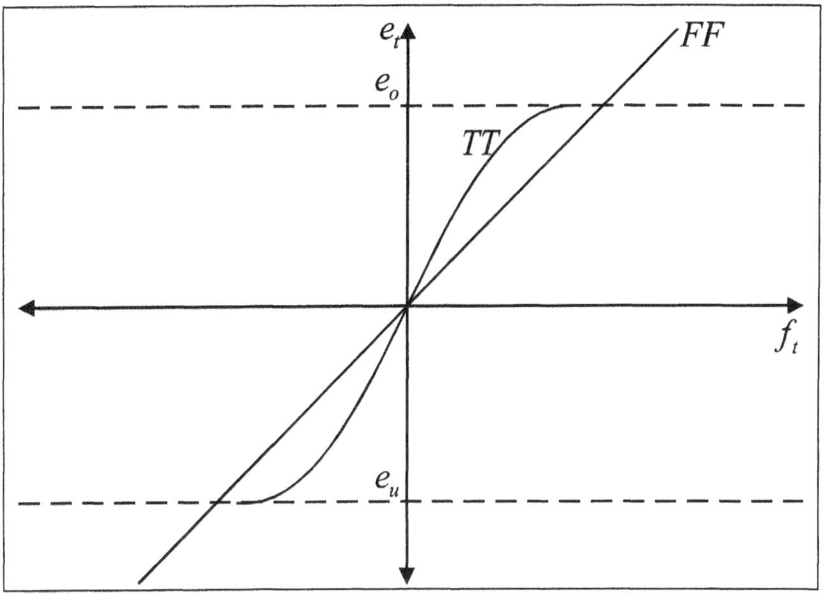

[80] Bislang ist der Umstand betrachtet worden, in dem die Fundamentalvariablen - aus welchen Gründen auch immer - von der zentralen Parität abwichen und dieses bei den Wirtschaftssubjekten die Furcht vor einem möglichen Realignment hervorrief. Somit war die erwartete Realignmentrate der Wirtschaftssubjekte immer vom Verhalten der Fundamentalvariablen abhängig. Diese Betrachtungsweise kann insofern modifiziert werden, als sich die Wirtschaftssubjekte nun nicht mehr an der Abweichung der Fundamentals von der zentralen Parität, sondern an der Abweichung des Wechselkurses innerhalb der Bandbreite von der zentralen Parität orientieren. TRISTANI formuliert mit $E_t(dc/dt) = g_t + \rho jx_t$ eine erwartete Realignmentrate, in der g_t den exogenen und ρjx_t den endogenen Teil der Realignmenterwartungen repräsentieren. Beschränken wir uns auf den endogenen Teil (d.h. $g_t \equiv 0$) und setzen diesen in die Gleichung (4) ein, so erhalten wir wieder eine steilere s-förmige Wechselkursfunktion mit dem Unterschied, daß nun die Abweichung des Wechselkurses innerhalb der Bandbreite von der zentralen Parität die Grundlage für die Bildung von Realignmenterwartungen der Wirtschaftssubjekte darstellt. Diese Modifikation läßt aber erkennen, daß die Realignmenterwartungen - im Vergleich zur bisherigen Modellierung im TRISTANI-Modell - einer weitaus größeren Volatilität unterliegen. Insofern sind bei der Formulierung wirtschaftspolitischer Aussagen immer die konkreten Umstände zu berücksichtigen, mit Hilfe derer die Endogenität der Realignmenterwartungen beschrieben wird.

Somit bleibt schließlich festzuhalten, daß die Wechselkursfunktion um so steiler verläuft, je größer der Wert für α ist, je umfangreicher der Wechselkurssprung j im Falle eines Realignments ist und je größer die Konstante ρ ist.[81] Bezüglich des Zinsdifferentials findet TRISTANI - im Gegensatz zu KRUGMAN [1991] - links (rechts) der Free-Float-Funktion einen gleichbleibend positiven (negativen) Wert. Hier ist zu konstatieren, daß in diesem Modell - ähnlich wie bei der Drift-Adjustment-Methode des Abschnitts 3.2.1.1. - die Realignmenterwartungen der Wirtschaftssubjekte die stabilisierenden Wechselkursänderungserwartungen im Band überkompensieren. Im Vergleich zu BERTOLA und SVENSSON [1993] ergibt sich bei TRISTANI aber eine eindeutig positive Korrelation zwischen dem Wechselkurs und dem Zinsdifferential. Gleichwohl ist dieses Ergebnis nur für den in der Abbildung 14 aufgezeigten Wechselkursverlauf zwingend. Ebenso kann in diesem Modell ein Wechselkursverlauf unterstellt werden, bei dem der Smooth-Pasting-Effekt am oberen (unteren) Zielzonenende nicht links (rechts), sondern rechts (links) der Free-Float-Funktion auftritt. Dieses bedeutet dann eine zunächst oberhalb (unterhalb) der Free-Float-Funktion verlaufende Wechselkursfunktion, die erstere in der Nähe des oberen (unteren) Zielzonenendes schneidet und erst danach in den Smooth-Pasting-Effekt übergeht. Folglich steht ein derart beschriebener Wechselkursverlauf auch in einem differenten Zusammenhang zum betrachteten Zinsdifferential. Letzteres ist anfänglich positiv (negativ) und nimmt nach dem Schnittpunkt der Wechselkursfunktion mit der Free-Float-Funktion einen negativen (positiven) Wert an. Je steiler die Wechselkursfunktion dabei ist, desto eher sind - allgemein gesehen - positive (negative) Zinsdifferentiale in der oberen (unteren) Zielzonenhälfte zu beobachten. Insofern zeigt dieser geringfügig modifizierte Wechselkursverlauf, daß die Präsenz endogener Realignmenterwartungen nicht unbedingt auf eine eindeutige Korrelation zwischen dem Wechselkurs und dem Zinsdifferential hindeuten muß. Dieser Umstand ist währungspolitisch deshalb sehr bedeutend, als - im Vergleich zu BERTOLA und SVENSSON [1993] - die unklare Korrelation anhand konkret beobachtbarer Merkmale theoretisch erklärt werden kann. Unbeschadet dessen stehen diese Aussagen jedoch auch im Widerspruch zur Empirie, da der Wechselkursverlauf auf eine u-förmige Dichtefunktion (also eine hauptsächliche Bewegung des Wechselkurses an den Zielzonenenden) verweist, obwohl empirische Erfahrungen eine vornehmliche Bewegung des Wechselkurses in der Zielzonenmitte ausmachen. Dennoch ist die ökonomische Erklärung der Realignmenterwartungen als inhaltlicher Fortschritt gegenüber dem Modell von BERTOLA und SVENSSON [1993] zu beurteilen.

TRISTANI verfeinert den Realitätsgehalt seines Modells dahingehend, indem er in die erwartete Realignmentrate eine exogene Komponente g_t einbaut und deren zusätzliche

[81] TRISTANI dokumentiert in seinen Untersuchungen für die Werte $\alpha \equiv 0{,}1$, $\sigma \equiv 1$, $j \equiv 4{,}5\%$ und einer Bandbreite von $\pm$ 2,25% einen deutlich steileren Wechselkursverlauf innerhalb der Zielzone, sofern die Realignmenterwartungen der Wirtschaftssubjekte - in Form von ρ - ansteigen. Für den Fall $\rho = 0$ vollziehen sich die Bewegungen des Wechselkurses und des Fundamentalaggregats entsprechend unterproportional zueinander (vgl. die Gleichung (40)). Dieses Szenario ist dann wieder mit dem Wechselkursverlauf im elementaren KRUGMAN-Modell kompatibel.

stabilitätspolitisch relevante Auswirkung auf den Wechselkursverlauf untersucht. Diese modifizierte Realignmentrate ist definiert als

(41) $$E_t\left(\frac{dc}{dt}\right) = g_t + \rho j\tilde{f}_t$$

und führt mit Hilfe der Gleichungen (4) und (17) zur Wechselkursgleichung innerhalb der Zielzone:

(42) $$x_t\left(\tilde{f}_t, g_t\right) = \alpha g_t + (1 + \alpha\rho j)\tilde{f}_t + \alpha E_t\left(\frac{dx}{dt}\right).$$

Zur Vereinfachung definieren wir einen neuen Ausdruck für das (modifizierte) erweiterte Fundamentalaggregat und erhalten im Ergebnis die reduzierte Form der Gleichung (30):

(30) $$x_t(h_t) = h_t + \alpha E_t\left(\frac{dx}{dt}\right),$$

$$h_t \equiv \alpha g_t + (1 + \alpha\rho j)\tilde{f}_t.$$

BERTOLA und SVENSSON [1993], TRISTANI [1994] und WERNER [1995] gelangen somit zur selben Wechselkursgleichung mit dem entscheidenden Unterschied, daß das Fundamentalaggregat h_t verschieden definiert ist. Durch den Ausdruck $\alpha\rho j$ wird - zusätzlich zur exogenen Betrachtungsweise - der endogene Einfluß der Realignmenterwartungen der Wirtschaftssubjekte deutlich. Es zeigt sich somit, daß eine Wechselkurszielzone durch die geeignete Modellierung endogener Realignmenterwartungen durchaus destabilisierend wirken kann, wie es aus dem steileren Verlauf der Wechselkursfunktion ersichtlich wird. Daher muß die Währungspolitik darauf hinwirken, den bei den Wirtschaftssubjekten vorhandenen Glaubwürdigkeitsverlust, den TRISTANI mit der Furcht der Wirtschaftssubjekte vor einem Scheitern der notenbankpolitischen Verteidigungsstrategie der Zielzone beschreibt, mit Hilfe einer glaubhaften Zielzonenpolitik zu entschärfen. Insofern ergibt sich aus diesem Modell eine im Vergleich zu BERTOLA und SVENSSON [1993] analoge Forderung an die Wirtschafts- und Währungspolitik, die jedoch insofern zu präzisieren ist, als es der Zentralbank und der Wirtschaftspolitik gelingen muß, zur gewählten zentralen Parität kompatible Fundamentalvariablen zu erwirken, da die Realignmenterwartungen - annahmegemäß - proportional zu deren Entwicklung entstehen.[82] Gleichwohl haftet auch diesem Modell der (unver-

[82] Diese Annahme erscheint vor dem Hintergrund ihres Realitätsbezuges durchaus sinnvoll, da die Frage nach den ökonomischen Gründen der Realignmenterwartungen - mangels bestehender Alternativen - vornehmlich zu den im Fundamentalaggregat zusammengefaßten Variablen führen muß. Diese Vorgehensweise wird - ungeachtet einer dazu durchaus auch denkbaren konträren Sicht - u.a. von TAYLOR [1982] befürwortet, der allein aus der Analyse der Fundamentaldaten geeignete Rückschlüsse zur Prüfung einer vorhandenen Glaubwürdigkeit erhält, die nicht auf „*castles in the air*" beruhen. Fallen Realignments jedoch vom Himmel, so ist deren Ursache für die Zentralbank zumeist nicht ra-

meidliche) Makel an, daß das Gelingen dieses Vorhabens, sei es auch noch so präzise und geschickt ausgeführt, letztlich vom Verhalten der Wirtschaftssubjekte bestimmt bzw. honoriert wird. Demnach ist es für die währungspolitischen Behörden auch zunächst einmal von nachrangiger Bedeutung zu wissen, ob in einer Ökonomie vorwiegend exogene und/oder endogene Realignmenterwartungen bestehen, da hieraus keine differenzierte Handlungsempfehlung abgeleitet werden kann. Es ist lediglich zu konstatieren, daß das Modell von BERTOLA und SVENSSON [1993] hauptsächlich eine Ökonomie beschreibt, in der eine irrationale, rein zufällige Dynamik die Realignmenterwartungen der Wirtschaftssubjekte entstehen läßt und damit die uneindeutige Korrelation zwischen dem Wechselkurs im Band und dem Zinsdifferential bestimmt. Dahingegen untersuchen TRISTANI (und WERNER [1995]) die endogene Dynamik der Realignmenterwartungen, d.h. sie beantworten die Frage, wie Realignmenterwartungen überhaupt entstehen. Die währungspolitische Weisung beider Modelle ist hingegen gleich.

TRISTANI bemerkt, daß es in der Realität eher unwahrscheinlich ist, daß die Wirtschaftssubjekte schon bei geringen Abweichungen der Fundamentalvariablen von der zentralen Parität entsprechende Realignmenterwartungen bilden. Vielmehr vermutet er um die zentrale Parität eine nicht näher definierte Sicherheitsregion, in der die Wirtschaftssubjekte weiterhin von der Glaubwürdigkeit der Zielzonenpolitik der Zentralbank(en) überzeugt sind und es infolge eines in einem bestimmten Umfang als normal erachteten Abweichens der Fundamentalvariablen von der zentralen Parität nicht zu den destabilisierend wirkenden Realignmenterwartungen kommt. Sofern die Fundamentalvariablen diese Region jedoch verlassen, entstehen - mit Blick auf deren Veränderung - Realignmenterwartungen, die letztlich die Folge einer unglaubwürdigen Zielzonenpolitik der Zentralbank(en) sind. Dieses impliziert für den Wechselkursverlauf innerhalb der Sicherheitsregion eine Lösung im Sinne von KRUGMAN, während außerhalb dieser Region eine steilere Wechselkursfunktion zu erwarten ist.

Zum Abschluß der Bemerkungen zu den endogenen Realignmenterwartungen ist es insgesamt erforderlich, die gewählten Erklärungsansätze kritisch zu beleuchten. Hierzu ist zu konstatieren, daß die von BERTOLA und CABALLERO [1992a], TRISTANI [1994] und WERNER [1995] angeführten inhaltlichen Konkretisierungen der endogenen Realignmenterwartungen durchaus realitätsnah und ökonomisch plausibel zu bewerten sind. Fraglich bleibt hingegen, ob sich neben diesen in der Realität noch weitere makroökonomische Variablen für die Bildung endogener Realignmenterwartungen verantwortlich zeigen, da bislang jeweils nur eine ursächliche Variable (die Devisenreserven, die Abweichung des Wechselkurses von der zentralen Parität, das Fundamentalaggregat) zur modelltheoretischen Erklärung herangezogen wurde. Diese Vorgehensweise war wegen der allein auf die Wechselkursstabilisierung ausgerichteten Währungspolitik nicht weiter problematisch. Gleichwohl muß aber davon ausgegangen werden, daß die Wirtschaftssubjekte - bei der Verfolgung unterschiedlicher währungspolitischer

---

tional nachvollziehbar; auf jeden Fall liegt sie außerhalb ihres direkten notenbankpolitischen Einflußbereichs.

Ziele durch die Zentralbank(en) - weitere Variablen in ihr Kalkül mit einbeziehen und sich entsprechend verhalten. Diese könnten sich allgemein - für verschiedene Länder - anhand von realen Größen (Arbeitslosenquoten, Budgetdefiziten, Leistungsbilanzsalden, realen Wechselkursen (vgl. KEMPA und NELLES [1999, S. 190 f.])) oder auch nichtökonomischen Variablen konkretisieren lassen. In diesem Zusammenhang sind ebenso die empirischen Untersuchungen von CHEN und GIOVANNINI [1997] bezüglich des FF/DM- und des Lit/DM-Wechselkurses im EWS aufzugreifen. Sie zeigen, daß die Realignmenterwartungen hinsichtlich dieser Paritäten über die Zeit hinweg variieren und von einer Vielzahl von makroökonomischen Variablen bestimmt werden. Gleichzeitig erkennen sie - ebenso wie TRISTANI [1994] und WERNER [1995] - eine positive Korrelation zwischen den Realignmenterwartungen und der Abweichung des Wechselkurses von der zentralen Parität, d.h. mit steigendem Wechselkurs steigen die Realignmenterwartungen ebenfalls an (und umgekehrt), sowie - kurz- bis mittelfristig - eine negative Korrelation der Realignmenterwartungen zur Länge des letzten Realignments, d.h. je weiter ein Realignment in der Vergangenheit liegt, desto mehr schwächen sich die Realignmenterwartungen ab (und umgekehrt). Im Gegensatz zu CHEN und GIOVANNINI können ROSE und SVENSSON [1994] die Aussage, daß Realignmenterwartungen insgesamt von mehreren makroökonomischen Variablen abhängen, hinsichtlich der von ihnen analysierten EWS-Wechselkurse nicht teilen. Vielmehr stellen sie fest, daß die Erklärung auftretender Realignmenterwartungen in nur sehr geringem Umfang in den üblichen Fundamentalvariablen zu suchen ist, d.h. eine allgemeingültige Interdependenz bzw. eine positive Korrelation zwischen Realignmenterwartungen und Fundamentals ist generell nicht auszumachen. Lediglich die beobachtbaren Inflationsdifferentiale, die die einzelnen Länder gegenüber Deutschland (als Leitwährungsland) aufwiesen, förderten den systematischen Glaubwürdigkeitsverlust der Wirtschaftssubjekte in die bestehenden Wechselkursparitäten und erlauben den ursachenadäquaten Rückschluß auf die Realignmenterwartungsbildung. ROSE und SVENSSON gehen daher davon aus, daß Realignmenterwartungen hauptsächlich auf nichtökonomische Faktoren ausgerichtet sind bzw. von diesen beeinflußt werden und zudem nicht mit den allgemeinen modelltheoretischen Implikationen vereinbar sind.[83] Sofern es der Wirtschafts- und Währungspolitik allerdings gelingt, die ökonomischen und nichtökonomischen Bestimmungsgründe der Realignmenterwartungsbildung konkret auszuweisen, könnte der Glaubwürdigkeitsverlust bei den Wirtschaftssubjekten durch geeignete (währungs-)politische Maßnahmen entsprechend reduziert werden. Dieses ist z.B. mit Blick auf die Ursachen der Realignmenterwartungsbildung hinsichtlich des FF/DM-Wechselkurses möglich. CARAMAZZA [1993] findet für diesen hauptsächlich ökonomische Faktoren, die anhand von Inflationsdifferentialen, Wettbewerbsfähigkeit, Arbeitslosigkeit, Haus-

[83] Dieses erklärt ihrer Ansicht nach auch die Ereignisse der EWS-Krise im August 1992. Unmittelbar vor dem Beginn der Währungskrise zeichnete sich dieses Wechselkurssystem durch eine insgesamt vorhandene hohe Glaubwürdigkeit aus, obwohl ökonomische und politische Veränderungen der Vergangenheit durchaus den Anlaß zu einem wie auch immer ausgeprägten Glaubwürdigkeitsverlust geboten haben. Dennoch waren bemerkenswerte Instabilitäten nicht zu beobachten, woraus sich die Vermutung einer vornehmlichen Relevanz nichtökonomischer Variablen in den Realignmenterwartungen der Wirtschaftssubjekte ableiten läßt.

haltsdefiziten und Devisenbeständen einen maßgeblichen Einfluß auf die Realignmenterwartungen der Wirtschaftssubjekte ausübten. Seinen Ergebnissen folgend hat - nach dem letzten Realignment im Januar 1987 (vgl. die Abbildung 1) - die Angleichung dieser Faktoren zwischen Frankreich und Deutschland zu einer verstärkten Glaubwürdigkeit der FF/DM-Wechselkurszielzone geführt, die infolge sinkender Realignmenterwartungen und wesentlich geringeren Nominalzinsdifferentialen (vgl. die Abbildung 4) tatsächlich empirisch beobachtbar ist (vgl. die Abbildung 1).

Es zeigen sich somit also intensive Bestrebungen, einen breiteren Erklärungsansatz für die Ursachen der Bildung endogener Realignmenterwartungen durch die Wirtschaftssubjekte zu entwickeln. Daß letztlich die theoretische Betrachtung in den Modellen lediglich auf eine einzelne ökonomische Variable reduziert wird, hängt möglicherweise weniger mit der analytischen Schwierigkeit zusammen, mehrere Variablen gleichzeitig in einem Modell darzustellen, als vielmehr damit, die konkreten Auswirkungen der einzelnen Variablen auf die Realignmenterwartungen exakt zu identifizieren. Darüber hinaus ist die Aufnahme nichtökonomischer Merkmale problematisch, da letztere nicht direkt anhand geeigneter Maßstäbe konkret zu fassen bzw. zu bewerten sind, eine hohe Subjektivität beinhalten und zusätzlich mit hoher Wahrscheinlichkeit zwischen den beteiligten Ländern differieren.

3.3. Spekulative Attacken in Wechselkurszielzonen

Aus wirtschaftspolitischer Sicht und aus logischen Gründen heraus ist es durchaus sinnvoll anzunehmen, daß die Errichtung eines bestimmten Währungssystems nur dann erfolgt, wenn der erwartete volkswirtschaftliche Nutzen die geschätzten Kosten übersteigt. Wird nun auf politischer Ebene ein Wechselkurssystem auf der Basis von Wechselkurszielzonen ins Leben gerufen, so ist grundsätzlich von der zweifelsfreien Gültigkeit des vorhergehenden Satzes auszugehen. Dabei liegt es jedoch auf der Hand, daß in derart komplexen Systemen zwangsläufig unerwünschte Nebeneffekte auftreten können, die den wirtschaftlichen Nutzen beeinträchtigen oder das gesamte (Wechselkurs-)System gefährden. Für eine Wechselkurszielzone konnten solche negativen Effekte schon im vorangehenden Abschnitt ausgemacht werden. Sie konkretisierten sich in dem Vorhandensein verschiedener Arten von Realignmenterwartungen der Wirtschaftssubjekte, die infolge eines Glaubwürdigkeitsproblems entstanden und durchaus imstande sein konnten, eine destabilisierende Wirkung auf das Gesamtsystem zu entfalten bzw. dessen (Paritäts-)Korrektur zu erwirken. Daneben sind in diesem Zusammenhang nunmehr *spekulative Attacken* als weitere negative Effekte zu nennen,[84] de-

[84] SANDTE [1999, S. 458] bemerkt, daß infolge spekulativer Attacken eine Abwertung der betroffenen Währung, der Einsatz von Devisenreserven sowie eine Anhebung der inländischen Zinssätze erfolgen kann; dabei ist es möglich, daß diese Szenarien einzeln oder in verschiedenen Kombinationen auftreten.

ren Funktions- und Wirkungsweisen in diesem Abschnitt zu einer ausführlichen Untersuchung herangezogen werden.

Im weiteren soll nun eine bilaterale Wechselkurszielzone betrachtet werden, in der spekulative Attacken als Folge defensiver Zielzonenverteidigungsstrategien der Zentralbanken auftreten und unter Umständen zum Verlassen eines Systems fester Wechselkurse bzw. eines Zielzonensystems führen können. Wie ist diese ökonomische Gegebenheit jedoch im Unterschied zu den im vorigen Abschnitt diskutierten destabilisierenden Realignmenterwartungen zu erklären? Wie sind Realignmenterwartungen und spekulative Attacken voneinander abzugrenzen? Diese Fragen besitzen für den weiteren Fortgang insofern eine entscheidende ökonomische Relevanz, da sie die markanten Punkte zu ergründen suchen, die letztlich in beiden Varianten zu einem differenzierten Wechselkursverhalten führen. Hierzu sind insgesamt zwei bedeutende Unterschiede zu nennen.

a) Zum einen war sowohl bei den exogenen als auch bei den endogenen Realignmenterwartungen eine mögliche destabilisierende Wirkung auf den Wechselkurs auszumachen, die dann zur Folge hatte, daß sich eine erhöhte Wechselkursvolatilität infolge fundamentaler Bewegungen einstellte und die betrachtete Zielzone unter Umständen aufgegeben werden mußte. Dennoch betraf dieser Umstand nicht die vollständige Aufgabe des gesamten Zielzonensystems, d.h. es wurde der beobachteten (Wechselkurs-)Entwicklung seitens der währungspolitischen Behörden (eventuell) Rechnung getragen und eine den veränderten ökonomischen Bedingungen angepaßte zentrale Parität deklariert. Ein Regimewechsel - etwa hin zu einem Free-Float-Wechselkurssystem - war dabei nicht in die Betrachtung eingeschlossen.[85] Dieses Szenario ist jetzt jedoch nicht mehr unmöglich, d.h. spekulative Attacken können nunmehr zum *gänzlichen* Zusammenbruch des bestehenden Wechselkurszielzonensystems führen und zwangsläufig die freie bzw. uneingeschränkte Notierung des Wechselkurses nach sich ziehen. Es zeigt sich also ein veränderter ökonomischer Blickwinkel, durch den ein hohes Maß an praktischer Relevanz und modelleigener Plausibilität in die Zielzonendiskussion integriert wird.

b) Zum anderen ist einzugestehen, daß in der bisherigen Zielzonen-Modellierung ein Devisenreserveproblem nicht ernsthaft in Erwägung gezogen wurde. Dazu wurde lediglich implizit konstatiert, daß es infolge permanenter marginaler und/oder intramarginaler Interventionen (Smooth-Pasting bzw. Managed-Float) möglicherweise „irgendwann" einmal zu einem Reservedefizit kommen kann; eine explizite Untersuchung bzw. das Herausarbeiten der damit verbundenen ökonomischen Intention erfolgte dabei aber nicht. Diese Vorgehensweise gilt es nun insofern zu präzisieren, da in der Realität durchaus Länder existieren, denen es aufgrund eines geringen Devisenvorrats auf die

[85] Als einzige Ausnahme ist in diesem Zusammenhang der Krugmansche Fall der nicht-perfekten Glaubwürdigkeit zu nennen, in dem die Wirtschaftssubjekte am Zielzonenende annahmegemäß Erwartungen über einen möglichen Regimewechsel bilden. Dabei spezifizierte und hinterfragte KRUGMAN jedoch nicht die ursächlichen Gründe, die zur Antizipation eines Regimewechsels seitens der Wirtschaftssubjekte führen können.

Dauer unmöglich sein wird, infolge mehrfach gleichgerichteter spekulativer Attacken weiterhin an einem Zielzonensystem teilzunehmen - ungeachtet eines womöglich stark ausgeprägten (währungs-)politischen Willens dazu.[86] Es ist somit nur konsequent, spekulative Attacken als Folge eines wie auch immer beschaffenen Devisenvorrats in etwaige Zielzonenmodelle zu integrieren, um somit die gesamte theoretische Analyse im Hinblick auf ihre praktische Relevanz entscheidend zu erweitern.

Insgesamt ist aber auch festzustellen, daß die allgemeine Diskussion spekulativer Attacken in Wechselkurszielzonen nur sehr eingeschränkt in der Literatur thematisiert ist. Generell sind dabei zwei Sichtweisen der theoretischen Entwicklung zu unterscheiden. Die eine - und im weiteren vernachlässigte - Sicht konzentriert sich im wesentlichen auf die Interaktion von spekulativen Attacken und der Aufgabe von vollständig festen Wechselkursen, die andere Sicht ist die bereits dargestellte Betrachtung von Wechselkurszielzonen, ohne spekulative Attacken umfassend zu berücksichtigen. Beide Richtungen sind jedoch grundsätzlich dazu geeignet, miteinander in Verbindung gesetzt zu werden.[87] Dieses betrifft insbesondere die Arbeiten von FLOOD und GARBER [1992]

---

[86] In diesem Zusammenhang treten insofern objektive Bewertungsschwierigkeiten auf, da sich keine hinreichenden qualitativen und quantitativen Kriterien entwickeln lassen, mit Hilfe derer ein gegebener Devisenbestand als „gering" oder „umfangreich" zu klassifizieren wäre. Daher wird im weiteren dazu übergegangen, einen geringen von einem umfangreichen Devisenbestand dahingehend zu unterscheiden, daß ersterer nach einer einmaligen marginalen Zentralbankintervention vollständig erschöpft ist, während es zum Verbrauch des letzteren einer Mehrzahl von gleichgerichteten marginalen Zentralbankinterventionen bedarf.

[87] Eben weil diese Verknüpfung generell möglich ist und weil die im Kapitel III thematisierten Währungsbänder mitunter zusammenbrechen, soll an dieser Stelle kurz auf die Entwicklung der Theorie spekulativer Attacken eingegangen werden (vgl. für einen Überblick auch BLACKBURN und SOLA [1993], EICHENGREEN, ROSE und WYPLOSZ [1996, S. 464 ff.] sowie WEBER [1998, S. 55 f.]). Diese läßt sich allgemein in vier größere Teilbereiche unterscheiden.

a) Die erste Generation von Modellen mit spekulativen Attacken ist auf fundamentale Faktoren ausgerichtet (fundamental speculative attack) und geht insbesondere auf KRUGMAN [1979] zurück (vgl. auch FLOOD und GARBER [1984]). In seinem Modell sind eine zur Aufrechterhaltung der Wechselkursbindung zu expansiv ausgerichtete inländische Geld- und Fiskalpolitik als Ursachen für eine spekulative Attacke anzusehen. Sie bewirken eine die inländischen Produktionskapazitäten übersteigende Inlandsnachfrage, die ein Handelsbilanzdefizit und damit einen Abfluß von Devisenreserven verursacht. Setzt sich dieser Prozeß kontinuierlich fort, tritt ab einem bestimmten (kritischen) Umfang des Devisenbestandes eine spekulative Attacke ein, die die restlichen Devisenreserven verbraucht und den Übergang zu einem flexiblen Wechselkurssystem nach sich zieht. Zur Aufrechterhaltung fester Wechselkurse ist daher ein umfangreicher Devisenbestand erforderlich, der die inländische monetäre Basis jederzeit deckt. Grundvoraussetzung ist jedoch, daß Geld- und Fiskalpolitik in konsistentem Einklang zum Wechselkursziel stehen; vorteilhaft ist diesbezüglich auch eine internationale Politikkoordinierung. (Weitere Darstellungen finden sich für diesen Zusammenhang bei AGÉNOR, BHANDARI und FLOOD [1992] sowie bei GARBER und SVENSSON [1994, S. 29 ff.]).

b) Eine zweite Modellgeneration stellt den selbsterfüllenden Charakter von spekulativen Attacken in den Vordergrund der Betrachtung (self-fulfilling speculative attack); hierbei ist die fundamentale Perspektive nicht primär von Bedeutung. Die von OBSTFELD [1986] ausgehende Theorie hebt den Umstand hervor, daß Regierungen auch andere Ziele als die der Wechselkursstabilität verfolgen. Zur Stabilisierung des Outputs, der z.B. aufgrund einer nachlassenden Auslandsnachfrage sinkt, könnte sich eine Regierung - ungeachtet sonst solider Fundamentalvariablen - zur Abwertung der eigenen

sowie von KRUGMAN und ROTEMBERG [1992]. Dennoch ergibt sich durch die (theoretische) Verbindung insofern ein Problem, da in diesen Modellen zumeist prägnante Devisenreservedefizite der betreffenden Mitgliedsstaaten zur Erklärung bzw. als einzige Ursache spekulativer Attacken herangezogen werden. Wie aber insbesondere bei der Modellierung von exogenen und endogenen Realignmenterwartungen herausgearbeitet wurde, existieren - im Vergleich zu ausschließlich festen oder flexiblen Wechselkursen - in Wechselkurszielzonensystemen veränderte Verhaltensweisen der Wirtschaftssubjekte, die - aufgrund der unterschiedlichen Systemvoraussetzungen - ein ebenso differenziertes Wechselkursverhalten nach sich ziehen. Demnach ist implizit zu vermuten, daß neben dem Reserveproblem noch weitere Kriterien als Auslöser spekulativer Attacken heranzuziehen sind (vgl. dazu später).

3.3.1. Geringe Devisenreserven

In Anbetracht der vorangegangenen Bemerkungen wollen wir auf die Ausführungen bzw. die Modellierung von KRUGMAN und ROTEMBERG [1992] zurückgreifen und zunächst eine Wechselkurszielzone annehmen, in der ein Teilnehmerland nur über einen *geringen* Devisenbestand verfügt. Den Ausgangspunkt der formalen Betrachtungen bilden einmal mehr die Gleichungen (4) bis (8); einzig die jeweilige inländische Geldmenge (bzw. das jeweilige inländische Geldangebot) definieren wir nunmehr etwas ge-

Währung veranlaßt sehen, ohne dabei das feste Wechselkurssystem aufgeben zu wollen. Eine spekulative Attacke des hier diskutierten Typs tritt in dem Fall ein, wenn der Markt eine zusätzliche expansionäre Ausrichtung der nationalen Wirtschaftspolitik nach der erfolgten Abwertung antizipiert. (Ergänzende Bemerkungen führt Obstfeld [1996] an.)

c) Eine andere Modellierung bezieht sich auf den Übergang bzw. das Überwälzen (auch: Übertragungswirkungen oder Ansteckungseffekte) einer spekulativen Attacke von einem Land auf ein anderes (contagious speculative attack); sie geht insbesondere auf GERLACH und SMETS [1995] zurück. Danach führt in einem Zwei-Länder-Modell eine erfolgreiche spekulative Attacke auf die Währung im Land A zu deren nominaler und realer Abwertung. Erstere bewirkt eine Importpreisreduktion im Land B, wodurch eine verstärkte Devisennachfrage in diesem Land entsteht. Zweitere verbessert die Wettbewerbsfähigkeit des Landes A und damit die Zunahme seiner Exportabsatzmöglichkeiten, während im Land B gleichzeitig ein Handelsbilanzdefizit und ein entsprechender Devisennachfrageanstieg zu verzeichnen sind. Der Eintritt einer spekulativen Attacke auf die Währung eines Landes B zeigt sich dann, wenn die Zentralbank des Landes B einem fortwährenden (massiven) Devisenrückgang ausgesetzt ist. (Eine weiterreichende Unterscheidung dieser Art von spekulativen Attacken präsentiert FRATZSCHER [1998, S. 667 ff.].)

d) In neueren Ansätzen wird zunehmend auch auf den Zusammenhang zwischen Banken- und Währungskrisen abgestellt. KAMINSKY und REINHART [1999] identifizieren eine Spirale, in der zunächst eine Bankenkrise die Ursache für eine Währungskrise darstellt und letztere sich wiederum nachteilig auf die Bankenkrise auswirkt. Ebenso geht es um die Frage, inwieweit der inländische Bankensektor auf die durch Liberalisierung und Deregulierung der Finanzmärkte entstehenden Anforderungen vorbereitet ist. Je weniger dieses der Fall ist, desto eher ist die Wahrscheinlichkeit einer Währungskrise gegeben.

nauer. Diese(s) setzt sich aus der jeweiligen inländischen Komponenten D[88] und des der inländischen Zentralbank zur Verfügung stehenden Devisenvorrats R zusammen (beide Variablen jeweils in logarithmierter Form). Wir schreiben:

$$(43) \qquad m_t = \ln(D_t + R_t).$$

Im Hinblick auf eine mögliche spekulative Attacke ist zu erkennen, daß letztere grundsätzlich dazu in der Lage ist, die Devisenreserven eines Landes zu erschöpfen und das Geldangebot in gleichem Umfang zu reduzieren. Wenn dem so ist, dann folgt daraus

$$(44) \qquad m_t' = \ln(D_t),$$

und die weitere Teilnahme des betreffenden Landes an einem Zielzonensystem ist nicht mehr möglich, da es seinen bilateralen Interventionsverpflichtungen nun nicht mehr nachkommen kann; als logische Konsequenz wird diese Währung dann an den Devisenmärkten flexibel gehandelt.[89] Bevor dieser Fall allerdings eintreten kann, bestimmt sich der Wechselkurs innerhalb einer durch marginale Interventionen gekennzeichneten Zielzone unverändert entsprechend der geringfügig modifizierten Gleichung (8).[90]

$$(45) \qquad e_t = \alpha\mu + \ln(D_t + R_t) + v_t + A_1 \exp[\lambda_1 f_t] + A_2 \exp[\lambda_2 f_t]$$

Dieses Szenario läßt sich anhand der Abbildung 15 wie folgt veranschaulichen.

Der Wechselkurs bewegt sich innerhalb der Zielzone in der gewohnten Form, wie an dem s-förmigen Verlauf der Wechselkursfunktion zu erkennen ist. Auf der Abszisse wird jetzt der Velocity-Shift-Term abgetragen, da die Geldmenge einer spezifizierten Definition unterliegt. Um die Wirkung einer spekulativen Attacke in einem derart beschriebenen Zielzonensystem darzulegen, wird die Bewegung des Wechselkurses zum oberen Zielzonenende gedanklich durchgegangen, die im analogen Umkehrschluß ebenfalls wieder für den unteren Zielzonenbereich gilt. Ausgehend von einem beliebig gewählten Punkt auf der Wechselkursfunktion steigt der Wechselkurs unterproportional zur ursächlichen Erhöhung des Velocity-Shift-Terms zum oberen Zielzonenende, weil sich z.B. die Präferenzen der Wirtschaftssubjekte für die ausländische Währung

[88] Bei der inländischen Komponenten handelt es sich um eine der Geldmengenabgrenzungen M1 bis M3. Für die weitere modelltheoretische Analyse ist es in diesem Zusammenhang jedoch unerheblich, welche Geldmengendefinition nun konkret vorliegt.

[89] Ob, wann und unter welchen Bedingungen dieses Land - sofern es (währungs-)politisch dazu gewillt ist - wieder in das Zielzonensystem zurückkehren kann, mag dabei im weiteren nicht sonderlich interessieren. Sicherlich ist zweifelsfrei davon auszugehen, daß neben der politischen und der realen eine hohe monetäre Konvergenz die unbedingte Eintrittsvoraussetzung ist. Dazu gehört insbesondere auch ein ausreichender Devisenbestand.

[90] DUMAS und SVENSSON [1994, S. 480] weisen darauf hin, daß im Falle einer intramarginalen Interventionstätigkeit der Zentralbanken ein Übergang zu einem Free-Float-Wechselkurssystem bereits innerhalb der Zielzone möglich ist. Eventuell hängt das Ausmaß der spekulativen Attacke dabei von der konkreten Position des Wechselkurses innerhalb der Bandbreite ab.

erhöht haben. Wie gewohnt, gilt während dieser Bewegung die Gleichung (45). Da die Wirtschaftssubjekte am Zielzonenende die Verteidigung der Zielzone durch die Zentralbanken erwarten, bildet sich schon innerhalb der Zielzone die bekannte Aufwertungserwartung für die heimische Währung, die somit einen im Vergleich zu Free-Float-Bedingungen stabileren Verlauf des Wechselkurses erzeugt (Honey-Moon-Effekt). Erreicht der Wechselkurs das obere Zielzonenende, so intervenieren die Zentralbanken wie erwartet. Da die inländische Zentralbank aber annahmegemäß nur mit einem geringen Devisenvorrat ausgestattet ist, werden die Reserven durch die einmalige

Abbildung 15

Geringe Devisenreserven und spekulative Attacken

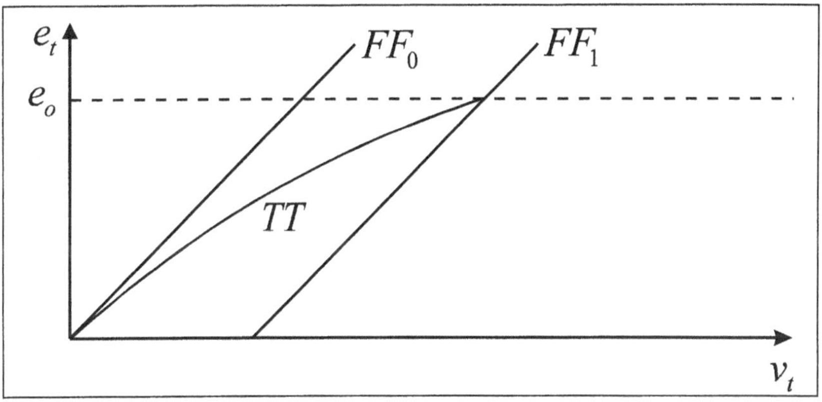

Intervention vollständig verbraucht. Dieses hat dann zur Folge, daß eine spekulative Attacke unvermeidbar wird, da die Wirtschaftssubjekte aufgrund ihrer rationalen Erwartungen das Reserveproblem (er)kennen und somit nicht von der weiteren Glaubwürdigkeit der Zielzone überzeugt sind. Jedes einzelne Wirtschaftssubjekt muß für sich davon ausgehen, daß alle anderen Wirtschaftssubjekte vermehrt in ausländischer Währung disponieren. Demnach würde zum jetzigen Zeitpunkt ein Einstieg in die inländische Währung kurz- bis mittelfristige Kursverluste garantieren. Da alle Wirtschaftssubjekte so denken (und handeln), kommt es augenblicklich zu einer spekulativen Attacke gegen die heimische Währung, die einen Regimewechsel hin zu einem Free-Float-Wechselkurssystem nach sich zieht. Der Wechselkurs nimmt somit beim Erreichen der Zielzonengrenze den Wert

(46) $$e_t = \alpha\mu + m_t' + v_t'$$

an, während er nach der spekulativen Attacke unter Free-Float-Bedingungen durch

(47) $$e_t = \alpha\mu + m_t' + v_t$$

bestimmt ist. Aus dieser Formulierung heraus gelangen KRUGMAN und ROTEMBERG zu einem wichtigen Ergebnis. Da in diesem Modell nach der erfolgten Intervention im Inland keine Devisenreserven mehr vorhanden sind, tritt der Smooth-Pasting-Effekt als charakteristisches zielzonentypisches Merkmal nicht mehr in Erscheinung. Auch eine durch v_t hervorgerufene Verschiebung der Wechselkursfunktion und damit die Aufrechterhaltung der Zielzone, wie sie aus dem elementaren KRUGMAN-Modell geläufig ist, scheidet wegen der fehlenden Devisenreserven aus. Somit ist schließlich als wichtige ökonomische Botschaft dieses Modells festzuhalten, daß es der inländischen Zentralbank aufgrund geringer Devisenbestände nicht möglich ist, langfristig eine glaubwürdige Zielzone (und damit Smooth-Pasting) zu erreichen, wenn die Wirtschaftssubjekte über rationale Erwartungen verfügen. In diesem Fall verläuft die Wechselkursfunktion an den Zielzonengrenzen auch nicht mehr tangential, und eine spekulative Attacke ist demnach zeitlich vorbestimmt.

3.3.2. Umfangreiche Devisenreserven

Die Verhältnisse innerhalb der Zielzone sowie deren aktive und erfolgreiche Aufrechterhaltung gestalten sich zunehmend different, wenn die einzelnen Zentralbanken der an einem Wechselkurszielzonensystem teilnehmenden Länder über einen *breiten* Bestand an Devisenreserven verfügen. Intuitiv mag dabei jetzt schon einleuchten, daß der Smooth-Pasting-Effekt in einem solchen Fall durchaus als vollwertige Lösung auftreten kann; im Vergleich zu den Bemerkungen zu dessen Herleitung im Abschnitt 2.1.2. ist die ökonomische Intention aber nun wesentlich genauer zu analysieren. Während seinerzeit nur relativ oberflächlich am Rande darauf hingewiesen wurde, daß das unveränderte und problemfreie Fortbestehen einer Wechselkurszielzone ungeachtet permanenter gleichgerichteter Interventionen nicht grundsätzlich gewährleistet sein muß, da auch bei einer noch so großen Vielzahl an Devisenreserven irgendwann einmal ein Erschöpfungszustand eintritt, ist der Zusammenbruch dieses Wechselkurssystems nun an einem konkreten Zeitpunkt festzumachen. Dabei ist es wenig überraschend, daß letzteres - nach möglicherweise unzähligen infinitesimalen Zentralbankinterventionen - schließlich in ein Free-Float-Wechselkurssystem übergehen wird. Daraus ergibt sich nun als vordergründiges Ziel der nachfolgenden Überlegungen - zum einen - die konkrete (modelltheoretische) Fassung einer spekulativen Attacke in einem derartigen System und - zum anderen - die gleichzeitige Herleitung einer zeitlichen ökonomischen Bedingung, bei deren Erfüllung eine glaubwürdige Wechselkurszielzone erreicht werden kann.

Mit Blick auf den zuvor diskutierten Fall geringer Devisenreserven resultierte - aufgrund einer einzigen Intervention - aus dem sofortigen Verbrauch sämtlicher Devisenreserven am Zielzonenende eine spekulative Attacke und der augenblickliche Übergang zu einem Free-Float-Wechselkurssystem. Die Aufgabe des Zielzonensystems ist dabei ebenso für den Fall großer Devisenreserven möglich; allerdings bedarf es dazu schon einer hohen Anzahl gleichgerichteter infinitesimaler Interventionen. Dieses resultiert aus dem Umstand, daß das Ergebnis von KRUGMAN und ROTEMBERG [1992] schon vorweggenommen und den Smooth-Pasting-Effekt als zielzonenspezifische Erscheinungsform beim Bestehen großer Devisenreservebestände identifiziert wurde. Wir stellen uns also wieder eine Zielzone vor, in der sich der Wechselkurs entlang der s-förmigen Wechselkursfunktion unterproportional zur Veränderung des Velocity-Shift-Terms bewegt. Ist das obere (untere) Zielzonenende erreicht, so verbraucht die inländische (ausländische) Zentralbank einen (infinitesimalen) Teil ihrer Devisen, und der Wechselkurs verharrt an der Zielzonengrenze (Smooth-Pasting), sofern v_t nicht weiter steigt (sinkt). Hieraus ist zu erkennen, daß, im Vergleich zu geringen Devisenreserven, der Punkt auf der oberen (unteren) Zielzonengrenze, bei dem ein inländischer (ausländischer) Devisenbestand von null eintritt, weiter rechts (links) liegen wird. Je größer dabei die jeweiligen Devisenreserven der beteiligten Zentralbanken sind, desto weiter entfernt wird dieser Punkt von dem Tangentialpunkt der ursprünglichen Wechselkursfunktion mit der Zielzonengrenze liegen.

Um uns den Eintritt und die Wirkung einer spekulativen Attacke nun präzise zu vergegenwärtigen, nehmen wir - ausgehend von der zentralen Parität - wieder willkürlich einen positiven Anstieg des Velocity-Shift-Terms an, dessen zugehörige Argumentation wieder analog für den unteren Zielzonenbereich gilt. Würde der Wechselkurs dadurch das obere Zielzonenende überschreiten, so intervenieren die Zentralbanken erwartungsgemäß infinitesimal und bilateral, die Wechselkursfunktion verschiebt sich insgesamt um den Betrag, den v_t gestiegen ist, und der Wechselkurs verharrt aufgrund der insgesamten Konstanz des Fundamentalaggregats - vgl. die Gleichungen (4) und (5) - am oberen Zielzonenende. Sofern v_t wieder sinkt, bewegt sich der Wechselkurs zwar entlang der dann aktuellen Wechselkursfunktion ins Zielzoneninnere zurück, und die Zentralbanken sind von weiteren Interventionen entbunden; gleichzeitig sind die zuvor eingesetzten Devisen (zunächst einmal) unwiederbringlich verloren. Unbeschadet dessen gestaltet sich die Situation hinsichtlich der Devisenreserven insofern wesentlich angespannter, falls v_t am oberen Zielzonenende einen wiederholten Anstieg erfährt. Dieses Szenario ist - je weiter v_t steigt - gleichbedeutend mit mehrfach gleichgerichteten infinitesimalen Interventionen der Zentralbanken, die die Wechselkursfunktion in gleichem Ausmaß sukzessive nach rechts verschieben. Dadurch verringert sich der Devisenbestand der inländischen Notenbank ebenfalls sukzessive und infinitesimal, und es ist abzusehen, wann eine spekulative Attacke infolge massiv gesunkener Devisenbestände auftritt. KRUGMAN und ROTEMBERG leiten dazu aus der Gleichung (45) einen kritischen Level her (vereinfachende Annahme: $A_2 \equiv 0$), dessen Erreichen zunächst noch eine glaubwürdige Zielzone bei den Wirtschaftssubjekten impliziert.

(48) $$de/dv = 1 + \lambda_1 A_1 \exp\left[\lambda_1 v_t'\right] = 0$$

Es wird deutlich, daß sich der Wechselkurs beim Erreichen dieses Levels durch einen permanenten Anstieg von v_t nicht verändert und das gesamte System, vorausgesetzt, v_t sinkt zwischendurch nicht wieder, entlang der oberen Zielzonengrenze nach rechts shiftet. Ungeachtet dessen ist der Wechselkurs am oberen Zielzonenende - respektive der Gleichung (48) - mit

(49) $$e_o = \alpha\mu + m + v' - \frac{1}{\lambda_1}$$

definiert. Erfolgt nun - nach unzähligen infinitesimalen Interventionen - eine spekulative Attacke, so werden sämtliche noch verbliebene Devisenreserven vollständig verbraucht, und e_o ist - analog zum Fall geringer Devisenreserven im Abschnitt 3.3.1. - durch

(50) $$e_o = \alpha\mu + m' + v'$$

bestimmt. Insofern fällt das inländische Geldangebot über die Zeit hinweg durch den letztlichen Eintritt einer spekulativen Attacke maximal um den Betrag

(51) $$m' - m = -\frac{1}{\lambda_1}.$$

Gleichzeitig wissen wir, daß die (sukzessive) Verringerung des inländischen Geldangebots definitionsgemäß in Verbindung zur inländischen Komponenten und den bei der Zentralbank vorhandenen Devisenreserven zu sehen ist.

(52) $$m' - m = -\ln\left(\frac{D+R}{D}\right) = -\ln\left(1+\frac{R}{D}\right)$$

Dieser formale Weg führt - durch das Gleichsetzen der Gleichungen (51) und (52) - schließlich zur eingangs gesuchten zeitlichen ökonomischen Bedingung, bei deren Gültigkeit eine spekulative Attacke zunächst nicht zu erwarten ist. Sie konkretisiert sich durch

(53) $$\frac{R}{D} > \exp\left[\frac{1}{\lambda_1}\right].$$ [91]

Solange also das Verhältnis der Devisenreserven der inländischen Zentralbank zur inländischen Komponenten größer ist als der Ausdruck $\exp[1/\lambda_1]$, ist es den (beteiligten) Notenbanken uneingeschränkt möglich, eine glaubwürdige Wechselkurszielzone zu installieren und langfristig aufrechtzuerhalten. Dabei ist es unmittelbar einsichtig, daß

[91] Für den Fall fester Wechselkurse leiten z.B. GARBER und SVENSSON [1994, S. 33] mit $T = \ln(1 + R/D)/\mu - \alpha$, $\alpha,\mu > 0$, eine ähnliche ökonomische Bedingung zur Bestimmung des Zeitpunktes des letztendlichen Paritätenzusammenbruchs her. Diese veränderte Form resultiert einzig aus dem Umstand, daß GARBER und SVENSSON von vornherein von differenten modelltheoretischen Rahmenbedingungen ausgehen. Dabei fügen sie u.a. die Zinselastizität α und eine konstante Wachstumsrate μ der inländischen Komponenten in die Analyse ein. Obgleich der unterschiedlichen formalen Voraussetzungen ist jedoch auch hier zu erkennen, daß sich der Zeitpunkt des Kollapses um so weiter in die Zukunft verschieben läßt, je größer das Verhältnis des Devisenbestandes zur inländischen Komponenten ist.

zur Vermeidung einer spekulativen Attacke das Verhältnis *R/D* zu jedem Zeitpunkt größer sein muß als eine natürliche Zahl, deren konkreter Wert wiederum durch λ_1 bestimmt wird.

Ist diese zeitliche ökonomische Bedingung also erfüllt, so ergibt sich bestenfalls die währungspolitisch angestrebte Stabilisierung des Wechselkurses innerhalb der Zielzone; im ungünstigsten Fall entsteht dagegen eine stetige Bewegung entlang der oberen oder der unteren Zielzonengrenze (Smooth-Pasting), die letztlich ihr Ende in der Nichterfüllung der Gleichung (53) findet und eine sofortige spekulative Attacke seitens der Wirtschaftssubjekte herbeiführt. Dieses Szenario ist vom Ablauf her in entscheidendem Unterschied zu einer Wechselkurszielzone zu sehen, in der die Notenbanken lediglich über einen geringen Devisenbestand verfügen. Wie gezeigt wurde, erhalten KRUGMAN und ROTEMBERG unter diesen Voraussetzungen zwar ebenfalls einen stabilen Wechselkursverlauf innerhalb der Zielzone; der Smooth-Pasting-Effekt als beobachtbares Ereignis am Zielzonenende kann hier jedoch keine vollwertige Lösung sein, da die Wirtschaftssubjekte aufgrund ihrer rationalen Erwartungen über das ausgeprägte Devisendilemma der Zentralbanken informiert sind. Hieraus ist nunmehr auch die ökonomische Botschaft dieses Modells zu entnehmen: Zur Vermeidung spekulativer Attacken ist es materiell (und politisch bzw. realwirtschaftlich ohnehin) unabdingbar, daß die an einem Wechselkurszielzonensystem beteiligten Zentralbanken der Teilnehmerländer über einen hohen bzw. breiten Bestand an Devisenreserven verfügen, um - unter Berücksichtigung der vorliegenden rationalen Erwartungen der Wirtschaftssubjekte - langfristig ein glaubwürdiges Wechselkurszielzonensystem aufrechtzuerhalten. Sind - im Gegensatz zu diesen elementaren Vorbedingungen - die Devisenbestände der teilnehmenden Zentralbanken sehr klein, so ist das Fortbestehen der betrachteten Wechselkurszielzone(n) allenfalls kurzfristig erreichbar, da der Markt bzw. die Wirtschaftssubjekte mittel- bis langfristig nicht von der Glaubwürdigkeit der Zielzone zu überzeugen sind. Vor diesem Hintergrund stellt sich der Übergang zu einem Free-Float-Wechselkurssystem als direkte Folge einer spekulativen Attacke quasi-automatisch ein. Somit können die (beabsichtigten) wirtschaftspolitischen Vorteile einer Wechselkurszielzone in diesem Modell nur dann genutzt werden, wenn die materiellen Grundlagen, d.h. umfangreiche Devisenbestände der Teilnehmerländer, bei der Errichtung eines derartigen Systems von vornherein eine relativ große Bestandssicherheit garantieren. Andernfalls erscheint es wirtschaftspolitisch sinnvoller, die materiellen Voraussetzungen in einem System flexibler Wechselkurse langfristig anzustreben bzw. zu erreichen.

3.3.3. Abschließende Bemerkungen

Sofern über die gewählten Rahmenbedingungen dieses Modells hinausgeblickt wird, muß uneingeschränkt konstatiert werden, daß es - abweichend von den bisherigen theoretischen Überlegungen - durchaus Situationen geben mag, in denen die Wirtschaftssubjekte bereits zu einem Zeitpunkt gegen eine bestimmte Währung spekulieren, zu dem der Wechselkurs möglicherweise eines der beiden Zielzonenenden erreicht hat, die Gültigkeit der Gleichung (53) aber nach wie vor gegeben ist. Diese, wodurch auch immer motivierte Handlungsweise, liefert einen wichtigen realitätsbezogenen Hinweis, den KRUGMAN und ROTEMBERG in ihrem Modell allerdings nicht weiter vertiefen. Unbeschadet dessen sind diese Überlegungen insofern plausibel, als aus praktischer Sicht kein gehaltvoller Grund anzuführen ist, der den Eintritt einer spekulativen Attacke erst bei der Verletzung der Gleichung (53) rechtfertigt. Den Wirtschaftssubjekten ist es generell ohne jegliche Zeitrestriktion möglich, die administrative Gültigkeit bestehender Bandbreiten anzutasten. Dennoch beinhaltet die Gleichung (53) insofern eine nicht vernachlässigbare ökonomische Relevanz, als die fortwährende Aufrechterhaltung einer Wechselkurszielzone durch die Zentralbanken bei der konsequenten Berücksichtigung der dort enthaltenen Bedingung eine hohe Wahrscheinlichkeit besitzt.

Im Zusammenhang mit der theoretischen Modellierung spekulativer Attacken in Wechselkurszielzonen sei schließlich noch auf die eingangs erwähnte Arbeit von FLOOD und GARBER [1992] hingewiesen, die sich vom Ergebnis her - sofortiger Übergang zu einem Free-Float-Wechselkurssystem infolge einer spekulativen Attacke - nicht weiter von den Ausführungen von KRUGMAN und ROTEMBERG unterscheidet, jedoch im Hinblick auf die zu erwartenden zentalbankpolitischen Interventionen eine differente Perspektive eröffnet. FLOOD und GARBER sehen spekulative Attacken ebenfalls als letztliches Ergebnis mehrfach aufeinanderfolgender Interventionen der Zentralbanken an. Ihr Modell unterscheidet sich jedoch zu dem von KRUGMAN und ROTEMBERG in dem von den Notenbanken praktizierten Interventions*zeitpunkt* und dem gewählten Interventions*umfang*. Im Gegensatz zu der bisherigen Betrachtungsweise, in der das Erreichen der oberen (unteren) Zielzonengrenze gleichzeitig mit dem maximalen (minimalen) Wert des Fundamentalaggregats zusammenfiel und eine diskrete infinitesimale Intervention nach sich zog (vgl. KRUGMAN [1988; 1991]), gehen FLOOD und GARBER zwar ebenfalls von einer diskreten Interventionstätigkeit der Zentralbanken aus, bei der der Interventionsumfang jedoch nicht mehr infinitesimal klein ist, sondern a priori mit einem fixen unveränderlichen Betrag festgelegt ist und zu einem Interventionszeitpunkt erfolgt, zu dem die Fundamentals ihren maximalen (minimalen) Wert bereits um ein zuvor definiertes Ausmaß überschritten haben. Diese interessante Parallele bietet der theoretischen Modellierung eine grundsätzlich erweiterte Perspektive, wenngleich FLOOD und GARBER im Ergebnis ebenso zeigen, daß die Zentralbanken letztlich in ihrem korrigierenden Versuch scheitern, mit Hilfe der veränderten Interventionstätigkeit eine Wechselkurszielzone aufrechtzuerhalten, in der der Devisenbestand gleichzeitig dramatisch abnimmt.

Betrachten wir die bisherigen modelltheoretischen Ergebnisse der Abschnitte 3.3.1. und 3.3.2., so erkennen wir die zentrale Bedeutung der jeweiligen nationalen Devisenreserven für den ununterbrochenen Fortbestand von Wechselkurszielzonen. Gleichwohl ist es intuitiv nicht abwegig zu fragen, ob möglicherweise noch weitere Faktoren eine (wiederholt) auftretende Spekulationstätigkeit hinreichend begründen bzw. sich für den Zusammenbruch einer Wechselkurszielzone verantwortlich zeigen. Diesen Umstand untersuchen DUMAS und SVENSSON [1994] im Rahmen einer einseitigen Bandbreite - wie sie z.B. von Finnland, Norwegen, Österreich und Schweden her bekannt ist - mit ausschließlich marginalen Interventionen, in der die nationale Geldpolitik in unregelmäßigen Abständen auch zur Erreichung alternativer wirtschaftspolitischer Zielsetzungen herangezogen wird. Dabei verweisen auch sie auf die Notwendigkeit eines ausreichenden nationalen Devisenbestandes, während sie gleichzeitig die von der bestehenden Bandbreite ausgehenden Effekte auf das Stabilisierungspotential der Wechselkurszielzone als eher gering klassifizieren. DUMAS und SVENSSON unterstellen in ihrem Modell $\mu \neq 0$, d.h. die Fundamentalvariablen unterliegen innerhalb der Zielzone einem konstanten Drift. Letzteren sehen sie als den entscheidenden Faktor für den Fortbestand einer einseitigen Zielzone bzw. als Auslöser für das Auftreten spekulativer Attacken an, und sie erklären ihn mit dem Hinweis, daß er als Indikator aufzufassen ist, der die monetäre und die reale Divergenz zwischen der Volkswirtschaft des sich einseitig bindenden Landes und dem Rest der Welt anzeigt. Je größer der Indikator dabei ist, desto nachhaltiger resultiert infolge der fundamentalen Unterschiede ein entsprechender währungspolitischer Korrekturbedarf, da die Wirtschaftssubjekte nunmehr nicht länger von der bestehenden Wechselkursparität überzeugt sind. Die Durchsetzung der notwendigen Anpassung mit Hilfe einer Bandbreitenerweiterung ist hierbei jedoch keine hilfreiche Maßnahme. DUMAS und SVENSSON konfrontieren ihre theoretischen Ergebnisse schließlich mit den realitätsspezifischen Erfahrungen Finnlands und Schwedens, deren Währungen im Jahre 1992 infolge wiederholter spekulativer Attacken flexibel gehandelt wurden. Sie sehen in der - im Vergleich zu anderen Ländern - erheblichen Verschlechterung der ökonomischen Situation vor 1992, die in ihrem Modell einem Anstieg des Parameters μ entspricht, den Hauptgrund für den Zusammenbruch der einseitigen Wechselkurszielzonen. Nachdem der Geldpolitik die Verteidigung der Zielzonen als alleinige Aufgabe zugewiesen wurde, konnten exorbitant hohe Zinsdifferentiale gegenüber dem Ausland beobachtet werden. Letztere verminderten kurzfristig zwar immer wieder den spekulativen Druck auf die einseitigen Wechselkursparitäten, trugen jedoch gleichzeitig langfristig nicht zur Verbesserung der monetären und der realen Divergenz bei. Insofern war die Geldpolitik zur Aufgabe der ausschließlichen Zielzonenverteidigung gezwungen. Dieses führte - aufgrund sinkender Zinsdifferentiale - zu vermehrten spekulativen Attacken, die schließlich die Aufrechterhaltung der einseitigen Wechselkursparitäten wegen der Reduktion der Devisenreserven unmöglich machten.

Darüber hinaus gilt es, weitere Untersuchungen zu beachten. KAMINSKY, LIZONDO und REINHART [1998, S. 24] arbeiten verschiedene Indikatoren heraus, deren Veränderungen das Auftreten einer spekulativen Attacke bzw. einer Währungskrise prinzipiell bereits im vorhinein anzeigen können und somit in enger Verbindung zu ihr stehen. Neben den Devisenreserven führen sie den realen Wechselkurs, die inländische Komponente, die Verschuldung des öffentlichen Sektors, die heimische Inflation, die Handelsbilanz, die Exportleistung, das Geldmengenwachstum, das reale Bruttoinlandsprodukt und die Nettoneuverschuldung an.[92] SALVATORE [1999, S. 342 ff.] betont im Ver-

[92] Im Gegensatz dazu gelangen FRANKEL und ROSE [1996, S. 365] im Wege ihrer Analyse von über 100 Entwicklungsländern zu dem Ergebnis, daß sich - interessanterweise - deren Staatsdefizite und Leistungsbilanzen offensichtlich nur wenig für eine Währungskrise verantwortlich zeigten.

gleich dazu mit der Sparquote, dem Budgetdefizit, der Leistungsbilanz, dem Verhältnis der ausländischen Schulden des Inlands in v.H. des Bruttoinlandsprodukts, den kurzfristigen Schulden in v.H. des Bruttoinlandsprodukts, der Leistungsbilanz abzüglich der Direktinvestitionen in v.H. des Bruttoinlandsprodukts, dem Schuldendienst der ausländischen Schulden in v.H. des Exporteinkommens sowie dem Umstand, wieviele Monate die Importe durch eigene Devisenreserven finanziert werden können, zum Teil anders ausgerichtete Indikatoren, die als Anhaltspunkte für eine bevorstehende Währungskrise heranzuziehen sind. Die Frage, welches nun die „richtigen" Indikatoren sind und welches Ausmaß sie annehmen bzw. in welcher Kombination sie auftreten müssen, um eine spekulative Attacke tatsächlich auszulösen, ist vor dem Hintergrund der spezifischen Eigenheit jeder einzelnen Währungskrise nicht abschließend zu beantworten. Wichtig ist an dieser Stelle vielmehr, eine allgemeine Vorstellung über die Vielzahl der relevanten Indikatoren zu gewinnen und der Tatsache Rechnung zu tragen, daß das alleinige Vertrauen der währungspolitischen Entscheidungsträger in einen umfangreichen Devisenbestand einer spekulativen Attacke mitunter nicht Einhalt gebieten kann.

3.4. Preisrigiditäten im Wechselkurszielzonensystem

Zur weiteren Diskussion relevanter Zielzonenmodelle ist es nun erforderlich, die ökonomische Betrachtungsposition neu zu überdenken. Ist bei der Frage nach den Möglichkeiten und Wirkungen der Wechselkursstabilisierung mit Hilfe einer Zielzone für den Wechselkurs bislang ausschließlich die Stabilisierung des nominalen Wechselkurses hinterfragt worden, so wurde gleichzeitig kein Wert darauf gelegt, den *realen* Wechselkurs genauer zu betrachten. Diese Verfahrensweise war insofern nicht weiter bedenklich, da sich die theoretischen Überlegungen insgesamt auf eine Ökonomie bezogen, der die Welt des monetaristischen Wechselkursmodells zugrunde lag, d.h. die Ökonomie war frei von jeglichen (wirtschaftlichen und gesetzlichen) Rigiditäten. Durch die vorhandene Preisflexibilität ergab sich somit ein permanentes Gleichgewicht auf dem Geldmarkt (vgl. die Gleichung (2)), und der reale Wechselkurs war demnach zu jedem Zeitpunkt konstant (vgl. die Gleichung (1)).[93] Betrachten wir jedoch z.B. die Entwicklung der realen Wechselkurse unterschiedlicher Währungen seit der Errichtung des EWS im Jahre 1979, so ist deren Konstanz keinesfalls auch nur annähernd zu erkennen (vgl. die Abbildungen 6 und 7); vielmehr sind deutliche Schwankungen der realen Wechselkurse zu identifizieren,[94] die zum großen Teil darin begründet sind, daß

[93] Vgl. hierzu auch die Ausführungen in der Fußnote 43.

[94] Zur Unterstützung dieser Aussage sei an dieser Stelle auf die Abbildungen 1 bis 3 verwiesen. Hier zeigt sich, daß es den beteiligten Notenbanken im Zuge der bilateralen Interventionsverpflichtungen bis zum August 1993 - abgesehen von einigen Realignments - größtenteils gelungen ist, stabile nominale Wechselkurse herbeizuführen. Gleichzeitig sind jedoch deutliche Schwankungen der realen Wechselkurse auszumachen, die insbesondere beim Verhältnis des holländischen Gulden zur Deutschen Mark (vgl. die Abbildung 6) besonders auffallen, da durch die nominale Bindung des ersteren an letztere über mehr als 10 Jahre hinweg eine gleichbleibende nominale Parität ohne Realignment

die Güterpreise[95] wohl doch nicht so flexibel sind, wie es das monetaristische Wechselkursmodell unterstellt. Aus dieser Diskrepanz heraus besteht darüber hinaus insofern ein weiterer Reformbedarf der bisherigen Verfahrensweise,[96] da mit großer Sicherheit davon auszugehen ist, daß sich die Wirtschaftssubjekte weniger an nominalen, sondern stärker an realen Größen orientieren und ihre Handlungsweise und/oder ihre rationalen Erwartungen danach ausrichten. HALPERN [1996, S. 211] formuliert dazu, daß der reale Wechselkurs allgemein zur Beurteilung der internationalen Wettbewerbsfähigkeit eines Landes herangezogen wird.[97] Insofern ergibt sich für die Wirtschaftspolitik ein differenzierter Blickwinkel, dessen vordergründige Bestrebungen auch auf die Stabilisierung des realen Wechselkurses ausgerichtet sein müssen. Daher wird es nun im weiteren erforderlich sein, realitätsspezifische Preisrigiditäten in der Wechselkurszielzonenbetrachtung zu thematisieren, die z.B. in der Form von langfristigen Lieferverträgen und/oder gesetzlichen Vorschriften bestehen können.

3.4.1. Marginale Interventionen

MILLER und WELLER [1991] verarbeiten die Kritik bezüglich der Instabilität der realen Wechselkurse dahingehend, indem sie ein Zielzonenmodell mit ausschließlich marginalen Interventionen entwickeln, das nunmehr von der Eigenschaft kurzfristig sehr träger anpassungsfähiger Preise im Sinne von DORNBUSCH [1976] geprägt ist. DORNBUSCH zeigte erstmals die Auswirkungen exogener nichtantizipierter Schocks auf eine durch Preisrigiditäten gekennzeichnete Ökonomie in einem Free-Float-Wechselkurssystem. Da auf dem Gütermarkt infolge monetärer (bzw. realer) Schocks durch die - wie er sie nennt - „sticky" Preise kurzfristig keine Anpassungsmechanismen ausgelöst werden können, trägt der Geldmarkt - über entsprechende Wechselkursveränderungen - die gesamte Last des wirtschaftlichen Anpassungsprozesses. Hierbei ist es dann möglich, daß es zum typischen „Überschießen" des Wechselkurses in einer DORNBUSCH-Welt kommt. Aber auch ohne das Überschießen, das bei realen Schocks nicht zwingend ist, werden nominale Wechselkursbewegungen induziert, die aufgrund der unterstellten

erreicht werden konnte. Die Gründe für eine derartige Entwicklung der realen Wechselkurse sind demnach in einer in diesen Ländern unterschiedlichen Preisentwicklung zu suchen, die durch eine Wechselkurszielzone nicht direkt zu beeinflussen ist.

95 Sofern wir im weiteren von Preisen, Preisveränderungen oder Preisreaktionen sprechen, so betreffen diese ausschließlich die Preise am Gütermarkt.

96 Das Vernachlässigen von Preisrigiditäten in Zielzonenmodellen bezeichnet ROGOFF [1993, S. 802] als unrealistisch. Seiner Ansicht nach kann daher auch nur ein sehr begrenzter Nutzen aus der Analyse der Wohlfahrtseffekte verschiedener Interventionsregeln gezogen werden.

97 Zeigt sich im Zeitverlauf eine reale Aufwertung (Abwertung) der Währung eines Landes, so ist dieses gleichbedeutend mit einer Verschlechterung (Verbesserung) seiner Wettbewerbsposition gegenüber anderen Ländern, da die eigenen Güter nunmehr vergleichsweise teurer (billiger) geworden sind (vgl. dazu später ausführlicher). CALVO, REINHART und VÉGH [1995, S. 98] sehen in einer Beschränkung der realen Wechselkursvolatilität durch die Wirtschaftspolitik einen wesentlichen Grund zur Vermeidung eines Wettbewerbsverlustes, die durch die Ausrichtung des nominalen Wechselkurses an der inländischen Inflationsentwicklung erreicht werden soll und somit das Konzept der Kaufkraftparitätentheorie wiederspiegelt.

Preisträgheit gleichgerichtete reale Wechselkursveränderungen nach sich ziehen, deren Stabilisierung die Wirtschaftspolitik nun mit Hilfe einer Wechselkursbandbreite für den realen Wechselkurs erreichen will.

In ihren Ausführungen betonen MILLER und WELLER [1991] den (nominalen) Wechselkurs als zukünftigen Vermögenspreis, der sich infolge aktueller Nachrichten bezüglich der Fundamentaldaten augenblicklich verändert (vgl. die Gleichung (4d)), während langfristig träge Preisanpassungen infolge zeitlich zurückliegender Gütermarktungleichgewichte auftreten. Als Ausgangspunkt ihrer Betrachtungen formulieren sie - in Anlehnung an DORNBUSCH [1976] - ein stochastisches Modell, dessen Basis die nachstehenden Gleichungen - in vereinfachter Form - beschreiben.

(54) Geldmarkt: $m_t - p_t = \kappa y - \lambda i, \quad \kappa, \lambda > 0,$

(55) Gütermarkt: $y = \delta(e - p), \quad \delta > 0,$

(3) Ungedeckte Zinsparität: $E(de) = (i - i^*)dt,$

(56) Preisträgheit(-anpassung): $dp = \phi(y - \bar{y})dt + \sigma dz, \quad \phi > 0.$

Im Vergleich zum elementaren KRUGMAN-Modell enthält dieses Modell - neben der Geldmarktgleichgewichtsbedingung (54) und der ungedeckten Zinsparität (3) - zwei theoretische Erweiterungen:

a) Zum einen die Gütermarktgleichgewichtsbedingung (55): Danach ist die aggregierte Nachfrage y als Funktion des realen Wechselkurses (e - p) aufzufassen. Eine kurzfristige reale Aufwertung (Abwertung) - verursacht durch e oder p - bewirkt demnach einen Nachfrageausfall (Nachfrageanstieg); der Parameter δ verweist hierbei auf die vorhandene Wechselkurselastizität.

b) Zum anderen die Gleichung (56) für die intendierte Preisanpassung: Sie eröffnet mit dem stochastischen Ausdruck σdz die Möglichkeit eines exogenen Preisschocks, der, unabhängig von der deterministischen Preisanpassung über den natürlichen Output (Preisanstieg bei $y > \bar{y}$, Preisreduktion bei $y < \bar{y}$), eine unvorhersehbare Preisveränderung bewirken kann. Der Parameter ϕ gibt dabei das Ausmaß der vorliegenden Preisträgheit an. Darüber hinaus zeigen sich der nominale Wechselkurs und der Preis als endogene Variablen, deren Bewegung durch das Gesamtsystem bestimmt wird.

Hier stellt sich nun die wichtige Frage, ob ein charakteristischer bzw. stabiler Zusammenhang zwischen dem nominalen Wechselkurs und dem Preis beim Vorliegen einer Zielzone überhaupt auszumachen ist, da das Ziel der Bemühungen auf die Stabilisierung des realen Wechselkurses ausgerichtet ist. Dazu wird die Gleichung (55) in die Gleichung (54) eingesetzt, nach i aufgelöst und in die Gleichung (3) eingefügt. Des weiteren werden die Gleichungen (55) und (56) miteinander kombiniert. Das Ziel dieser Vorgehensweise ist es, die Dynamik des Modells bzw. der endogenen Variablen zu analysieren.[98]

(57) $$\begin{bmatrix} dp \\ E(de) \end{bmatrix} = A\begin{bmatrix} pdt \\ edt \end{bmatrix} + B\begin{bmatrix} \bar{y}dt \\ i^* dt \end{bmatrix} + \begin{bmatrix} \sigma dz \\ 0 \end{bmatrix}$$

$$A = \begin{bmatrix} -\phi\delta & \phi\delta \\ \lambda^{-1}(1-\kappa\delta) & \lambda^{-1}\kappa\delta \end{bmatrix},\ B = \begin{bmatrix} -\phi & 0 \\ 0 & -1 \end{bmatrix}$$

Im Ergebnis zeigt sich mit

(58) $$\Delta = \rho_1\rho_2 = -\lambda^{-1}\phi\delta < 0$$

eine negative Systemdeterminante Δ der Koeffizientenmatrix A, die die formale Schlußfolgerung auf ein sattelpfadstabiles System zuläßt und im weiteren keine exakte Betrachtung der Eigenwerte ρ_1 und ρ_2 erfordert, da eine der Bedingungen für die Eigenwerte - entweder $\rho_1 < 0 < \rho_2$ oder $\rho_1 > 0 > \rho_2$ - in jedem Fall erfüllt ist.[99] Hierbei beschreibt der daraus resultierende Sattelpfad die Dynamik und die Stabilität des Systems, und er verweist auf den Weg, auf den das System in bestimmten Regionen springt, um zum Steady-State-Gleichgewicht zurückzukehren. Die für den nominalen Wechselkurs und den Preis repräsentativen Funktionen innerhalb der Wechselkurszielzone sind in diesem Modell hinsichtlich ihrer Steigung wie folgt definiert:

(59) $$\left.\frac{de}{dp}\right|_{E(de/dt)=0} = 1-\kappa^{-1}\delta^{-1} < 0,$$ [100] $$\kappa^{-1}\delta^{-1} > 0,$$

(60) $$\left.\frac{de}{dp}\right|_{dp/dt=0} = 1.$$ [101]

---

[98] MILLER und WELLER [1989] zeigen als erste, wie ein Sattelpfadsystem in ein stochastisches Wechselkurszielzonensystem integriert werden kann. Zu beachten ist jedoch, daß dieses Modell lediglich eine qualitative, keinesfalls aber eine in sich geschlossene Lösung darstellt. Diese Aussage verweist auf den Umstand, daß es eine Vielzahl von relevanten Sattelpfaden gibt, die die angestrebte Stabilität vermitteln können. Da es nicht möglich ist, „den" konkreten Sattelpfad exakt zu bestimmen, besitzt das Modell eher den Charakter einer Plausibilitätsanalyse.

[99] Die ausführliche Herleitung der Sattelpfadstabilität sowie - weiter unten - der Gleichungen (59) und (60) ist als gesonderter Bestandteil im Anhang 1 angeführt.

[100] Der negative Verlauf dieser Funktion zeigt sich nur dann, wenn der Output in der Gleichung (54) *nicht* als Vollbeschäftigungsoutput interpretiert wird. Würde er als Vollbeschäftigungsoutput angesehen, so wird die Gleichung (54) sofort in die Gleichung (3) eingesetzt, und es ergibt sich ein senkrechter Verlauf dieser Funktion (-∞), der qualitativ differente Aussagen hinsichtlich der Stabilisierung realer Wechselkurse nach sich zieht.

[101] Die Schreibweise *de/dp* begründet sich dadurch, daß wir den Wechselkurs als Funktion des Preises auffassen: $e = e(p)$. Demnach ergeben sich Wechselkursbewegungen infolge exogener Preisschocks

Dieses Szenario führt nun zur Abbildung 16.

Der positive Verlauf der dp/dt=0-Funktion repräsentiert alle Wechselkurs-Preis-Kombinationen, bei denen der Gütermarkt im Gleichgewicht ist. Auf dieser Funktion ist der reale Wechselkurs konstant (stabil), da sich der nominale Wechselkurs und der Preis proportional zueinander entwickeln. Gleichzeitig liegt für Punkte links (rechts) dieser Funktion eine Überschußnachfrage (ein Überschußangebot) auf dem Gütermarkt vor. Für die E(de)/dt=0-Funktion, auf der sich der inländische und der ausländische Zinssatz für unterschiedliche Wechselkurs-Preis-Kombinationen entsprechen, gilt ein generell negativer Verlauf, der durch die Annahme $\kappa^{-1}\delta^{-1} > 1$ den Overshooting-Charakter

Abbildung 16

Preisrigiditäten und marginale Interventionen

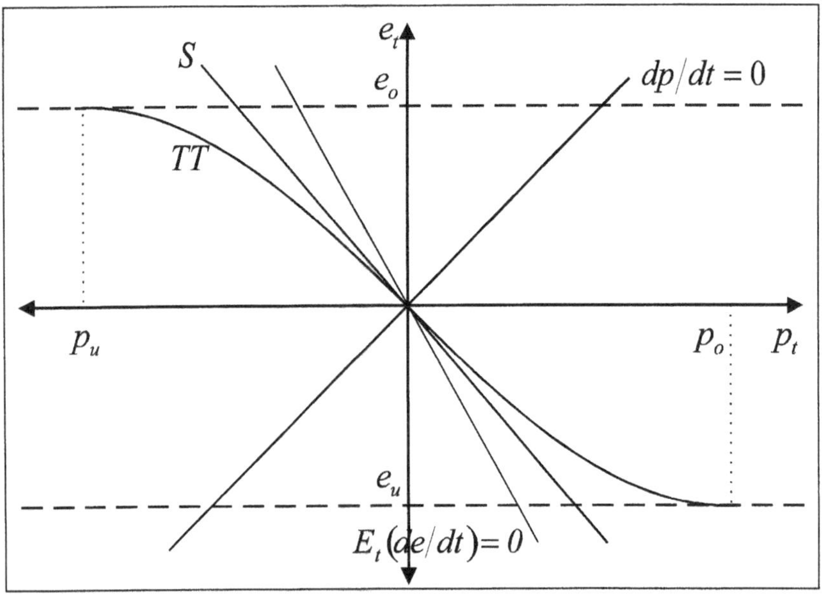

des DORNBUSCH-Modells einschließt. Links (rechts) dieser Funktion ist der inländische Zinssatz kleiner (größer) als der ausländische Zinssatz, wodurch eine gleichgerichtete Aufwertungserwartung (Abwertungserwartung) für die heimische Währung induziert wird. In diesem Modell löst dann unter Free-Float-Bedingungen ein positiver (negativer) Preisschock den folgenden Anpassungsmechanismus aus: Auf dem Gütermarkt entsteht ein Überschußangebot (eine Überschußnachfrage), während auf dem

(σdz), d.h. wir betrachten fortan die Anpassungsmechanismen, die hinsichtlich der Stabilisierung des realen Wechselkurses ausgelöst werden.

Geldmarkt die reale Geldmenge auf der Angebotsseite sinkt (steigt) und einen Zinsanstieg (Zinsverfall) - bei der gleichzeitigen Konstanz des ausländischen Zinssatzes - herbeiführt. Da die ungedeckte Zinsparität nun nicht mehr gilt, entsteht bei den Wirtschaftssubjekten eine Abwertungserwartung (Aufwertungserwartung) für die heimische Währung (vgl. die Gleichung (3)). Letztere tritt aber zunächst „on impact" nicht ein, da die Wirtschaftssubjekte kurzfristig infolge $i > i^*$ ($i < i^*$) vermehrt heimische Währung nachfragen (aufgeben). Dieses zieht eine sofortige nominale Aufwertung (Abwertung) nach sich, die die Veränderung des realen Wechselkurses weiter verstärkt. Im Zeitverlauf tritt die Abwertungserwartung (Aufwertungserwartung) aber schließlich ein und es kommt langfristig zum Ausgleich des Zinsdifferentials. Das Gütermarktungleichgewicht wird sukzessive durch eine (träge) Preisreduktion (Preisexpansion), die mit einer nominalen Abwertung (Aufwertung) einhergeht, abgebaut. Diese Bewegung ist durch den Sattelpfad gekennzeichnet, und der reale Wechselkurs ist langfristig konstant bzw. stabil.

Nun ist danach zu fragen, inwieweit dieses Szenario durch das Einführen einer Zielzone in die (Free-Float-)Betrachtungsweise beeinflußt wird, oder anders formuliert, ob mit Hilfe einer Wechselkursbandbreite das Ausmaß der Schwankungen des realen Wechselkurses infolge eines exogenen Preisschocks verringert werden kann. Dazu treffen MILLER und WELLER [1991] die Annahme, daß die Zentralbank ausschließlich an den Zielzonenenden marginal interveniert. Den Wirtschaftssubjekten ist dieses Verhalten bekannt und sie erachten die Wechselkurszielzone als perfekt glaubwürdig. Tritt nun infolge eines positiven (negativen) Preisschocks eine sofortige nominale Aufwertung (Abwertung) der heimischen Währung auf, so wissen die Wirtschaftssubjekte aufgrund ihrer rationalen Erwartungen, daß die inländische Zentralbank diese Entwicklung am unteren (oberen) Zielzonenende durch eine expansive (restriktive) inländische Geldpolitik stoppen wird. Es bildet sich somit eine *zusätzliche* Abwertungserwartung (Aufwertungserwartung) für die heimische Währung, die die Folge der von den Wirtschaftssubjekten antizipierten inländischen Geldmengenerhöhung (Geldmengenreduktion) ist. Insofern liegt auch in diesem Modell ein Honey-Moon-Effekt im Sinne von KRUGMAN [1991] vor, dessen stabilisierender Einfluß dazu führt, daß der Wechselkurs im unteren (oberen) Zielzonenbereich oberhalb (unterhalb) des Sattelpfades liegt. Diesen Wechselkursverlauf repräsentiert die TT-Funktion in der Abbildung 16. Im Ergebnis zeigt sich, daß es unter der Voraussetzung einer glaubhaften Wechselkurszielzone mit ausschließlich marginaler Interventionstätigkeit wirtschafts- und währungspolitisch möglich ist, langfristig stabile reale Wechselkurse herbeizuführen. Gleichzeitig ergibt sich aus dieser Aussage heraus auch die Kritik des betrachteten Modells: Zum einen ist es - wie bereits schon in anderen Zusammenhängen festgestellt wurde - sehr fraglich, daß eine Wechselkurszielzone perfekt glaubwürdig ist, da Realignmenterwartungen der Wirtschaftssubjekte in diesem Modell nicht thematisiert werden; zum anderen haben insbesondere DELGADO und DUMAS [1992] auf eine weitverbreitete intramarginale Interventionstätigkeit der (europäischen) Zentralbanken hingewiesen.

Abschließend verbleibt auch bei MILLER und WELLER wieder der notwendige Blick auf die modellspezifische Charakteristik bezüglich des deterministischen Zusammenhangs zwischen dem Wechselkurs und dem Zinsdifferential innerhalb der Bandbreite sowie der dem Modell zugrundeliegenden Dichtefunktion des Wechselkurses; zusätzlich ist darüber hinaus die Deterministik zwischen dem Wechselkurs und dem Preis von Interesse.

a) Betreffend der Deterministik zwischen dem Wechselkurs und dem Zinsdifferential innerhalb der Bandbreite stellen wir fest, daß ein eindeutiger Zusammenhang nicht mehr gegeben ist. Infolge der Modellierung von Preisrigiditäten sind nunmehr sowohl oberhalb als auch unterhalb der zentralen Parität positive und negative Zinsdifferentiale auszumachen. Infolgedessen werden hierdurch einige Abschnitte der Abbildungen 1 bis 5 vermehrt plausibel.

b) Hinsichtlich der Dichtefunktion des Wechselkurses ergibt sich ebenfalls kein eindeutiges Ergebnis. Einerseits zeigt die Wechselkursfunktion einen s-förmigen Verlauf, der auf einen durch die marginale Interventionstätigkeit der Zentralbanken bedingten hauptsächlichen Aufenthalt des Wechselkurses an den Zielzonenenden verweist; andererseits ist jedoch auch zu beobachten, daß die in diesem Modell angelegte automatische Rückkehr (mean reversion) des Preises zu seinem Ausgangsniveau gleichzeitig eine Wechselkursbewegung um die zentrale Parität generiert.

c) Die Deterministik zwischen dem Wechselkurs und dem Preis zeigt sich insofern in eindeutiger Weise, da ein oberhalb (unterhalb) der zentralen Parität verlaufender Wechselkurs mit einem - im Vergleich zur Ausgangssituation - sinkenden (steigenden) Preis einhergeht. Generell bewegen sich der Wechselkurs und der Preis somit wertmäßig immer in die entgegengesetzte Richtung.

Auf der Basis der voranstehenden Ergebnisse soll das dargestellte „Sticky"-Preis-Modell nun in bezug auf seine Erweiterung um intramarginale Interventionen betrachtet werden.[102]

---

[102] Einen zu MILLER und WELLER alternativen Ansatz zeigen KEMPA und NELLES [1998] auf. Sind die im MILLER-WELLER-Modell thematisierten Preisschocks prinzipiell monetärer Art, so diskutieren KEMPA und NELLES im Rahmen eines MUNDELL-FLEMING-Modells sogenannte Outputschocks, die die Wechselwirkung zwischen dem nominalen Wechselkurs und dem Output unter der Annahme fester Preise, einer *trägen* Outputanpassung und einem permanenten Gleichgewicht auf den Vermögensmärkten vermitteln soll. In einer derartigen Situation führt ein Outputschock in einem Free-Float-Wechselkurssystem zu einer entsprechenden Anpassung über den nominalen Wechselkurs und damit zu einem volatilen realen Wechselkurs, während ein festes Wechselkurssystem nur über stabilisierende Zentralbankinterventionen aufrechterhalten werden kann, die gleichermaßen auch auf den realen Wechselkurs wirken. KEMPA und NELLES betonen hierzu, daß Zielzonen im Vergleich zu festen Wechselkursen generell eine größere (Handlungs-)Flexibilität erlauben, gleichwohl die „Wahl" zwischen einem volatilen (nominalen und realen) Wechselkurs und einem volatilen inländischen Output grundsätzlich aber bestehen bleibt. Danach ergeben sich in ihrem Modell solange keinerlei Probleme mit dem Fortbestand von Zielzonen, sofern die Zentralbanken die Volatilität des realen Wechselkurses innerhalb einer bestimmten Marge gewährleisten können; gelingt dieses nicht, erfolgt ein sofortiger Zusammenbruch der Zielzone. Für diesen Fall empfehlen KEMPA und NELLES entweder ein Realignment, eine Bandbreitenerweiterung oder den Übergang zu flexiblen Wechselkursen.

3.4.2. Marginale und intramarginale Interventionen

BEETSMA und VAN DER PLOEG [1994] erweitern das MILLER-WELLER-Modell dahingehend, indem sie - zusätzlich zur marginalen Interventionstätigkeit - unterschiedliche intramarginale Interventionspolitiken der Zentralbank im Band modellieren, die auf die Stabilisierung des realen Wechselkurses ausgerichtet sind. Mit Hilfe dieser Modifikation streben sie (auch) eine größere Vereinbarkeit des Modells mit der empirischen Realität an, da die dem MILLER-WELLER-Modell zugrundeliegende Wirkungsweise die hauptsächliche Präsenz des Wechselkurses an den Zielzonenenden nahe legt - entgegen der z.B. seit April 1983 für die meisten am EWS beteiligten Währungen (insbesondere des FF/DM- und des hfl/DM-Wechselkurses) geltenden empirischen Beobachtungen. BEETSMA und VAN DER PLOEG gehen von einem perfekt glaubwürdigen System aus,[103] in dem die Wirtschaftssubjekte zu jedem Zeitpunkt über die jeweilige Zentralbankpolitik informiert sind. Die zentalbankpolitischen Interventionen sind in ihrer Gesamtheit modelltheoretisch wie folgt zu fassen:

(61) $$m = \overline{m} + \eta p .$$

Das gesamte Geldvolumen m setzt sich somit aus der marginalen Interventionstätigkeit $\overline{m}$ der Zentralbanken am Zielzonenende sowie dem Ausmaß der intramarginalen Interventionen η, die durch Preisveränderungen hervorgerufen werden, zusammen.[104] Entscheidend für die weitere Betrachtung ist dabei der Wert für η, da er die Strategie der Zentralbank hinsichtlich des Ausmaßes der intramarginalen Interventionen verdeutlicht. Hierbei besteht die Möglichkeit einer Leaning-with-the-wind- und einer Leaning-against-the-wind-Strategie. Erstere hat immer eine zur Preisveränderung gleichgerichtete Geldmengenveränderung zur Folge, die jedoch unterschiedlich stark ausfallen kann. Im Falle $\eta = 1$ wird ein Preisanstieg (Preisrückgang) im selben Ausmaß durch eine Geldmengenerhöhung (Geldmengenreduktion) der Zentralbank akkomodiert (vollständige Akkomodierung), wodurch sich die Kaufkraftparität - wegen der Abwertung der Währung - nicht verändert bzw. der reale Wechselkurs auf konstantem Niveau verharrt (vgl. DORNBUSCH [1982]). Eine Unterakkomodierung (Überakkomodierung) liegt für die Werte $0 < \eta < 1$ ($\eta > 1$) vor, d.h. eine Preisveränderung zieht eine geringere (höhere) Geldmengenveränderung nach sich. Sofern die Zentralbank nach der o.g. zweiten Methode verfährt, liegen für η negative Werte vor ($\eta < 0$). Dieses bedeutet eine zur Preisveränderung entgegengesetzte Veränderung der Geldmenge. Der Vollständigkeit halber sei schließlich die Möglichkeit $\eta = 0$ erwähnt, bei der - analog zu MILLER und WELLER [1991] - keine intramarginalen Interventionen stattfinden und die In-

[103] Diese Annahme ist z.B. durch eine deutliche Abnahme der Realignmenterwartungen infolge zumeist ausgeglichener Zinsdifferentiale zu rechtfertigen. Generell bleibt sie aber problematisch.

[104] Die betrachteten intramarginalen Interventionen finden mit Hilfe nichtsterilisierter Devisenmarktoperationen durch die Zentralbank statt, d.h. Geldmengenerhöhungen (Geldmengensenkungen) werden durch den Kauf (Verkauf) ausländischer Bonds erwirkt. Es ergeben sich somit Portefeuilleumschichtungen, die lediglich die Struktur, nicht aber das Niveau des gesamten Vermögens verändern. Ferner wird von einer perfekten Substitutionalität inländischer und ausländischer Assets ausgegangen.

terventionstätigkeit der Zentralbank somit ausschließlich auf marginale Eingriffe reduziert ist.

Um nun die Frage zu beantworten, inwiefern diese (Interventions-)Politiken zur Stabilisierung des realen Wechselkurses innerhalb einer Wechselkurszielzone geeignet erscheinen, ist - in Anlehnung an MILLER und WELLER [1991] - die Stabilität des Systems unter der Berücksichtigung der veränderten Interventionstätigkeit der Zentralbank in der Gleichung (61) herzuleiten:

(62) $$\begin{bmatrix} dp \\ E(de) \end{bmatrix} = A\begin{bmatrix} pdt \\ edt \end{bmatrix} + B\begin{bmatrix} \bar{y}dt \\ i^* dt \end{bmatrix} + \begin{bmatrix} \sigma dz \\ 0 \end{bmatrix},$$

$$A = \begin{bmatrix} -\phi\delta & \phi\delta \\ \lambda^{-1}(1-\eta-\kappa\delta) & \lambda^{-1}\kappa\delta \end{bmatrix}, \; B = \begin{bmatrix} -\phi & 0 \\ 0 & -1 \end{bmatrix}.$$

Wieder erhalten wir die Systemdeterminante Δ der Koeffizientenmatrix A als Produkt der Eigenwerte ρ_1 und ρ_2.

(63) $$\Delta = \rho_1\rho_2 = -\lambda^{-1}(1-\eta)\phi\delta < 0$$

Im Vergleich zum MILLER-WELLER-Modell ist die Frage nach der Stabilität des Systems nun nicht mehr eindeutig zu beantworten. Diese ist jetzt allein vom Ausmaß der intramarginalen Interventionstätigkeit der Zentralbank abhängig, also nur für die Werte $\eta < 1$ gegeben. Für die Fälle $\eta = 1$ und $\eta > 1$ ist die Bedingung für die Eigenwerte (entweder $\rho_1 < 0 < \rho_2$ oder $\rho_1 > 0 > \rho_2$) verletzt. Daher beschränken wir uns im weiteren ausschließlich auf den stabilen Fall einer geldpolitischen Unterakkomodierung ($\eta <$ 1), da lediglich letzterer konkrete währungspolitische Implikationen zu vermitteln vermag.

Hinsichtlich der dp/dt=0-Funktion erhalten wir einen zum MILLER-WELLER-Modell analogen Verlauf, da dieser von der Interventionstätigkeit der Zentralbank unabhängig ist. Die Steigung der E(de/dt)=0-Funktion zeigt sich im Ergebnis in modifizierter Form mit

(64) $$\left.\frac{de}{dp}\right|_{E(de/dt)=0} = 1-(1-\eta)\kappa^{-1}\delta^{-1}.$$

Auch hier ist der exakte Verlauf - zunächst einmal - uneindeutig. Wieder hängt er vom genauen Ausmaß des intramarginalen Interventionsparameters η ab. Für den Fall des Fehlens von intramarginalen Interventionen ($\eta = 0$) entspricht er dem negativen Verlauf im MILLER-WELLER-Modell. Steigende Werte für η implizieren eine Linksdrehung der E(de/dt)=0-Funktion bei nach wie vor bestehender negativer Steigung. Für die Parameterkonstellation $\eta = 1-\kappa\delta$ fällt die Funktion mit der Abszisse zusammen, und ein weiterer Anstieg von η bewirkt eine positive Steigung, die auf ein Undershooting des nominalen und des realen Wechselkurses infolge auftretender Geldmarktungleichgewichte hindeutet. Im Hinblick auf eine bestimmte Ausgestaltung des Gesamtsystems ist schließlich festzuhalten, daß - abhängig von der konkreten Interventionsintensität der Zentralbank - die Steigung der E(de/dt)=0-Funktion und des Sattelpfades tendenziell in die gleiche Richtung weisen. Daraus lassen sich dann drei mögliche Konstellationen für die in diesem Modell charakteristische Wechselkursfunktion ($TT_{1\text{-}3}$) ableiten, die in der Abbildung 17 dargestellt sind. Im Ergebnis ist somit festzuhalten:

a) Die Parameterkonstellation $\eta < 1\text{-}\kappa\delta$ repräsentiert - für $\kappa\delta < 1$ - einen - zum KRUGMAN-Modell analogen - negativen Verlauf der Wechselkursfunktion (TT_1), der mit drei verschiedenen Zentralbankpolitiken übereinstimmen kann. Erstens besteht die Möglichkeit einer Leaning-against-the-wind-Strategie ($\eta < 0$), zweitens die völlige Abwesenheit der Zentralbankinterventionen ($\eta = 0$), wie sie aus dem MILLER-WELLER-Modell her bekannt sind, und drittens der Fall einer moderaten Akkomodierung ($0 < \eta < 1\text{-}\kappa\delta$). Diese drei Fälle verkörpern dabei jeweils das kurzfristige „Überschießen" des nominalen Wechselkurses und legen eine u-förmige Dichtefunktion nahe.

Abbildung 17

Preisrigiditäten und unterschiedliche Interventionsstrategien

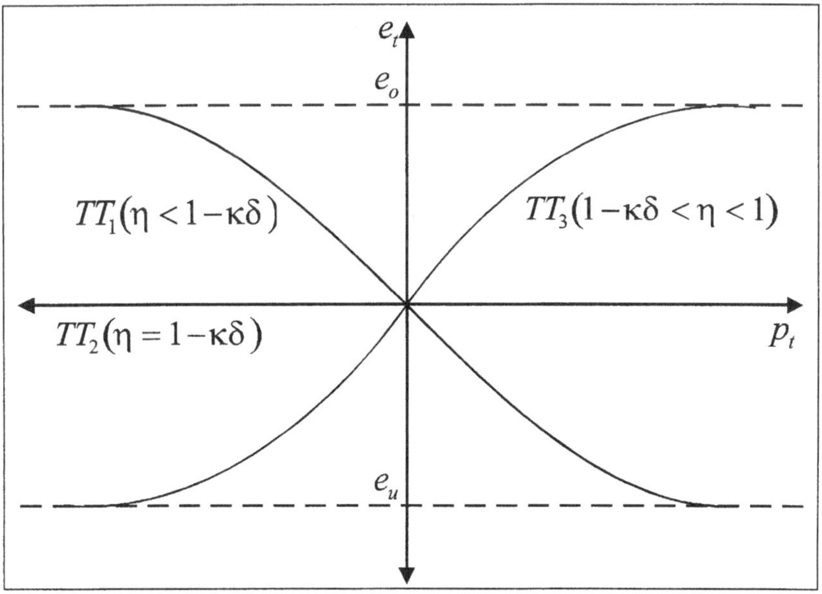

b) Die Wechselkursfunktion fällt mit der Abszisse zusammen (TT_2), sofern $\eta = 1\text{-}\kappa\delta$ und weiterhin $\kappa\delta < 1$ gelten. Hier besteht eine perfekte Wechselkursfixierung durch die Zentralbanken, die keine Zinsdifferentiale zwischen den betrachteten Ländern aufkommen läßt. Die Dichtefunktion des Wechselkurses ist daher buckelförmig.

c) Ein weiterer Anstieg des Parameters η ($1-\kappa\delta < \eta < 1$) führt zu einem Übergang des Szenarios in die Wechselkursfunktion TT_3. Hier akkomodiert die Zentralbank weiterhin nicht im Ausmaß des Preisanstiegs; dennoch zeigt sich insofern eine Besonderheit, als hier - im Vergleich zum Overshooting in (1) - das schon erwähnte kurzfristige Undershooting des nominalen Wechselkurses stattfindet. Dieses erweist sich jedoch insofern als problematisch, als es nicht darauf ausgelegt ist, eine Umkehr des zuvor eingetretenen Preisveränderungsprozesses zu bewirken; eine Bewegung des Wechselkurses zu den Zielzonenenden wird daher bewußt toleriert, woraus sich eine u-förmige Dichtefunktion ergibt.

Diese drei Unterscheidungen sind, wie formal gezeigt wurde, jeweils - entsprechend der vorliegenden Parameterkonstellation - mit der Sattelpfadstabilität zu vereinen. Die in diesem Zusammenhang beschriebenen intramarginalen Zentralbankpolitiken sind daher grundsätzlich in der Lage, infolge eines exogenen Preisschocks in einem durch kurzfristige Preisrigiditäten gekennzeichneten Zielzonenmodell eine Bewegung des nominalen Wechselkurses zur zentralen Parität zu induzieren und somit langfristig stabile reale Wechselkurse zu gewährleisten. Problematisch erweisen sich dabei jedoch die vernachlässigten Politiken einer vollständigen Akkomodierung ($\eta = 1$) und einer Überakkomodierung ($\eta > 1$). In diesen Fällen ist die Sattelpfadstabilität des Systems nicht gegeben, d.h. langfristig stabile reale Wechselkurse sind grundsätzlich nicht zwingend. Dennoch stellt dieses Modell eine realitätsspezifische Erweiterung des MILLER-WELLER-Modells dar, da es die für verschiedene Länder empirisch beobachtbare Wechselkursverteilung innerhalb der Zielzone, die sich in differenten Dichtefunktionen konkretisiert, nunmehr durch eine genauere Spezifizierung der intramarginalen Interventionstätigkeit der Zentralbank geeignet erklären kann. Solange die Sattelpfadstabilität des Systems daher gegeben ist, stellt sich - unter den genannten modelltheoretischen Voraussetzungen - infolge exogener Preisschocks eine quasi-automatische (nominale) Wechselkursbewegung zur Zielzonenmitte bzw. zur zentralen Parität ein.

4. Der Glaubwürdigkeitstest im Wechselkurszielzonensystem

Nachdem wir in den vorangegangenen Abschnitten eine Betrachtungsposition eingenommen haben, von der aus wir - unter welchen Bedingungen auch immer - verschiedene nominale Wechselkursverläufe und deren Korrespondenz zu bestimmten Variablen innerhalb einer gegebenen Wechselkurszielzone analysiert haben, wollen wir im weiteren (vgl. auch SVENSSON [1991b]) dazu übergehen, ausgehend von einer Situation, in der sich der Kassakurs im Zielzoneninneren befindet, zu überprüfen, ob zu einem speziellen Zeitpunkt möglicherweise Erwartungen der Wirtschaftssubjekte vorliegen, die den zukünftigen Wechselkurs (Future-Wechselkurs) *außerhalb* dieser Bandbreite sehen. Sofern sich ein derartiger Umstand tatsächlich lokalisieren lassen würde, zöge er eine gesonderte Interpretation im Rahmen der Beurteilung der Glaubwürdigkeit einer Zielzone nach sich. Diese Art der Vorgehensweise ergibt sich aus dem Umstand, daß die Glaubwürdigkeit in den voranstehenden Abschnitten eine zentrale Position eingenommen hat; es ist daher nur konsequent, sie auch zu testen.

Zur Bestimmung des Future-Wechselkurses wollen wir nun auf ein allgemeines Bewertungsverfahren zurückgreifen, das bei HULL [1997, S. 63 f.] dargestellt ist und bei freiem Kapitalverkehr und risikoneutralen Wirtschaftssubjekten durch die folgende Gleichung wiedergegeben wird:

(65) $$F_t = e_t \exp[i_t - i_t*][T - t].$$

Hierbei repräsentieren die Variablen F_t den abzuleitenden Future-Wechselkurs (auch: Terminkurs), e_t den gegenwärtigen Kassakurs bzw. den nominalen Wechselkurs, i_t den inländischen und i_t* den ausländischen Zinssatz, T den Zeitpunkt der Fälligkeit einer bestimmten Anlage und t den aktuellen Zeitpunkt. Zu beachten ist noch, daß es sich bei den ausgewiesenen Zinssätzen um risikofreie Anlagen handelt, die für den Zeitraum von t bis T gelten.[105] Um nun eine Vorstellung darüber zu gewinnen, wie sich - insbesondere auch mit Blick auf das Kapitel III - die Bestimmung des Future-Wechselkurses vollzieht, wollen wir letztere an dieser Stelle einmal gedanklich veranschaulichen.

[105] Die Gleichung (65) stellt nichts anderes als die zeitkontinuierliche Schreibweise der gedeckten Zinsparität dar, die mit

$$i_t = i_t * + \frac{F_t - e_t}{e_t}$$

definiert ist. Fraglich ist in diesem Zusammenhang jedoch, warum in diesem Kontext - entgegen der bisherigen Verfahrensweise - nunmehr anstelle der ungedeckten die gedeckte Zinsparität verwendet wird bzw. aus welchem Grund von einem allgemeinen Währungsrisiko abstrahiert werden soll. Betrachten wir nochmals die ungedeckte Zinsparität, so läßt sie sich in modifizierter Form auch als

$$i_t = i_t * + \frac{E_t(e_T) - e_t}{e_t}$$

schreiben, d.h. der gegenwärtige inländische Zinssatz setzt sich aus dem aktuellen ausländischen Zinssatz zuzüglich der uns bereits bekannten Wechselkursänderungserwartung zusammen. Die Umformung dieses Ausdrucks in zeitkontinuierlicher Form ergibt dabei

$$E_t(e_T) = e_t \exp^{[i_t - i_t*][T-t]}.$$

Wir sehen, daß dieses Ergebnis mit dem der gedeckten Zinsparität in der Gleichung (65) übereinstimmt. Folglich können wir auch

$$F_t = E_t(e_T)$$

schreiben, d.h. im Future-Wechselkurs (Terminkurs) sind die Erwartungen der Wirtschaftssubjekte bezüglich des Wechselkurses für die nächste Periode bereits enthalten. Die Ausgangskritik ist damit eliminiert.

Zur Herleitung des Future-Wechselkurses liegen prinzipiell alle erforderlichen Daten vor. Dieses betrifft den nominalen Wechselkurs, das Zinsdifferential sowie die jeweilige Anlagedauer. Die Betrachtung im Kapitel III orientiert sich dabei ausschließlich an den dreimonatigen Zinsdifferentialen. Darüber hinaus sind ebenso die Grenzen der betrachteten Zielzone sowie deren zentrale Parität bekannt. Ausgehend von einer gegebenen Situation steigt der Wert des Future-Wechselkurses - respektive der Gleichung (65) - demnach in den Fällen an, in denen sich - einzeln oder gleichzeitig - der nominale Wechselkurs, das Zinsdifferential, die Anlagedauer erhöht bzw. erhöhen. Demgegenüber nimmt der Wert des Future-Wechselkurses ab, sofern die zuvor benannten Variablen eine Verminderung im Vergleich zur Ausgangssituation erfahren; dieses kann wieder eine einzelne oder aber eine unterschiedliche Kombination dieser Größen betreffen.

Führt die Bestimmung des Future-Wechselkurses nun dazu, daß sich dessen Verlauf im Zielzoneninneren einstellt, so läßt dieses auf eine insgesamt vorhandene Glaubwürdigkeit derselben schließen. Daneben ist es allerdings in gleichem Maße möglich, daß die Berechnungen einen Verlauf des Future-Wechselkurses ausweisen, der außerhalb der betreffenden Bandbreite liegt. Ein derartiges Szenario legt dann aber gleichermaßen die Schlußfolgerung nahe, daß die Zielzone im betrachteten Zeitpunkt in einem deutlichen Umfang unglaubwürdig ist. Es wird somit ersichtlich, daß die ökonomische Intention, die sich hinter dieser Analyse verbirgt, allein darauf abzielt, ungeachtet eines unter Umständen innerhalb der Zielzone stabil verlaufenden nominalen Wechselkurses bereits frühzeitig durch die Entwicklung des Future-Wechselkurses Erkenntnisse darüber zu erhalten, wie es im aktuellen Zeitpunkt mit der Glaubwürdigkeit der betrachteten Bandbreite in der Zukunft bestellt ist. Dieses hat dann für die währungspolitischen Entscheidungsträger den Vorteil, schon im Vorfeld eventuelle Instabilitäten identifizieren zu können und entsprechende stabilisierende Maßnahmen zu ergreifen oder aber Entscheidungen hinsichtlich eines Realignments bzw. eines Regimewechsels zu treffen. Gleichwohl ist die Lage des Future-Wechselkurses allein als Indiz für den Umfang seiner Glaubwürdigkeit zu verstehen; der tatsächliche Eintritt der angezeigten Entwicklung ist dabei generell nicht zwingend. Insofern sind Situationen vorstellbar, in denen eine Währungskrise ungeachtet eines Future-Wechselkurses auftritt, der permanent innerhalb einer gegebenen Bandbreite liegt, und umgekehrt.

5. Ergänzende Fragestellungen zu Wechselkurszielzonen

Die voranstehenden Abschnitte haben - jeweils für sich - aufgezeigt, unter welchen konkreten Voraussetzungen auf der theoretischen Ebene eine Stabilisierung von Wechselkursen mit Hilfe von Wechselkurszielzonen im Rahmen einer allgemeinen Währungskooperation gelingen kann; gleichzeitig wurde ebenfalls ersichtlich, welche speziellen Tatbestände dieses mitunter auch verhindern können. Neben den in den Modellen thematisierten Zusammenhängen deutet eine andersartige Sicht jedoch auf zusätzliche Problem- und Fragestellungen hin, die einerseits aus der globalen Perspektive her relevant werden, andererseits aber jedem der vorgestellten Zielzonenmodelle ebenso direkt zuzuordnen sind. Sie sind nunmehr Gegenstand der weiteren Erläuterungen.

a) Die Errichtung einer Wechselkurszielzone wirft insbesondere die Frage nach ihrer optimalen Bandbreite auf. Hierzu schlagen WILLIAMSON [1985, S. 66] sowie WILLIAMSON und MILLER [1987, S. 12] eine Zielzonenbreite von ± 10% um einen gleichgewichtigen Wechselkurs vor, innerhalb derer letzterer sowohl den Zwängen von Devisennachfrage und Devisenangebot unterliegt als auch durch gezielte Zentralbankinterventionen vom Verlassen der Zielzone abgehalten wird. Damit ist es ihrer Ansicht nach möglich, eine größere Wechselkursflexibilität - die einerseits eine monetäre Anpassung infolge von Zahlungsbilanzungleichgewichten erlaubt und andererseits eine den binnenwirtschaftlichen Erfordernissen entsprechende Geldpolitik nicht gänzlich verhindert - bei gleichzeitigem (glaubwürdigen) Stabilitätseinfluß - vor allem das Vermeiden kurzfristig überschießender Wechselkurse - herbeizuführen.[106] Diese Aussagen reflektieren - wie schon angedeutet - einen wesentlichen Vorteil einer Zielzone gegenüber festen Wechselkursen. Breitere Bänder reduzieren hierbei die Realignmenterwartungen der Wirtschaftssubjekte,[107] während SVENSSON [1994b, S. 188] darüber hinaus ein geringeres Schwankungspotential für den inländischen Zins erwartet, das mit Hilfe des nationalen diskreten geldpolitischen Instrumentariums herbeigeführt werden kann. Ebenso ist dann die Aufrechterhaltung einer Zielzone auch nur ein im Vergleich zu engeren Bandbreiten gelegentliches zentralbankpolitisches Aktionsfeld, d.h. marginale und intramarginale Interventionen treten weniger häufig auf.[108,109]

[106] Für eine umfassende Beurteilung dieses gesamten Zielzonenvorschlags vgl. MÜLLER [1999, S. 188 f.].

[107] Analog dazu ist in diesem Zusammenhang die Aussage von KENEN [1995a, S. 190] zu betrachten, der darauf verweist, daß enge Zielzonenbänder nicht per se auch eine Wechselkursstabilisierung bewirken müssen, da sie Realignments generell nicht ausschließen können.

[108] Einen diesbezüglich abgewandelten Ansatz wählen BARTOLINI und PRATI [1999]. Sie formulieren ein Zielzonenmodell, in dem sich die Zentralbankinterventionen nicht nach der aktuellen Position des Wechselkurses innerhalb der Bandbreite richten, sondern allein den beweglichen Durchschnitt zurückliegender und gegenwärtiger Wechselkurse berücksichtigen. Dabei kann versucht werden, letzteren innerhalb eines engen Währungsbandes zu halten, während die Schwankungen des Kassakurses in einer größeren Bandbreite erfolgen können. Diese Vorgehensweise hat den Vorteil, daß sich ein kurzfristiger spekulativer Druck auf den aktuellen Wechselkurs wesentlich schwächer auf dessen vergangenheits- und gegenwartsbezogenen Durchschnitt auswirkt und dieser somit deutlich langsamer in Konflikt mit den engen Zielzonengrenzen gerät; Zentralbankinterventionen - und mithin der Verbrauch von Devisenreserven - können daher länger zurückgestellt werden, als es oftmals bei der ausschließlichen Fixierung auf den aktuellen Wechselkurs möglich ist. Insofern ergibt die Diskussion „soft versus hard target zones", die auch von BARTOLINI und PRATI [1997] geführt wird, im Ergebnis den wichtigen Begleitumstand eines erweiterten Handlungsspielraums für die Zentralbanken. Danach kann kurzfristig relativ flexibel auf unerwartete Schocks reagiert werden, ohne dabei langfristig das Stabilitätsziel vernachlässigen zu müssen. In diesem Zusammenhang führen BARTOLINI und PRATI [1999, S. 2] die Erfahrungen des EWS nach der Bandbreitenerweiterung im August 1993 an, als die Wechselkurse bereits kurze Zeit später und über die Zeit hinweg mehr zur alten (engen) Bandbreite hin tendierten, als die Schwankungsmarge der neuen (breiten) Zielzone auszunutzen.

DE GRAUWE [1997, S. 105] sieht - mit Blick auf das EWS - einen weiteren Vorteil breiterer Wechselkurszielzonen, die lediglich von gering akzentuierten Realignments betroffen sind, darin, daß im Falle der letzteren ein Überlappen des neuen und des alten Zielzonenbandes möglich ist; diskrete Wechselkurssprünge bilden daher die Ausnahme, und es entstehen verminderte spekulative Tendenzen vor einem bevorstehenden Realignment, womit ein stabilisierender Einfluß auf das gesamte System induziert wird.[110] Gleichwohl ist diese Argumentation allgemein nicht zwingend. Wie das Realignment der italienischen Lira vom 22. Juli 1985 zeigt (vgl. die Abbildung 3), ist ein diskreter Wechselkurssprung durchaus auch bei sich überlappenden Wechselkursbändern zu beobachten. Generell ist es jedoch intuitiv einleuchtend, daß - wie z.B. beim Realignment des französischen Franc vom 14. Juni 1982 geschehen (vgl. die Abbildung 1) - ein diskreter Wechselkurssprung bei sich nichtüberlappenden Wechselkurszielzonen generell unvermeidbar ist.

Eine andere Überlegung (vgl. SVENSSON [1992a, S. 138 f.]) zielt im Rahmen dieser Diskussion in die Richtung, daß sich die beteiligten Länder im Wege politischer Vereinbarungen durchaus verpflichten könnten, eine stabilitätsorientierte Geldpolitik ungeachtet breiter(er) Wechselkurszielzonen zu verfolgen. Die daraus zwangsläufig resultierende geringere Wechselkursvolatilität - infolge verminderter Realignmenterwartungen und geringerer Devisenverbräuche - kann auf Dauer dazu führen, den Markt von einer gemeinsam durchgeführten entschlossenen Währungspolitik zu überzeugen und eine Rückkehr zu engeren Bandbreiten zu erwirken, da feste Wechselkurse zwar nicht formal, aber immerhin faktisch erreicht werden sollen. Fundamentalbedingte Leitkursanpassungen dürfen dabei jedoch nicht kategorisch ausgeschlossen werden. Gelingt dieses Vorhaben nicht, so stellt sich einerseits zwar die Frage, ob sich die Währungspolitik faktisch nicht eher in einem System „flexibler“ Wechselkurse bewegt; andererseits stellen aber LABHARD und WYPLOSZ [1996, S. 146] sowie ANTHONY und MACDONALD [1999] - ebenso wie BARTOLINI und PRATI [1999] - im Wege ihrer Untersuchungen zum EWS fest, daß die Ausdehnung der Bandbreiten vielmehr einen stabilisierenden Einfluß auf die Wechselkurse zur Folge hatte. Sind - im verallgemeinerten Sinne - weite und enge Währungsbänder vor diesem Hintergrund bezüglich ihres mittel- bis langfristigen Stabilisierungspotentials als gleichwertig zu betrachten, ermög-

[109] Mit Blick auf das Beispiel der USA erkennen KAMINSKY und LEWIS [1996] einen Zusammenhang zwischen gegenwärtigen Interventionen und künftiger Geldpolitik. Danach antizipieren die Wirtschaftssubjekte im Falle einer expansiv (restriktiv) ausgerichteten Interventionstätigkeit eine restriktive (expansive) Geldpolitik in der Zukunft, wodurch die Währung sofort aufwertet (abwertet). Aktuelle Interventionen liefern somit Informationen über den weiteren geldpolitischen Kurs, die zur Bildung von Erwartungen führen. Unter der Berücksichtigung dieses Aspekts erscheinen enge Währungsbänder daher in einem anderen Licht, da das Auftreten von Interventionen hier prinzipiell eher notwendig wird als bei weiten Zielzonen und destabilisierend wirkt, sofern es zur beschriebenen Erwartungsbildung kommt.

[110] Mit Blick auf die Abbildungen 1, 3, 4 und 5 ist die grundsätzliche Berechtigung dieser Aussage zu erkennen. Die beiden Realignments des französischen Francs mit den sich überlappenden Bändern im September 1979 und im Januar 1987 deuten auf eine tatsächlich reduzierte Zinsdifferentialvolatilität hin. Für die italienische Lira ist eine ähnliche Entwicklung hinsichtlich ihrer Teilnahme am EWS auszumachen.

lichen erstere eine kurzfristig erhöhte wirtschaftspolitische Handlungsflexibilität, ohne dabei sofort mit Interventionen oder Realignmenterwartungen konfrontiert zu sein. Für den Wirtschaftspolitiker ergibt sich hierbei dennoch das Problem der exakten Bestimmung der optimalen Bandbreite, das in der Literatur nicht einheitlich gelöst wird. Festzuhalten bleiben hingegen die aufgezeigten Gründe, die für breitere Wechselkursbandbreiten votieren.

Gleichwohl steht diesen die Betrachtungsweise von ALOGOSKOUFIS [1994, S. 294] gegenüber, der z.B. für den Fall einer gleitenden zentralen Parität feststellt, daß sich die Bewegungen des Wechselkurses und des Zinsdifferentials nicht vorwiegend nach der speziellen Beschaffenheit einer Wechselkurszielzone richten, sondern daß die Wirtschaftssubjekte bei unerwarteten Einflüssen vielmehr dazu übergehen, infolge der Bildung entsprechender Realignmenterwartungen jegliche offiziellen Währungsvorgaben nicht weiter zu berücksichtigen. Sofern eine derartige Situation tatsächlich zu beobachten sein sollte, erhalten tiefgreifendere Überlegungen hinsichtlich der konkreten Ausgestaltung von Wechselkursbandbreiten vor diesem Hintergrund eine grundlegend andere Bedeutung.

b) Im Zusammenhang mit der Ausgestaltung der optimalen Bandbreite einer Wechselkurszielzone ist es ebenso relevant, ein wichtiges Charakteristikum hervorzuheben, das sich für die in der Realität beobachtbare Anfälligkeit des Systems gegenüber äußeren Einflüssen verantwortlich zeigt. Aufgrund ihrer Untersuchungen betonen GOLDFAJN und VALDÉS [1998, S. 884] aus der globalen Perspektive heraus dazu, daß der Wert eines fehlangepaßten bzw. misalignten realen Wechselkurses ein wichtiger Indikator hinsichtlich der Bildung von Wechselkursänderungserwartungen darstellt, d.h. je weiter er sich von seinem ursprünglich als gleichgewichtig erachteten Niveau entfernt, desto höher ist die Wahrscheinlichkeit einer administrativen Korrektur oder einer spekulativen Attacke.[111] Dieses resultiert aus dem Umstand, daß die im MILLER-WELLER-Modell beschriebene stabilisierende Wirkung auf die realen Wechselkurse zwar prinzipiell - unter den gesetzten Annahmen - greifen, infolge zu hoher und andauernder Inflationsdifferentiale zwischen den beteiligten Ländern aber nachhaltig gestört bzw. un-

[111] Mit Blick auf das EWS im Jahre 1992 sieht z.B. SVENSSON [1994a] in den misalignten realen Wechselkursen eine wesentliche Ursache für die aufgetretenen wechselkurspolitischen Spannungen. Diesen Umstand greifen KEMPA und NELLES [1999a] auf und identifizieren - für die Jahre 1987 bis 1992 - mit Großbritannien, Italien, Portugal und Spanien verschiedene Länder des EWS, die hohe misalignte reale Wechselkurse aufwiesen und im Wege der EWS-Krise in den Jahren 1992 und 1993 zuerst attackiert wurden, während für Belgien, Frankreich und die Niederlande nur schwache reale Wechselkursvolatilitäten zu verzeichnen waren und folglich auch nur geringfügige Auswirkungen auf ihre nominalen Paritäten entstanden. Dieses Szenario modellieren sie in einem durch träge Güterpreise und intramarginale Interventionen gekennzeichneten Zielzonenmodell, in dem die Realignmenterwartungen über die Abweichung des realen Wechselkurses von seinem gleichgewichtigen Wert endogenisiert werden. Je weiter sich der reale Wechselkurs also von letzterem entfernt, desto stärker steigen die Realignmenterwartungen an und signalisieren ein Glaubwürdigkeitsdefizit der aktuellen Parität.

terlaufen werden kann.[112,113] Somit wäre eine reale Wechselkursanpassung nur über eine entsprechende Veränderung des nominalen Wechselkurses oder durch eine gleichgerichtete Inflation in den Partnerländern möglich. Gerade aber eine nominale Wechselkursanpassung ist in ihrer Variation - z.B. aufgrund der engen Bandbreiten im EWS - zumindest partiell eingeschränkt. Solange aber anhaltende Inflationsdifferentiale bestehen, kann die Stabilität der realen Wechselkurse - sofern eine als Ausgleich bewußt veranlaßte Inflation in den preisstabilen Ländern wegen ihrer spezifischen Problematik von vornherein ausgeschlossen wird - nur über eine notwendige Veränderung der nominalen Wechselkurse erreicht werden. Dieses bedeutet aber in letzter Konsequenz, daß eine Zielzone dem erforderlichen Anpassungsmechanismus entgegensteht und die Diskrepanz zwischen den realen Wechselkursen bestehen bleibt. Sie kann nur dadurch behoben werden, indem die notwendige nominale Wechselkursanpassung durch eine administrative Paritätenkorrektur herbeigeführt wird; bleibt sie (mittel- bis langfristig) aus, werden die Wirtschaftssubjekte umfangreiche (destabilisierende) Realignmenterwartungen bilden und die notwendige Anpassung faktisch erzwingen.[114]

STANSFIELD und SUTHERLAND [1995] präsentieren in diesem Zusammenhang eine ähnliche Sichtweise, indem sie den Realignmenterwartungen die Abhängigkeit von der Auslastung des inländischen Produktionspotentials zuschreiben. Der Staat hat in ihrem Modell die Aufgabe, den gesamtwirtschaftlichen Output auf dem Niveau eines bestimmten (natürlichen) Gleichgewichtwertes zu halten. Verändert sich die Auslastung des Produktionspotentials, so entstehen infolgedessen Realignmenterwartungen, d.h. die Wahrscheinlichkeit für ein Realignment steigt (sinkt) aus der Sicht der Wirtschaftssubjekte in rezessiven (boomenden) Zeiten an (ab). Im Gegensatz zur alternativen Sichtweise, daß Realignments die Glaubwürdigkeit eines Zielzonensystems schwächen und von der gleichgewichtigen zentralen Parität wegführen, gelangen STANSFIELD und SUTHERLAND aufgrund ihres Modells zu der Erkenntnis, daß einerseits viele Spannungen im EWS durch geeignete Realignments hätten vermindert werden können, und daß andererseits durch reduzierte Realignmenterwartungen vielmehr eine Bewegung in ein gesamtwirtschaftliches Gleichgewicht zu erwarten ist.

c) Die globale Perspektive der Vor- und Nachteile von Wechselkursbandbreiten verweist auf eine zusätzliche ökonomische Gegebenheit, die bislang aus modelltheoretischen Erwägungen nicht weiter konkretisiert wurde. Dabei handelt es sich um die Tatsache, die u.a. von GARBER und SVENSSON [1994] sowie von SUTHERLAND [1995] thematisiert wird, daß in der Realität davon auszugehen ist, daß eine Ökonomie gleichzeitig von (mehreren) unterschiedlich stark ausgeprägten monetären *und* realen Schocks „getroffen“ wird. Ist dieses der Fall, so stellt sich gleichzeitig die wichtige

[112] In diesem Zusammenhang verweist KRUGMAN [1990, S. 186] auf den Umstand, daß reale Wechselkursbewegungen vornehmlich auf eine träge Güterpreisanpassung zurückzuführen sind und das Auftreten realer Schocks lediglich eine nachrangige Position einnimmt.

[113] Vgl. im weiteren auch KEMPA und NELLES [1999b, S. 204 f.].

[114] Ein System vollständig fester Wechselkurse zeigt unter den gegebenen Umständen annähernd die gleiche (Anpassungs-)Problematik, die bei einer Wechselkurszielzone jedoch insgesamt geringer akzentuiert sein dürfte.

Frage, ob eine Zielzone unter derartigen Bedingungen weiterhin stabilisierend auf den Wechselkurs wirken kann bzw. ob sie festen Wechselkursen nach wie vor überlegen ist. SUTHERLAND [1995] modelliert dazu monetäre und reale Schocks in einem durch fixe Löhne und permanenten Güter- und Geldmarktgleichgewicht gekennzeichneten Zielzonenmodell. Dazu trifft er die nachstehenden Unterscheidungen und gelangt zu den folgenden Ergebnissen:

- Übersteigen in einer Ökonomie die realen die monetären Schocks, so sind zur Absorption die (hier: wirtschaftspolitisch unerwünschten) flexiblen Wechselkurse als Währungssystem am besten geeignet. Sie ermöglichen die unverzügliche Anpassung einer Ökonomie an die veränderten realwirtschaftlichen Gegebenheiten, die hierbei ohne jegliche Restriktion erfolgen kann.
- Besteht umgekehrt eine Dominanz der monetären über die realen Schocks, so bieten sich für dieses Land vorrangig feste Wechselkurse an, da die inländische Zentralbank mit Hilfe des geldpolitischen Instrumentariums den Schock aus dem Markt nehmen (vollständige Akkomodierung) und so den Fortbestand des festen Wechselkurssystems sichern kann. Auf Dauer kann dieses Verhalten jedoch zu erheblichen Reservedefiziten führen.
- Gleichen sich das Ausmaß und die Häufigkeit monetärer und realer Schocks hingegen weitgehend aus oder verfolgt eine Regierung gleichzeitig sowohl das Ziel der Output- als auch das der Preisstabilisierung, so ist eine Zielzone für die betreffende Ökonomie - im Vergleich zu festen (und flexiblen) Wechselkursen - die beste Alternative in der Form eines Kompromisses zwischen beiden Wechselkurssystemen. Sie erlaubt eine gewisse Wechselkursflexibilität infolge realer Schocks, während monetäre Schocks im Zuge sofortiger stabilisierender Zentralbankinterventionen wieder eliminiert werden können.[115] Die optimale Bandbreite hängt dann von der Präferenz eines Landes für die Output- oder die Preisstabilität ab.

Da in der Realität relativ problemlos davon auszugehen ist, daß eine Ökonomie einem der zuvor genannten Fälle zuzuordnen ist, so ist gleichzeitig aber auch die wäh-

[115] Die relative geldpolitische Unabhängigkeit der Zentralbanken wird von SVENSSON [1992a, S. 138] als entscheidendes Argument für eine Wechselkurszielzone angesehen. Es verbleibt ein gewisser nationaler Handlungsspielraum, in dem eine inländische Zinsbeeinflussung - je nach bestehender Konjunkturlage - uneingeschränkt möglich ist. Diese wirtschaftspolitische Möglichkeit wird mit Blick auf die Gleichung (17) deutlich. Das (währungs-)politisch beabsichtigte Ansteigen (Absinken) des Wechselkurses geht dabei - aufgrund seiner in den Zielzonenmodellen vorhandenen Mean-Reversion - mit entsprechenden Aufwertungserwartungen (Abwertungserwartungen) der Wirtschaftssubjekte für die heimische Währung einher. Hier zeigt sich, daß ein Gleichgewicht in der Gleichung (17) nur durch eine adäquate Herabsetzung (Heraufsetzung) des inländischen Zinssatzes erwirkt werden kann, da ansonsten (nachteilige) Realignmenterwartungen entstehen. Insofern ergibt sich die von SVENSSON betonte wirtschaftspolitische Möglichkeit einer nationalen Zinsbeeinflussung allein aus der gezielten Einflußnahme der inländischen Zentralbank auf die Wechselkursänderungserwartungen der Wirtschaftssubjekte. Auch NUTI [1996, S. 152] verweist in diesem Zusammenhang auf den vergrößerten Handlungsspielraum für die heimische Geldpolitik, wenn von einem vollständig festen zu einem anpassungsfähigen Wechselkurssystem übergegangen wird.

rungspolitische Gradwanderung zu erkennen, die mit der Auswahl des konkreten Wechselkurssystems verbunden ist. Sicherlich genießt eine Wechselkurszielzone insofern einen gewissen Vorteil, als sie das Risiko künftiger und von der Art her vornehmlich unbekannter Schocks hinsichtlich der Wechselkursstabilisierung besser absorbieren und auf eine Umkehrung der in (1) und (2) genannten Fälle flexibler reagieren kann. Im Vergleich zu einer einseitigen Festlegung des Wechselkurssystems (feste oder flexible Wechselkurse) ist daher allgemein davon auszugehen, daß eine Zielzone somit deutlich langsamer an ihre stabilisierenden Grenzen stößt bzw. das vorhandene Risiko einer destabilisierenden Entwicklung mitunter breiter gestreut ist. Dieses System kann jedoch nur dann funktionieren, wenn den Zentralbanken eine Unterscheidung in monetäre und reale Schocks auch jederzeit möglich ist.

Gleichwohl bedürfen diese konkreten Aussagen insofern einer weiteren inhaltlichen Präzisierung, wenn der durch die alternativen Wechselkurssysteme entstehende Nutzen und die ebenfalls dadurch verursachten Kosten einander gegenübergestellt werden. MILLER und ZHANG [1996], deren Ausführungen insbesondere aus technischer Sicht sehr anspruchsvoll sind, betonen für ein in der Welt des monetaristischen Wechselkursmodells bestehendes Wechselkurssystem eine negative Korrelation zwischen der Häufigkeit des Einsatzes zentralbankpolitischer Interventionen und der Volatilität von nominalen Wechselkursen und Preisen. Es ist einsehbar, daß der Aufwand für stabilisierende Zentralbankinterventionen, d.h. der Deviseneinsatz, in einem System flexibler Wechselkurse am geringsten (bzw. gleich null) ist, während hier perfekt flexible nominale Wechselkurse und Preise im Hinblick auf die (reale) Wechselkursstabilisierung die höchsten (Anpassungs-)Kosten verursachen. Im Gegensatz dazu zeigen sich bei festen Wechselkursen die höchsten Kosten der Zentralbankinterventionen (in Form von Devisenabflüssen), wohingegen gleichzeitig vollständig fixe nominale Wechselkurse (und Preise) das höchste Maß an (realer) Wechselkursstabilität garantieren. Vor diesem Hintergrund betrachten MILLER und ZHANG eine Wechselkurszielzone als möglichen Kompromiß dieser beiden Varianten, die zweierlei Vorteile zu vermitteln vermag: Zum einen ist sie in der Lage, in einer Umgebung grundsätzlich fester Wechselkurse (und damit auch fester Preise) die maximalen Kosten der Zentralbankinterventionen zu reduzieren, zum anderen stellt sich aufgrund der eingeschränkten Wechselkursflexibilität eine Reduktion der maximalen Preisvolatilität ein. Dabei ist es generell nicht zwingend - wenngleich aber denkbar -, daß sich in beiden Varianten aus der Verminderung der maximalen Kosten gleichzeitig auch eine Herabsetzung des höchsten Nutzenniveaus ableiten läßt. Im Vergleich zu SUTHERLAND [1995] zeigen MILLER und ZHANG somit die Vorteile einer Wechselkurszielzone gegenüber einer einseitigen Festlegung des Wechselkurssystems auf einer anderen Ebene auf.

Eine weitere Einschätzung offeriert NUTI [1996, S. 152]. Er unterstreicht dabei, daß ein Zielzonensystem sowohl die Vor- als auch die Nachteile eines festen und eines flexiblen Wechselkurssystems miteinander verbindet. Danach ist es innerhalb einer Zielzone möglich, eine erhöhte reale Wechselkursstabilisierung zu erreichen, als sie mit festen Wechselkursen wahrscheinlich ist; diese kann ihrerseits jedoch nicht so erfolgreich sein wie unter flexiblen Wechselkursen. Anders gewendet können flexible Wechselkurse nicht zu den Vorteilen beitragen, die sich gemeinhin aus der Rolle eines Währungsankers (auf die Preisentwicklung) ergeben. Wenngleich hier feste Wechselkurse zu bevorzugen sind, so lassen sich diesbezüglich innerhalb einer Zielzone durchaus ähnliche Ergebnisse in einer abgeschwächten Form realisieren.

d) Eine interessante (Zielzonen-)Perspektive zeigen KRUGMAN und MILLER [1993] im Zusammenhang mit der zentralbankpolitischen Möglichkeit auf, ausgehend von einem Free-Float-Wechselkurssystem destabilisierende Erwartungen der Wirtschaftssubjekte - die eine erhöhte Wechselkursvolatilität generieren - mit Hilfe einer Wechselkurszielzone in stabile Erwartungen zu transformieren. Zur Erläuterung dieser Verfahrensweise soll die Abbildung 18 der grafischen Veranschaulichung dienen.

Abbildung 18

Mechanical Trading

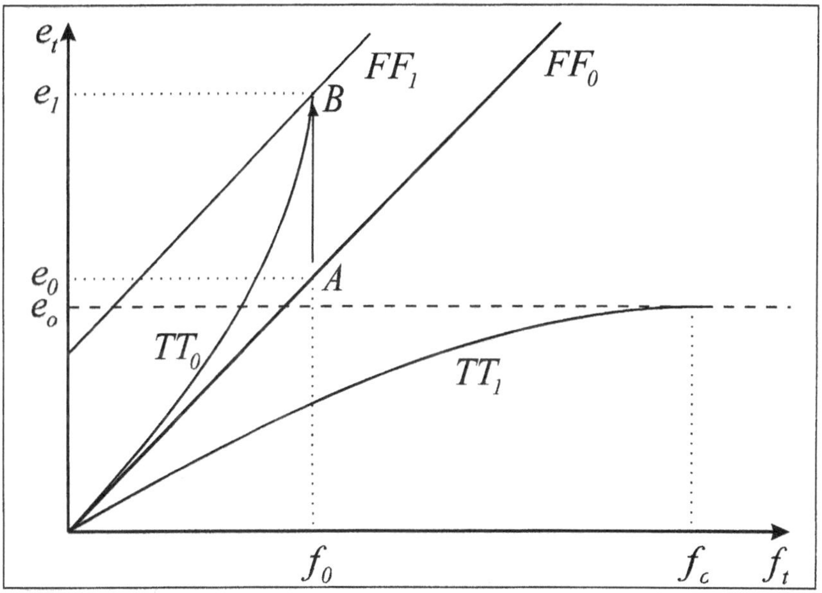

Betrachten wir zunächst eine Situation, in der sich der Wechselkurs in einem Free-Float-System bewegt und nehmen wir gleichzeitig eine Bewegung desselben auf dieser Funktion (FF_0) zum Punkt A (unterster Stop-Loss-Punkt) an (e_0/f_0). Letzterer markiert dabei den (unterstellten) Umstand, daß die Wirtschaftssubjekte aufgrund subjektiver Präferenzen und Erwägungen eine weitere Abwertung der inländischen Währung befürchten und beim Erreichen des Wechselkursniveaus e_0 sofortige Umschichtungen ihres Portfolios vornehmen (mechanical trading), da - annahmegemäß - in- und ausländische Assets perfekte Substitute sind. Unterstellen wir zunächst einmal statische Erwartungen der Wirtschaftssubjekte, so tritt infolge der vermehrten Nachfrage nach ausländischen Assets die Abwertung der inländischen Währung tatsächlich ein (e_1), und die Free-Float-Wechselkursfunktion FF_0 verschiebt sich - um die Höhe des Umschichtungsbetrages und bei der fortwährenden Konstanz des Fundamentalaggregats - nach oben (Punkt B). Von dort aus zeigt sich dann zunächst wieder ein flexibler Wechselkursverlauf (FF_1).

Gleichwohl ergibt sich letzterer in einer etwas differenzierten Form, sofern wir von rationalen Erwartungen der Wirtschaftssubjekte ausgehen. Hierbei ist ihnen bekannt, daß beim Erreichen des Punktes A die beschriebenen Portfolioumschichtungen vorgenommen werden. Insofern zeigt sich bereits a priori ein im Vergleich zu statischen Erwartungen steilerer nichtlinearer Wechselkursverlauf (TT_0), in dem die vollständige Antizipation des Punktes A durch die Wirtschaftssubjekte zum Ausdruck kommt. Dieses Szenario ist jedoch dahingehend zu beeinflussen, als es den Zentralbanken im Hinblick auf die wirtschaftspolitisch angestrebten stabilen Wechselkurse generell möglich ist, den beschriebenen destabilisierenden und volatilen Wechselkursverlauf TT_0 durch die Errichtung einer Zielzone in einen stabilen Wechselkursverlauf zu überführen und die Wechselkursvolatilität entscheidend zu reduzieren. Die Art der währungspolitischen Vorgehensweise sowie die sich daraus ergebende Kritik sind dabei unmittelbar einsichtig. Die Zentralbanken werden bei der Definition der zentralen Parität und der Festlegung der Bandbreite eine Zielzone auswählen, deren oberes Ende (wie weit auch immer) unterhalb des Punktes A liegt. Die sich aus den Portfolioumschichtungen ergebende Gefahr einer Abwertung der inländischen Währung wird somit faktisch eliminiert und eine drastische Reduktion der Wechselkursvolatilität ist die Folge, da in einer Ökonomie relativ problemfrei noch weitere Stop-Loss-Punkte oberhalb des Punktes A zu berücksichtigen sind. Insofern ist es nunmehr möglich, durch den Ausschluß der destabilisierenden Erwartungen der Wirtschaftssubjekte einen stabilen Wechselkursverlauf z.B. im Sinne von KRUGMAN [1991] zu erreichen (TT_1). Dennoch hängt das Gelingen dieses Vorhabens ganz entscheidend davon ab, ob die Zentralbanken den (oder die) Stop-Loss-Punkt(e) exakt lokalisieren können. Inwiefern dieses in der Realität uneingeschränkt praktizierbar ist, sei hier einmal dahingestellt. Gleichwohl bietet diese (theoretisch betrachtete) zentralbankpolitische Eingriffsmöglichkeit insofern eine erweiterte währungspolitische Perspektive, als mit Hilfe einer Zielzone die Transformation destabilisierender Erwartungen in einen stabilen Wechselkursverlauf gelingen kann.

KAPITEL III

Erfahrungen mit Wechselkurszielzonen: Einige ausgewählte Fallbeispiele der jüngeren Vergangenheit

1. Die Spannungen im Europäischen Währungssystem

Gestützt auf die wechselkurstheoretische Betrachtung ist nun im weiteren zu untersuchen, inwiefern die Zielzonenmodelle des Kapitels II zur Erklärung verschiedener zufällig ausgesuchter Bandbreiten im EWS herangezogen werden können. Mit der Wahl des EWS als Untersuchungsgegenstand konzentrieren wir uns zunächst auf Währungen, dessen Mitglieder im weltweiten Ländervergleich formal der Gruppe der Industrienationen zuzuordnen sind (vgl. DEUTSCHE BUNDESBANK [1995, S. 106]). Dabei sind Industrieländer vornehmlich dadurch charakterisiert, daß sich aufgrund einer vergleichsweise überdurchschnittlich hohen Industrialisierung ein zwangsläufiger Mangel an den nun mal nur begrenzt vorhandenen Produktionsfaktoren Arbeit und Boden einstellt, der folglich eine Verteuerung derselben bewirkt und dementsprechend aus Kostengründen ab einem bestimmten Ausmaß einen Übergang zu einer kapitalintensiveren Produktion hervorruft (vgl. VAHLENS GROßES WIRTSCHAFTSLEXIKON [1987, S. 846]). Ohne diesen Umstand im weiteren einer genauen Prüfung zu unterziehen, wird diese Merkmalsklassifizierung für die am EWS partizipierenden Länder als erfüllt angesehen und im weiteren direkt zur Konzeption des EWS übergegangen.

Die nachfolgende Verfahrensweise ergibt sich dabei wie folgt. Beginnend mit der formellen Beschaffenheit des EWS im Abschnitt 1.1. soll eine Vorstellung dahingehend gewonnen werden, welche Ziele diesem System zugrunde lagen und wie dessen praktische Umsetzung und Wirkungsweise vorgesehen war. Im nachfolgenden Abschnitt 1.2. werden sodann einzelne Umstände thematisiert, die zum Entstehen der im Jahre 1992 beginnenden Krise im EWS beigetragen haben könnten. Anschließend betrachten wir im Abschnitt 1.3. einige willkürlich ausgesuchte Wechselkurszielzonen vor dem Hintergrund der im Kapitel II diskutierten Zielzonenmodelle.

1.1. Die Konzeption des Europäischen Währungssystems

Dem am 5. Dezember 1978 vollzogenen Beschluß des Europäischen Rates zur Errichtung des EWS,[116,117] der seinen Ursprung in einer im April 1978 vom französischen Staatspräsidenten Giscard d'Estaing und vom deutschen Bundeskanzler Helmut Schmidt gemeinsam geäußerten Empfehlung hatte, lag die währungspolitische Vorstellung zugrunde, ein von eratischen Wechselkursschwankungen - vor allem hinsichtlich des US-Dollars - freies System fester Wechselkurse in Europa[118] zu etablieren und damit den bis in die fünfziger Jahre zurückreichenden integrationspolitischen Bestrebungen der Gemeinschaft einen wichtigen Impuls zu verleihen. Insofern waren insbesondere zwei wirtschaftspolitische Intentionen im EWS miteinander verbunden. Zum einen sollte die intendierte Wechselkursstabilität zu einer fortwährenden Geldwert- bzw. Preisniveaustabilität[119] in Europa führen, von der die Politiker über eine verbesserte

---

[116] Aus Gründen der inhaltlichen Intention dieser Arbeit sei an dieser Stelle auf eine ausführliche Darstellung der dem EWS vorangehenden integrationspolitischen Ereignisse - u.a. Entschließung des Ministerrates zur Umsetzung des Werner-Plans (1971) sowie die Errichtung des Europäischen Wechselkursverbundes (1972) -, die sich nicht nur allein auf den währungspolitischen Bereich beschränkten, verzichtet.

[117] Die inhaltliche Abfolge dieses Abschnitts bezieht sich auf die Ausführungen von SOMMER-HERBERICH [1983, S. 346 ff.], KOCH [1992, S. 310 ff.], THOMASBERGER [1993, S. 168 ff.], BURDA und WYPLOSZ [1994, S. 684 ff.], MARQUARDT [1994, S. 120 ff.], DORNBUSCH und FISCHER [1995, S. 183 ff.], LOUREIRO [1996, S. 5 ff.], MCCALLUM [1996, S. 229 ff.], BORCHERT [1997, S. 465 ff.], DEUTSCHE BUNDESBANK [1997a, S. 110 ff.], JARCHOW und RÜHMANN [1997, S. 293 ff.], KRUGMAN und OBSTFELD [1997, S. 616 ff.], BUITER, CORSETTI und PESENTI [1998, S. 24 ff.] sowie GLASTETTER [1998, S. 415 ff.].

[118] Hiermit sind im folgenden ausschließlich die Länder Westeuropas gemeint.

[119] Die Gründe für eine Abkehr von der inländischen „Inflationsduldung" ergeben sich - allgemein gesehen - vornehmlich in zweierlei Hinsicht: (1) Einerseits kann - in einem System flexibler Wechselkurse - das Verlangen nach einer strikten Bekämpfung der kontinuierlichen Anschlußinflation im Inland bestehen, um das Ziel eines Vertrauensgewinns der internationalen Investoren in die heimische Wirtschaft zu erreichen. Eine inländische Anschlußinflation zeigt sich zumeist immer dann, wenn - z.B. durch unangemessene (Lohn-)Forderungen der Gewerkschaften oder infolge versäumter Strukturanpassungen - inländische Preisanstiege, die eine Beeinträchtigung der internationalen Wettbewerbsfähigkeit - und damit eine Exportverschlechterung - zur Folge haben, resultieren, die zu einer (politisch motivierten) Abwertung der eigenen Währung führen und diese Abwertung wiederum in die Preise überwälzt wird. (2) Andererseits kann sich auf der politökonomischen Ebene der Wille durchsetzen,

Kalkulationsgrundlage für Investoren eine allgemeine europäische Wachstumsbelebung erwarteten. Zum anderen bot das gemeinsame Wechselkurssystem nicht nur die Grundlage, sondern vielmehr auch die zwingende Notwendigkeit einer Angleichung der nationalen Wirtschaftspolitiken der Mitgliedsländer untereinander, um Inflations- und Zinsdifferentiale zu verringern bzw. zu beheben[120] und damit reale Wechselkursverzerrungen, die ihrerseits wieder eine ineffiziente Umlenkung der Handelsströme und infolgedessen Zahlungsbilanzschwierigkeiten für einzelne Länder bedeutet hätten (vgl. dazu später ausführlicher), auszuschalten.[121] Das Erreichen dieser Ziele stand dabei in sehr engem Zusammenhang mit dem langfristigen Vorhaben der Einführung einer WWU in Europa.

Das EWS trat am 13. März 1979 mit den Gründungsländern Belgien, Dänemark, Deutschland, Frankreich, Irland, Italien, Luxemburg und den Niederlanden mit der zuvor beschriebenen Intention in Kraft.[122] Es war dabei insbesonders durch die folgenden Eigenschaften gekennzeichnet.

a) Zunächst einmal bestand das EWS aus der künstlich geschaffenen Europäischen Währungseinheit ECU, d.h. es wurde für jede einzelne der Mitgliedswährungen ein entsprechendes Gewicht an einer ECU festgeschrieben. Die ECU stellte somit nichts anderes als einen Währungskorb dar, in dem die partizipierenden Währungen mit unterschiedlichen Korbgewichten eingebracht waren. Dabei richteten sich diese Korbgewichte nach den Anteilen der jeweiligen Länder am innereuropäischen Handel, ihrem Sozialprodukt sowie ihren im Beistandssystem festgeschriebenen Quoten. Die Tabelle 1 enthält hierzu einen Überblick hinsichtlich der im Jahre 1998 bestehenden Korbgewichte (vgl. Währungsbetrag und Gewichtungsanteil).

---

die Inflation per se als schädlich abzulehnen und Preisstabilität als originären Wert an sich anzusehen. Die inländische Inflationsmentalität soll hierbei nicht weiter toleriert und über das Vehicel an der Außenfront (feste oder anpassungsfähige Wechselkurse) gebrochen werden.

[120] Gerade dieser Aspekt wurde auch bei der Formulierung der wirtschaftlichen Konvergenzkriterien, deren Erfüllung eine notwendige Voraussetzung zur Teilnahme an der EWWU bedeuteten, direkt berücksichtigt.

[121] Die Vertreter dieser Auffassung werden gemeinhin auch als „Monetaristen" bezeichnet. Ihrer Ansicht nach erzwingt allein die Einführung eines Festkurssystems den zur Lebensfähigkeit des letzteren notwendigen Koordinierungswillen der beteiligten Länder untereinander („Peitschentheorie"), d.h. die erforderliche Verlagerung nationaler Kompetenzen an supranationale Institutionen. Dahingegen argumentieren die auf der anderen Seite stehenden „Ökonomisten", daß ein Festkurssystem lediglich nach einer zuvor abgeschlossenen Koordination der nationalen Wirtschaftspolitiken errichtet werden sollte („Krönungstheorie"), d.h. Konvergenz wird hier als unverzichtbare Voraussetzung für den Erfolg eines festen Wechselkurssystems angesehen.

[122] Die Länder Spanien (19. Juni 1989), Großbritannien (8. Oktober 1990), Portugal (6. April 1992), Österreich (9. Januar 1995) und Finnland (14. Oktober 1996) nahmen erst wesentlich später erstmals am Wechselkursmechanismus des EWS teil, Griechenland - obwohl die Drachme ab dem 22. Juli 1985 erstmals Bestandteil des ECU-Währungskorbes war - hingegen gar nicht. Ferner gilt es in diesem Zusammenhang zu beachten, daß die Teilnahme am Wechselkursmechanismus nicht unbedingt auch die Mitgliedschaft im EWS erforderte. Die skandinavischen Länder errichteten zumeist einseitige Wechselkurszielzonen zum EWS.

Tabelle 1

Ausgesuchte Währungen des Europäischen Währungssystems[1),2)]

	Währungsbetrag[3)]	ECU-Leitkurs,[4)] WE/ECU	Gewichtsanteil, in v.H.[5)]	Bilateraler Leitkurs, DM/WE	Bilateraler Leitkurs, WE/DM	Abw.-Schwelle, in v.H.[6)]	ECU-Tageskurs, 31.12.98
DM	0,6242	1,96913	31,7	-	-	± 1,15	1,95583
£	0,08784	0,676434	13,0	2,9110	0,3435	± 1,47	0,705455
FF	1,332	6,60141	20,2	0,2983	3,3525	± 1,35	6,55957
Lit	151,8	1943,65	7,8	0,0010	987,0603	± 1,56	1936,27
hfl	0,2198	2,21966	9,9	0,8871	1,1272	± 1,52	2,20371
bfr/lfr	3,301/0,13	40,6207	8,4	0,0485	20,6288	± 1,55	40,3399
dkr	0,1976	7,49930	2,6	0,2626	3,8084	± 1,64	7,44878
IR£	0,008552	0,786245	1,1	2,5045	0,3993	± 1,67	0,787564
Pta	6,885	167,184	4,1	0,0118	84,9025	± 1,62	166,386
Esc	1,393	201,695	0,7	0,0098	102,4285	± 1,68	200,482
Dr.	1,440	330,731	0,4	0,0060	167,9579	± 1,68	329,689

1) Quelle für die in der Tabelle verwendeten Daten: DEUTSCHE BUNDESBANK, Devisenkursstatistik, Januar 1999. Tabellenaufbau in Anlehnung an JARCHOW und RÜHMANN [1997, S. 296], in erweiterter und aktualisierter Form. Der österreichische Schilling, die schwedische Krone und die Finnmark wurden nicht mehr in den ECU-Korb aufgenommen.
2) Stand: 31. Dezember 1998.
3) Gültig seit dem 21. September 1989.
4) Jahresdurchschnittswerte für 1998.
5) Errechnet sich aus dem Währungsbetrag, dividiert durch den ECU-Leitkurs.
6) Abw.-Schwelle = Abweichungsschwelle = (1 - Gewichtsanteil) · 0,75 · Bandbreite.

In einem weiteren Schritt wurden nun für jede einzelne Währung administrative Leitkurse zur ECU bestimmt (WE/ECU bzw. ECU/WE), die einer offiziellen Notierung unterlagen (vgl. die Tabelle 1). Aus diesen vorgegebenen Relationen konnten dann die bilateralen Leitkurse der Mitgliedsländer untereinander errechnet werden, die zusammen als Paritätengitter bezeichnet wurden.[123] Die Ausgestaltung eines solchen Paritätengitters wird für einige Währungen beispielhaft durch die Tabelle 2 verdeutlicht; es gibt den Leitkurs (zentrale Parität) sowie die geltenden Zielzonengrenzen an.

Die ECU wurde hauptsächlich als Recheneinheit verwendet, um die Ausgaben für erforderliche Interventionen und die Bewilligung von Krediten der Länder untereinander einheitlich zu erfassen, deren Verwaltung durch den EFWZ erfolgte. Darüber hinaus diente die ECU den Zentralbanken der EWS-Länder als Zahlungsmittel. Über die Frage, ob und in welchem Ausmaß eine Veränderung der Korbgewichte (Realignment)

123 Die Notierung DM/WE kennzeichnet dabei - aus deutscher Sicht - wieder die Form der Preisnotierung, während die Mengennotierung durch WE/DM angegeben ist.

erforderlich ist, sollte üblicherweise alle fünf Jahre entschieden werden; hierzu war jedoch das Einverständnis aller teilnehmenden Länder vorgesehen.

Tabelle 2

Das Paritätengitter: Bilaterale Leitkurse, Höchst- und Niedrigstkurse[1),2),3)]

	100 DM = ... WE	100 FF = ... WE	100 hfl = ... WE	100 Ptas = ... WE
Deutschland	-	30,4950	90,7700	1,34200
	-	29,8164	88,7526	1,26395
	-	29,1500	86,7800	1,19000
Frankreich	343,050	-	304,440	4,50110
	335,386	-	297,661	4,23911
	327,920	-	291,040	3,99230
Niederlande	115,2350	34,3600	-	1,51213
	112,6730	33,5953	-	1,42413
	110,1675	32,8475	-	1,34124
Spanien	8403,00	2504,80	7455,80	-
	7911,72	2358,98	7021,83	-
	7451,50	2221,70	6613,20	-

1) Quelle: DEUTSCHE BUNDESBANK, Devisenkursstatistik, November 1993, S. 69.
2) Angaben gelten für die Zeit vom 14. Mai bis zum 1. August 1993.
3) Aufgrund der beispielhaften Veranschaulichung sind die Länder Belgien, Dänemark, Irland, Luxemburg und Portugal nicht in der Tabelle enthalten.

b) Des weiteren beinhaltete das EWS einen Wechselkurs- und Interventionsmechanismus, der die beteiligten Länder zwingend dazu anhielt, die bestehenden Leitkurse uneingeschränkt aufrechtzuerhalten. Allerdings wurde eine Schwankungsbreite von ± 2,25% um die bilateralen Leitkurse als tolerabel angesehen (Wechselkursmechanismus), aus der somit die jeweiligen Wechselkurszielzonen entstanden. Als einzige Ausnahmen fungierten in diesem Zusammenhang die spanische Peseta und der portugiesische Escudo, deren Wechselkursbandbreiten gegenüber den anderen beteiligten Währungen des EWS zu Beginn ausnahmsweise ± 6% betrugen; die Schwankungsbreite der italienischen Lira, die zunächst ebenfalls ± 6% ausmachte, wurde im Januar 1990 mit ± 2,25% deklariert. Sofern der Wechselkurs diese Zielzonenenden jedoch zu überschreiten drohte, waren die Zentralbanken der betroffenen Währungen dazu verpflichtet, in unbegrenzter Höhe bilateral zu intervenieren, damit die bestehende(n) Zielzone(n) aufrechterhalten werden konnte(n) (Interventionsmechanismus). Darüber hinaus sollte zur Abwendung einer Wechselkursbewegung zu einem der Zielzonenenden auch innerhalb der Zielzone bilateral interveniert werden; die Intention dieser Verfahrensweise war es, den Märkten den deutlichen Willen der beteiligten Zentralbanken an der Fortsetzung der zum gegenwärtigen Zeitpunkt bestehenden Paritäten zu signalisieren. Allerdings durfte diese Interventionsart letztlich nur im Einvernehmen aller - also auch der von einer Wechselkursfehlentwicklung nicht betroffenen - Zentralbanken erfolgen, um mögliche destabilisierende Effekte über das Paritätengitter auf andere Wechselkursparitäten bereits im vorhinein zu eliminieren.

c) Um die betragsmäßig unbegrenzten Interventionen an den Zielzonenenden, die mitunter einen exorbitanten Umfang annehmen konnten, zu vermeiden, wurde zusätzlich der sogenannte Abweichungsindikator in das System eingeführt. Er stellte prinzipiell ein innerhalb der Zielzone vorhandenes Frühwarnsystem dar, das den beteiligten Ländern eine umfassende Abweichung einer oder mehrerer Währungen von ihren bilateralen Leitkursen anzeigen sollte. Sofern der Tageskurs den bilateralen Leitkurs um mehr als 75% über- bzw. unterschritt (auch: Abweichungsschwelle), waren von den betroffenen Ländern hinreichende Interventionen, eine Überprüfung der nationalen Geld- und Fiskalpolitik sowie eventuell ein Realignment als voneinander unabhängige Maßnahmen zur Beruhigung der währungspolitischen Spannungen vorgesehen. Da für die einzelnen Länder jeweils verschiedene Gewichte an dem bestehenden Währungskorb maßgebend waren, errechneten sich für die jeweiligen Währungen auch unterschiedliche Abweichungsschwellen, wie dem Beispiel in der Tabelle 1 zu entnehmen ist.

d) Zur Sicherung der vollständigen Wirkung des EWS wurde ferner ein finanzielles Beistandssystem (auch: Kreditfazilitäten) eingebaut, da die Verpflichtung zu unbegrenzten Interventionen an den Zielzonenenden prinzipiell auch zur Erschöpfung der Devisenreserven eines Landes führen konnte. Zur Abkehr eines in diesem Fall unumgänglichen Realignments wurden durch den EFWZ finanzielle Mittel auf der Basis von Krediten vergeben, die das betreffende Land innerhalb zuvor festgelegter Fristen wieder zurückzahlen mußte. Insgesamt sind hierzu drei Arten von Beistandsmechanismen zu unterscheiden. Durch den EFWZ konnten - zum einen - Kredite zur Verwendung kurzfristiger Interventionen vergeben werden, die ihrerseits erst durch Kredite der ausländischen Zentralbanken ermöglicht wurden und 45 Tage nach dem Ende des Monats, in dem die Intervention stattgefunden hatte, wieder zurückzuzahlen waren. Sofern eine Ablösung dieser Kredite durch ein Schuldnerland nicht realisierbar war, konnten - zum zweiten - über den kurzfristigen Währungsbeistand weitere Kredite vergeben werden, deren Laufzeit drei Monate betrug und die zweimal verlängerbar waren. Über diese Kurzfristigkeit hinaus wurden - zum dritten - auch mittelfristige Kredite an die Teilnehmerländer vergeben; dieses setzte allerdings wirtschaftspolitische Auflagen durch den EG-Ministerrat voraus.

Infolge dieser institutionellen Voraussetzungen[124] haben sich hinsichtlich der nominalen Wechselkursstabilisierung seit dem Beginn des EWS unterschiedliche Erfolge gezeigt. Dieses betrifft darüber hinaus auch die für uns relevanten Entwicklungen der Nominalzinsdifferentiale sowie die der realen Wechselkurse.

a) Aus den Abbildungen 1 bis 3 ging bereits hervor, daß für die dort dargestellten Wechselkurse sehr divergierende währungspolitische Ergebnisse bezüglich der nomi-

[124] Der IMF [1980] bietet eine detaillierte Beschreibung hinsichtlich der anfänglichen konkreten Ausgestaltung der Währungspolitik der einzelnen europäischen Länder an.

nalen Wechselkursstabilisierung abzuleiten sind. Während sich für den französischen Franc und die italienische Lira im Betrachtungszeitraum eine deutliche Abwertung gegenüber der Deutschen Mark einstellt, die durch sieben bzw. neun Realignments gekennzeichnet ist, ist für den holländischen Gulden infolge dreier Realignments lediglich eine äußerst geringe Abwertung gegenüber der Deutschen Mark zu verzeichnen. Mit Blick auf andere wichtige Währungen des EWS ermöglicht die Tabelle 3 jedoch eine eindeutige Aussage hinsichtlich der nominalen Wechselkursstabilität.

Tabelle 3

Auf- und Abwertungen wichtiger Währungen im EWS[1),2)]

Datum[3)]	DM	bfr/lfr	dkr	FF	IR£	hfl	Lit[4)]	Pta[6)]	Esc[4),6)]
24.09.1979	+ 2,00	-	- 2,86	-	-	-	-	5)	5)
30.11.1979	-	-	- 4,76	-	-	-	-	5)	5)
23.03.1981	-	-	-	-	-	-	- 6,00	5)	5)
05.10.1981	+ 5.50	-	-	- 3,00	-	+ 5,50	- 3,00	5)	5)
22.02.1982	-	- 8,50	- 3,00	-	-	-	-	5)	5)
14.06.1982	+ 4,25	-	-	- 5,75	-	+ 4,25	- 2,75	5)	5)
21.03.1983	+ 5,50	+ 1,50	+ 2,50	- 2,50	- 3,50	+ 3,50	- 2,50	5)	5)
22.07.1985	+ 2,20	+ 2,00	+ 2,00	+ 2,00	+ 2,00	+ 2,00	- 6,00	5)	5)
07.04.1986	+ 3,00	+ 1,00	+ 1,00	- 3,00	-	+ 3,00	-	5)	5)
04.08.1986	-	-	-	-	- 8,00	-	-	5)	5)
12.01.1987	+ 3,00	+ 2,00	-	-	-	+ 3,00	-	5)	5)
08.01.1990	-	-	-	-	-	-	- 3,68	-	(- 3,84)
14.09.1992	+ 3,50	+ 3,50	+ 3,50	+ 3,50	+ 3,50	+ 3,50	- 3,50	+ 3,50	+ 3,50
17.09.1992	-	-	-	-	-	-	7)	- 5,00	-
23.11.1992	-	-	-	-	-	-	(- 6,50)	- 6,00	- 6,00
01.02.1993	-	-	-	-	- 10,00	-	(- 6,68)	-	-
14.05.1993	-	-	-	-	-	-	-	- 8,00	- 6,50

1) Quelle: DEUTSCHE BUNDESBANK [1997a, S. 120 f.].
2) In v.H. gegenüber allen übrigen Teilnehmerwährungen.
3) Jeweils Tag des Inkrafttretens.
4) Werte in Klammern = fiktive Werte, da Währung zu diesem Zeitpunkt nicht am EWS-Wechselkursmechanismus teilnimmt.
5) Zu diesem Zeitpunkt nicht Bestandteil des ECU-Korbes.
6) Beteiligung am Wechselkursmechanismus: Spanien am 19. Juni 1989 und Portugal am 6. April 1992.
7) Beteiligung am Wechselkursmechanismus ausgesetzt.

Es wird ersichtlich, daß aufgrund der Häufigkeit der dort aufgeführten Realignments grundsätzlich nicht von einer absolut gegebenen Wechselkursstabilisierung ausgegangen werden kann; die Währungen haben zum Teil nachhaltige Auf- bzw. Abwertungen untereinander erfahren. Insbesondere die Deutsche Mark und der holländische Gulden werteten im Betrachtungszeitraum durchweg gegenüber den anderen Währungen auf, derweil im gleichen Zeitraum zum Teil beträchtliche Abwertungen des irischen Pfundes, der italienischen Lira, der spanischen Peseta sowie des portugiesischen Escudo zu verzeichnen waren. Darüber hinaus fällt auf, daß sich die Anzahl der Realignments insgesamt in vier Phasen unterteilen läßt. Während von März 1979 bis zum Januar 1987 vermehrte und umfangreiche Realignments stattfanden, war die nachfolgende Phase bis zum September 1992 durch eine umfassende Wechselkursstabilität ohne generelles Realignment gekennzeichnet. Infolge der Unruhen an den Devisenmärkten traten bis zum Juli 1993 jedoch wieder verstärkt Realignments auf, die infolge der außergewöhnlichen Bandbreitenerweiterung auf ± 15% (Ausnahme: Der hfl/DM-Wechselkurs) im August 1993 wieder an Bedeutung verloren. Sieht man einmal davon ab, daß die Phase von Januar 1987 bis zum Juli 1993 nachgerade auf einem währungspolitischen „Irrtum" beruhte (vgl. dazu später) und mitunter durchaus das eine oder andere Realignment erforderlich gewesen wäre, so wird einerseits für den an sich elementaren Zeitraum von März 1979 bis zum Juli 1993 eine allmählich fortschreitende Wechselkursstabilisierung ersichtlich, sofern die absolute Sichtweise der Auf- und Abwertungen berücksichtigt wird. Andererseits hat der Wechselkurs- und Interventionsmechanismus in jedem Fall aber auch für eine gewisse Zeit eine deutlich stabilisierende Wirkung innerhalb der jeweiligen Zielzonen entfachen können, wie es beispielhaft in den Abbildungen 1 bis 3 illustriert ist. Wenngleich den Märkten somit ein weitgehend volatilitätenunterbindendes Verhalten aufgezwungen werden konnte, so beruhten die nominalen Realignments vorwiegend auf realen Divergenzen, deren ursächliche Behebung - wie der Theorieteil bereits zeigte - durch die Zielzonenpolitik nicht zu erreichen ist. Insofern ist schlußzufolgern, daß sich - zusätzlich zur relativen - auch die absolute nominale Wechselkursstabilität bis zum 14. September 1992 immer nachhaltiger durchsetzte und das EWS eine seiner wesentlichsten Grundlagen zur Zielerreichung immer mehr realisieren konnte.

b) Wie aus der Zielzonentheorie bereits hervorging, erfordert es die Konzeption eines Festkurssytems, daß die beteiligten Länder nicht mehr eine allein nach nationalen Erfordernissen ausgerichtete Geld- bzw. Zinspolitik durchführen können, sondern diese im Rahmen einer gemeinsamen Währungspolitik aufeinander abstimmen müssen. Die Notwendigkeit einer Angleichung der nationalen Zinssätze besteht demnach schon allein dadurch, daß Zinsdivergenzen - hier: der kurzfristige Bereich - direkte Portefeuilleumschichtungen auslösen und somit Kapitalbewegungen induzieren können, die die Devisennachfrage verändern und zu Ungleichgewichten auf dem Devisenmarkt führen. Hier werden dann Interventionen der Zentralbanken unumgänglich, soll das Festkurssystem fortbestehen. Mit Blick auf die Abbildungen 4 und 5 wird deutlich, daß die beobachtbaren Zinsdifferenzen in bestimmten Fällen sicherlich zur Förderung von Realignments beigetragen haben. Dennoch gilt es zu differenzieren: Zum einen haben die einzelnen Länder jeweils unterschiedliche Phasen in ihrer Zinsentwicklung durchlaufen, zum anderen zeigt die absolute Sicht eine insgesamte Verringerung der bilateralen Zinsdifferentiale, die - im Vergleich zum Ausgangsjahr - beim Ausbruch der EWS-Krise schon sehr weit fortgeschritten war. Gleichwohl ist es bereits schon geläufig, daß Zinsdifferenzen bestehende Realignmenterwartungen kompensieren sollen.

Dieses deutet somit nachgerade darauf hin, daß den Märkten während einer Zeit von fast 15 Jahren eine stetig steigende, aber keine vollständige Glaubwürdigkeit des EWS vermittelt werden konnte.[125]

c) Abschließend wenden wir uns nunmehr der realen Wechselkursentwicklung (auch: realer Außenwert) im EWS zu. Wie den Abbildungen 6 und 7 zu entnehmen ist, sind für die dort ausgewiesenen Länder recht unterschiedliche reale Wechselkursbewegungen auszumachen. Als Ursache hierfür dürfen - mit Blick auf die Kaufkraftparitätentheorie - drei Gründe anzuführen sein, die durchaus auch eine simultane Relevanz besitzen können. Erstens besteht die Möglichkeit einer Verschiebung der nominalen Wechselkursrelationen, zweitens ist eine ausländische Preisveränderung ebenso denkbar wie drittens eine inländische. Der Umstand, daß mit Dänemark, den Niederlanden und Spanien drei Währungen gegenüber der Deutschen Mark durchweg real aufwerteten und die anderen Länder im Vergleich zu Deutschland sowohl reale Auf- als auch reale Abwertungen erfahren haben, die insbesondere in den Fällen von Großbritannien und Italien einer sehr hohen Volatilität unterliegen, zeigt, daß mit der realwirtschaftlichen Konvergenz im gesamten Betrachtungszeitraum zwar Fortschritte erzielt werden konnten, die allerdings erst im Zeitverlauf zunahmen. Diese Entwicklung deutet darauf hin, daß die zur Aufrechterhaltung eines Festkurssystems notwendige Annäherung der jeweiligen Preisniveaus im EWS bis zum Ausbruch der Krise keineswegs ausreichend war, da seitens der nominalen Wechselkurse zumindest für einen jeweils hinreichenden Zeitraum eine vorherrschende Stabilität innerhalb der jeweiligen Zielzonen zu verzeichnen und demzufolge von dieser Seite ein vernachlässigbarer Einfluß auf das reale Wechselkursgeschehen zu unterstellen ist.

Fraglich bleibt hingegen an dieser Stelle, warum der realen Wechselkursentwicklung bzw. deren Angleichung in einem Festkurssystem eine derart hohe Bedeutung zugewiesen wird. Dieses hängt vor allem damit zusammen, daß die anhaltende reale Aufwertung einer Währung zur Entstehung einer Zahlungsbilanzkrise beiträgt (vgl. BUCH [1999, S. 101]). Mit Blick auf eines der wichtigsten Ziele des EWS, die Preisstabilität, wird ersichtlich, daß diese auf der Basis der anpassungsfähigen Wechselkurse erreicht werden sollte.[126] Mit der Einführung des EWS war daher der nachstehend beschriebene gesamtwirtschaftliche Anpassungsprozeß intendiert (vgl. SCHWEICKERT [1993, S. 208 ff.; 1995, S. 326; 1996, S. 194 f.] sowie DIEHL und SCHWEICKERT [1998, S. 5 f.]), der im übrigen für jedes andere Festkurssystem gültig ist.

Unterstellt, in der Ausgangssituation entstehe infolge der Wechselkursfixierung und einer beobachtbaren positiven Inflationsdifferenz zwischen dem Inland und einem Währungsankerland (im EWS: Deutschland, vgl. dazu später) eine reale Aufwertung der heimischen Währung, so erfolgt hierdurch eine inländische Nachfrageumlenkung

---

[125] Aus diesem Grund bezeichnet MUNDELL [1997, S. 214] das EWS auch als „*pseudo currency area*", da die Zinsdifferentiale weiterhin durch Wechselkursänderungserwartungen bestimmt wurden.

[126] In diesem Zusammenhang hebt FISCHER [1996, S. 35] hervor, daß diese Form der Wechselkurspolitik in Israel (1985), in Polen (1990), in etwas abgeschwächter Form in Brasilien (1994 und 1995) sowie in einigen Transformationsländern den gewünschten Preiseffekt durchaus erreichen konnte.

von den nichthandelbaren zu den handelbaren Gütern, da letztere nunmehr vergleichsweise billiger geworden sind.[127] Der nachfolgende Angebotsüberhang an nichthandelbaren Gütern (interne Sicht) wird hierbei - durch den Importanstieg - von einem Handelsbilanzdefizit (externe Sicht) begleitet, infolgedessen nacheinander die Devisenreserven, die reale Geldmenge (monetäre Kontraktion bei inaktiver Geldpolitik) und das Realeinkommen zurückgehen. Die aus der realen Einkommensverringerung über die marginale Importneigung resultierende Importgütersenkung führt einerseits wieder einen Handelsbilanzausgleich herbei, schwächt die Nachfrage nach nichthandelbaren Gütern aber andererseits weiter ab. Der nach wie vor bestehende Angebotsüberhang an nichthandelbaren Gütern bewirkt nun eine Preisreduzierung, die aufeinander nachfolgend die reale Geldmenge und damit das Realeinkommen wieder erhöht. Die nun einsetzende Abwertung des realen Wechselkurses bewerkstelligt - in der Abwesenheit exogener Schocks - die Rückkehr zu seinem ursprünglichen realen Niveau, mit dem Unterschied, daß im Vergleich zur Ausgangssituation eine Angleichung der in- und ausländischen Inflationsraten stattgefunden hat.[128] Sofern die monetäre Kontraktion jedoch - z.B. wegen einer Sterilisierung der Devisenabflüsse - nicht nachhaltig genug ausfällt oder die aus der monetären Kontraktion resultierende Einkommensverringerung nicht gleichzeitig auch die Preise für die nichthandelbaren Güter vermindert,

[127] Anmerkung: Infolge der Wechselkursfixierung verliert das Land sofort an internationaler Wettbewerbsfähigkeit, da die Preise für handelbare Güter - einerseits - vom Weltmarkt vorgegeben sind (Annahme eines kleinen Landes), die *preisbestimmenden* Faktoren im Inland (vor allem Löhne) - andererseits - jedoch von dieser währungspolitischen Maßnahme nicht unmittelbar tangiert werden. Im Vergleich zu flexiblen Wechselkursen ist es daher nicht mehr möglich, höhere inländische Produktionskosten bzw. inländische Produktionskostensteigerungen durch eine nominale Abwertung der eigenen Währung aufzufangen. Der Verlust an internationaler Wettbewerbsfähigkeit zeigt sich demnach in dem Maße, wie es nicht gelingt, die eigene Kostensituation an die des Währungsankerlandes anzupassen. Zu Weltmarktpreisen verringert sich infolgedessen die Realisierung von Gewinnen und damit die Möglichkeit, Erhaltungs- bzw. Erweiterungsinvestitionen durchzuführen und/oder auf innovative Techniken zurückgreifen zu können, während höhere Preise als die Weltmarktpreise unmittelbar eine verstärkte Zunahme der heimischen Importgüternachfrage bedeuten und die ausländische Nachfrage vollständig wegfällt. Sofern die inländische Inflation - aus welchen Gründen auch immer - nicht auf das Niveau im Währungsankerland zu reduzieren ist, sind im Zeitverlauf immer weniger inländische Produzenten in der Lage, mit der ausländischen Konkurrenz Schritt halten zu können. Im gleichen Umfang, wie erstere demzufolge aus dem Markt ausscheiden müssen, erhöht sich das Defizit in der Handelsbilanz, da dieser Prozeß nicht gleichermaßen auch zu einer Reduktion der heimischen Nachfrage nach handelbaren Gütern führt. Die Bekämpfung einer (anhaltenden) realen Aufwertung stellt somit im Wege einer Wechselkursbindung das oberste Ziel der Wirtschafts- und Währungspolitik dar. Gelingt sie nicht, ist der Erfolg des Stabilisierungsprozesses in Frage gestellt (vgl. EDWARDS [1996, S. 176]).

[128] Der dargestellte Anpassungsprozeß kann sich nur dann in dem beschriebenen Rahmen vollziehen, sofern er von konstanten Kapitalbewegungen begleitet wird. Ein Ansteigen (Absinken) der Kapitalzuflüsse führt dabei - ohne die Motivation hierfür zu hinterfragen - zu einer Verschiebung (Beschleunigung) der monetären Kontraktion in die Zukunft (Gegenwart), wodurch der inländische Anpassungsprozeß entsprechend hinausgezögert (vorgezogen) und die reale Aufwertung nicht (schneller) beseitigt wird.

bleibt die reale Aufwertung bestehen.[129] Sie geht gleichenteils - und das ist entscheidend - mit einer Wettbewerbsverschlechterung des betreffenden Landes einher, die sich faktisch in einem Handelsbilanzdefizit und (dauerhafter) Arbeitslosigkeit im Inland niederschlägt. Eine inländische Inflationsreduzierung kann somit unter diesen Voraussetzungen nicht gelingen, zumal ein Anreiz für eine expansive Ausrichtung der Geldpolitik zur Behebung des Beschäftigungsproblems gegeben ist.[130] Zum Ausgleich der realen Wechselkursverhältnisse verbleibt daher - unter der Beibehaltung fester Wechselkurse - kurzfristig nur die Möglichkeit einer Wechselkurskorrektur bzw. eines Realignments. Aber hier ist ein gewisses Maß an Vorsicht geboten: Durch die Herbeiführung einer (wachstums- und beschäftigungsfördernden) Abwertung seiner Währung verliert das betreffende Land - einerseits - möglicherweise langfristig die Glaubwürdigkeit in seine Währungspolitik, da die Devisenmärkte nunmehr in vergleichbaren Situationen ein analoges währungspolitisches Handeln erwarten müssen. Dahingegen entsteht - andererseits - eventuell im Wege der realen Aufwertung ein kurzfristig verstärkter Druck der Devisenmärkte auf die aktuelle Parität, die das Land - bei allen binnenwirtschaftlichen Konsequenzen - mitunter nur durch Interventionen und eine sehr restriktive Geld- und Fiskalpolitik bewältigen kann. Insgesamt besteht somit ein Zielkonflikt: Entweder wird in erster Linie das Wechselkursziel unter der Inkaufnahme eventueller Probleme in der Binnenwirtschaft verfolgt, um den Aufbau einer langfristigen währungspolitischen Reputation nicht zu gefährden, oder die binnenwirtschaftliche Entwicklung wird dem Wechselkursziel übergeordnet, damit kurzfristig Impulse für Wachstum und Beschäftigung möglich sind.[131]

Fassen wir die in diesem Abschnitt getätigten Aussagen zusammen, so gilt es festzuhalten, daß das EWS bis zum Juli 1993 in erhöhtem Maße Erfolge bei der Erreichung

---

[129] Die monetäre Kontraktion kann durch zwei weitere Einflüsse behindert werden (vgl. SCHWEICKERT [1993, S. 211 f.]). Einerseits kann der Verbrauch eines zu geringen Devisenbestandes dazu führen, daß die monetäre Kontraktion und damit die Verringerung der Einkommen bzw. der Importgüternachfrage nicht nachhaltig genug ausfallen und so einen Handelsbilanzausgleich verhindern. Soll die Wechselkursparität unverändert fortgeführt werden, erscheinen protektionistische Maßnahmen zunehmend attraktiv, da sie die heimische Importgüternachfrage reduzieren. Andererseits entsteht durch die monetäre Kontraktion ein unmittelbarer Konsolidierungszwang für den Staatshaushalt, sofern z.B. zu dessen Finanzierung hohe Kredite bei der Zentralbank aufgenommen werden. Ist die Konsolidierung - über Ausgabenbeschränkungen - politisch nicht durchführbar, verzögert sich die Rückführung der realen Aufwertung entsprechend.

Demgegenüber können - bei erfolgter monetärer Kontraktion - anhaltend hohe Preise für nichthandelbare Güter - zum einen - in einer unzureichenden Liberalisierung der Güter- und Faktormärkte begründet sein; darüber hinaus ist es - zum anderen - schwierig, Inflationserwartungen auf der Basis eines unglaubwürdigen Wechselkursziels zu beseitigen (vgl. DIEHL und SCHWEICKERT [1997, S. 18]).

[130] Unter der Bezugnahme auf die Ausführungen von AGHEVLI und MONTIEL weist SCHWEICKERT [1996, S. 195] darauf hin, daß in einer derartigen Situation eine Preisreduzierung seitens der inländischen Produzenten nicht vorgenommen werden muß, da das Warten auf einen „Policy Switch" lohnender erscheint.

[131] Die mit dieser Aussage verbundenen Schwierigkeiten werden von SCHWEICKERT [1996, S. 209] dahingehend konkretisiert, daß er sowohl die Stabilität als auch die Wettbewerbsfähigkeit einer Währung als wichtige Voraussetzung für die wirtschaftliche Entwicklung eines Landes betont. Damit werden die Probleme des zuvor beschriebenen Anpassungsprozesses hinreichend verdeutlicht.

der relativen - und zum Teil auch bei der absoluten - nominalen Wechselkursstabilisierung und beim Abbau der Zinsdivergenzen zwischen den Ländern vorweisen konnte, die sich vorwiegend aus der disziplinierenden Wirkung und des auf Kooperation ausgelegten Gesamtsystems ergaben. Insgesamt gesehen konnten sie aber nicht vollständig befriedigen. Daneben erscheint die Intention der innergemeinschaftlichen Preisstabilität einen Umfang anzunehmen, der weitere Anstrengungen beim Abbau der realwirtschaftlichen Divergenzen erforderte (vgl. dazu später).

1.2. Die währungsspezifische Problematik der Jahre 1992 und 1993

Wenngleich das EWS nicht alle mit ihm intendierten Ziele vollständig erfüllen konnte, so waren die kooperations- und stabilitätspolitischen Fortschritte des Systems insgesamt unübersehbar. Wie der Abschnitt 1.1. offenlegte, ist im Zeitverlauf ein beachtenswerter wirtschaftlicher Konvergenzprozeß in Europa eingetreten, der zunehmend unter der Führung Deutschlands stattfand. Dieses resultierte aus dem Umstand, daß Deutschland in seiner wirtschaftspolitischen Ausrichtung von den Mitgliedsländern als äußerst stabilitätsbewußt angesehen wurde. Insofern stellte Deutschland für die EWS-Teilnehmer das Währungsankerland dar, was bedeutete, daß zur Vermeidung destabilisierender Wechselkursentwicklungen - vor allem durch Währungsspekulationen - eine Ausrichtung der innergemeinschaftlichen Geldpolitiken an jener der Deutschen Bundesbank zu erfolgen hatte. Das gesamte System übte somit - obwohl es formal symmetrisch ausgelegt war - einen asymmetrischen Einfluß aus, der ausschließlich von deutscher Seite her geprägt wurde; allein die Niederlande konnten sich vollständig an den geldpolitischen Kurs Deutschlands anlehnen. Eine derartige Konstellation birgt jedoch die Gefahr, daß Länder, die bei der Gestaltung ihrer nationalen Geldpolitik keine hinreichende Annäherung zur deutschen Position zu leisten vermögen, vielfach nicht in der Lage sind, bestehende Zielzonen aufrechtzuerhalten und demnach Abwertungen ihrer Währungen hinnehmen müssen (Realignment), die ihrerseits wieder problematisch für das Ziel der Preisniveaustabilität sind. Hierbei gilt es jedoch hervorzuheben, daß der Deutschen Mark die Funktion der Ankerwährung keineswegs im Wege vertraglicher Vereinbarungen zugewiesen wurde. Prinzipiell kann diese Aufgabe durch jede an einem Festkurssystem beteiligte Währung ausgefüllt werden, sofern seitens der Märkte ein nachhaltiger Glaube an eine längerfristige Stabilitätspolitik des betreffenden Landes vorliegt. Gleichwohl erlaubt sie diesem Land eine vermehrt an eigenen Interessen orientierte Geldpolitik.

Mit Blick auf den im Jahre 1979 beginnenden Konvergenzprozeß im EWS ist zu konstatieren, daß sich - insbesondere unter Berücksichtigung der Preisstabilität - die Führungsrolle der Deutschen Mark nachdrücklich auf die anderen Länder ausgewirkt hat. Diese Entwicklung veranlaßte die Teilnehmerstaaten dazu, auch den letzten Integrationsschritt auf der währungspolitischen Ebene zu vollziehen und eine Währungsunion in Europa zu bilden. Zur Verwirklichung der Währungsunion waren drei Stufen vorgesehen, deren Grundlage der Delors-Bericht aus dem Jahre 1989 bildete. Der Beginn der ersten Stufe wurde auf den 1. Juli 1990 datiert, während die weiteren Stufen im Vertrag von Maastricht, dessen Verabschiedung am 7. Februar 1992 erfolgte, beschlossen wurden. Dabei hatte jede Stufe für sich konkrete Aufgaben zu erfüllen; sie sind der Tabelle 4 zu entnehmen.

Ohne hierbei im weiteren auf einzelne Details der Integrationsschritte eingehen zu wollen, nehmen wir die vorangestellten Bemerkungen zum Anlaß, um uns noch einmal zu vergegenwärtigen, daß der Funktionsweise des EWS offensichtlich eine hinreichende Wirksamkeit zugewiesen werden konnte, auf deren Grundlage der Übergang zu einer Währungsunion zu rechtfertigen war. Gleichwohl entstanden bereits wenige Monate nach der Unterzeichnung des Maastricht-Vertrages über die EWWU ernsthafte Instabilitäten, die den Bestand des gesamten Wechselkurssystems gefährdeten.

Tabelle 4

Der Vertrag von Maastricht: 3 Stufen auf dem Weg zur Währungsunion[1)]

Stufe 1 Beginn 1. Juli 1990	• Liberalisierung des Kapitalverkehrs • Schaffung des Binnenmarkts • Inkrafttreten des Maastricht-Vertrags • Fixierung der Zusammensetzung des ECU • Beginn der Wirtschafts- und Währungskonvergenz
Stufe 2 Beginn 1. Januar 1994	• Gründung des Europäischen Währungsinstituts (EWI) • Unabhängigkeit der nationalen Zentralbanken • Stärkere Koordination der Geld- und Währungspolitik • Stärkung der Konvergenz • Einrichtung eines Kohäsionsfonds
Stufe 3 Beginn frühestens 1. Januar 1997 spätestens 1. Januar 1999	• Gründung der Europäischen Zentralbank (EZB) • Unwiderrufliche Fixierung der Wechselkurse • Einführung der einheitlichen Europäischen Währung *Euro*

[1)] Quelle: BORCHERT [1997, S. 471].

Ein erster Auslöser für die auftretenden Unruhen an den Devisenmärkten wurde hierbei durch die Ablehnung des Maastricht-Vertrages durch das dänische Referendum am 2. Juni 1992 gelegt.[132] Diese Zurückweisung nahmen die Märkte zum Anlaß, daß der im Maastricht-Vertrag vorgesehene Weg zu einer Einheitswährung wohl doch nicht so reibungslos funktionieren würde, wie dieses von den nationalen Regierungen offensichtlich erwartet wurde. Da Dänemark zu diesem Zeitpunkt aus Konvergenzgründen zu den Ländern zählte, denen seit 1979 eine verstärkte Annäherung an die Geldpolitik

[132] Vgl. zu dieser und zu den weiteren Zeitangaben sowie der dazugehörigen Ereignisse und Begründungszusammenhänge in diesem Abschnitt: SVR [1992, S. 135 ff.], IMF [1993, S. 42 ff.] sowie SVR [1993, S. 138 ff.].

der Deutschen Bundesbank gelang, ging infolge der ablehnenden Haltung gerade von dieser Seite her eine destabilisierende Wirkung auf die internationalen Devisenmärkte aus. Letztere registrierten zwar den politischen Konvergenzwillen der jeweiligen nationalen Regierungen; gleichwohl mußten sie aber auch erkennen, daß eine Währungsunion nur dann wirklich zu erreichen sein wird, wenn diese von der Bevölkerung auch akzeptiert wird. Da etwa zur gleichen Zeit eine hohe Unsicherheit bezüglich des Ausgangs des französischen Referendums bestand, ergaben sich somit immer größere Zweifel dahingehend, inwieweit auch weiterhin Bemühungen erfolgen würden, am Stabilitätskurs in Europa festzuhalten.[133]

Nach der Anhebung des Diskontsatzes durch die Deutsche Bundesbank am 16. Juli 1992, die u.a. mit der vorhandenen Preisentwicklung in Deutschland und einer Stärkung der eigenen Vertrauensbasis begründet wurde, mußte die italienische Lira am 13. September 1992 um 3,5% gegenüber den anderen EWS-Währungen, die ihrerseits um zusätzliche 3,5% aufwerteten, abgewertet werden. Am 14. September 1992 nahm die Deutsche Bundesbank den Diskontsatz um einen halben Prozentpunkt zurück; diese Maßnahme reichte jedoch nicht zur Verringerung des weiterhin bestehenden Devisenmarktdrucks aus, infolgedessen Großbritannien am 16. September 1992 von der weiteren Teilnahme am EWS-Wechselkursmechanismus absah. Einen Tag später schied Italien vorübergehend aus dem EWS aus und die spanische Peseta wurde gegenüber den anderen Währungen um 5% abgewertet. Wenngleich das französische Referendum zur Ratifizierung des Maastricht-Vertrages am 20. September 1992 eine Zustimmung von 51 v.H. auswies, konnte diese doch nur sehr geringfügige Mehrheit das verlorene Vertrauen nicht zurückgewinnen. Schon am 22. November 1992 mußten die Leitkurse abermals korrigiert werden; sowohl der portugiesische Escudo als auch die spanische Peseta wurden um 6% gegenüber den anderen Währungen abgewertet. Etwas später, am 2. Dezember 1992, ratifizierte der Deutsche Bundestag den Maastricht-Vertrag.

Mit dem Beginn des Jahres 1993 wurde am 30. Januar eine abermalige Abwertung erforderlich; mit 10% gegenüber den anderen Teilnehmerwährungen betraf es dieses Mal das irische Pfund, dessen Leitkurs ungeachtet deutlicher Zinsanhebungen nicht gehalten werden konnte. Wenngleich die Deutsche Bundesbank in der Folgezeit dreimal ihre Leitzinsen senkte, wurde am 13. Mai 1993 eine weitere Leitkursanpassung unumgänglich. Wieder einmal verlangten die Marktverhältnisse eine Abwertung des portugiesischen Escudo (6,5%) sowie der spanischen Peseta (8%) gegenüber den anderen Teilnehmerwährungen. Obwohl Dänemark den Maastricht-Vertrag am 18. Mai 1993 nunmehr doch annahm und die Deutsche Bundesbank am 1. Juli 1993 eine weitere Korrektur ihrer Leitzinsen nach unten vornahm, beruhigten sich die Märkte nur kurzfristig. Im Verlauf des Juli 1993 traten überraschenderweise Spekulationsbewegungen gegen den belgischen Franc, die dänische Krone und den französischen Franc auf - al-

---

[133] MOUTOT [1993, S. 800] führt an, daß durch den Ausgang der Referenden in Dänemark und Frankreich durchaus Auswirkungen auf die Stabilität des EWS entstanden sind. BRANSON [1993, S. 129] sieht zwar generell die deutsche Wiedervereinigung als Ursache für den Zusammenbruch des EWS an, betont gleichzeitig aber auch, daß der Zeitpunkt der Währungsunruhen durch die Ergebnisse der beiden Referenden bestimmt wurde.

lesamt Währungen, die bis dahin als relativ stabil galten. Hier konnte auch die abermalige Zinssenkung durch die Deutsche Bundesbank am 29. Juli 1993 nicht zu einer Rückgewinnung der verlorenen Stabilität beitragen. Um den gänzlichen Zusammenbruch des EWS zu verhindern, der infolge der exorbitanten Verringerung bzw. Erschöpfung der Devisenreserven der nationalen Zentralbanken sicherlich nur eine Frage der Zeit gewesen wäre, einigten sich die EG-Finanzminister und die Notenbankpräsidenten am 2. August 1993 auf eine Erweiterung der engen EWS-Bandbreiten auf ± 15%. Allein Deutschland und die Niederlande vereinbarten, an der bisher üblichen Schwankungsbreite ihres bilateralen Wechselkurses innerhalb einer Marge von ± 2,25% festzuhalten.

Die voranstehende Beschreibung der Entwicklung im EWS wirft nun allerdings die Frage auf, worin die Ursachen für die EWS-Krisen zu sehen sind. Zunächst einmal ist es schon sehr verwunderlich, daß einem Festkurssystem, dem seit seiner Errichtung ein nachhaltiger Stabilitätserfolg nicht abgesprochen werden kann, innerhalb von nur 14 Monaten ein derartiger Glaubwürdigkeitsverlust zuteil werden kann. Als Antwort auf diese Fragen sind vornehmlich zwei ausschlaggebende Gründe anzuführen (vgl. DIW [1993, S. 492 ff.], IMF [1993, S. 30 ff.], SVENSSON [1994a, S. 451 ff.] und PLÜMPER [1996, S. 99 f.]).

Abbildung 19

Die Preisentwicklung im Europäischen Währungssystem für verschiedene Währungen, Teil 1

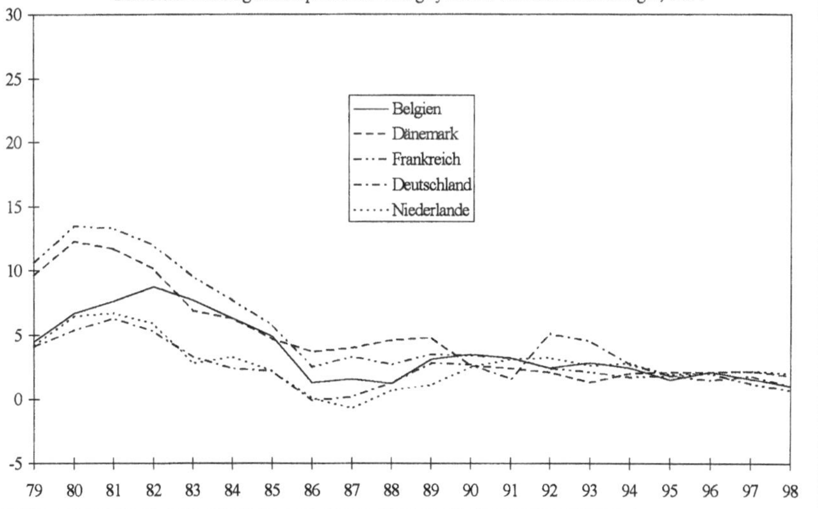

a) Zum einen ist es zur Aufrechterhaltung eines Festkurssystems von erheblicher Bedeutung, daß sich zumindest langfristig eine nicht nur tendenzielle Angleichung der realen Wechselkursrelationen unter den Teilnehmerländern einstellt. Diese ist, wie schon im Abschnitt 1.1. festgestellt wurde, bis zum Ausbruch der EWS-Krise für einige Länder - Belgien, Dänemark, Frankreich und die Niederlande - durchaus gelungen; andere konnten hingegen nur eine allenfalls bedingte Konvergenz zu Deutschland erreichen. Hierzu stellt HERZ [1993, S. 247] fest, daß z.B. in der realignmentfreien Phase von Januar 1987 bis zum September 1992 die spanische Peseta (33%), das britische Pfund (23%), die italienische Lira (11%) sowie - außerhalb des EWS - die schwedische Krone (23%) zum Teil beträchtliche reale Aufwertungen gegenüber der Deutschen Mark erfahren haben. Wie aus den Abbildungen 19 und 20 hervorgeht,[134] ist vor allem die zu diesem Zeitpunkt bestehende Preisdivergenz für diese Entwicklung verantwortlich.

Abbildung 20

Die Preisentwicklung im Europäischen Währungssystem für verschiedene Währungen, Teil 2

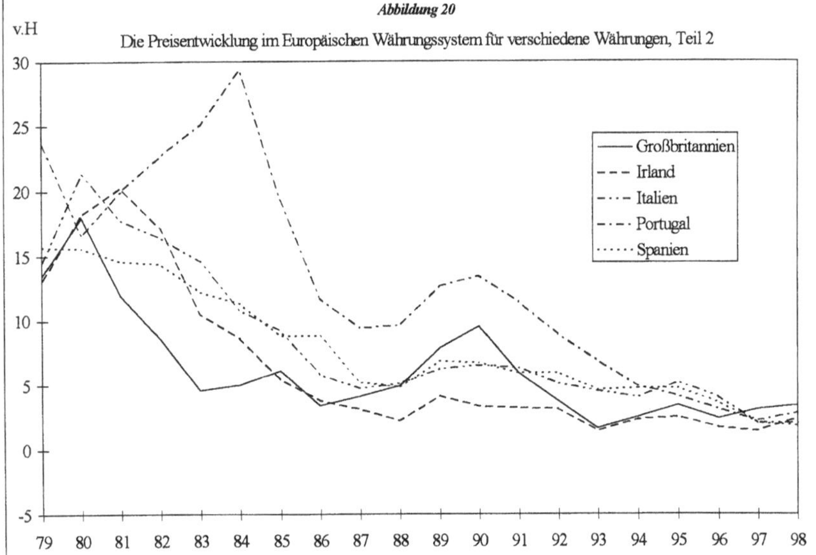

Wenngleich eine Annäherung der Preisniveaus im Betrachtungszeitraum durchaus stattgefunden hat, so ist sie zur Vermeidung von Instabilitäten nicht ausreichend gewesen und deutet auf einen nach wie vor bestehenden Unterschied in der Entwicklung der betreffenden Volkswirtschaften hin. Dieses wirft jedoch insofern Probleme auf, als eine dauerhaft überbewertete (unterbewertete) Währung für das betreffende Land eine Wettbewerbsverschlechterung (-verbesserung) mit entsprechenden Wirkungen auf die Zahlungsbilanz und den Wechselkurs zur Folge hat. Dabei kann nicht davon ausgegangen werden, daß den Märkten eine derartige Konstellation verborgen bleibt; im Gegen-

[134] Quelle: IMF [1999a, S. 124 f.]. Die in den Abbildungen zugrunde gelegten jährlichen Durchschnittswerte weisen die Veränderung der Verbraucherpreisentwicklung gegenüber dem Vorjahr aus.

teil: Wie die Erfahrungen - insbesondere des britischen Pfundes, des portugiesischen Escudo, der spanischen Peseta und der italienischen Lira - im EWS zeigen, erzwingen nominale Abwertungsspekulationen der Devisenmärkte die erforderlichen Anpassungen an die realen Gegebenheiten. Dieses ist letztlich der einzig verbleibende Weg, sofern die Preise mit Rigiditäten behaftet sind und auf der administrativen Ebene keine Lösung dieses Problems zu erzielen ist.

b) Zum anderen lagen in den Jahren 1992 und 1993 entgegengesetzte konjunkturelle Situationen in Deutschland und in den anderen EWS-Ländern vor. Während Deutschland infolge des durch die Wiedervereinigung einsetzenden Nachfragebooms - von dem die anderen EWS-Länder in gewisser Hinsicht auch partiell profitierten - und der durch die Festlegung des Umtauschkurses bedingten Geldmengenausweitung vor allem daran interessiert war, inflationäre Tendenzen mittels einer restriktiven Geldpolitik, d.h. hoher inländischer Zinsen, zu bekämpfen, deuteten die wirtschaftspolitischen Zeichen in den meisten anderen EWS-Ländern geradezu auf eine Niedrigzinspolitik zur Überwindung ihrer rezessiven Konjunktur hin;[135] auch die Preissteigerungen lagen mittlerweile unter dem deutschen Niveau.[136] Da in einem Festkurssystem aber unterschiedliche nationale Geldpolitiken generell nicht möglich sind, blieb den anderen EWS-Ländern prinzipiell keine Alternative, als sich der Handhabung der deutschen Geldpolitik weiterhin zu fügen.[137] Eine kollektive Weigerung hätte dabei eine derart massive Kapitalflucht nach Deutschland ausgelöst, an der das EWS vermutlich sofort zerbrochen wäre. Ein möglicher Ausweg aus dieser Situation stellte auch hier eine umfassende - von Deutschland angeregte - Abwertung aller EWS-Währungen gegenüber der Deutschen Mark dar; er konnte jedoch nicht durchgesetzt werden, da die anderen Länder nicht mit einer Schwächung ihrer eigenen Währung einverstanden waren (Einstimmigkeitsprinzip), die für sie überdies nicht nur einen Prestigeverlust, sondern auch eine Preissteigerungstendenz bedeutet hätten. Da eine Lösung nicht abzusehen war und die Glaubwürdigkeit des Systems weiterhin beträchtlich litt, setzten die Märkte

---

[135] Eine Ausnahme stellen hier die Niederlande dar, die infolge der deutschen Wiedervereinigung eine merkliche Konjunkturbelebung mit entsprechenden Wirkungen auf das Preisniveau verspürten.

[136] Die Frage, ob die Geldpolitik der Deutschen Bundesbank im Jahre 1992 insgesamt zu restriktiv gewesen ist, bezweifelt z.B. KRÜGER [1992]. Hierzu hebt er hervor, daß die Zentralbanken allgemein nur auf den kurzfristigen Zinssatz mit Hilfe ihres geldpolitischen Instrumentariums einwirken können, während der langfristige allein von den Inflationserwartungen der Wirtschaftssubjekte abhängt. Sofern die Deutsche Bundesbank demnach tatsächlich eine Hochzinspolitik betrieben hätte, müßte dieses zu einer Reduktion der Inflationserwartungen und daraus folgernd zu einer Senkung der langfristigen Zinsen geführt haben. Der Umstand, daß die langfristigen Zinsen - mit Ausnahme der Jahreswende 1991/92 - auf einem hohen Niveau verharrten, legt daher im Rahmen seiner Argumentation die Schlußfolgerung nahe, daß die September-Krise des Jahres 1992 nicht auf zu hohe deutsche Zinsen im Wege einer zu restriktiven Geldpolitik zurückzuführen ist.

[137] Aus diesem Grund betont KENEN [1995b, S. 456], daß es von den an einem Festkurssystem beteiligten Ländern sehr gutgläubig ist, stets auf die Wirtschaftspolitik eines bestimmten Währungsankerlandes zu vertrauen, da für die Zukunft nicht erwartet werden kann, daß die jeweiligen Ansprüche an die Wirtschaftspolitik immer mit den Bedürfnissen im eigenen Land einhergehen.

schließlich die notwendigen Anpassungen im Wege von Abwertungsspekulationen gegen den Willen der Regierungen durch.[138]

Aus der zeitlichen Perspektive ist es schwer zu ersehen, inwiefern das Szenario durch die beiden angeführten Ursachen aufeinanderfolgend oder simultan beeinflußt wurde.[139] Auf jeden Fall verließen im September 1992 zuerst das britische Pfund und die italienische Lira den Wechselkursmechanismus des EWS; ab dem 17. September 1992 wurden bis zur Bandbreitenerweiterung am 2. August 1993 das irische Pfund (10%), der portugiesische Escudo (12,5%) und die spanische Peseta (19%) insgesamt sehr deutlich gegenüber den anderen Teilnehmerwährungen abgewertet (vgl. die Tabelle 3). Als im Juli 1993 letztlich auch noch Spekulationen gegen den belgischen und den französischen Franc sowie darüber hinaus auch gegen die dänische Krone auftraten, waren die EWS-Paritäten unter den damaligen Bedingungen nicht mehr aufrechtzuerhalten.[140]

Abschließend gilt es noch zu erwähnen, daß die Währungskrise des EWS als Beispiel dafür anzusehen ist, daß sich die Aufrechterhaltung eines Festkurssystems eben nicht nach den Wünschen der verantwortlichen Politiker richtet, sondern vielmehr ausschließlich von der konkreten wirtschaftlichen Entwicklung in den einzelnen Ländern abhängig ist (vgl. HERZ [1993, S. 251]). Der Wille zu einer stabilen inländischen Volkswirtschaft sowie die Glaubwürdigkeit der eigenen Politik sind somit nicht allein durch eine im Rahmen eines Festkurssystems erfolgte Anlehnung an eine stabile Wäh-

---

[138] Als problematisch ist in diesem Zusammenhang ferner zu beurteilen, daß einige Zentralbanken der Mitgliedsländer (z.B. in Frankreich) noch nicht von den Weisungen der jeweiligen nationalen Regierungen unabhängig waren. Die Märkte erwarteten daher vor dem Hintergrund der binnenwirtschaftlichen Rezession eine expansive Geldpolitik, die jedoch der an sich intendierten Preisstabilität im EWS entgegenstand.

[139] Sicherlich ist es - einerseits - nicht von der Hand zu weisen, daß der erfolgte Abbau der Kapitalverkehrskontrollen in Europa zunächst einmal die Grundlage für die Möglichkeit eines volatilen Kapitalmarktes geschaffen hat, der nunmehr augenblicklich in der Lage ist, aktuelle Ereignisse auch faktisch sofort im Wege eines Kapitalzu- bzw. Kapitalabflusses zu berücksichtigen. (Einen Überblick hinsichtlich des Nutzens und der Wirkung von Kapitalverkehrskontrollen gewähren GUIDOTTI und VÉGH [1992], EICHENGREEN, TOBIN und WYPLOSZ [1995] sowie GARBER und TAYLOR [1995].) Dahingegen zeigt - andererseits - der Ansatz von GROS [1992] die Anfälligkeit eines durch Kapitalverkehrskontrollen gekennzeichneten festen Wechselkurssystems auf. Unabhängig von den Kapitalverkehrskontrollen entstehen - annahmegemäß - Kapitalströme zu einem Zeitpunkt, wenn von den Währungsbehörden nicht mehr der unbedingte Wille zur Wechselkursverteidigung mittels einer Zinsanhebung zu erwarten ist; die Fundamentalvariablen müssen sich dazu nicht verändern. Im Vergleich zu einer Situation ohne Kapitalverkehrskontrollen setzen hierbei - in Abhängigkeit von der Ausprägung der Erwartungshaltung - ebenfalls Kapitalströme ein, die letztlich - im Wege nachhaltig abnehmender Devisenreserven - gleichenteils eine Wechselkursangleichung bewirken können.

[140] VEHRKAMP [1992, S. 641 f.] gibt zu bedenken, daß die Stabilität des EWS durch zwei im vorhinein nicht beeinflußbare Ereignisse beeinträchtigt werden kann. Einerseits sind dabei irrationale Spekulationen möglich, sofern die Devisenmärkte nicht die innergemeinschaftlichen Inflationsunterschiede in ihren Wechselkursänderungserwartungen berücksichtigen. Andererseits hält er ein opportunistisches Verhalten der Teilnehmerländer für nicht ausgeschlossen, das sich bei Starkwährungsländern in einer geldpolitischen Alimentierung einer aus nationalen Interessen herbeigeführten Preisniveausteigerung äußert, während Schwachwährungsländer mit Hilfe ihres Vetorechts allgemein erforderliche Realignments ebenfalls aufgrund national motivierter Umstände blockieren können.

rung zu erreichen; sie müssen zuerst auf der supranationalen Ebene durch eine Koordinierung der heimischen Wirtschaftspolitik mit den Partnerländern erarbeitet werden (vgl. SVENSSON [1994a, S. 465]). Während die Niederlande - und außerhalb des EWS auch Österreich - diesen Beitrag mit Blick auf die deutsche Politik zu leisten vermochten, zeigen vor allem die Beispiele von Großbritannien, Irland, Italien, Portugal und Spanien, daß eine Nichtbeachtung dieser Regeln direkte Abwertungsspekulationen geradezu induziert.

1.3. Ein theoretischer Erklärungsversuch

Mit Blick auf das Kapitel II soll nunmehr dazu übergegangen werden, die dort vorgestellten Zielzonenmodelle auf einzelne willkürlich ausgesuchte Wechselkurszielzonen des EWS anzuwenden, d.h. wir gehen vorwiegend der Frage nach, inwiefern sich die aus den Zielzonenmodellen hervorgehenden Aussagen mit den tatsächlichen empirischen Befunden vereinen lassen. Dazu gilt es an dieser Stelle nachdrücklich zu betonen, daß die Analyse aller seit März 1979 bestehenden bilateralen Wechselkurszielzonen für die einzelnen EWS-Währungen insgesamt wenig sinnvoll erscheint. Dieses zöge z.B. bei der Lit/DM-Bandbreite die Betrachtung von zehn Zielzonen nach sich (vgl. die Abbildung 3); eine Vorgehensweise, die nicht nur den Umfang dieser Arbeit (künstlich und) in einer nichtvertretbaren Weise aufblähen würde, sondern darüber hinaus auch inhaltlich wenig aussagekräftig wäre. Insofern werden wir uns ausschließlich und ausführlich auf eine sehr begrenzte Auswahl von Zielzonen konzentrieren, die unmittelbar vor dem Eintritt der EWS-Krise in den Jahren 1992 und 1993 bestanden haben. Demnach betrachten wir mit den Bandbreiten für den FF/DM- und den hfl/DM-Wechselkurs in den Abschnitten 1.3.1. und 1.3.2. allein Zielzonen, die direkt vor der Bandbreitenerweiterung auf ± 15% am 2. August 1993 gültig waren. Der Abschnitt 1.3.3. befaßt sich dann mit dem Währungsband für den Lit/DM-Wechselkurs, das im September 1992 einem massiven Devisenmarktdruck ausgesetzt war, Italien daraufhin seine Beteiligung am Wechselkursmechanismus des EWS aussetzte und die Lira einer flexiblen Notierung unterzog.

Grundsätzlich gilt es noch zu betonen, daß sich die in den Abbildungen verwendeten Daten für den nominalen Wechselkurs, die Nominalzinsen, die reale Wechselkursentwicklung und die Preise im gesamten Kapitel III generell auf monatliche Durchschnittswerte beziehen. Der Grund hierfür liegt in der Vergleichbarkeit verschiedener in den Modellen angelegter (Bewegungs-)Zusammenhänge. Auf der Basis täglicher Wechselkurse würde die nachstehende Analyse daher nur bei der gleichzeitigen Verwendung vergleichbarer täglicher Werte sinnvoll sein; derartige Daten sind jedoch nicht vollständig in der benötigten Form erhältlich.

1.3.1. Der französische Franc

Durch die Auswahl der FF/DM-Wechselkurszielzone ist mit Frankreich ein Land ausgewählt worden, dessen wirtschaftliche Leistungsfähigkeit mit der Deutschlands vergleichbar ist; beide gehören zu den führenden Industrienationen in Europa. Vor diesem Hintergrund erscheint eine theoretische Überprüfung dieser Wechselkurszielzone geradezu geboten, die etwas über sechseinhalb Jahre fortbestand.

Das Krugman-Modell

Mit Blick auf die Abbildung 6 wird deutlich, daß eine wichtige Annahme des von KRUGMAN [1991] postulierten Zielzonenmodells in Anbetracht der FF/DM-Wechselkurszielzone nicht vollständig gegeben ist. Wie wir wissen, ist eine gegebene reale Wechselkursstabilität eine der Grundvoraussetzungen des Modells, die auf der theoretischen Ebene durch die Einordnung der Zielzonenwelt in den Rahmen des monetaristischen Wechselkursmodells erst plausibel wird. Wenngleich also eine perfekte reale Wechselkurskonstanz zwischen Frankreich und Deutschland generell nicht auszumachen ist, so ist gleichzeitig jedoch auch zu konstatieren, daß die vorhandenen realen Wechselkursbewegungen mit dem Beginn des Betrachtungszeitraums im Jahre 1987 eine allenfalls untergeordnete Rolle einnehmen und erst ab dem Jahre 1992 in der Form einer fortdauernden Unterbewertung des französischen Francs an Bedeutung hinzugewinnen (vgl. die Abbildung 6). Die Ursache für einen derartigen realen Wechselkursverlauf ist hierbei aus den Abbildungen 19 und 21 zu erkennen.[141]

Aus diesen beiden Abbildungen geht hervor, daß die realen Wechselkursbewegungen vorwiegend als Folge einer zu Deutschland - sowohl positiv als auch negativ - bestehenden Preisdivergenz sowie - absolut gesehen - einer fast permanent gegebenen nominalen Abwertung des französischen Francs zur Deutschen Mark anzusehen sind. Dabei können sich letztere nicht entsprochen haben, da eine reale Wechselkurskonstanz generell nicht auszumachen ist. Insbesondere die ab 1992 einsetzende Unterbewertung des Francs gegenüber der Deutschen Mark deutet darauf hin, daß die bis 1993 zu Deutschland vorhandenen geringeren Preise nicht gleichermaßen auch eine Aufwertung des Francs innerhalb der Zielzone nach sich ziehen konnten, die eine Unterbewertung hätte verhindern können. Demnach halten wir hierzu fest, daß der ausgewiesene reale Wechselkursverlauf nicht nur empirisch begründbar ist, sondern darüber hinaus auch keine vollständige Übereinstimmung mit der von KRUGMAN unterstellten Modellwelt bietet; dieses gilt gleichenteils auch für die noch zu untersuchenden modelltheoretischen Erweiterungen hinsichtlich intramarginaler Interventionen sowie exogener und endogener Realignmenterwartungen.

[141] Quelle zu den in der Abbildung 21 verwendeten Daten: Vgl. die Angaben zu den Abbildungen 1 bis 3.

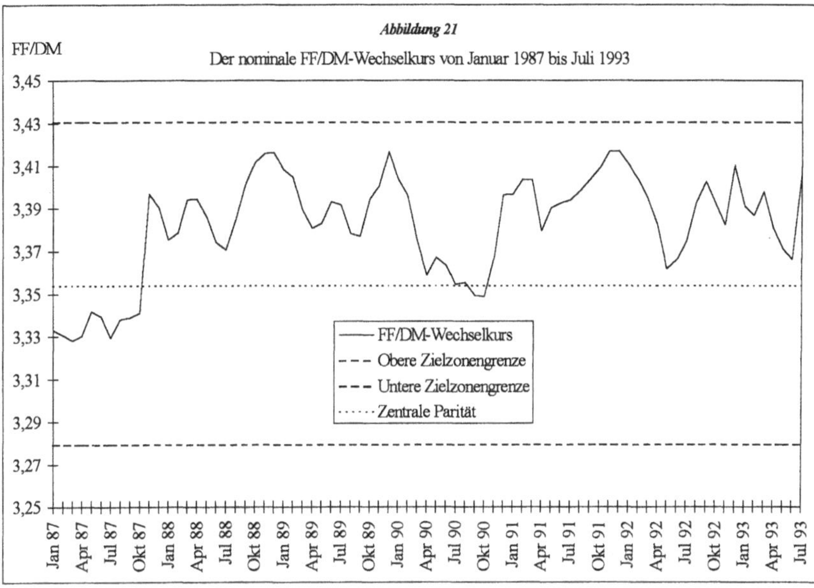

Abbildung 21

Der nominale FF/DM-Wechselkurs von Januar 1987 bis Juli 1993

Im weiteren gilt es nun, die dem KRUGMAN-Modell zugrundeliegenden „kritischen" Annahmen auf ihre Relevanz zur FF/DM-Wechselkurszielzone hin zu überprüfen.

a) Betreffend der perfekten Glaubwürdigkeit der Wechselkurszielzone muß nachgerade davon ausgegangen werden, daß diese für die Bandbreite des FF/DM-Wechselkurses keineswegs gegeben war. Hierzu ist bereits aus der Abbildung 1 zu ersehen, daß seit 1979 sechs Realignments mit einer mehr oder minder starken Intensität durchgeführt wurden. Dieser Umstand legt nahe, daß die Wirtschaftssubjekte auch für die seit Januar 1987 bestehende Zielzone entsprechende Realignmenterwartungen bildeten, zumal Realignments von der währungspolitischen Ebene prinzipiell nicht ausgeschlossen waren. Insofern mußten sich sowohl die Wirtschaftssubjekte (durch Realignments) als auch die Zentralbanken (durch Spekulationen) auf einseitig herbeigeführte Paritäts- oder Bandbreitenkorrekturen einstellen.

b) Auch bei der im KRUGMAN-Modell vorgesehenen ausschließlich marginalen Interventionstätigkeit der Zentralbanken treten mit Blick auf die FF/DM-Zielzone nachdrückliche Differenzen auf. Wie der Abschnitt 1.1. in diesem Kapitel bereits hervorhob, konnten die betroffenen Länder auf der Grundlage der errechneten Abweichungsschwelle oder sonstiger Kriterien bereits innerhalb der Bandbreite bilaterale Interventionen vornehmen. Als Beispiel sei hierzu unterstützend angeführt (vgl. SVR [1993, S. 138]), daß die französische Zentralbank Ende Juli 1993 ihre gesamten Devisenreserven im Wege der entstehenden Währungsturbulenzen verbrauchte; eine Maßnahme, die aufgrund des in der Abbildung 21 ausgewiesenen Wechselkursverlaufs auf eine - vor allem zu diesem Zeitpunkt - nachhaltige intramarginale Interventionstätigkeit schließen läßt.

In einem weiteren Schritt erkennen wir ferner, daß der im KRUGMAN-Modell infolge der Modellstruktur auftretende s-förmige Wechselkursverlauf nicht mit der Abbildung 21 zu vereinen ist. Gleichwohl entstehen die mit der Identifikation des konkreten Wechselkursverlaufs verbundenen Schwierigkeiten in gewisser Hinsicht zwangsläufig, da der Wechselkurs in den Zielzonenmodellen als Funktion der Fundamentalvariablen aufgefaßt wird, während wir hier eine Betrachtung über die Zeit hinweg durchführen. Wird dieser Tatbestand in der vorliegenden Analyse berücksichtigt, zeigt sich, daß die Erkenntnisse hinsichtlich der Wirkung des stabilisierenden Honey-Moon-Effekts und des an den Zielzonenenden relevanten Smooth-Pasting-Effekts für die FF/DM-Zielzone insgesamt nicht notwendigerweise zu relativieren sind; vielmehr weisen die Wechselkursbewegungen von Januar 1989 bis zum September 1989, von Januar bis April 1990 sowie von Januar 1990 bis Juli 1992 jeweils für sich auf, daß die Kehrtwende hin zur zentralen Parität durchaus infolge der Antizipation der oberen Zielzonengrenze durch die Wirtschaftssubjekte eingetreten sein kann.

Schließlich ergeben sich aus der Struktur des KRUGMAN-Modells heraus zwei explizite Aussagen, die zum einen die Dichtefunktion des Wechselkurses und zum anderen den allgemein stringenten Zusammenhang zwischen dem Wechselkurs und dem Zinsdifferential innerhalb der Bandbreite betreffen.

a) Die von KRUGMAN abgeleitete u-förmige Dichtefunktion des Wechselkurses, die eine hauptsächliche und enge Wechselkurspräsenz an den Zielzonenenden sowie eine ansteigende Wechselkursvolatilität in der Zielzonenmitte generiert, stimmt nicht mit dem FF/DM-Wechselkursverlauf überein. Wie der Abbildung 21 zu entnehmen ist, hält sich der Wechselkurs nicht vorwiegend an den Zielzonengrenzen auf und es stellt sich von Januar bis November 1987, März bis November 1990, März bis November 1992 und von April bis Juni 1993 eine erhöhte Bewegung um die zentrale Parität ein. Gleichwohl zeigen die Zeiträume von November 1987 bis März 1990, Dezember 1990 bis April 1992, August 1992 bis April 1993 und Juli 1993 Phasen an, in denen der Wechselkurs oftmals relativ weit von der zentralen Parität entfernt liegt, gleichzeitig aber eine anhaltende Nähe zum oberen Zielzonenende nicht unmittelbar ersichtlich wird. Da diese Phasen einen Großteil des Betrachtungszeitraums ausmachen, ist schlußzufolgern, daß sich die Verweildauer des FF/DM-Wechselkurses vorwiegend auf die Mitte des oberen Zielzonenbereichs beschränkte. Dieses bestätigt sich auch dann, wenn - ausgehend von der Mitte des oberen Zielzonenbereichs bei 3,39218 FF/DM - eine Mittelwertberechnung für die oben genannten Zeiträume durchgeführt wird. Im Ergebnis zeigen sich durchschnittliche Wechselkurse in Höhe von 3,393 FF/DM für den ersten, 3,400 FF/DM für den zweiten, 3,393 FF/DM für den dritten und 3,406 FF/DM für den vierten Zeitraum. Diese Werte lassen somit ebenfalls eine vornehmliche Wechselkursbewegung in der Mitte des oberen Zielzonenbereichs erkennen. Unter der Einrechnung der zur zentralen Parität tendierenden Wechselkursverläufe findet sich daher die typisch u-förmige Wechselkursdichtefunktion nicht in der FF/DM-Zielzone wieder.

b) Durch die Berücksichtigung der Abbildung 22 ist es nunmehr auch möglich, die zweite Aussage des KRUGMAN-Modells auf ihre Übereinstimmung mit der FF/DM-Zielzone hin zu untersuchen.[142]

Sofern wir - aus Kompatibilitätsgründen - mit i den französischen und mit i^* den deutschen Zinssatz determinieren, wird, mit Ausnahme des Juni 1993, ein generell positives Nominalzinsdifferential[143] für den Betrachtungszeitraum ersichtlich, d.h. die französischen Zinsen waren im relevanten Zeitraum durchweg höher als die deutschen Zinsen. Auffällig ist hierbei, daß sich das Zinsdifferential von Januar 1987 bis zum August 1992 stetig zurückbildet und teilweise Dimensionen von weniger als einem Prozentpunkt annimmt. Im Wege der Währungsturbulenzen des Jahres 1992 und der Vorläufer der EWS-Krise im Jahre 1993 steigt es jedoch erneut an und bildet sich bis zum Juli 1993, begleitet von volatilen Ausprägungen, wieder zurück.

Abbildung 22

Die Zinsentwicklung zwischen Frankreich und Deutschland, Veränderung in v.H. gegenüber dem Vorjahr

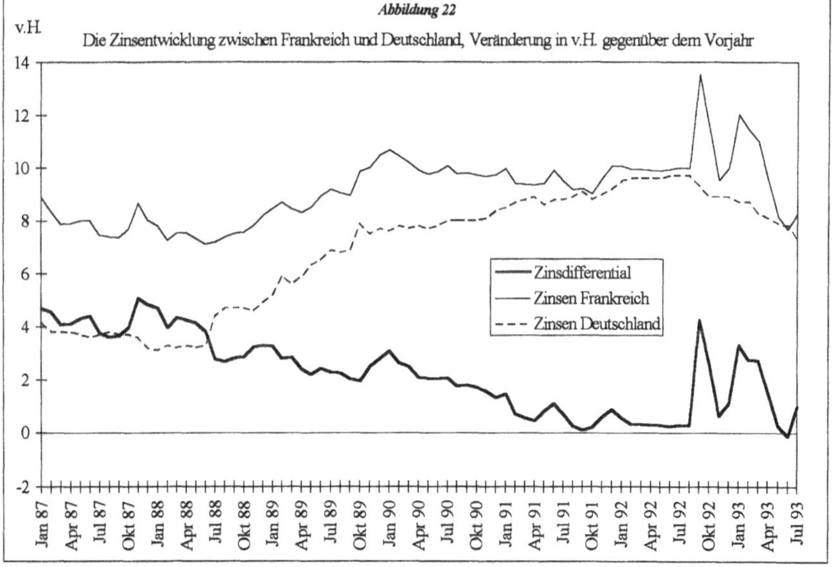

---

[142] Quelle zu den in der Abbildung 22 verwendeten Daten: IMF, International Financial Statistics. Der Abbildung liegen monatliche Duchschnittswerte für dreimonatige Nominalzinsdifferentiale zugrunde (Money Market Rate, Reihe 60b).

[143] Im weiteren erfolgt die synonyme Verwendung der Begriffe „Nominalzinsdifferential" und „Zinsdifferential".

Die Korrespondenz zu der von KRUGMAN abgeleiteten Aussage eines im oberen (unteren) Zielzonenbereich verlaufenden Wechselkurses mit einem negativen (positiven) Zinsdifferential ist somit allein für die Zeiträume gegeben, in denen der FF/DM-Wechselkurs unterhalb der zentralen Parität verläuft (Januar bis Oktober 1987 und September bis Oktober 1990). Da diese Zeitabschnitte jedoch nur 15,2% des Gesamtzeitraums ausmachen, ist für den überwiegenden Teil der FF/DM-Zielzone ein deutliches Mißverhältnis zu den Krugmanschen Implikationen erkennbar. Wichtig ist hierbei allerdings, die Betrachtung allein auf die absolute Ausprägung des Zinsdifferentials auszurichten, da die relative Sicht durchaus zu dem Ergebnis eines sinkenden Zinsdifferentials kommen kann, welches aber nach wie vor positiv ist und die Anwendung somit in eine andere Richtung lenkt.

Blicken wir etwas genauer auf die vorhandene Deterministik im unteren Zielzonenbereich, so wissen wir aus dem KRUGMAN-Modell, daß sich infolge eines sinkenden Wechselkurses gleichzeitig auch ein wertmäßig erhöhtes positives Zinsdifferential einstellt, und vice versa. Dieser Zusammenhang zeigt sich jedoch lediglich in den Monaten Juni und August 1987, in denen der Wechselkurs im Vergleich zum Vormonat sinkt bzw. steigt und sich das positive Zinsdifferential betragsmäßig erhöht bzw. verringert. Insofern reduzieren diese Auffälligkeiten in zusätzlicher Hinsicht die Übereinstimmung mit der Theorie.

Fassen wir die voranstehenden Ausführungen zusammen, so erhalten wir für die FF/DM-Wechselkurszielzone keine Gleichartigkeit zwischen den empirischen Befunden und dem KRUGMAN-Modell. Insofern gilt es festzuhalten, daß das KRUGMAN-Modell generell keinen hinreichenden Erklärungsansatz bezüglich der Interpretation verschiedener Merkmale in der FF/DM-Wechselkurszielzone bietet.[144]

Intramarginale Interventionen

Die Überprüfung der theoretischen Zusammenhänge von DELGADO und DUMAS [1992] soll sich im folgenden anhand der aus ihrem Modell hervorgehenden Implikationen bezüglich der Wechselkursdichtefunktion sowie des deterministischen Zusammenhangs zwischen dem Wechselkurs und dem Zinsdifferential innerhalb der FF/DM-Zielzone orientieren.

---

[144] Die ausführliche Untersuchung der von KRUGMAN [1991] selbst gewählten Modifikation seines Modells hinsichtlich der nicht-perfekten Glaubwürdigkeit der Zielzone ist in diesem Kontext verzichtbar, da durch sie die bislang getätigten Aussagen aus dem elementaren Modell unberührt bleiben. Auch die Möglichkeit eines durch die Erwartungen der Wirtschaftssubjekte hervorgerufenen Regimewechsels ausschließlich an den Zielzonenenden ist hier nicht relevant. Zwar erreicht der FF/DM-Tageskurs am 30. Juli 1993 mit 3,43 FF/DM die obere Zielzonengrenze (vgl. DEUTSCHE BUNDESBANK, Devisenkursstatistik, August 1993, S. 61); ein Regimewechsel hin zu einem flexiblen Wechselkurssystem trat jedoch nicht ein, da lediglich eine Bandbreitenerweiterung durchgeführt und das alte System somit beibehalten wurde. Eine im Sinne der Krugmanschen Erweiterung vorliegende Verhaltensweise ist daher nicht ersichtlich.

a) DELGADO und DUMAS erhalten in ihrem Modell eine buckelförmige Dichtefunktion des Wechselkurses, die auf den hauptsächlichen Aufenthalt des letzteren in der Zielzonenmitte verweist. Ein derartiges (Schwankungs-)Szenario ist zwar nicht umfassend aus dem FF/DM-Wechselkurs in der Abbildung 21 zu ersehen, ist aber zu den sonstigen Implikationen dieser Art von Dichtefunktion kompatibel. Aufgrund dieses theoretischen Bezugs, der einen im Vergleich zum KRUGMAN-Modell insgesamt flacheren und weniger volatilen Wechselkursverlauf innerhalb der Zielzone hervorbringt, ist daher schlußzufolgern, daß eine nachhaltige intramarginale Interventionstätigkeit in der FF/DM-Zielzone entweder nicht vorgelegen hat oder aber keinen ausgeprägteren Wechselkursverlauf um die zentrale Parität erzeugen konnte. Diese Aussage gewinnt deshalb an Plausibilität, da der Parameter ρ in der Gleichung (14) einerseits zwar für die FF/DM-Zielzone relevant ist, andererseits aber aufgrund seiner offensichtlich schwachen Ausprägung lediglich eine vorwiegende Wechselkursbewegung in der Mitte des oberen Zielzonenbereichs erreichen konnte. Unter der Berücksichtigung dieses Aspekts ist der FF/DM-Wechselkursverlauf hinreichend erklärbar.

b) Für die charakteristischen Wechselkurs-Zinsdifferential-Konstellationen innerhalb der Zielzone erhalten wir im DELGADO-DUMAS-Modell die gleichen Ergebnisse wie im KRUGMAN-Modell. Wenngleich sich somit auch hier lediglich in den Zeiträumen von Januar bis Oktober 1987 und von September bis Oktober 1990 die aus dem Modell hervorgehende Deterministik tatsächlich nachweisen läßt, so verlangt es in diesen Bereichen ein im Vergleich zu KRUGMAN deutlich positiveres Zinsdifferential. Da sich eine derartig konkrete Beurteilung jedoch den Bewertungsmöglichkeiten entzieht, verbleibt hier allein der Umstand erwähnenswert, daß die Ausprägung des Zinsdifferentials und die Bewegung des Wechselkurses im unteren Zielzonenbereich im Einklang zu der theoretischen Konzeption des DELGADO-DUMAS-Modells stehen; für den oberen Zielzonenbereich gilt dieser theoretische Zusammenhang hingegen nicht.

Insofern halten wir als Ergebnis fest, daß das DELGADO-DUMAS-Modell insgesamt einige Anhaltspunkte beinhaltet, um den FF/DM-Wechselkursverlauf innerhalb der gegebenen Zielzone sowie in der unteren Zielzonenhälfte die gleichzeitige Korrespondenz mit einem positiven Zinsdifferential durch den Einsatz intramarginaler Interventionen zu erklären. Gleichwohl steht der aus dem Modell hervorgehende Umstand des Vorliegens einer perfekt glaubwürdigen Zielzone nicht im Einklang zur Realität, und die Deterministik zwischen dem Wechselkurs und dem Zinsdifferential entzieht sich im oberen Zielzonenbereich vollständig einer theoretischen Erklärung.

Exogene Realignmenterwartungen

Mit der Einführung der Drift-Adjustment-Methode in die Zielzonenbetrachtungsweise konnte ein oberhalb (unterhalb) der zentralen Parität verlaufender Wechselkurs mit einem gleichzeitig positiven (negativen) Zinsdifferential theoretisch erklärt werden. Wie wir bereits infolge der Ausführungen zum KRUGMAN-Modell erkannt haben, geht die Bewegung des FF/DM-Wechselkurses jedoch nur in wenigen Ausnahmen mit der dort abgeleiteten Deterministik innerhalb der Zielzone einher. Tatsächlich beobachten wir einen vorwiegend im oberen Zielzonenbereich verlaufenden Wechselkurs, der in Verbindung zu einem positiven Zinsdifferential steht (November 1987 bis August 1990, November 1990 bis Mai 1993 und Juli 1993). Diese Begleiterscheinung exemplifiziert die Drift-Adjustment-Methode mit dem Hinweis, daß zu den aufgezeigten Zeitpunkten jeweils exogene Realignmenterwartungen der Wirtschaftssubjekte vorgelegen haben, die sich gegen die obere FF/DM-Zielzonengrenze richteten. Anstelle der im Modell angelegten stabilitätsorientierten Aufwertungserwartung (Abwertungserwartung) für den französischen Franc (die Deutsche Mark) haben die Devisenmärkte offenbar über die Bildung ihrer destabilisierenden Realignmenterwartungen erreicht, daß sich vorwiegend eine abwertende (aufwertende) Tendenz für den französischen Franc (die Deutsche Mark) innerhalb der Zielzone ergeben hat. Die aus dem Modell hervorgehende Endogenisierung des Zinses über die Wechselkursänderungserwartungen der Wirtschaftssubjekte findet sich somit in der Realität auch für die FF/DM-Zielzone wieder; sie bewirkt, daß die französische Zentralbank - um glaubwürdig zu sein - über einen längeren Zeitraum hinweg dazu gezwungen war, zur Aufrechterhaltung der bestehenden Wechselkursbandbreite ein im Vergleich zu Deutschland höheres inländisches Zinsniveau zu unterhalten. Jede andere zinspolitische Strategie hätte hierbei unweigerlich Probleme bezüglich der Aufrechterhaltung der FF/DM-Zielzone mit sich gebracht.[145] Dahingegen gelten für den unteren Zielzonenbereich sowie für den Juni 1993 die theoretischen Implikationen aus dem KRUGMAN-Modell. Sie zeigen die Abwesenheit der Realignmenterwartungen an und betonen die Dominanz von stabilisierenden Wechselkursänderungserwartungen im Band.

Insofern ist als Ergebnis zu vermerken, daß mit der Drift-Adjustment-Methode sämtliche Bereiche der FF/DM-Zielzone bezüglich der Deterministik zwischen dem Wechselkurs und dem Zinsdifferential innerhalb der Zielzone mit Hilfe von exogenen Realignmenterwartungen erklärt werden können. Da sie jedoch ebenfalls eine u-förmige Dichtefunktion des Wechselkurses verlangt, gelten hierzu die gleichen kritischen Einwände wie zum KRUGMAN-Modell.

In einem weiteren Schritt gilt es nun, die von BERTOLA und CABALLERO [1992b] aufgezeigten theoretischen Implikationen auf die FF/DM-Wechselkurszielzone anzuwenden. Dabei fällt zunächst einmal auf, daß die von ihnen gewählte Restriktion des Auftretens von Realignments allein an den Zielzonenenden keinerlei Relevanz für die FF/DM-Zielzone besitzt. Wie die Abbildung 1 bereits offenlegte, sind seit 1979 mehrfach auch dann Realignments vorgenommen worden, als sich der Wechselkurs noch im Inneren der jeweiligen Zielzone befand; gleichenteils liegen keine Informationen vor,

[145] Das Zinsdifferential konnte im Zeitverlauf allerdings immer weiter reduziert werden und erreichte im April 1991 mit 0,44 Prozentpunkten einen vorübergehenden Tiefstand. Wenngleich es bis zum August 1992 auf diesem vergleichsweise niedrigen Niveau verharren konnte, erzwangen die im September 1992 beginnenden Währungsturbulenzen wieder einen Anstieg und eine volatilere Ausprägung. Auffällig ist hierbei, daß sich infolge der Reduzierung der Zinsdifferenz, die gleichzeitig auf eine verminderte Relevanz der Realignmenterwartungsbildung durch die Wirtschaftssubjekte hindeutet, nicht gleichzeitig auch ein stabilerer Wechselkursverlauf in der Zielzonenmitte einstellte.

die ein derartiges währungspolitisches Verhalten für die in der Abbildung 21 dargestellte FF/DM-Zielzone bereits im vorhinein ausgeschlossen haben.

Konfrontieren wir die FF/DM-Zielzone nun mit dem Erklärungsansatz des BERTOLA-CABALLERO-Modells, so gelangen wir zu den folgenden Aussagen.

Die buckelförmige FF/DM-Wechselkursdichtefunktion geht im BERTOLA-CABALLERO-Modell mit einer Situation einher, in der die Wirtschaftssubjekte exogene Realignmenterwartungen in einem Umfang bilden, der auf eine primär fehlende Glaubwürdigkeit der Zielzone verweist ($\psi > 0{,}5$). Dieses Szenario korrespondiert im oberen (unteren) Zielzonenbereich mit einem positiven (negativen) Zinsdifferential. Unter der Berücksichtigung der empirischen Realität (vgl. die Abbildungen 21 und 22) zeigt sich, daß ein Großteil der Wechselkurs-Zinsdifferential-Kombinationen nun mit Hilfe von exogenen Realignmenterwartungen der Wirtschaftssubjekte erklärbar wird. Hier ist jedoch zu beachten, daß dieses nur für den Verlauf des FF/DM-Wechselkurses im oberen Zielzonenbereich gilt, da nur hier gleichzeitig auch ein positives Zinsdifferential auftritt. Nicht zu erklären sind hingegen die Zeiträume von Januar bis Oktober 1987, September bis Oktober 1990 sowie der Juli 1993, die eine zu den Modellimplikationen konträre Deterministik erkennen lassen und den Erklärungsgehalt entsprechend einschränken. Überdies wird letzterer zusätzlich dadurch beeinträchtigt, daß er eine fehlerhafte Einschätzung der Glaubwürdigkeit der FF/DM-Zielzone anhand der Wechselkursdichtefunktion erlaubt; danach handelt es sich um ein vorwiegend unglaubwürdiges Währungsband. Abschließend ist daher zu konstatieren, daß das BERTOLA-CABALLERO-Modell nur unwesentlich zu einem besseren Verständnis verschiedener Gegebenheiten in der untersuchten Zielzone beiträgt.

Im Gegensatz dazu ist die stochastische exogene Realignmenterwartungsbildung bei BERTOLA und SVENSSON [1993] zunächst einmal geeignet, die für die FF/DM-Zielzone realitätsferne Annahme eines ausschließlich an den Zielzonenenden möglichen Realignments aufzuheben und letzteres gleichenteils auch bei einer Wechselkursbewegung innerhalb der Zielzone wahrscheinlich werden zu lassen. Aufgrund dieser theoretischen Modellierung ist nunmehr zu ermitteln, inwieweit das Modell eine verständlichere Erläuterung des Zusammenhangs zwischen dem Wechselkurs und dem Zinsdifferential innerhalb der FF/DM-Zielzone ermöglicht.

a) Unter der Berücksichtigung der Gleichung (34) wird deutlich, daß Bewegungen des Wechselkurses infolge auftretender stochastischer exogener Realignmenterwartungen der Wirtschaftssubjekte entstehen können. Da BERTOLA und SVENSSON jedoch nicht einen beobachtbaren Wechselkursverlauf innerhalb einer gegebenen Zielzone erklären wollen, sondern ihre theoretischen Überlegungen vielmehr auf die Beseitigung der Interpretationsschwierigkeiten der aus den voranstehenden Modellen hervorgehenden Deterministik zwischen dem Wechselkurs und dem Zinsdifferential in einer Zielzone ausrichten, ist nunmehr danach zu fragen, inwiefern das BERTOLA-SVENSSON-Modell die Wechselkurs-Zinsdifferential-Kombinationen in der FF/DM-Zielzone erklären kann. Den bisher geläufigen strikten Zusammenhang kann das Modell insofern beheben, als es aufgrund der veränderten Modellierung mit Hilfe von stochastischen exogenen Realignmenterwartungen der Wirtschaftssubjekte sowohl eine Korrespondenz eines im oberen als auch eines im unteren Zielzonenbereich befindlichen Wechselkurses mit einem negativen oder positiven Zinsdifferential ermöglicht. Durch diese theoretische Erweiterung wird somit die dargestellte Wechselkursbewegung mit der Ausgestaltung des Zinsdifferentials in der FF/DM-Zielzone für den gesamten Zeitraum plausibel. Dieses betrifft die bis jetzt von uns vielfach nicht erklärbaren Zeiträume von November 1987 bis August 1990, November 1990 bis Mai 1993 sowie den Juli 1993. Hier bietet das Modell einen erweiterten Erklärungsansatz, d.h. das Vorliegen stochastischer exogener Realignmenterwartungen der Wirtschaftssubjekte ist in diesen Zeitabschnitten für die beobachtbaren Wechselkurs-Zinsdifferential-Konstellationen verantwortlich gewesen. Dahingegen gilt umgekehrt der Hinweis, daß die in den Zeiträumen von Januar bis Oktober 1987, September bis Oktober 1990 und im Juni 1993 gegebene Deterministik durch das Fehlen stochastischer exogener Realignmenterwartungen begründbar ist; sie ist daher konform zur Darstellung in den anderen Zielzonenmodellen.

b) In einem weiteren Schritt gehen wir auf die Frage nach der Übertragung der sich aus dem BERTOLA-SVENSSON-Modell ergebenden u-förmigen Dichtefunktion des Wechselkurses auf den FF/DM-Wechselkursverlauf ein. Wie wir hingegen bereits schon an anderer Stelle verdeutlichen konnten, ist eine derartige Dichtefunktion nicht mit den empirischen Gegebenheiten in der FF/DM-Zielzone zu vereinen. Der vornehmliche Aufenthalt an den Zielzonenenden tritt hier generell nicht auf.

Die Anwendung des BERTOLA-SVENSSON-Modells auf die FF/DM-Zielzone hat somit zwei unterschiedliche Ergebnisse hervorgebracht. Während der Erklärungsansatz hinsichtlich der Deterministik typischer Wechselkurs-Zinsdifferential-Konstellationen insgesamt vollständig plausibel wurde, stand das Modell einzig bei der Betrachtung der Wechselkursdichtefunktion in gegensätzlicher Sicht zu den empirischen Befunden. Im Vergleich zu den bisher thematisierten Zielzonenmodellen bietet es jedoch eine gesteigerte Interpretation der Realität.

Berücksichtigen wir im weiteren nunmehr noch das LINDBERG-SÖDERLIND-Modell, so erinnern wir uns, daß sich durch die gleichzeitige Modellierung exogener Realignmenterwartungen und intramarginaler Interventionen eine buckelförmige Dichtefunktion des Wechselkurses innerhalb der Bandbreite ergeben konnte. Bevor wir darauf jedoch näher eingehen, gilt es noch zu betonen, daß das Konstrukt der intramarginalen Interventionen nicht zu einer Relativierung der aus dem BERTOLA-SVENSSON-Modell hervorgehenden Ergebnisse bezüglich der Deterministik zwischen dem Wechselkurs und dem Zinsdifferential innerhalb der Zielzone führt; diese wird durch die erweiterte theoretische Modifikation bei LINDBERG und SÖDERLIND also nicht hinfällig. Letztere sind nunmehr zusätzlich in der Lage, die durch die FF/DM-Zielzone vorgegebene Eigenschaft der Dichtfunktion des Wechselkurses zu erklären. Da wir bereits im KRUGMAN-Modell deren Buckelförmigkeit ausmachen konnten, verweist das LINDBERG-SÖDERLIND-Modell, ähnlich wie das DELGADO-DUMAS-Modell, auf eine nicht durchgreifende intramarginale Interventionstätigkeit der französischen und der deutschen Zentralbank, die den beobachtbaren Wechselkursverlauf geprägt hat. Entscheidend ist in dieser Argumentation demnach wieder der Parameter ρ, der definitionsgemäß größer als null ist. Wenn wir somit in der FF/DM-Zielzone einen vorwiegend um die Mitte des oberen Zielzonenbereichs schwankenden Wechselkurs identifizieren, so geht aus dem Modell gleichzeitig hervor, daß die intramarginale Interventionstätigkeit einerseits zwar groß genug gewesen ist, um den Wechselkurs vom oberen Zielzonenende fernzuhalten, andererseits jedoch zu schwach war, um eine nachhaltige Wechselkursbewegung zur zentralen Parität zu induzieren. Das Modell legt somit nahe, daß infolge eines Anstiegs des Parameters ρ eine vermehrte Entwicklung um die zentrale Parität möglich gewesen wäre.[146] Aber ungeachtet dessen ist vielmehr der modelltheoretisch bestimmte Erklärungsansatz wichtig, der die vorhandene Wechselkursdichtefunktion - zusätzlich zur Deterministik - in allen Bereichen als plausibel ausweist. Die Implikationen des LINDBERG-SÖDERLIND-Modells können somit vollständig auf die FF/DM-Zielzone übertragen werden. Einzig verbleibt der Umstand, der die Realignmenterwartungen der Wirtschaftssubjekte nach wie vor als exogen bestimmt, kritisierbar; er verhindert, die genauen Ursachen für eine beobachtbare Realignmenterwartungsbildung zu hinterfragen.

Endogene Realignmenterwartungen

Im weiteren gilt es nun zu prüfen, inwieweit unter dem realitätsspezifischen Aspekt der Endogenität der Realignmenterwartungen im TRISTANI-Modell eine weiterreichendere Interpretation der FF/DM-Zielzone möglich ist. Wie aus der Gleichung (42) bereits bekannt ist, können Wechselkursbewegungen innerhalb der Zielzone u.a. infolge endogener Realignmenterwartungen auftreten, deren Ursache in dem Modell annahmegemäß bestimmt ist. Gleichwohl ist es uns ebenfalls geläufig, daß z.B. die Ausführungen von ROSE und SVENSSON [1994], CHEN und GIOVANNINI [1997] sowie von KEMPA und NELLES [1999] auf alternative Erklärungsansätze für das Auftreten endogener Realignmenterwartungen zurückgreifen. Daher ist im folgenden der Frage nachzugehen, in welchem Ausmaß eine Übereinstimmung zwischen den aus dem Modell hervorgehenden Implikationen und den empirischen Verläufen in der FF/DM-Zielzone besteht und welche Faktoren hinter der Endogenität - sofern sie für die FF/DM-Zielzone überhaupt vorliegt - stehen.

a) Die in der FF/DM-Zielzone auftretenden Wechselkurs-Zinsdifferential-Konstellationen lassen sich weitgehend durch die aufgezeigten Modellzusammenhänge erklären. Danach ist es nunmehr so, daß, ausgehend von einem an der oberen (unteren) Zielzonengrenze links (rechts) der Free-Float-Funktion liegenden Tangentialpunkt der Wechselkursfunktion, die im oberen FF/DM-Zielzonenbereich vorhandene Korrelation des Wechselkurses mit einem positiven Zinsdifferential plausibel zu vereinen ist. Hier wird deutlich, daß das Modell unter der Berufung auf endogene Realignmenterwartungen für den überwiegenden Zeitraum in einem konsistenten Einklang zur Empirie steht. Dieses gilt jedoch nicht für die Wechselkursverläufe unterhalb der zentralen Parität;

[146] Diese Aussage kann natürlich nur gelten, wenn der Umfang der Devisenreserven vernachlässigt wird.

sie stehen auch dann in einer Diskrepanz zum TRISTANI-Modell, wenn wir einen an der oberen (unteren) Zielzonengrenze rechts (links) der Free-Float-Funktion auftretenden Tangentialpunkt der Wechselkursfunktion unterstellen würden, da bis auf den Juni 1993 insgesamt kein negatives Zinsdifferential ersichtlich wird. Aber ungeachtet dessen dokumentiert das Modell, daß sich endogene Realignmenterwartungen in der FF/DM-Zielzone für die beschriebenen Wechselkurs-Zinsdifferential-Konstellationen in der oberen Zielzonenhälfte verantwortlich gezeigt haben.

b) Betreffend der Dichtefunktion des Wechselkurses geht aber auch aus dem TRISTANI-Modell deren U-Förmigkeit hervor. Hier zeigt sich, daß auch dieses Modell die ausgewiesene FF/DM-Dichtefunktion nicht zu erklären vermag.

c) Unter der Berücksichtigung der Gleichung (42) - $\alpha j \equiv$ konstant - wird deutlich, daß vor allem die destabilen Wechselkursverläufe von November bis Dezember 1987, Juli bis Dezember 1988, September bis Dezember 1989, November 1990 bis Februar 1991, April bis Dezember 1991, Juni bis September 1992 sowie im Juli 1993 - vgl. die Abbildung 21 - auf das Vorliegen endogener Realignmenterwartungen der Wirtschaftssubjekte zurückzuführen sind, die über den Parameter ρ zum Ausdruck kommen. Infolge dieser Bemerkungen bietet es sich daher an, zunächst die mit dem vorhandenen Preisdifferential zusammenhängenden Implikationen einer genauen Prüfung zu unterziehen.

Aus der Abbildung 23 geht hervor,[147] daß das deutsche durch das französische Preisniveau zu Beginn des Betrachtungszeitraums deutlich überschritten wurde. In der Zeit danach bewegten sich beide Preissteigerungsraten hingegen aufeinander zu, was sich jedoch fast überwiegend auf anhaltende Preissteigerungen in Deutschland zurückführen läßt; im Juli 1991 entsprechen sie sich erstmals. In der Folgezeit driften sie allerdings wieder in einer eher volatilen Form auseinander, wobei die deutsche Preissteigerungsrate kontinuierlich höher ist als die in Frankreich. Auf der Basis einer Indexwertberechnung ergibt sich dadurch eine kumulierte Preisdifferenz, die in der Abbildung 24 dargestellt ist.[148]

Mit Blick auf einzelne Zeitabschnitte in der FF/DM-Zielzone wird vor dem Hintergrund des TRISTANI-Modells z.B. der sich bis zum Dezember 1989 ergebende Wechselkursverlauf plausibel, der als ein von den Märkten bewußt veranlaßter Verlauf zur Vermeidung einer anhaltenden Überbewertung (Unterbewertung) des französischen Francs (der Deutschen Mark) angesehen werden kann. Während die bis zum Ende des Jahres 1990 einsetzende Aufwertung (Abwertung) des Francs (der Mark) mit Blick auf die Verringerung der Preisdivergenz erklärbar wird, sind die ab dem Jahre 1991 ausgewiesenen Wechselkursbewegungen nicht mit der ausgewiesenen Preisentwicklung kompatibel, da aufgrund der höheren Preise in Deutschland eine weitere nominale

[147] Quelle zu den in der Abbildung 23 verwendeten Daten: IMF, International Financial Statistis, CD-Version.

[148] Quelle: Eigene Berechnungen auf der Grundlage der in der Abbildung 23 verwendeten Daten.

Abbildung 23

Die Preisentwicklung zwischen Frankreich und Deutschland, Veränderung in v.H. gegenüber dem Vorjahr

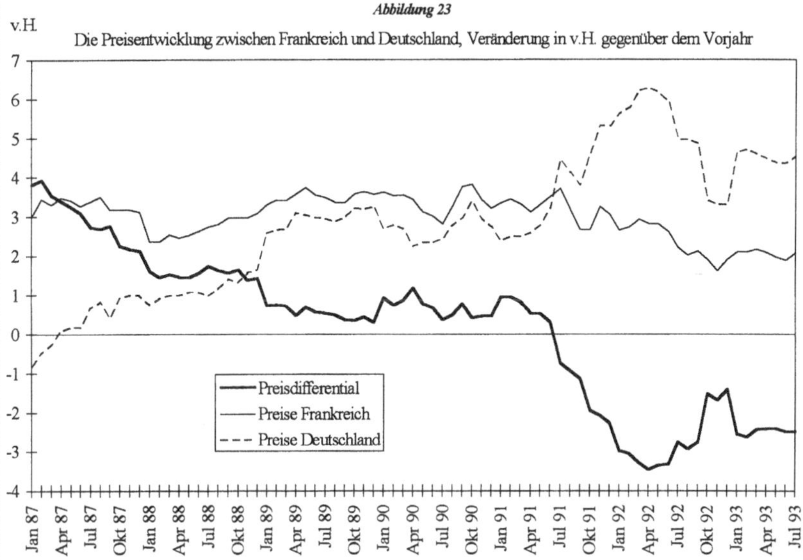

Abbildung 24

Das Preisdifferential zwischen Frankreich und Deutschland, Januar 1987 = 100

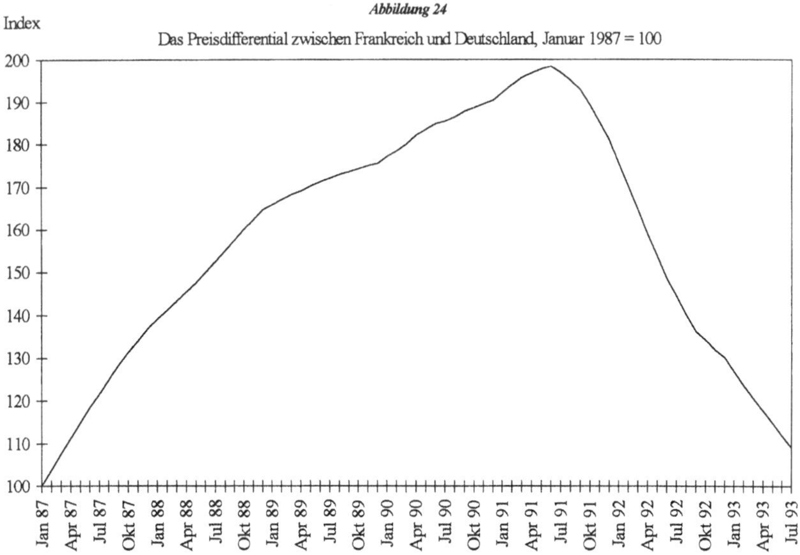

Aufwertung (Abwertung) des Francs (der Mark) verständlicher gewesen wäre. Die eintretende reale Unterbewertung (Überbewertung) des letzteren (der letzteren) signalisiert hierbei möglicherweise, daß die Märkte die aktuell erhöhte Preisentwicklung in Deutschland offenbar als temporär einstuften, sie im Wege der deutschen Wiedervereinigung als unvermeidbar und unter Berücksichtigung des in Deutschland seit den sechziger Jahren währenden Anspruchs einer primär geltenden Preisstabilität als nicht bedenklich einschätzten.[149] Dieses legt dann aber den Schluß nahe, daß die Deutsche Mark zu diesem Zeitpunkt eine höhere Glaubwürdigkeit gegenüber dem französischen Franc besessen haben muß, die unabhängig von den realwirtschaftlichen Gegebenheiten bestand. Auf der Grundlage des TRISTANI-Modells ist somit eine bis zum Dezember 1990 vorliegende endogene Realignmenterwartungsbildung der Wirtschaftssubjekte in der FF/DM-Zielzone sehr wohl auch inhaltlich abzuleiten, die die aus dem Modell hervorgehenden Abwertungserwartungen für den französischen Franc im oberen Zielzonenbereich zusätzlich unterstützen. Von Januar 1991 bis zum Juli 1993 bietet das auf der Basis der Preisdifferenz hergeleitete Konstrukt der endogenen Realignmenterwartungen jedoch keinen zwingenden Erklärungsansatz; dennoch muß mit Blick auf die Endogenität auch hier davon ausgegangen werden, daß von den aktuellen realwirtschaftlichen Bedingungen losgelöste Erwartungen der Wirtschaftssubjekte, die sich auf ein in der Vergangenheit erzieltes Vertrauen gründeten, den nominalen Wechselkursverlauf prägten.

Zum Zeitpunkt des Ausbruchs der Währungskrise wies Frankreich eine im Vergleich zu Deutschland um 2,47 Prozentpunkte geringere Preissteigerungsrate auf. Nehmen wir diesen Umstand, so könnte er als erstes Indiz einer Grundlage für den Zusammenbruch der FF/DM-Zielzone im Wege endogener Realignmenterwartungen zu werten sein. Dieses wird von der Empirie jedoch widerlegt: Da sich die Abwertungserwartungen gegen den französischen Franc richteten, können sie nicht auf der Basis der bestehenden Preisdifferenz zwischen beiden Ländern erfolgt sein. Im Zuge dessen hätte sich vielmehr eine Abwertung der Deutschen Mark zeigen müssen. Diese Aussage wird allerdings durch die in der Abbildung 24 ausgewiesene kumulierte Preisdifferenz verworfen. Sie weist für den Juli 1993 einen nur noch geringfügigen Aufholbedarf seitens Frankreichs aus. Inwiefern dieser jedoch als Auslöser für eine Währungskrise anzusehen ist, mag an dieser Stelle strittig diskutiert werden. Wichtig ist vielmehr, daß hiermit das auf der Grundlage der Abbildung 23 basierende Ergebnis relativiert wird und eine Angleichung an die Empirie, die eine Abwertung des französischen Francs hervorbringt, gelingt.

Ein weiterer Faktor, der eine abwertende endogene Realignmenterwartungsbildung gegen den französischen Franc eventuell nachhaltiger begründen kann, ist anhand der gesamtwirtschaftlichen Situation in Deutschland und Frankreich in den Jahren 1992 und 1993 auszumachen. Hierbei steht die wirtschaftspolitische Reaktion der Deutschen Bundesbank auf die im Wege der deutschen Wiedervereinigung entstandene vermehrte Preissteigerung im Vordergrund der anstehenden Betrachtung. Zur Eindämmung der

[149] Ähnlich argumentiert das DIW [1993, S. 494].

inländischen inflationären Tendenzen, die durch die erforderliche Ausweitung der Geldmenge in den neuen Bundesländern erst ermöglicht wurden, beschritt die Deutsche Bundesbank einen zunehmend restriktiven geldpolitischen Kurs. Die zur Rückführung des Preisniveaus eingeleitete Anhebung des deutschen Zinsniveaus war einerseits vor dem verengten Blickwinkel einer überhitzten Binnenwirtschaft vertretbar, warf jedoch andererseits stetig steigende Probleme aufgrund der innereuropäischen Verflechtung auf. Diese gründeten sich auf die nun in Deutschland vorhandenen günstigeren Bedingungen für Kapitalanleger. Um einen umfassenden Kapitalexport nach Deutschland zu unterbinden, mußte Frankreich - wie im übrigen die anderen europäischen Länder auch - seine Zinsen ebenfalls anheben; dieses galt insbesondere auch mit Blick auf das bestehende Währungssystem, da ein Ausbleiben dieser Maßnahme zu erheblichen Glaubwürdigkeitsdefiziten und damit zu Problemen bei der Aufrechterhaltung des gesamten Zielzonensystems mit sich gebracht hätte. Insofern vollzog Frankreich die Anhebung des deutschen Zinsniveaus nach. Wenngleich beide Länder zu Beginn des Jahres 1993 eine Reduktion ihres Zinsniveaus erreichten, geriet Frankreich von dieser Seite her binnenwirtschaftlich zusätzlich unter starken Druck. Denn im Gegensatz zu Deutschland befanden sich die anderen europäischen Länder - und vor allem Frankreich - zu diesem Zeitpunkt in einer unterschiedlich stark ausgeprägten Rezession, die - vor allem auch mit Blick auf den Arbeitsmarkt - durch das hohe Zinsniveau zusätzlich verschärft wurde. In diesem Tatbestand liegt somit ein wesentliches Detail, denn es förderte die (endogene Realignment-)Erwartungshaltung der Wirtschaftssubjekte, anzunehmen, daß Frankreich dem innenpolitischen Druck zumindest mittelfristig nicht standhalten könne und im Wege sinkender französischer Zinsen ein Realignment - und damit eine Abwertung des Francs - unausweichlich sei.[150] Diese Abwertungserwartungen wurden dann offensichtlich am 29. Juli 1993 bestätigt, als die zuvor eingeleiteten Zinssenkungen der Franzosen zu einer entsprechenden Verminderung des Zinsdifferentials führten, da der deutsche Zentralbankrat das deutsche Zinsniveau unverändert beließ. Es entstanden somit endogene Realignmenterwartungen, die das zuvor beschriebene Szenario verinnerlichten und die entgegengesetzte Entwicklung der Zinsen als Signal einer expansiven französischen Wirtschaftspolitik interpretierten. Insofern bestand ein berechtigter Grund zu vermuten, daß Frankreich seine Geldpolitik künftig nicht mehr allein dem Wechselkursziel unterordnen würde.[151]

In einem abschließenden Fazit ist somit zusammenzufassen, daß das TRISTANI-Modell in einem erweiterten Umfang zur Erläuterung verschiedener Gegebenheiten innerhalb der FF/DM-Zielzone herangezogen werden kann. Sowohl die Ursachen der Endogenität der Realignmenterwartungsbildung als auch weite Teile der Deterministik zwischen dem Wechselkurs und dem Zinsdifferential ermöglichen eine verständliche Analyse.

[150] Vgl. hierzu auch SPAHN [1996, S. 525]. Frankreich lehnte ein Realignment insbesondere deshalb ab, um den Weg in die spätere Währungsunion nicht zu gefährden (vgl. MÉLITZ [1994, S. 61]).

[151] Eine im Grundsatz ähnliche Argumentation mit einer zum Teil anderen Schwerpunktsetzung offerieren hierzu SMEETS und MÖLLER [1994, S. 236 ff.]. Zusätzlich betonen sie, daß die (Weisungs-)Abhängigkeit der französischen Zentralbank ebenfalls als Merkmal für eine Reduktion der bestehenden Glaubwürdigkeit anzusehen ist.

Lediglich die Ausprägung der Dichtefunktion des Wechselkurses findet sich in der betrachteten Zielzone nicht wieder.

Spekulative Attacken

Erinnern wir uns an die dargestellten Zusammenhänge im KRUGMAN-ROTEMBERG-Modell, so trat eine spekulative Attacke immer dann ein, wenn infolge fundamentaler Veränderungen, die nicht das Geldmengenaggregat betrafen, der Wechselkurs entweder ein einziges Mal das obere Zielzonenende erreichte oder aber an letzterem entlangshiftete; der sich für den letzten Fall einstellende Devisenverbrauch war dabei solange nicht bedenklich, wie ausreichend Devisenreserven zur Verfügung standen. Von einer derartigen Wechselkurskonstellation kann jedoch mit Blick auf die Abbildung 21 innerhalb der FF/DM-Zielzone zunächst einmal für beide Szenarien nicht die Rede sein. Weder zu Beginn noch am Ende des Betrachtungszeitraums wird das Erreichen bzw. eine Wechselkursbewegung entlang der oberen Zielzonengrenze ersichtlich; dabei sind lediglich vier Bereiche zu identifizieren, in denen der Wechselkurs zwar eine gewisse Nähe zum oberen Zielzonenende aufweist (Oktober bis Dezember 1988, Dezember 1989, November 1991 bis Januar 1992, Dezember 1992), gleichermaßen aber auch eine nach wie vor nennenswerte Distanz zu diesem vorliegt. Diese Aussage wird jedoch durch die Betrachtung des FF/DM-Tageskurses in der Abbildung 25 relativiert.[152]

Abbildung 25

Der nominale tägliche FF/DM-Wechselkurs im Juli 1993

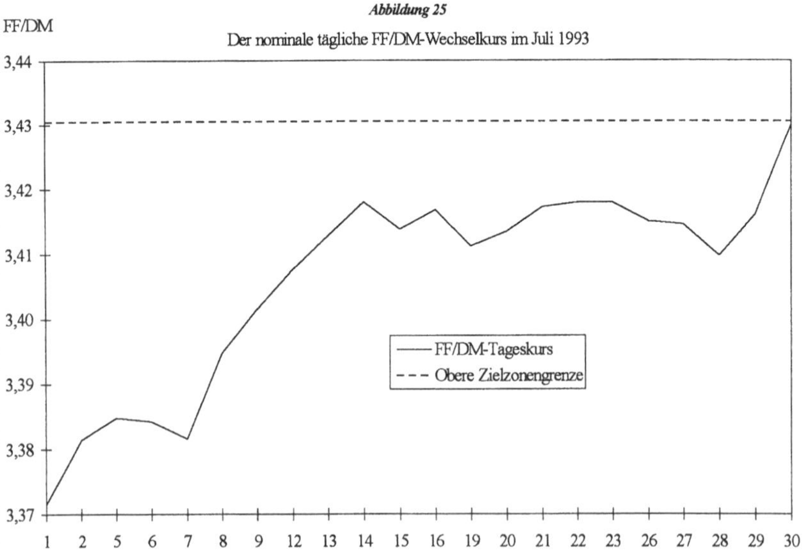

[152] Quelle zu den in der Abbildung 25 verwendeten Daten: Vgl. DEUTSCHE BUNDESBANK, Devisenkursstatistik, August 1993, S. 61.

Das Aufgreifen dieses Zeitraums erfährt seine Berechtigung zunächst durch den Umstand, daß das Entlangshiften des Wechselkurses an einem Zielzonenende bzw. dessen Erreichen im Vorfeld einer Währungskrise eher wahrscheinlich ist. Zu erkennen ist, daß der FF/DM-Wechselkurs einzig am letzten Tag der analysierten Zielzone (implizit) mit dem oberen Zielzonenende übereinstimmt. Bedenken wir den an anderer Stelle bereits getätigten Hinweis des vollständigen Verbrauchs der französischen Devisenreserven im Wege der Währungsunruhen im Juli 1993, so legt dieser Umstand zwingend einen zu diesem Zeitpunkt mit dem oberen Zielzonenende übereinstimmenden Wechselkurs nahe. Daß der Wechselkurs am 30. Juli das obere Zielzonenende tatsächlich erreicht und direkt danach eine neue Zielzone deklariert wurde, verweist unter der Berücksichtigung der modelltheoretischen Zusammenhänge auf den Eintritt einer spekulativen Attacke, die sich infolge nur geringer Devisenreserven der französischen Zentralbank einstellte. Vor dem Hintergrund des KRUGMAN-ROTEMBERG-Modells relativiert sich die Qualität dieser Aussage jedoch, da dieses gleichzeitig auch einen Übergang zu einem Free-Float-System nach sich ziehen müßte. Dieser findet allerdings nicht statt, wodurch ein wesentliches Merkmal einer spekulativen Attacke nicht direkt gegeben ist. Der im Modell beschriebene Mechanismus ist nur für den Fall plausibel, in dem der Bandbreitenerweiterung auf ± 15% eine vermehrte Nähe zu einem flexiblen Wechselkurssystem zugewiesen wird.

Darüber hinaus bestehen weitere Anhaltspunkte, die eine allumfassende theoretische Relevanz des Modells in bezug zur FF/DM-Zielzone in Frage stellen. Hierzu offeriert auch dieses Zielzonenmodell die aus dem KRUGMAN-Modell bekannte Deterministik zwischen dem Wechselkurs und dem Zinsdifferential, die schon dort nicht mit den empirischen Gegebenheiten in Einklang zu bringen war; dieses betrifft auch die Bemerkungen zur u-förmigen Dichtefunktion des Wechselkurses. Ebenso zeichnet sich ab, daß die im Modell unterstellte Annahme der ausschließlich marginalen Interventionstätigkeit für die FF/DM-Zielzone zu streng formuliert ist. Zusammen genommen ist daher schlußzufolgern, daß in diesem Beispiel keine spekulative Attacke stattgefunden hat.

Preisrigiditäten

Die im MILLER-WELLER-Modell unterstellte Trägheit der Preise gewinnt mit Blick auf die Abbildungen 19 und 23 eine für die FF/DM-Zielzone hinreichende Bedeutung, da sich für den dort ausgewiesenen Zeitraum zwar eine kontinuierliche, jedoch gleichzeitig auch eine sehr langsame und unvollständige Preisangleichung zwischen den betrachteten Ländern Deutschland und Frankreich eingestellt und zur realen Wechselkursdivergenz in der Abbildung 6 beigetragen hat. Unter der Beachtung dieser empirischen Gegebenheiten soll daher im weiteren - zum einen - die vorliegende Wechselkurs-Preis-Deterministik sowie die Wechselkursdichtefunktion überprüft und - zum anderen - der Frage nachgegangen werden, ob das MILLER-WELLER-Modell eine anhaltende Divergenz in der realen Wechselkursentwicklung erklären kann.

a) Zur Analyse der Deterministik ist zunächst eine definitorische Vorbemerkung erforderlich. Diese bezieht sich auf den modelltheoretischen Umstand eines positiven oder negativen Preisschocks, der sich bei *konstantem* ausländischen Preisniveau allein durch Veränderungen des heimischen Preisniveaus einstellt. Mit Blick auf die Abbildungen 19 und 20 - sowie speziell für den französischen Franc auf die Abbildung 23 - ist jedoch zu erkennen, daß die Annahme einer ausländischen Preiskonstanz nicht den empirischen Gegebenheiten entspricht. Um das Vorliegen und die Richtung eines Preisschocks hinkünftig in adäquater Weise beurteilen zu können, betrachten wir in Folge allein die Bewegungen des ausgewiesenen Preisdifferentials. Ein positiver (negativer) Preisschock liegt fortan in Situationen vor, in denen das Preisdifferential - ausgehend von einer ausgeglichenen Konstellation - steigt (fällt).

Beziehen wir diese Überlegungen auf die Abbildung 23, so ist das sich in der Ausgangssituation nach dem Realignment vom Januar 1987 einstellende positive Preisdifferential als positiver Preisschock zu interpretieren, der in den folgenden Jahren zwar anhält, sich aber gleichzeitig kontinuierlich abschwächt und im Juli 1991 erstmals - und bis zum Ende des Betrachtungszeitraums andauernd - negativ wird; in dem Modell resultiert also ein Punkt rechts der Ordinate. Nehmen wir diese zwei Phasen, so müßte der positive Preisschock der ersten Phase entsprechend der Deterministik im MILLER-WELLER-Modell mit einem durchweg im unteren Zielzonenbereich verlaufenden Wechselkurs einhergehen. Tatsächlich aber findet sich dieser stabile Zusammenhang in der Abbildung 21 allein für die Zeiträume Januar bis Oktober 1987 und September bis Oktober 1990 wieder; für die restliche Zeit liegt eine ausschließliche Wechselkursbewegung in der oberen Zielzonenhälfte vor. Für die im Juli 1991 beginnende zweite Phase einer negativen Preisschockinterpretation ist hingegen eine vollständige stabile Übereinstimmung mit der Empirie gegeben, da zugleich auch eine ausschließliche Wechselkursbewegung oberhalb der zentralen Parität stattfindet.

Betrachten wir die bei MILLER und WELLER angelegte Deterministik von einer anderen Seite her, so geht bei ihnen sowohl im oberen als auch im unteren Zielzonenbereich ein steigender Preis mit einem sinkenden Wechselkurs einher, und vice versa. Diesen Zusammenhang spiegelt die FF/DM-Zielzone - immer mit Blick auf den Vormonat - aber lediglich in 44,3% der Fälle wieder. Hiervon sind jedoch zumeist nur einzelne oder zwei aufeinanderfolgende Monate betroffen; eine längere Phase zeigt sich allein von Juni bis September 1988 und von Mai bis Dezember 1991. Unter der Einrechnung sämtlicher Aussagen zur Deterministik gilt es daher zu bemerken, daß das MILLER-WELLER-Modell allenfalls die Hälfte der vorhandenen Wechselkurs-Preis-Konstellationen als stabil zu identifizieren vermag. Die andere Hälfte betrifft dabei instabile Bereiche, die durch den ersten und dritten Quadranten markiert sind. Zu der aus dem Modell hervorgehenden u-förmigen Dichtefunktion des Wechselkurses gelten wieder die schon aufgezeigten Bemerkungen in analoger Weise.

b) In einem weiteren Schritt ist nun der eingangs beschriebene zweite Teil der dort angeführten Problemstellung relevant. Dazu kann sich die Betrachtung lediglich auf die deterministisch einwandfreien Bereiche erstrecken, da in den instabilen Regionen bereits a priori ein nicht durch das Modell erklärbarer Wirkungszusammenhang besteht.

- Für die Zeiträume von Januar bis Oktober 1987 und September bis Oktober 1990 löst der positive Preisschock entsprechend der Modellimplikationen auch eine Aufwertung - und damit einen Wechselkursverlauf im unteren Zielzonenbereich - des französischen Francs aus. Die Rückkehr zur zentralen Parität läßt dabei auf die Umsetzung einer vorhandenen Abwertungserwartung für den Franc schließen. Da sich im Oktober 1987 und im Oktober 1990 allerdings kein Ausgleich des Preisdifferentials vollzogen hat, kann sich die Entwicklung nicht entlang des von MILLER und WELLER postulierten Sattelpfades ergeben haben. Eine Erklärung dieses Sachverhaltes ergibt sich aus dem Modell dahingehend, daß sich der Wechselkurs und das Preisdifferential entweder in unzusammenhängenden Schritten bewegten oder aber überhaupt kein direkter Zusammenhang zwischen diesen Größen bestand.
- Entsprechend andere Ergebnisse erhalten wir, wenn wir das ab Juli 1991 in Deutschland vorhandene höhere Preisniveau im Vergleich zu Frankreich zum Anlaß nehmen und einen links der Ordinate relevanten Punkt auf der Abszisse markieren. Dieser verlangt einen allgemein in der oberen Zielzonenhälfte befindlichen Wechselkurs, den die FF/DM-Zielzone auch tatsächlich ausweist. Die Tatsache, daß bis zum Ende des Betrachtungszeitraums sowohl der Wechselkurs nicht zur zentralen Parität zurückkehrt als auch kein Ausgleich des Preisdifferentials stattfindet, erklärt das MILLER-WELLER-Modell durch den Fortbestand der Aufwertungserwartungen für den französischen Franc, die offensichtlich nicht ausreichend umgesetzt wurden. Wenngleich der Interpretationsgehalt dieses Szenarios vergleichsweise hoch ist, so wird mit Blick auf den konkreten Bewegungsablauf eine in nur 40% der relevanten Fälle vereinbare Deterministik eines steigenden (fallenden) Wechselkurses mit einem fallenden (steigenden) Preisdifferential deutlich. Dieses Resultat reduziert daher den Aussagegehalt des zuvor abgeleiteten Ergebnisses.

In einer kritischen Würdigung dieses Modells ist somit im Hinblick auf die FF/DM-Zielzone zusammenfassend zu sagen, daß die von MILLER und WELLER angedachten modelltheoretischen Abläufe offenbar keine direkte Relevanz innerhalb der FF/DM-Zielzone besitzen und teilweise nur zu Beginn der modellspezifischen Argumentationskette mit der empirischen Realität zu vereinen sind. Die hier vorhandenen Defizite übertragen sich gleichermaßen auch auf weitere Implikationen des Modells, da bei der vorhandenen Deterministik zwischen dem Wechselkurs und dem Preisdifferential vermehrte Differenzen sowie bei der Ausgestaltung der Dichtefunktion des Wechselkurses ein vollständiger Dissens mit der Empirie bestehen. Insofern gilt es abschließend zu bemerken, daß mit Hilfe des MILLER-WELLER-Modells nur bedingte Erklärungsansätze bezüglich der Interaktionen in der FF/DM-Zielzone möglich sind, die sich gleichermaßen auch auf die Interpretation der Wechselkurs-Zinsdifferential-Kombinationen beziehen.

Mit Blick auf die Ausgestaltung der FF/DM-Dichtefunktion ist das BEETSMA-VAN DER PLOEG-Modell eher geeignet, diese anschaulicher zu erklären. Der Umstand, daß eine buckelförmige Dichtefunktion zu identifizieren ist, läßt unter der Berücksichtigung der Abbildung 17 darauf schließen, daß eine Situation vorgelegen hat, die durch die TT_2-

Funktion gekennzeichnet ist. Demzufolge wurde in den stabilen Bereichen seitens der beteiligten Zentralbanken eine intramarginale Interventionsstrategie verfolgt, die beobachtbare Veränderungen des Preisdifferentials unterakkomodierte. Dieses setzt im Modell nahe null liegende Zinsdifferentiale sowie eine lediglich geringfügige reale Wechselkursvolatilität voraus. Erstere sind jedoch vornehmlich nur zwischen Februar 1991 und Juli 1992 ersichtlich, während letztere durch die Abbildung 6 tatsächlich ausgewiesen wird. Generell zeigt sich mit diesem Modell aber eine erhöhte Interpretation der Empirie.

Der Glaubwürdigkeitstest

In diesem Abschnitt wollen wir nun dazu übergehen, die zuvor analysierte Wechselkurszielzone auf ihre vorhandene Glaubwürdigkeit hin zu untersuchen, da einige Zielzonenmodelle ein Glaubwürdigkeitsproblem signalisierten. Zu diesem Zweck bedienen wir uns des im Kapitel II vorgestellten Bewertungsverfahrens von HULL [1997, S. 63 f.] und wenden es in einer isolierten Betrachtungsweise auf den ausgewählten Untersuchungsgegenstand an. Hierbei gilt es allgemein zu bedenken, daß Zinsdifferentiale, die ungleich null sind, einen vom aktuellen Wechselkurs losgelösten Future-Wechselkursverlauf bewirken. Inwieweit dieses Szenario die Glaubwürdigkeit der ausgewählten Bandbreite beeinträchtigt hat, ist nunmehr zu hinterfragen.

Der für den französischen Franc charakteristische Wechselkursverlauf ist hinsichtlich seines Future-Wertes in der Abbildung 26 berechnet worden.[153]

Zu erkennen ist, daß der Wert des Future-Wechselkurses den des aktuellen Kassakurses fast durchweg übersteigt und somit ein Glaubwürdigkeitsproblem signalisiert. Dieses ist insofern nachvollziehbar, da ein derartiges Szenario immer dann eintritt, wenn in der Gleichung (65) ein positives Zinsdifferential in Ansatz zu bringen ist. Wie wir bereits schon wissen, liegt allein im Juni 1993 ein negatives Zinsdifferential vor, infolgedessen der Future-Wechselkurs für diesen Monat unterhalb des aktuellen Wechselkurses verläuft.[154]

Auf den zweiten Blick fällt auf, daß sich - mit wenigen Ausnahmen - der aktuelle Wechselkurs und der Future-Wechselkurs tendenziell in die gleiche Richtung bewegen und sich letzterer für den überwiegenden Teil des Betrachtungszeitraums innerhalb der auferlegten Zielzone befindet. Dennoch gilt es, zwei Besonderheiten hervorzuheben.

a) Zum einen hat die fehlende Glaubwürdigkeit der FF/DM-Zielzone zwar einen abwertenden Future-Wechselkurs hervorgerufen; dieses ist jedoch um so erstaunlicher, als selbst die sehr stabile Phase von Januar bis Oktober 1987 mit einem weitaus höheren Future-Wechselkurs einherging. Unter der Berücksichtigung des weiteren Wechselkursverlaufs ist diese Differenz, die sich im Zeitverlauf durch den Rückgang der Zinsdifferentiale mitunter deutlich abschwächte, als eine der höchsten überhaupt in der

[153] Quelle für die in der Abbildung 26 verwendeten Daten: Vgl. die Angaben zu den Abbildungen 21 und 22.

[154] Kassakurs: 3,3662 FF/DM, Future-Wechselkurs: 3,3652.

FF/DM-Zielzone anzusehen. Hier zeigt sich, daß ein unterhalb der zentralen Parität verlaufender Kassakurs offensichtlich nur durch eine französische Hochzinspolitik möglich war. Die Zinsdifferentiale zu Deutschland, die gerade zu Beginn des Betrachtungszeitraums besonders groß waren und zumeist über 4% betrugen, sind somit als Indiz einer auf die Beseitigung vorhandener Glaubwürdigkeitsdefizite ausgerichteten französischen Währungspolitik zu sehen.

Abbildung 26

Der nominale Future-Wert für den FF/DM-Wechselkurs

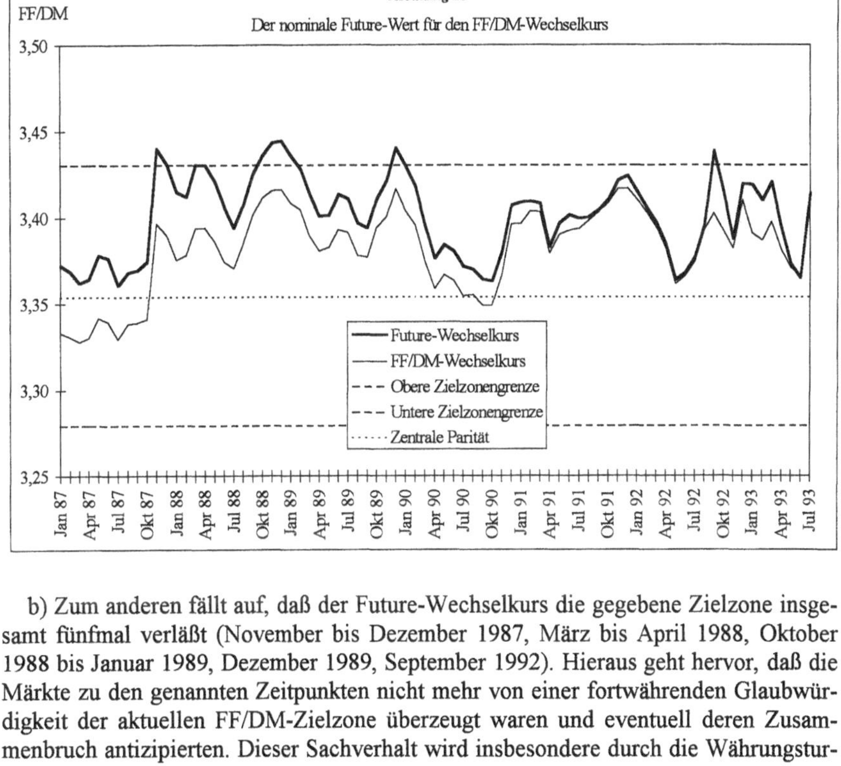

b) Zum anderen fällt auf, daß der Future-Wechselkurs die gegebene Zielzone insgesamt fünfmal verläßt (November bis Dezember 1987, März bis April 1988, Oktober 1988 bis Januar 1989, Dezember 1989, September 1992). Hieraus geht hervor, daß die Märkte zu den genannten Zeitpunkten nicht mehr von einer fortwährenden Glaubwürdigkeit der aktuellen FF/DM-Zielzone überzeugt waren und eventuell deren Zusammenbruch antizipierten. Dieser Sachverhalt wird insbesondere durch die Währungsturbulenzen im September 1992 plausibel, wenngleich der Future-Wechselkurs die Zielzone nur kurzfristig verließ. Gleichwohl ist aber auch eine nachhaltige Rückkehr des letzteren in die Bandbreite ersichtlich, die aufgrund des vorliegenden Zahlenmaterials auf eine Senkung des Zinsdifferentials sowie auf eine nominale Aufwertung des französischen Francs, die wiederum auf intramarginale Interventionen schließen läßt, zurückzuführen ist. Dennoch halten wir fest, daß die bilaterale Währungspolitik den Märkten zu den genannten Zeitpunkten keine ausreichende Glaubwürdigkeit der FF/DM-Zielzone für die Zukunft vermitteln konnte; damit werden verschiedene Aussagen zuvor thematisierter Wechselkurszielzonenmodelle gestützt, die diesen Umstand bereits hervorhoben.

Hinsichtlich einer abschließenden Beurteilung bezüglich der innerhalb der FF/DM-Zielzone allgemein vorhandenen Glaubwürdigkeit können prinzipiell zwei unterschiedliche Positionen eingenommen werden. Sofern darauf verwiesen wird, daß der Future-Wechselkurs für den überwiegenden Teil des Betrachtungszeitraums innerhalb der Zielzone verläuft und die außerhalb liegenden Werte lediglich 12,7% des gesamten Zeitraums ausmachen, so kann gefolgert werden, daß der FF/DM-Zielzone eine grundsätzliche Glaubwürdigkeit nicht abgesprochen werden kann. Wird hingegen bedacht, daß der Future-Wechselkurs auch innerhalb der Zielzone in weiten Teilen (67,1%) im oberen Bereich der oberen Zielzonenhälfte liegt und sich somit hauptsächlich in der Nähe der oberen Zielzonengrenze als bei der zentralen Parität befindet, so wird eine Beeinträchtigung der Glaubwürdigkeit ersichtlich. Von diesem Standpunkt her ist demnach im allgemeinen zu konstatieren, daß der FF/DM-Zielzone oftmals Glaubwürdigkeitsprobleme zu eigen sind (November 1987 bis März 1990, Dezember 1990 bis April 1992, August 1992 bis April 1993, Juli 1993).

1.3.2. Der holländische Gulden

Infolge der im EWS einzigartigen währungspolitischen Anlehnung der niederländischen an die deutsche Geldpolitik, die eine konsequente Bindung des holländischen Gulden an die Deutsche Mark zur Folge hatte,[155] gewinnt eine genaue Betrachtung der hfl/DM-Wechselkurszielzone, die über den insgesamt sehr langen Zeitraum von zehneinhalb Jahren fortbestand, mit Hilfe der Zielzonenmodelle vor allem unter diesem Aspekt eine besondere Qualität. Die Vorgehensweise richtet sich dabei analog zu der des französischen Francs, d.h. die anstehende Untersuchung bezieht sich auf die bereits bekannten Zielzonenmodelle.

Das Krugman-Modell

Hinsichtlich der von KRUGMAN [1991] unterstellten realen Wechselkurskonstanz zeigt die Abbildung 6 eine für den Betrachtungszeitraum durchweg gegebene reale Aufwertung des holländischen Gulden gegenüber der Deutschen Mark. Wenngleich diese Überbewertung bereits zu Beginn des Jahres 1983 schon relativ moderat ist, so schwächte sie sich zusätzlich bis zum Juli 1993 kontinuierlich ab. Dennoch ist zu konstatieren, daß die Krugmansche Annahme einer allgemeinen Wechselkurskonstanz - wenn auch nur sehr geringfügig - nicht mit den tatsächlichen Gegebenheiten in der hfl/DM-Zielzone zu vereinen ist; diese Aussage wird insbesondere auch durch die jeweiligen Verläufe in den Abbildungen 19 und 27 gestützt.[156]

[155] Mit dem Beitritt Österreichs zum EWS am 9. Januar 1995 koppelte nach den EWS-Krisen ein weiteres Land seine Geldpolitik vollständig an die der Deutschen Bundesbank.

[156] Quelle zu den in der Abbildung 27 verwendeten Daten: Vgl. die Angaben zu den Abbildungen 1 bis 3.

Die ausgewiesenen Preis- und Wechselkursverläufe lassen hierbei erkennen, daß die geringfügigen Preis- und Wechselkursvolatilitäten von 1983 bis 1985 einen Ausgleich der realen Wechselkursverhältnisse verhinderten. Dahingegen schwächten die ab 1986 im Vergleich zu Deutschland sinkenden Preise in den Niederlanden und die ab 1990 in Deutschland im Wege der Wiedervereinigung steigenden Preise nachgerade die Überbewertung des holländischen Gulden ab, die durch die gleichzeitig vorhandenen schwachen nominalen Wechselkursbewegungen um die zentrale Parität zusätzlich unterstützt wurden, ohne sie jedoch gänzlich zu beseitigen. Hieraus wird somit ersichtlich, daß die von KRUGMAN unterstellte Modellwelt bei einer strengen Auslegung der empirischen Verläufe keine Kongruenz mit der hfl/DM-Zielzone aufweist.

Abbildung 27

Der nominale hfl/DM-Wechselkurs von April 1983 bis Juli 1993

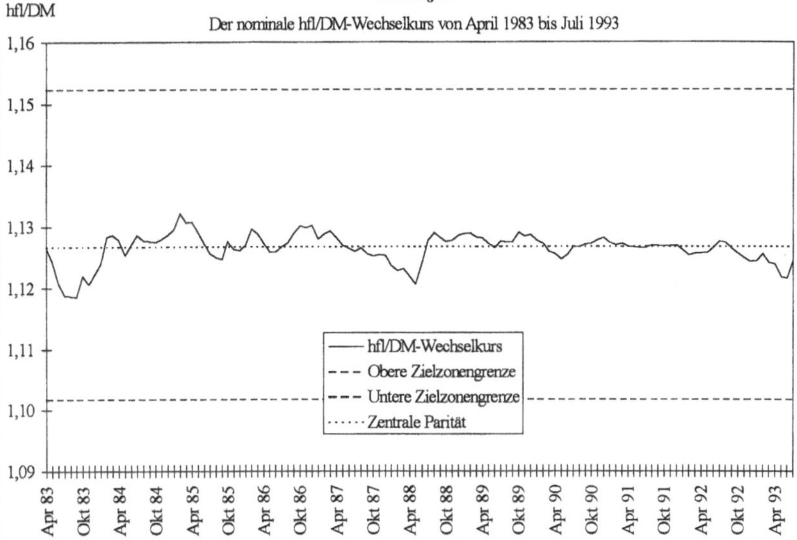

In einem weiteren Schritt gilt es nun, die Vereinbarkeit der „kritischen" Annahmen mit der hfl/DM-Zielzone kritisch zu beleuchten.

a) Ebenso wie beim französischen Franc gilt auch hier, mit der gleichen Begründung, der Umstand, daß von einer perfekt glaubwürdigen Zielzone nachgerade nicht ausgegangen werden kann. Wenngleich sich für die hfl/DM-Zielzone seit dem Beginn des EWS lediglich zwei Realignments einstellten und gerade die aktuelle Bandbreite über einen insgesamt sehr langen Zeitraum fortbestand, so waren Realignments jedoch auch für diese Zielzone prinzipiell nicht ausgeschlossen. Dabei ist die Wahrscheinlichkeit des letzteren nicht weiter interessant; einzig ist die administrativ vorhandene Möglichkeit eines solchen relevant.

b) Die von KRUGMAN postulierte ausschließlich marginale Interventionstätigkeit der Zentralbanken gilt ebenfalls nicht für die hfl/DM-Zielzone. Aufgrund des in der Abbildung 27 beinhalteten Wechselkursverlaufs ist nicht auszuschließen, daß intramarginale Interventionen, die administrativ durchaus vorgesehen waren, das dargestellte Szenario gleichenteils geprägt haben. Aber auch hier kommt es lediglich darauf an, daß der Einsatz intramarginaler Interventionen nicht im Wege vertraglicher Vereinbarungen unterbunden war.

Was den s-förmigen Wechselkursverlauf angeht, so gelten für die hfl/DM-Zielzone die gleichen Bemerkungen wie zum französischen Franc. Daher ist im weiteren ebenso davon auszugehen, daß die Relevanz des Honey-Moon- und des Smooth-Pasting-Effekts nicht bereits schon a priori auszuschließen ist. Wenngleich ihr Auftreten in der hfl/DM-Zielzone zunächst einmal nicht exakt zu lokalisieren ist, so rechtfertigt dieses nicht gleichzeitig auch den Umkehrschluß ihrer folglich nicht vorhandenen Bedeutung.

Infolgedessen verbleibt abschließend wieder der Blick auf die aus dem KRUGMAN-Modell hervorgehenden Aussagen bezüglich der Deterministik zwischen dem Wechselkurs und dem Zinsdifferential innerhalb der Zielzone sowie der dort beobachtbaren Wechselkursdichtefunktion.

a) Hinsichtlich der im KRUGMAN-Modell verankerten strikten Deterministik gehen in der hfl/DM-Zielzone generell sowohl positive als auch negative Zinsdifferentiale mit einem oberhalb bzw. unterhalb der zentralen Parität verlaufenden Wechselkurs einher. Dieser Tatbestand geht unmittelbar aus den Abbildungen 27 und 28 hervor.[157]

Aufgrund der Vielzahl der vorhandenen Konstellationen greifen wir die markanten Situationen eines oberhalb (unterhalb) der zentralen Parität verlaufenden Wechselkurses heraus und überprüfen, dem Krugmanschen Sinne folgend, inwiefern eine simultane Korrespondenz mit einem negativen (positiven) Zinsdifferential gegeben ist.

- Für den Fall eines negativen Zinsdifferentials ist die typische Korrelation zu einem im oberen Zielzonenbereich verlaufenden Wechselkurs lediglich im Oktober 1990 und im September 1991 zu erkennen; dieses betrifft insgesamt nur 3,1% der relevanten Zeiträume, in denen der Wechselkurs auch tatsächlich oberhalb der zentralen Parität vorzufinden ist. Infolgedessen zeigt sich vielmehr ein vorherrschender Einklang eines oberhalb der zentralen Parität verlaufenden Wechselkurses mit einem positiven Zinsdifferential.

- Dahingegen ist für einen in der unteren Zielzonenhälfte verlaufenden Wechselkurs eine erhöhte Übereinstimmung mit einem positiven Zinsdifferential ersichtlich (April bis Mai 1983, Juli 1983 bis Januar 1984, Mai 1984, Juli bis September 1985, November bis Dezember 1985, Mai bis Juni 1986, Juni 1987 bis Mai 1988, Juni 1989, März bis Juni 1990, August 1990, April bis Juni 1991); dieses betrifft immerhin 64,4% der Fälle, in denen ein unterhalb der zentralen Parität verlaufender

[157] Quelle zu den in der Abbildung 28 verwendeten Daten: Vgl. die Angaben zur Abbildung 22.

Wechselkurs auch tatsächlich zu beobachten ist. Ein weiterer detaillierter Blick zeigt jedoch, daß bei einer strengen Auslegung der Krugmanschen Deterministik nur wenige Monate verbleiben, in denen ein im Vergleich zum Vormonat aufwertender (abwertender) Wechselkurs eine entsprechend entgegengesetzte Veränderung des Zinsdifferentials bewirkt (Juli bis August 1983, Oktober 1983, August bis Oktober 1987, Dezember 1987, Mai 1988, Mai bis Juni 1990, August 1990 und Mai 1991). Dieser Umstand reduziert die Gültigkeit des deterministischen Zusammenhangs in der unteren Zielzonenhälfte in zusätzlicher Weise.

Abbildung 28

Die Zinsentwicklung zwischen den Niederlanden und Deutschland, Veränderung in v.H. gegenüber dem Vorjahr

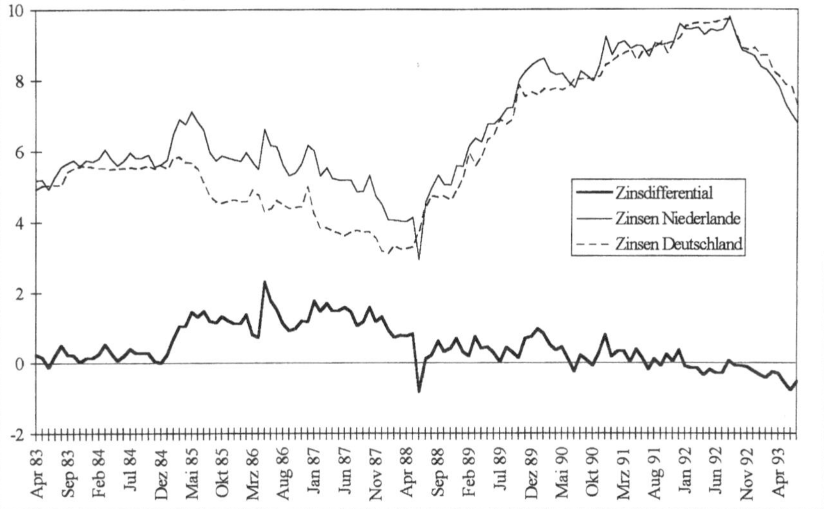

b) Eine eindeutige Aussage läßt sich hingegen mit Blick auf die Dichtefunktion des Wechselkurses ableiten. Hier sind generell keine Anhaltspunkte zu identifizieren, die deren U-Förmigkeit betonen. Der Wechselkurs schwankt mit allgemein nur sehr geringen Abweichungen um die deklarierte zentrale Parität; eine auch nur annähernde Bewegung zu einem der beiden Zielzonenenden ist hierbei generell nicht auszumachen. Dieses gilt insbesondere auch für die höchsten Abweichungen im September 1983 und im Mai 1988. Insofern ist der Wechselkursverlauf in der hfl/DM-Zielzone zu keinem Zeitpunkt mit den Krugmanschen Implikationen kompatibel, und er verweist vielmehr auf eine allgemein gegebene buckelförmige Wechselkursdichtefunktion.

Fassen wir die voranstehenden Ergebnisse zusammen, so gelangen wir zu dem recht eindeutigen Schluß, daß das KRUGMAN-Modell nicht zur Erklärung der empirischen Verläufe in der hfl/DM-Zielzone heranzuziehen ist. Die untersuchten Annahmen und Aussagen des Modells mußten aufgrund der empirischen Gegebenheiten teilweise vollständig zurückgewiesen werden.[158] Demzufolge gilt es zu hinterfragen, ob eventuell die modelltheoretischen Erweiterungen dieses Modells eine umfassende Beschreibung der Realität ermöglichen.

Intramarginale Interventionen

Im weiteren soll nun geklärt werden, ob möglicherweise das Zielzonenmodell von DELGADO und DUMAS [1992] die im KRUGMAN-Modell aufgezeigten Probleme, insbesondere hinsichtlich des deterministischen Zusammenhangs zwischen dem Wechselkurs und dem Zinsdifferential sowie bezüglich der Dichtefunktion des Wechselkurses, beheben kann. Dieses soll unabhängig von der als problematisch zu bewertenden Modellimplikation einer perfekt glaubwürdigen Zielzone erfolgen.

a) Was die Deterministik angeht, so wird recht schnell deutlich, daß diese - absolut gesehen - ebenso wie im KRUGMAN-Modell angelegt ist und somit allenfalls im unteren hfl/DM-Zielzonenbereich eine erhöhte Übereinstimmung mit der Empirie aufweist. Allerdings müßten die dort vorliegenden Abweichungen des Wechselkurses gleichenteils mit einem erhöhten Ausmaß des positiven Zinsdifferentials einhergehen; dieser Umstand wird - bei einem allgemein gegebenen Interpretationsspielraum - jedoch lediglich in den Zeiträumen von Juli bis September 1985, November bis Dezember 1985, Mai bis Juni 1986 und Juni bis Dezember 1987 ersichtlich, in denen das Zinsdifferential oberhalb von einem Prozentpunkt liegt. In den anderen Bereichen weisen die Empirie und die Theorie jedoch gegensätzliche Positionen auf, so daß im Ergebnis eine allgemeine Divergenz der jeweiligen Aussagen festzuhalten ist.

b) Eine andere Schlußfolgerung ist hingegen bei der Betrachtung der Dichtefunktion des Wechselkurses abzuleiten. Hier ist das DELGADO-DUMAS-Modell in der Lage, die buckelförmige hfl/DM-Wechselkursbewegung in der Zielzonenmitte über den Parameter ρ zu erklären. In Anbetracht des ausgewiesenen Wechselkursverlaufs muß dieser relativ hoch gewesen sein, was sich in dem Modell aufgrund der Gleichung (15) in einer sehr flach verlaufenden Managed-Float-Funktion und daraus resultierend in einem nur sehr geringen Abweichungsspielraum des Wechselkurses von der zentralen Parität äußert. Insofern zeigt sich hierbei, daß die im DELGADO-DUMAS-Modell formulierten intramarginalen Interventionen in hohem Maße zur Interpretation der Dichtefunktion des hfl/DM-Wechselkurses heranzuziehen sind.

In einem abschließenden Fazit halten wir daher fest, daß das DELGADO-DUMAS-Modell gegenüber dem KRUGMAN-Modell nicht nur einen Erklärungsansatz hinsichtlich der Wechselkursdichtefunktion zuläßt, sondern darüber hinaus durch die modifizierte Interventionstätigkeit auch eine stärkere Angleichung an die Realität erreicht. Dahingegen wird auch in diesem Modell das Defizit bezüglich der Deterministik zwischen dem

[158] Dieses gilt gleichenteils auch für das von KRUGMAN [1991] modifizierte Modell der nicht-perfekten Glaubwürdigkeit. Eine ausführliche Betrachtung dieses Modells ist insbesondere deswegen entbehrlich, da der hfl/DM-Wechselkurs zu keinem Zeitpunkt eines der beiden Zielzonenenden erreicht. Auf der Basis des Modells verbleibt daher nur die Schlußfolgerung, das Erwartungen der Wirtschaftssubjekte hinsichtlich eines Regimewechsels für die hfl/DM-Zielzone nicht vorgelegen haben.

Wechselkurs und dem Zinsdifferential innerhalb der Bandbreite nicht durch die veränderte Modellierung behoben.

Exogene Realignmenterwartungen

Wie es bei der Untersuchung exogener Realignmenterwartungen bereits schon geläufig ist, gilt ein erster Blick wieder dem Erklärungsansatz der Drift-Adjustment-Methode.

a) Hierzu greifen wir zunächst auf die Ergebnisse von der Anwendung des KRUGMAN-Modells auf die vorliegende Zielzone zurück und erinnern uns, daß für den überwiegenden Teil des Zeitraums nicht die von KRUGMAN postulierte Deterministik zwischen dem Wechselkurs und dem Zinsdifferential innerhalb der Zielzone zu beobachten war. Diesen empirischen Umstand erklärt die Drift-Adjustment-Methode mit dem Vorhandensein von Realignmenterwartungen der Wirtschaftssubjekte, die in der hfl/DM-Zielzone die stabilisierenden Wechselkursänderungserwartungen innerhalb der Zielzone überkompensierten und eine andersartige Korrespondenz bewirken. Unter der Berücksichtigung dieser theoretischen Implikation werden somit auch die bislang nicht erklärbaren Bereiche plausibel, in denen im oberen Zielzonenbereich ein positives Zinsdifferential auftritt (Februar bis April 1984, Juni 1984 bis Juni 1985, Oktober 1985, Januar bis April 1986, Juli 1986 bis Mai 1987, Juli 1988 bis Mai 1989, Juli 1989 bis Februar 1990, September 1990, November 1990 bis März 1991, August 1991, Oktober bis Dezember 1991 und August 1992); gleiches gilt für den unteren Zielzonenbereich, in dem in einigen Zeitabschnitten auch ein negatives Zinsdifferential vorzufinden ist (Juni 1983, Juni 1988, Juli 1990, Juli 1991, Januar bis Juni 1992, September 1992 bis Juli 1993). Gleichwohl wissen wir, daß die Krugmansche Deterministik durch den Erklärungsansatz der Drift-Adjustment-Methode unberührt bleibt. Festzuhalten bleibt allein die Tatsache, daß von KRUGMAN abweichende Wechselkurs-Zinsdifferential-Konstellationen aufgrund der Drift-Adjustment-Methode in der Bildung von Realignmenterwartungen der Wirtschaftssubjekte ihren Ursprung besitzen.

b) Problematisch erweist sich in diesem Zusammenhang allerdings die Vereinbarkeit des hfl/DM-Wechselkursverlaufs mit der aus der Drift-Adjustment-Methode hervorgehenden Dichtefunktion. Wie bereits schon aufgezeigt wurde, ist diese in der hfl/DM-Zielzone buckelförmig, während die Drift-Adjustment-Methode deren U-Förmigkeit verlangt. Insofern besteht in diesem Detail ein deutliches Mißverhältnis zwischen der Empirie und der Theorie.

In einem abschließenden Fazit halten wir daher fest, daß die Drift-Adjustment-Methode hinsichtlich der Erklärung der Deterministik zwischen dem Wechselkurs und dem Zinsdifferential innerhalb der Zielzone mit Hilfe von exogenen Realignmenterwartungen der Wirtschaftssubjekte als deutlicher Fortschritt gegenüber dem KRUGMAN-Modell und dem DELGADO-DUMAS-Modell zu bewerten ist, ohne die dort erklärbare Deterministik gleichzeitig aufzuheben. Dahingegen treten auch hier die gleichen Mängel in der Betrachtung der Dichtefunktion des Wechselkurses auf.

Fragen wir nun danach, inwieweit das um den Zeitpunkt der Realignmenterwartungsbildung an den Zielzonenenden sowie um den Grad der Glaubwürdigkeit der betrachteten Zielzone spezifiziertere Modell von BERTOLA und CABALLERO [1992b] die Gegebenheiten in der hfl/DM-Zielzone beschreibt, so wirkt auch bei dieser Bandbreite die Zeitpunktfestlegung des Auftretens der Realignmenterwartungsbildung unter der Berücksichtigung der Realität zu restriktiv. Dahingegen sind betreffend der Glaubwürdigkeit zwei Unterscheidungen in Ansatz zu bringen.

a) Sofern die hfl/DM-Zielzone von den Wirtschaftssubjekten als überwiegend glaubwürdig angesehen wurde ($\psi < 0{,}5$), fordert das Modell im oberen (unteren) Zielzonenbereich ein negatives (positives) Zinsdifferential sowie eine innerhalb der Zielzone u-förmig verlaufende Wechselkursdichtefunktion. Hier zeigt sich jedoch, daß in der hfl/DM-Zielzone weder die Deterministik - die analog zu den Ausführungen zum KRUGMAN-Modell besteht - noch die konkrete Ausgestaltung der Dichtefunktion des Wechselkurses einen Anhaltspunkt zur Übereinstimmung mit der Realität bieten. Offenkundig wird auch der modelltheoretische Widerspruch des Modells: Von einer glaubwürdigen Zielzone müßte eher der in der hfl/DM-Zielzone dargestellte Wechselkursverlauf zu erwarten sein, als ein vermehrt an den Zielzonenenden auftretender Wechselkurs. Insofern ist zu konstatieren, daß unter der konsequenten Anwendung der modelltheoretischen Implikationen von BERTOLA und CABALLERO nicht auf das Vorhandensein von exogenen Realignmenterwartungen der Wirtschaftssubjekte bei einer insgesamt noch glaubwürdigen Bandbreite der hfl/DM-Zielzone geschlossen werden kann.

b) Wird hingegen die vermehrte Unglaubwürdigkeit der hfl/DM-Zielzone ($\psi > 0{,}5$) unterstellt, so zeigen die empirischen Verläufe eine erhöhte Harmonie mit den theoretischen Implikationen. Nicht nur die vorliegende buckelförmige Dichtefunktion des Wechselkurses wird plausibel, sondern darüber hinaus auch weite Teile der im oberen (unteren) Zielzonenbereich auftretenden Deterministik zwischen dem Wechselkurs und dem Zinsdifferential innerhalb der Bandbreite. Aber auch hier gilt in analoger Weise zu a) die Kritik bezüglich der Wechselkursdichtefunktion, da von einer unglaubwürdigen Zielzone nicht eine geringfügige Wechselkursschwankung um die zentrale Parität erwartet werden kann. Folgen wir jedoch allein den theoretischen Aussagen von BERTOLA und CABALLERO, so ist insgesamt davon auszugehen, daß die dargestellten Verläufe in den Abbildungen 27 und 28 größtenteils durch die exogene Realignmenterwartungsbildung der Wirtschaftssubjekte bewirkt worden sind und die hfl/DM-Zielzone als generell unglaubwürdig zu klassifizieren ist.

Fassen wir die voranstehenden Bemerkungen zusammen, so gelangen wir recht eindeutig zu dem Ergebnis, daß das BERTOLA-CABALLERO-Modell die Realität in der hfl/DM-Zielzone in erhöhtem Maße entsprechend b) erklären kann. Dabei darf jedoch der modelltheoretische Widerspruch nicht übersehen werden, daß diese Zielzone - entgegen der theoretischen Implikationen - allgemein als eine der glaubwürdigsten im EWS anzusehen ist; diesen Umstand gilt es deutlich zu betonen.

Zur Lösung der Probleme mit der stringenten Deterministik zwischen dem Wechselkurs und dem Zinsdifferential innerhalb der Zielzone ist nunmehr das Modell von BERTOLA und SVENSSON [1993] heranzuziehen. Über das Konstrukt der Betrachtung stochastischer exogener Realignmenterwartungen der Wirtschaftssubjekte wird es nun möglich, entsprechend der bereits beschriebenen Zusammenhänge zwischen dem Wechselkurs und dem Zinsdifferential in der hfl/DM-Zielzone eine Korrespondenz des Wechselkurses im oberen (unteren) Zielzonenbereich sowohl mit einem negativen als auch mit einem positiven Zinsdifferential theoretisch zu begründen. Für die in den Ausführungen zum KRUGMAN-Modell hervorgehobenen Zeiträume der typischen Krugmanschen Deterministik ist danach zu bemerken, daß diese im BERTOLA-SVENSSON-Modell immer dann auftritt, wenn eine stochastische exogene Realignmenterwartungsbildung der Wirtschaftssubjekte gerade nicht vorliegt. Sofern letztere allerdings ansteigt, ist sie aufgrund der vorhandenen Modellbasis durchaus auch mit numerisch entgegengesetzten Zinsdifferentialen kompatibel. Dieses bedeutet somit nichts anderes, als daß das BERTOLA-SVENSSON-Modell sämtliche Wechselkurs-Zinsdifferential-Kombinationen innerhalb der hfl/DM-Zielzone durch das Fehlen oder Vorliegen stochastischer exogener Realignmenterwartungen der Wirtschaftssubjekte theoretisch plausibel erklären kann. Ungleich schwieriger gestaltet sich hingegen die Auslegung der buckelförmigen hfl/DM-Dichtefunktion des Wechselkurses, da das Modell deren U-Förmigkeit verlangt. Insofern besteht auch in diesem Modell ein mit der Realität nicht zu vereinbarendes Defizit.

Um letzteres auch modelltheoretisch aufzugreifen, wissen wir um die Bedeutung des LINDBERG-SÖDERLIND-Modells. Dieses übernimmt die Argumentation hinsichtlich der Deterministik aus dem BERTOLA-SVENSSON-Modell in gleicher Weise, d.h. auch hier sind oberhalb (unterhalb) der zentralen Parität beobachtbare Wechselkurswerte und gleichzeitig auftretende positive (negative) Zinsdifferentiale anhand der Bildung von exogenen Realignmenterwartungen durch die Wirtschaftssubjekte erklärbar. Was hingegen die buckelförmige Dichtefunktion des hfl/DM-Wechselkurses angeht, so hilft hier auch das Konstrukt der exogenen Realignmenterwartungen nicht weiter. LINDBERG und SÖDERLIND modellieren vielmehr gleichzeitig auch intramarginale Interventionen, deren Umfang von dem von ihnen gewählten Parameter ρ abhängt und die infolgedessen jedwede Ausgestaltung der Dichtefunktion interpretierbar erscheinen lassen. Für die hfl/DM-Zielzone offeriert das Modell daher eine deutlich erhöhte intramarginale Interventionstätigkeit der deutschen und der niederländischen Zentralbank, die nachgerade einen nur geringfügig um die zentrale Parität schwankenden Wechselkurs induzierten. Gleichwohl geht im Umkehrschluß ebenfalls aus dem Modell hervor, daß bei einer schwächeren Ausprägung des Parameters ρ eine entsprechend weniger stabile Wechselkursentwicklung die Folge gewesen wäre. Insgesamt gilt es demnach festzuhalten, daß das LINDBERG-SÖDERLIND-Modell als bisher einziges Modell in der Lage ist, die benannten Untersuchungsgegenstände in simultaner Weise vollständig plausibel werden zu lassen.

Endogene Realignmenterwartungen

Der Umstand der exogenen Realignmenterwartungsbildung wirft auch hier die Frage auf, welche konkreten Faktoren sich für ein beobachtbares Auftreten von Realignmenterwartungen in bestimmten Situationen verantwortlich zeigen. Insofern gilt es nunmehr zu überprüfen, inwiefern möglicherweise das TRISTANI-Modell eine weiterreichende Beschreibung der Realität in der hfl/DM-Zielzone leisten kann.

a) Folgen wir den modelltheoretischen Implikationen des TRISTANI-Modells, so wird mit Blick auf die Abbildungen 27 und 28 ersichtlich, daß unter der Beachtung der Deterministik zwischen dem Wechselkurs und dem Zinsdifferential einige Konstellationen als durch endogene Realignmenterwartungen verursacht zu interpretieren sind. Hiervon sind 66,1% des gesamten Zeitraums betroffen, in dem im oberen (unteren) Zielzonenbereich ein positives (negatives) Zinsdifferential auftritt. (Juni 1983, Februar bis April 1984, Juni 1984 bis Juni 1985, Oktober 1985, Januar bis April 1986, August 1986 bis Mai 1987, Juni 1988 bis Mai 1989, Juli 1989 bis Februar 1990, Juli und September 1990, November 1990 bis März 1991, Juli bis August 1991, Oktober 1991 bis Juni 1992, August 1992 bis Juli 1993). Aufgrund der Tatsache, daß die Abweichungen des hfl/DM-Wechselkurses von der zentralen Parität nicht sonderlich groß sind, ist allerdings zu konstatieren, daß die Realignmenterwartungen der Wirtschaftssubjekte insgesamt nicht sehr ausgeprägt gewesen sein können. Diese Aussage ist vor dem Hintergrund der währungspolitischen Anlehnung der Niederlande an die Deutsche Bundesbank auch plausibel. Daher sind keine gewichtigen Gründe anzuführen, die nachhaltige endogene Realignmenterwartungen begründen.[159]

b) Das Auftreten von endogenen Realignmenterwartungen erfordert im Wege der Modellierung von TRISTANI vielmehr einen über den Anstieg des Parameters $\rho - \alpha j \equiv$ konstant - bewirkten Wechselkursverlauf, dessen vornehmlicher Aufenthalt sich an den Zielzonenenden einstellt und demnach auf eine u-förmige Dichtefunktion des Wechselkurses verweist. Wie jedoch bereits schon hinlänglich diskutiert wurde, ist die hfl/DM-Zielzone als wichtiges Beispiel für das Bestehen einer buckelförmigen Wechselkursdichtefunktion anzusehen.

Insofern ist als Gesamtergebnis festzuhalten, daß sich im Wege der modelltheoretischen Implikationen des TRISTANI-Modells aus der Deterministik zwischen dem Wechselkurs und dem Zinsdifferential zu einem bestimmten Teil eine endogene Rea-

[159] Anhand der vorhandenen Preisentwicklung zwischen beiden Ländern ließe sich hingegen dennoch ein ausgeprägter Anhaltspunkt für das Bestehen endogener Realignmenterwartungen identifizieren. Eine auf der Grundlage der Abbildung 29 (vgl. weiter hinten) durchgeführte Indexwertberechnung weist für das Ende des Betrachtungszeitraums im Juli 1993 ein Absinken des Indexes auf 47,91 Basispunkte aus, der aus den im Vergleich zu Deutschland sinkenden Preissteigerungsraten in den Niederlanden resultierte; im Dezember 1986 hatte dieser Wert noch 115,09 Indexpunkte betragen (Indexwerte: eigene Berechnungen). Da dieser Umstand jedoch - mit Blick auf die Abbildung 27 und ungeachtet seiner inhaltlichen Begründbarkeit - offensichtlich keinen destabilen Einfluß auf den hfl/DM-Wechselkurs entfachte, muß davon ausgegangen werden, daß diese Entwicklung keine Beeinträchtigung der Glaubwürdigkeit der hfl/DM-Zielzone zur Folge hatte. Die zum TRISTANI-Modell aufgeführten Aussagen erfahren vor diesem Hintergrund eine weitere Unterstützung.

lignmenterwartungsbildung der Wirtschaftssubjekte für die hfl/DM-Zielzone ableiten läßt. Der Aussagegehalt dieses Ergebnisses wird jedoch insofern reduziert, da das Modell nicht zur Erklärung der Wechselkursdichtefunktion beitragen kann.

Spekulative Attacken

Mit Blick auf den in der Abbildung 27 dargestellten hfl/DM-Wechselkursverlauf ist es relativ schnell überzeugend, daß infolge der spekulativen Attacken gegen verschiedene EWS-Währungen im Juli 1993 nicht von einer Betroffenheit des hfl/DM-Wechselkurses ausgegangen werden kann. Verlangt das KRUGMAN-ROTEMBERG-Modell für ein derartiges Szenario nicht nur den vorwiegenden Aufenthalt des Wechselkurses in der Nähe der Zielzonenenden im Einklang mit einer u-förmigen Dichtefunktion, sondern darüber hinaus auch eine einmalige oder fast permanente Übereinstimmung von Wechselkurs und Zielzonenende in der Zeit vor dem Eintritt der spekulativen Attacke, so wird beides in Anbetracht der hfl/DM-Zielzone nicht ersichtlich. Prinzipiell ist während des gesamten Zeitraums nicht ein Zeitabschnitt zu identifizieren, der eine signifikante Abweichung des Wechselkurses von der zentralen Parität erkennen läßt; dieses gilt insbesondere auch für den letzten Tag der Gültigkeit der hfl/DM-Zielzone vor der allgemeinen Bandbreitenerweiterung, als der Wechselkurs mit 1,126448 hfl/DM[160] nur sehr geringfügig unterhalb der zentralen Parität lag, deren Wert zu diesem Zeitpunkt 1,12673 hfl/DM betrug.

Vergegenwärtigen wir uns die voranstehenden Bemerkungen, so deutet auch die konkrete Betrachtung der im Modell angelegten Deterministik zwischen dem Wechselkurs und dem Zinsdifferential innerhalb der Bandbreite nicht auf eine spekulative Attacke hin,[161] zumal die Zielzone nach den Währungsunruhen in der alten Marge fortgeführt wurde und ein Regimewechsel hin zu flexiblen Wechselkursen nicht zur Diskussion stand. Die Analyse hat gezeigt, daß das hfl/DM-Währungsband generell keine Anhaltspunkte bereitstellt, deren Erklärung im Rahmen des KRUGMAN-ROTEMBERG-Modells auf eine spekulative Attacke hinweist.

Preisrigiditäten

Mit Blick auf das MILLER-WELLER-Modell und auf die Abbildung 29 sind nunmehr wieder zwei Fragestellungen relevant:[162] Einerseits geht es um die Frage der Erklärbarkeit der vorhandenen Deterministik zwischen dem Wechselkurs und dem Preisdifferential sowie der beobachtbaren Wechselkursdichtefunktion, andererseits sollen die in dem Modell angelegten Modellabläufe näher betrachtet werden.

a) Hinsichtlich der Deterministik ist zu konstatieren, daß diese lediglich in 40,3% der relevanten Fälle tatsächlich im oberen (unteren) Zielzonenbereich ein negatives (positives) Preisdifferential hervorbringt. Der überwiegende Teil der Wechselkurs-

---

[160] Quelle: DEUTSCHE BUNDESBANK, Devisenkursstatistik, August 1993, S. 61.

[161] Dieses würde ohnehin nur die gleichen Probleme aufzeigen, wie sie bereits zum KRUGMAN-Modell angeführt worden sind.

[162] Quelle zu den in der Abbildung 29 verwendeten Daten: Vgl. die Angaben zur Abbildung 23.

Preisdifferential-Konstellationen konzentriert sich hingegen auf instabile Bereiche, die anhand des Modells nicht erklärbar sind. Aber auch die Aussage der plausiblen Deterministik verliert zusätzlich an inhaltlichem Gehalt, wenn wir die insgesamt elf Phasen in der Abbildung 29 näher betrachten, in denen das Preisdifferential entweder positiv oder negativ ist. Allein von Februar bis April 1985 sowie von Juli bis September 1986 lassen sich lediglich zwei Zeiträume identifizieren, in denen vom Anfang bis zum Ende eine vollständige Übereinstimmung der Empirie mit der Modelldeterministik ersichtlich wird. Die anderen Phasen verweisen zwar auch auf eine gewisse Kompatibilität; diese wird jedoch zumeist von instabilen Wechselkurs-Preisdifferential-Kombinationen unterbrochen.

Abbildung 29

Die Preisentwicklung zwischen den Niederlanden und Deutschland, Veränderung in v.H. gegenüber dem Vorjahr

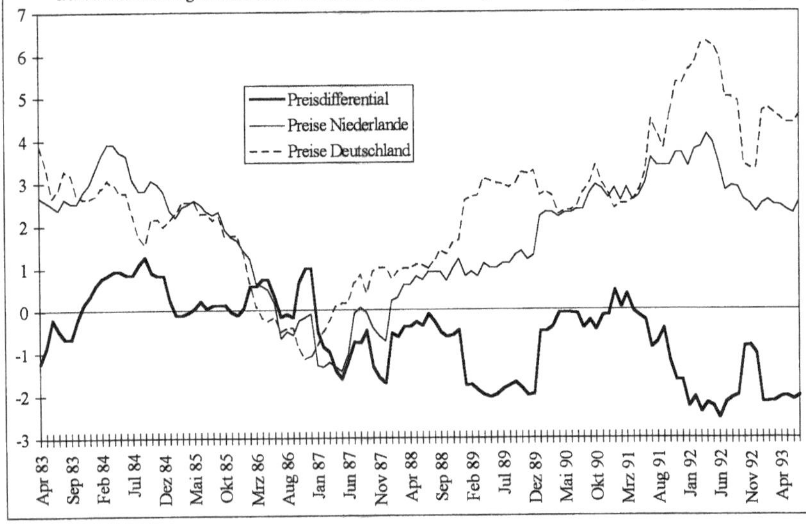

Von einer anderen Seite her betrachtet, werden aber auch die zuvor genannten und plausiblen Phasen in ihrer Eindeutigkeit etwas reduziert. Das MILLER-WELLER-Modell verlangt auch für die stabilen Bereiche, daß sowohl in der oberen als auch in der unteren Zielzonenhälfte ein abwertender (aufwertender) Wechselkurs mit einer entgegengesetzten Veränderung des Preisdifferentials einhergeht. Diesen Zusammenhang spiegeln auch die stabilen Phasen nur teilweise wieder, während für den gesamten Betrachtungszeitraum lediglich 43,1% der Fälle zu registrieren sind, die diesen Bewegungsmechanismus empirisch korrekt wiedergeben. Insofern halten wir insgesamt eine nur bedingte Erklärbarkeit der ausgewiesenen Deterministik fest. Gänzlich im Gegensatz zur theoretischen Implikation einer u-förmigen Dichtefunktion des Wechselkurses steht dabei dessen empirisch beobachtbare Buckelförmigkeit.

b) Unter der Berücksichtigung der in der Abbildung 6 dargestellten realen Wechselkursdivergenz sind nunmehr auf der Basis des MILLER-WELLER-Modells die dafür verantwortlichen Gründe zu hinterfragen. Dazu lassen sich insgesamt zwei Gründe anführen. Einerseits wird mit Blick auf die Abbildungen 27 und 29 deutlich, daß bei einer prinzipiell äußerst geringen Schwankungsintensität des Wechselkurses um die zentrale Parität gleichzeitig eine nachdrückliche Volatilität des Preisdifferentials auftritt. Entsprechend der Implikationen des Modells ist dieses durch das fehlende Zusammenspiel zwischen den jeweiligen stabilisierenden Auf- bzw. Abwertungserwartungen für den holländischen Gulden und der Preisträgheit zu erklären. Andererseits ist aber auch zu bemerken, daß die in a) identifizierte Vielzahl an instabilen Bereichen den Ausgleich der realen Wechselkursverhältnisse nachgerade konterkarierte. Letzterer konnte unter diesen Umständen somit nicht eintreten.

Abschließend halten wir daher fest, daß mit Hilfe des MILLER-WELLER-Modells nur sehr wenige Teile der stabilen Wechselkurs-Preisdifferential-Kombinationen plausibel werden. Insgesamt weist das Modell jedoch eine Mehrzahl als instabile Bereiche aus, die somit eine größere Erklärbarkeit von vornherein verhindern. Davon sind auch die Wechselkurs-Zinsdifferential-Konstellationen betroffen, die nur in den stabilen Bereichen in jedweder Form zu deuten sind.

Die Probleme mit der Erklärbarkeit der buckelförmigen Dichtefunktion des hfl/DM-Wechselkurses werden mit Blick auf das BEETSMA-VAN DER PLOEG-Modell nahezu aufgehoben. Folgen wir den theoretischen Implikationen dieses Modells, so erklärt es die buckelförmige hfl/DM-Dichtefunktion mit dem Hinweis auf eine bestehende intramarginale Interventionstätigkeit durch die Zentralbanken, die zur Preisveränderung gleichgerichtet ist, diese unvollständig akkomodiert und somit durch die in der Abbildung 17 dargestellte TT_2-Wechselkursfunktion charakterisiert ist. In dem Modell geht dieses Szenario gleichenteils mit einer nur geringfügigen Volatilität des Zinsdifferentials sowie mit nicht sonderlich ausgeprägten Schwankungen des realen Wechselkurses einher; dieser Umstand wird durch die in den Abbildungen 27 und 28 ausgewiesene Empirie zusätzlich gestützt. Vor diesem Hintergrund ist für die hfl/DM-Zielzone zu konstatieren, daß im Rahmen der modelltheoretischen Betrachtung die Einrechnung einer intramarginalen Interventionstätigkeit - auch unter der Berücksichtigung deren realitätsspezifischer Relevanz - insgesamt unerläßlich ist, sofern Preise als rigide angesehen werden.

Der Glaubwürdigkeitstest

Zur Beurteilung der Glaubwürdigkeit der hfl/DM-Zielzone ist zunächst einmal der Verlauf des hfl/DM-Future-Wechselkurses aufzuzeigen, der in der Abbildung 30 berechnet und dargestellt ist.[163]

[163] Quelle für die in der Abbildung 30 verwendeten Daten: Vgl. die Angaben zu den Abbildungen 27 und 28.

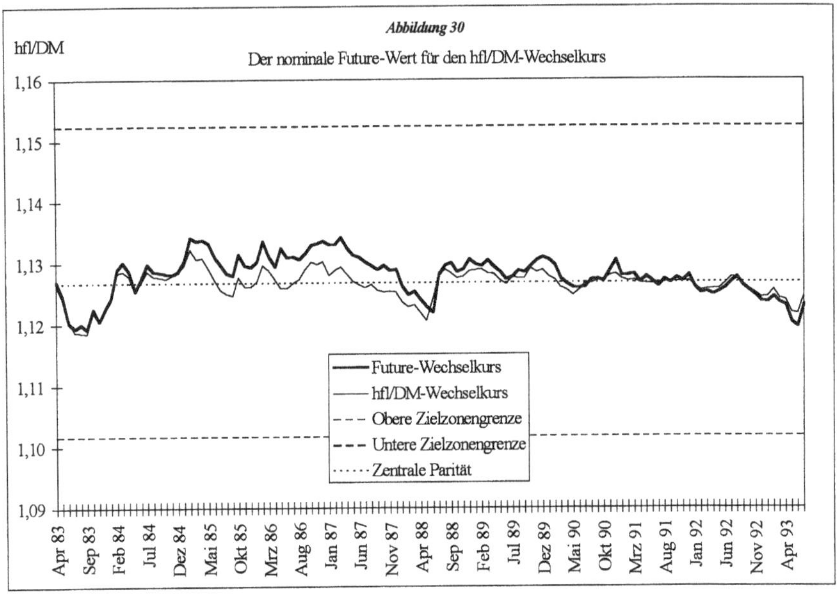

Hierbei wird recht schnell ersichtlich, daß die hfl/DM-Zielzone den Märkten ein sehr ausgeprägtes Maß an Glaubwürdigkeit vermitteln konnte; ein Umstand, der vor allem auf die geringfügigen Zinsdifferentiale zwischen Deutschland und den Niederlanden zurückzuführen ist und der schon bei der Anwendung der einzelnen Zielzonenmodelle hervorgehoben wurde. Im allgemeinen fallen aber auch hier besonders zwei Merkmale auf.

a) Sowohl der aktuelle Wechselkurs als auch sein Future-Wert schwanken in einem nur sehr geringfügigen Umfang um die zentrale Parität. Diese Abweichungen sind zu Beginn des Betrachtungszeitraums etwas volatiler, während sie sich ab Juli 1988 für beide Wechselkursverläufe deutlich abschwächen. Aber ungeachtet dessen ist für den gesamten Zeitraum eine Bewegung des Future-Wechselkurses ersichtlich, die sich im unteren (oberen) Zielzonenbereich mitunter relativ weit oberhalb (unterhalb) der Mitte desselben einstellt; letztere nimmt hierbei - aufgerundet - den Wert 1,114 (1,140) hfl/DM an. Diese Begleiterscheinung deutet somit nachdrücklich darauf hin, daß die Wirtschaftssubjekte von der Glaubwürdigkeit der hfl/DM-Zielzone in besonders hohem Maße überzeugt waren.

b) Des weiteren fällt auf, daß sich der Future-Wechselkurs und der Kassakurs für den überwiegenden Teil des doch sehr langen Zeitraums (67,7%) annähernd entsprochen haben; allein die Phase von Februar 1985 bis Mai 1988 kennzeichnet einen für die Verhältnisse in der hfl/DM-Zielzone prägnant oberhalb des Kassakurses verlaufenden Future-Wechselkurs. Hierzu gilt es zu betonen, daß ein derartiges Szenario von seiner Bewegungseigenschaft her sehr charakteristisch für die hfl/DM-Zielzone ist. Es lassen sich umgekehrt aber auch immerhin etwa ein fünftel der Fälle registrieren, in denen der Kassakurs einen höheren Wert als der Future-Wechselkurs annimmt. Auffällig ist dabei, daß diese Entwicklung - mit Ausnahme des Augusts 1992 - von Januar 1992 bis zum Ende des Betrachtungszeitraums über reichlich eineinhalb Jahre hinweg fortbesteht. Demnach ist dieses als Indiz dafür zu werten, daß die Glaubwürdigkeit der hfl/DM-Zielzone in dieser Zeit am größten gewesen ist.

Aufgrund unserer voranstehenden Untersuchung kommen wir somit eindeutig zu dem Ergebnis, daß für die hfl/DM-Zielzone im gesamten Betrachtungszeitraum eine hohe Glaubwürdigkeit vorgelegen hat. Dieses signalisiert, daß die Wirtschaftssubjekte infolge des nachhaltigen währungspolitischen Konvergenzprozesses zwischen Deutschland und den Niederlanden keine Veranlassung dazu sahen, das Fortbestehen der aktuellen Bandbreite in der Zukunft anzuzweifeln. Überraschend ist hierbei jedoch, daß dieses Szenario selbst durch das perfekt glaubwürdige KRUGMAN-Modell theoretisch weitgehend nicht zu erklären ist.

1.3.3. Die italienische Lira

Nachdem wir uns bislang ausschließlich mit Wechselkurszielzonen beschäftigt haben, die direkt vor der Bandbreitenerweiterung auf ± 15% im August 1993 bestanden, wollen wir nun mit der Lit/DM-Zielzone eine im Wege der Währungsunruhen im September 1992 relevante Bandbreite vor dem Hintergrund der Zielzonenmodelle untersuchen, deren Schwankungsmarge, entgegen der bis dahin üblichen Handhabung, von ± 6% auf ± 2,25% verringert wurde. Dazu halten wir an der bisher gängigen Vorgehensweise fest.

Das Krugman-Modell

Ausgehend von der Krugmanschen Annahme einer allgemein vorhandenen realen Wechselkurskonstanz zwischen den betrachteten Währungen ist zu konstatieren, daß diese auch in der Lit/DM-Zielzone generell nicht zu beobachten ist. Vielmehr zeigt sich in der Abbildung 6 eine im Untersuchungszeitraum bestehende hohe reale Wechselkursvolatilität der italienischen Lira gegenüber der Deutschen Mark. Dieses Szenario wird auch durch die Abbildungen 20 und 31 getragen.[164]

Daraus geht hervor, daß das durchschnittliche jährliche italienische Preisniveau in den Jahren 1990 und 1991 mit einer Differenz von 3,8% bzw. 2,7% oberhalb des deutschen lag und beide im Jahre 1992 miteinander übereinstimmten.[165] Die somit entstehende reale Aufwertung der italienischen Lira hätte daher allein durch eine verstärkt

---

[164] Quelle zu den in der Abbildung 31 verwendeten Daten: Vgl. die Angaben zu den Abbildungen 1 bis 3.

[165] Die Tendenz dieser Aussage geht dabei auch aus einer Betrachtung der monatlichen Durchschnittswerte hervor. Auf sie wird bei den Ausführungen zu den endogenen Realignmenterwartungen gezielter eingegangen.

präsente Wechselkursbewegung in der oberen Zielzonenhälfte - oder auch darüber hinaus - verhindert werden können, sofern eine in Deutschland bewußt veranlaßte Inflation ausgeschlossen wird. Tatsächlich aber wertet die italienische Lira von Januar bis September 1990 nachhaltig gegenüber der Deutschen Mark auf und zeigt für die Zeit danach eine nur geringfügig auf eine Beseitigung der Überbewertung ausgelegte Tendenz. Die wirtschaftspolitischen Konsequenzen dieses Defizits liegen in analoger Weise zu früheren Bemerkungen auf der Hand und müssen hierbei nicht wiederholt werden. Dieses gilt gleichenteils auch für die Implikationen des s-förmigen Wechselkursverlaufs.

Abbildung 31

Der nominale Lit/DM-Wechselkurs von Januar 1990 bis August 1992

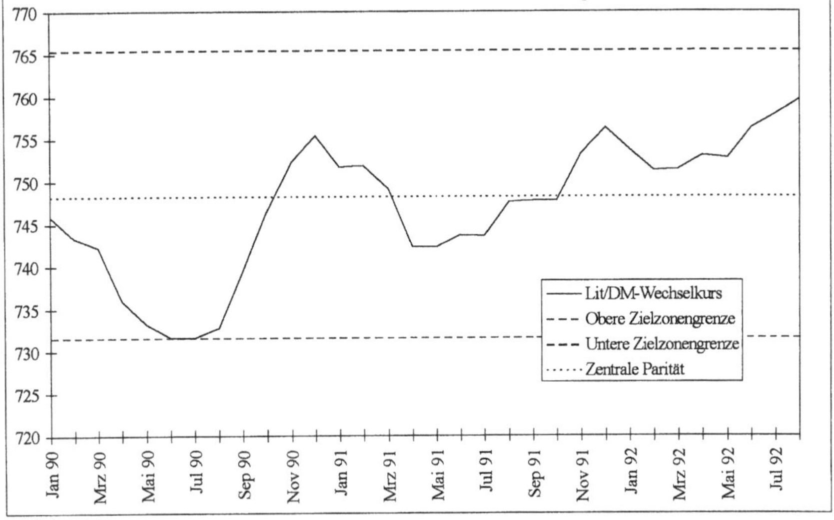

Im weiteren gilt es nun, die „kritischen" Annahmen des KRUGMAN-Modells auf der Grundlage der Lit/DM-Zielzone zu überprüfen.

a) Hinsichtlich der perfekten Glaubwürdigkeit der Lit/DM-Zielzone gilt es zu betonen, daß ihr diese Eigenschaft keineswegs auch nur annähernd zugesprochen werden kann. Gerade bezüglich ihrer Erfahrungswerte seit dem Bestehen des EWS zeigt die Abbildung 3 insgesamt neun Realignments an, die eher einen negativen als einen positiven Effekt auf die währungspolitische Glaubwürdigkeit ausgeübt haben dürften. Aber auch hier gilt es im Grundsatz allein festzuhalten, daß es für die bestehende Zielzone keinerlei Regelungen gab, die ein Realignment bereits a priori ausschlossen.

b) Betreffend der Interventionsart ergeben sich in der Lit/DM-Zielzone die gleichen Anmerkungen wie zur FF/DM- und zur hfl/DM-Zielzone. Daher ist auch hier die Annahme einer ausschließlich marginalen Interventionstätigkeit viel zu eng gefaßt.

Wenden wir uns somit wieder den aus dem KRUGMAN-Modell hervorgehenden Implikationen zu, so lassen sich - insbesondere auch mit Blick auf die Abbildung 32 - die folgenden Aussagen ableiten.[166]

Abbildung 32

Die Zinsentwicklung zwischen Italien und Deutschland, Veränderung in v.H. gegenüber dem Vorjahr

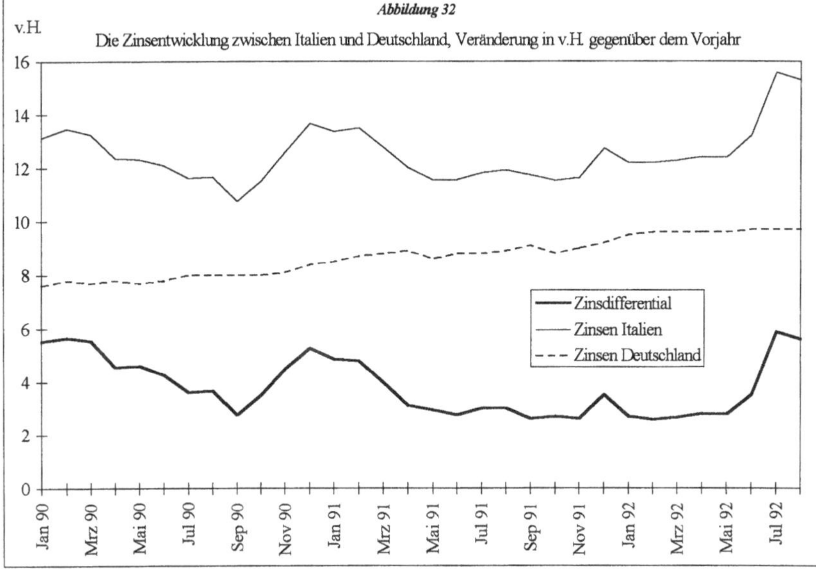

a) Betreffend der Krugmanschen Deterministik zwischen dem Wechselkurs und dem Zinsdifferential innerhalb der Bandbreite wird zunächst einmal eine Wechselkursbewegung sowohl in der unteren als auch in der oberen Zielzonenhälfte ersichtlich, während sich gleichzeitig ein durchweg positives Zinsdifferential für den gesamten Betrachtungszeitraum einstellt. Dieses signalisiert, daß die modellimanente Deterministik nur unterhalb der zentralen Parität wiederzufinden ist (Januar bis Oktober 1990 und April bis Oktober 1991); für den oberen Bereich ist sie hingegen nicht durch das Modell erklärbar (November 1990 bis März 1991 und November 1991 bis August 1992). Nehmen wir diese Ergebnisse zusammen, so ist die Phase von Juni bis Juli 1990 in hohem Maße als Smooth-Pasting-Effekt zu identifizieren, d.h. in dieser Situation shiftet der Wechselkurs entlang der unteren Zielzonengrenze und die stabilisierenden Abwertungserwartungen der Wirtschaftssubjekte für die italienische Lira drücken ihn wieder in das Innere der Zielzone zurück. Dieses Szenario deutet somit auf die Funktionsfä-

166 Quelle zu den in der Abbildung 32 verwendeten Daten: Vgl. die Angaben zur Abbildung 22.

higkeit des Honey-Moon-Effekts hin; allerdings gilt er - wegen der Wechselkurs-Zinsdifferential-Kombinationen - explizit nur für die untere Zielzonenhälfte.

Ein interessanter Aspekt ergibt sich jedoch noch bei einer genaueren Betrachtung der allein im unteren Zielzonenbereich ausgewiesenen Deterministik. Hier betont KRUGMAN, daß das positive Zinsdifferential um so größer wird, je weiter sich der Wechselkurs von der zentralen Parität entfernt. Gerade diesen Zusammenhang spiegelt die Realität in der Lit/DM-Zielzone insgesamt nur zur Hälfte wieder; dieses gilt im Jahr 1990 für die Monate Februar, April, Juni und September sowie im Jahr 1991 für die Monate Mai bis Juli und den September. Die anderen Bereiche unterhalb der Zielzonenmitte weisen hingegen eine für diesen speziellen Fall vorliegende Diskrepanz zur im KRUGMAN-Modell angelegten Deterministik auf.

b) Hinsichtlich der von KRUGMAN postulierten u-förmigen Dichtefunktion des Wechselkurses zeigt die Lit/DM-Zielzone ebenfalls eine empirische Unvereinbarkeit an. Der vorwiegende Aufenthalt des Wechselkurses an den Zielzonenenden ist aus der Abbildung 31 generell nicht zu ersehen. Vielmehr läßt der ausgewiesene Wechselkursverlauf auf eine buckelförmige Dichtefunktion schließen, die einen um die zentrale Parität schwankenden Wechselkurs verlangt. Auch die kurzzeitige Wechselkursbewegung entlang des unteren Zielzonenendes kann diese Einschätzung nicht widerlegen, da eine vorübergehend stärkere Abweichung von der zentralen Parität auch im Rahmen einer buckelförmigen Dichtefunktion durchaus möglich und angelegt ist.

In einer abschließenden Zusammenfassung gelangen wir daher zu dem Ergebnis, daß mit dem KRUGMAN-Modell insgesamt keine theoretische Erklärung der empirischen Verläufe in der Lit/DM-Zielzone möglich ist. Hiervon sind nicht nur die gewählten Annahmen sowie die zu beobachtende Dichtefunktion des Wechselkurses betroffen, sondern darüber hinaus auch mindestens 46,9% der beobachtbaren Deterministik zwischen dem Wechselkurs und dem Zinsdifferential innerhalb der Zielzone.

Die voranstehenden Ergebnisse bleiben hierbei auch dann bestehen, wenn wir die aus Kompatibilitätsgründen in der Abbildung 31 nicht mehr eingezeichneten täglichen Wechselkurswerte von Anfang September bis zum Übergang zum Free-Float-Wechselkurssystem am 17. September 1992 zusätzlich berücksichtigen. Sie sind in der Tabelle 5 aufgeführt.

Wir sehen, daß sich die in der Abbildung 31 im Mai 1992 beginnende Abwertung der italienischen Lira gegenüber der Deutschen Mark zum oberen Zielzonenende auch im September - begleitet von einem zwischenzeitlichen Realignment - fortsetzt. Gleichzeitig nimmt das Zinsdifferential einen durchschnittlichen monatlichen Wert von 8,59 % für den September an und liegt damit weiterhin deutlich im positiven Bereich. Diese empirischen Verläufe deuten somit auch für den erweiterten Zeitraum auf die Unvereinbarkeit des KRUGMAN-Modells mit der Empirie hin. Sie werden daher im weiteren nur bei der Untersuchung der Krugmanschen imperfekten Glaubwürdigkeit der Zielzone und beim KRUGMAN-ROTEMBERG-Modell wieder aufgegriffen und sollen sonst vernachlässigt werden.

Tabelle 5

Der nominale Lit/DM-Wechselkurs im September 1992[1)]

Tag	Lit/DM-Wechselkurs[2)]
1. September	764,97
2. September	764,89
3. September	765,04
4. September	765,39
7. September	763,82
8. September	764,14
9. September	764,44
10. September	765,39
11. September	765,39
14. September	793,37
15. September	802,51
16. September	815,00

[1)] Quelle: DEUTSCHE BUNDESBANK, Die Währungen der Welt, November 1992, S. 49.

[2)] Obere Zielzonengrenze bis zum 13. September bei 765,40 Lit/DM, danach bis zum 16. September bei 802,49 Lit/DM.

Nicht-perfekte Glaubwürdigkeit bei Krugman

Mit Blick auf die Tabelle 5 wird ersichtlich, daß der tägliche Wechselkurs im September 1992 zu mehreren Zeitpunkten implizit mit der oberen Zielzonengrenze übereinstimmt. Für ein derartiges Szenario betont KRUGMAN [1991], daß die Wirtschaftssubjekte zu diesen Zeitpunkten Erwartungen hinsichtlich des künftigen Fortbestandes des aktuellen Währungssystems bilden. Der Krugmanschen Intention folgend müssen die Wirtschaftssubjekte am 4. September noch von der Aufrechterhaltung der Lit/DM-Zielzone überzeugt gewesen sein, wie die nachfolgende Wechselkursbewegung zurück ins Innere der Zielzone verdeutlicht. Diese Einschätzung war jedoch offensichtlich nur von kurzer Dauer, denn bereits am 10. und 11. September erreichte der Lit/DM-Wechselkurs wieder das obere Zielzonenende. Dabei ist die Deklaration der neuen Zielzone am 14. September nicht mit den modelltheoretischen Implikationen von KRUGMAN zu vereinen, da der im Modell angelegte Regimewechsel hin zu einem flexiblen Wechselkurssystem nicht stattgefunden hat. Insofern verweist das Modell einzig für den 4. September auf einen plausiblen Erklärungsansatz, der darüber hinaus auch das Szenario nach dem Zusammenbruch der nachfolgenden Drei-Tages-Zielzone hinreichend verdeutlicht; diese Zielzone wird von uns jedoch nicht näher untersucht.

Da die im elementaren KRUGMAN-Modell beinhalteten Probleme hinsichtlich der Deterministik zwischen dem Wechselkurs und dem Zinsdifferential innerhalb der Zielzone sowie bezüglich der Dichtefunktion des Wechselkurses auch durch diesen modifizierten Ansatz nicht ausgeräumt werden, bietet das Modell vor dem Hintergrund der Realität eine nur marginal erhöhte Auslegung an.

Intramarginale Interventionen

Ausgehend von der Feststellung, daß sich die bei DELGADO und DUMAS [1992] theoretisch thematisierte perfekt glaubwürdige Zielzone ebenfalls nicht auf die Realität in der Lit/DM-Zielzone übertragen läßt, sind nun die aus dem Modell hervorgehende Deterministik zwischen dem Wechselkurs und dem Zinsdifferential innerhalb der Bandbreite sowie die Ausgestaltung der Wechselkursdichtefunktion zu überprüfen.

a) Wie wir bereits schon im Zusammenhang mit der FF/DM- und der hfl/DM-Zielzone darauf hingewiesen haben, unterscheidet sich die bei KRUGMAN angelegte Deterministik nicht in primärer Sicht zu der bei DELGADO und DUMAS; insofern gelten auch hier die gleichen Einwände. Wenngleich sich Nuancen in der Deterministik erst in sekundärer Hinsicht zeigen, so wird - bei gegebenem Interpretationsspielraum - auch hier offenkundig, daß z.B. infolge der Wechselkursbewegung zum unteren Zielzonenende von Januar bis Juli 1990 nicht gleichzeitig auch ein deutlich erhöhtes Zinsdifferential auftritt; dieses gilt in analoger Weise auch für den Oktober 1990. Letztlich scheitert das Modell also bei der umfassenden Erklärung der gegebenen Deterministik.

b) Den empirischen Umstand einer buckelförmigen Wechselkursdichtefunktion erklärt das DELGADO-DUMAS-Modell mit dem Hinweis auf den Einsatz von intramarginalen Interventionen. Mit Blick auf die Lit/DM-Zielzone ist demnach zu folgern, daß das Ausmaß dieser Interventionen von Januar bis Mai 1990 nicht ausreichend genug gewesen sein kann, um das Erreichen des unteren Zielzonenbandes im Juni 1990 zu verhindern. Dahingegen muß auf der Grundlage des Modells davon ausgegangen werden, daß die ab August 1990 einsetzende stabile Wechselkursbewegung um die zentrale Parität im Wege intramarginaler Interventionen erreicht wurde. Im Ergebnis zeigt sich daher eine hohe Vereinbarkeit der Empirie mit dem Erklärungsansatz der Theorie.

Zusammenfassend ist somit festzuhalten, daß DELGADO und DUMAS bei der Betrachtung der Dichtefunktion des Wechselkurses eine angemessenere Auslegung der Realität durch intramarginale Interventionen zulassen. Die vorhandenen Defizite in der Ausgestaltung der Deterministik bleiben davon aber unberührt.

Exogene Realignmenterwartungen

Zunächst ist in diesem Kontext wieder die theoretische Konzeption der Drift-Adjustment-Methode heranzuziehen.

a) Was die Deterministik zwischen dem Wechselkurs und dem Zinsdifferential innerhalb der Zielzone angeht, so ist die Drift-Adjustment-Methode nunmehr zusätzlich in der Lage, die im oberen Zielzonenbereich auftretenden Lit/DM-Wechselkurse und das gleichzeitig vorhandene positive Zinsdifferential durch das Vorhandensein von exogenen Realignmenterwartungen zu erklären. Dieses bedeutet aber nicht, daß die in der unteren Zielzonenhälfte relevanten Wechselkurs-Zinsdifferential-Kombinationen unplausibel werden; für sie gilt die Aussage, daß in diesen Situationen eben keine exogenen Realignmenterwartungen vorlagen und die beobachtbaren Konstellationen somit ermöglichten. Insgesamt wird die Deterministik dadurch vollständig interpretierbar, wenngleich der im KRUGMAN-Modell geäußerte Aspekt hinsichtlich des Bewegungszusammenhangs zwischen den Variablen weiterhin bestehen bleibt.

b) Eine insgesamt ablehnende Haltung muß jedoch auch hier bei der Identifikation der vorhandenen Wechselkursdichtefunktion eingenommen werden. Wie wir wissen, steht die in dem Modell vorhandene u-förmige Dichtefunktion nicht im Einklang zu deren Buckelförmigkeit in der Lit/DM-Zielzone.

Als Fazit dieser Anmerkungen ergibt sich daher, daß die Drift-Adjustment-Methode durch das Zulassen von Realignmenterwartungen und damit einer insgesamt unglaubwürdigen Zielzone einerseits den Erklärungsmangel der gegebenen Deterministik in der Lit/DM-Zielzone beheben kann, andererseits aber keinen Konsens bei der Formulierung der Wechselkursdichtefunktion erreicht.

Eine andersartige Sichtweise ergibt sich möglicherweise, wenn wir unsere Betrachtung auf den Umfang der Glaubwürdigkeit einer Zielzone vor dem Hintergrund des BERTOLA-CABALLERO-Modells abstellen.

a) Für den Fall einer primär gegebenen Glaubwürdigkeit der Lit/DM-Zielzone ($\psi <$ 0,5) müßten anhand des zugrundegelegten Modells eine u-förmige Dichtefunktion sowie die aus dem KRUGMAN-Modell bekannte Deterministik durch das Vorhandensein exogener Realignmenterwartungen der Wirtschaftssubjekte zu erklären sein. Eine derartige Konstellation ist jedoch nicht aus der Lit/DM-Zielzone zu erkennen. Dieses legt somit den Schluß nahe, daß die empirischen Verläufe nicht mit Hilfe des BERTOLA-CABALLERO-Modells zu deuten sind, sofern die Zielzone von den Wirtschaftssubjekten als überwiegend glaubwürdig eingeschätzt wird.

b) Entgegengesetzte Ergebnisse erhalten wir, sofern bei den Wirtschaftssubjekten eine hauptsächliche Einschätzung einer unglaubwürdigen Lit/DM-Zielzone bestand ($\psi >$ 0,5). Aus dem BERTOLA-CABALLERO-Modell gehen für diesen Fall eine buckelförmige Dichtefunktion des Wechselkurses sowie eine im Vergleich zum KRUGMAN-Modell konträre Wechselkurs-Zinsdifferential-Deterministik hervor. Wie bereits schon in einem anderen Zusammenhang aufgezeigt wurde, wird die Empirie durch die buckelförmige Dichtefunktion sehr realitätsgetreu abgebildet, während sich die Aussage hinsichtlich der Kritik an der Deterministik lediglich umkehrt. Nunmehr werden alle Wechselkurs-Zinsdifferential-Kombinationen in der oberen Zielzonenhälfte durch das Auftreten exogener Realignmenterwartungen plausibel, während sie im unteren Zielzonenbereich nicht mit dem Modell zu erklären sind. Insgesamt zeigt sich jedoch eine erhöhte Auslegung der Realität.

Daher gilt es abschließend zu betonen, daß die exogenen Realignmenterwartungen im BERTOLA-CABALLERO-Modell - abgesehen vom Zeitpunkt ihres Eintritts - allein unter dem Aspekt einer von den Wirtschaftssubjekten als unglaubwürdig eingeschätzten Lit/DM-Zielzone eine Interpretation der Empirie zulassen; hierbei sind jedoch ebenfalls Abstriche bei der Betrachtung der Deterministik hinzunehmen. Gleichwohl gilt es auch hier wieder anzumerken, daß eine unglaubwürdige Wechselkurszielzone nicht mit einem buckelförmigen Wechselkursverlauf zu vereinbaren ist.

Einen vor dem Hintergrund der Problematik hinsichtlich der Deterministik zwischen dem Wechselkurs und dem Zinsdifferential innerhalb der Zielzone eindeutigeren Blickwinkel eröffnet hingegen das BERTOLA-SVENSSON-Modell. Danach wird die Krugmansche Deterministik nur für eine Situation hinfällig, in der stochastische exogene Realignmenterwartungen der Wirtschaftssubjekte auftreten. Für den konkreten Fall in der Lit/DM-Zielzone bedeutet dieses somit, daß sich die im unteren Zielzonenbereich vorhandene Wechselkurskorrelation mit einem positiven Zinsdifferential allein durch die Abwesenheit von stochastischen exogenen Realignmenterwartungen ergeben konnte, während in der oberen Zielzonenhälfte das Szenario positiver Zinsdifferentiale durch eine verstärkte stochastische exogene Realignmenterwartungsbildung entstand. Dabei ist es mit Blick auf die Theorie nicht wichtig zu hinterfragen, warum die beiden Zielzonenhälften in unterschiedlicher Weise von stochastischen exogenen Realignmenterwartungen betroffen sind; relevant ist vielmehr der Umstand eines nunmehr plausiblen Erklärungsansatzes bezüglich der bestehenden Deterministik. Dennoch vermag das Modell keine Antwort auf die Frage zu geben, aus welchem Grund sich in der Lit/DM-Zielzone eine buckelförmige Wechselkursdichtefunktion zeigt.

Die vollständige Interpretation der Zusammenhänge in der Lit/DM-Zielzone ist hierbei mit dem LINDBERG-SÖDERLIND-Modell möglich. Hierbei erklärt das Modell die buckelförmige Dichtefunktion des Lit/DM-Wechselkurses mit dem Hinweis auf eine vorliegende intramarginale Interventionstätigkeit sowohl der deutschen als auch der italienischen Zentralbank, um den Wechselkurs von den Zielzonenenden fernzuhalten. Dieser Erklärungsansatz wird in seiner Aussagefähigkeit auch nicht durch die kurzfristige Aufwertung (Abwertung) der italienischen Lira (Deutschen Mark) an das untere Zielzonenende im Juni und Juli 1990 beeinträchtigt. Das Modell erklärt diesen Umstand vielmehr dahingehend, daß im Vorfeld dieses Szenarios entweder eine zu schwache oder aber überhaupt keine intramarginale Interventionstätigkeit seitens der beteiligten Zentralbanken vorgelegen hat; die buckelförmige Wechselkursdichtefunktion wird daher insgesamt plausibel. Dieses gilt gleichenteils auch für die bestehenden Wechselkurs-Zinsdifferential-Konstellationen, die im LINDBERG-SÖDERLIND-Modell u.a. im Auftreten exogener Realignmenterwartungen der Wirtschaftssubjekte ihre Ursache besitzen. Für die Lit/DM-Zielzone bedeutet dieses demnach, daß - analog zu BERTOLA und SVENSSON - in der oberen Zielzonenhälfte exogene Realignmenterwartungen zu einem positiven Zinsdifferential geführt haben, während im unteren Zielzonenbereich durch die Abwesenheit einer exogenen Realignmenterwartungsbildung eben kein negatives Zinsdifferential entstehen konnte. Insgesamt offeriert das Modell somit einen umfassenden Erklärungsansatz, der allerdings keine Antwort auf die Frage der die Realignmenterwartungen auslösenden Faktoren zu geben vermag.

Endogene Realignmenterwartungen

Wie wir wissen, steht gerade die zuvor bemängelte Thematik im Vordergrund des TRISTANI-Modells. Daher gilt es nun zu überprüfen, inwieweit die in diesem Modell angelegte Endogenität der Realignmenterwartungen eine weiterreichendere Auslegung der Lit/DM-Zielzone bereitstellt.

a) Für den Fall des Auftretens endogener Realignmenterwartungen geht aus dem Modell eine im oberen (unteren) Zielzonenbereich vorhandene Korrespondenz mit einem grundsätzlich positiven (negativen) Zinsdifferential einher. Mit Blick auf die Lit/DM-Zielzone wird somit deutlich, daß endogene Realignmenterwartungen allenfalls in der oberen Zielzonenhälfte vorgelegen haben können; denn das Zinsdifferential ist im gesamten Betrachtungszeitraum positiv. Insofern ist das Erreichen der unteren Zielzonengrenze im Juni und Juli 1990 aus dem Modell heraus nicht mit endogenen Realignmenterwartungen zu erklären, da gleichzeitig kein negatives Zinsdifferential zu identifizieren ist. Das Hinterfragen der Endogenität muß sich daher allein auf den oberen Zielzonenbereich beschränken.

b) Knüpfen wir an die im letzten Satz getätigte Aussage an, so impliziert dieses für die Wechselkursdichtefunktion nichts anderes, als daß die obere Zielzonenhälfte eine u-förmige Dichtefunktion ausweisen müßte. Unter der Berücksichtigung der Abbildung 31 und den in der Tabelle 5 enthaltenen Daten tritt der aus dem Modell hervorgehende Wechselkursverlauf jedoch nicht in der Lit/DM-Zielzone auf und offenbart somit keine Kompatibilität zu den Implikationen des Modells. Insofern zeigt sich eine deutliche Disharmonie zwischen der Theorie und der Empirie in bezug auf die Beschaffenheit der Wechselkursdichtefunkion.

c) Im weiteren gilt es nun, die hinter den im oberen Zielzonenbereich vorhandenen endogenen Realignmenterwartungen stehenden Faktoren, die sich allein für den September 1992 ergeben, näher zu beleuchten. Diese lassen sich anhand der divergierenden Preisentwicklung zwischen Deutschland und Italien sowie mit der italienischen Zahlungsbilanz konkretisieren.

Betrachten wir die Abbildung 33 etwas genauer,[167] so ist die Ursache für die endogene Realignmenterwartungsbildung zunächst einmal nur indirekt zu erkennen. Während das ausgewiesene Preisdifferential bereits im Januar 1990 nahezu 4% umfaßte und bis zum Mai 1991 auf einem relativ konstanten Niveau verharrte, vollzog sich in der Zeit danach dessen nachhaltige Verminderung, wobei das italienische Preisniveau das deutsche im Februar 1992 erstmals unterschritt; beim Zusammenbruch der Zielzone am 11. September 1992 lagen die Preisniveaus hingegen etwa gleich auf. Aufgrund dieser Entwicklung ist es daher nicht unmittelbar einsichtig, warum hier eine Grundlage für endogene Realignmenterwartungen bestanden haben soll. Dieses wird jedoch vor dem Hintergrund plausibel, daß die Wirtschaftssubjekte den ausgewiesenen Verlauf offensichtlich nicht einmal kurzfristig - über den September 1992 hinaus - als stabil einschätzten. Derartige Anzeichen lassen sich insbesondere aus der deutschen Wie-

---

[167] Quelle zu den in der Abbildung 33 verwendeten Daten: Vgl. die Angaben zur Abbildung 23.

dervereinigung ableiten. Die dargestellte Verringerung des Preisdifferentials ist hierbei vordergründig auf den haushaltsbedingten Preisanstieg des deutschen Preisniveaus (vor allem durch hohe Transferzahlungen nach Ostdeutschland) und nur sehr bedingt

Abbildung 33

Die Preisentwicklung zwischen Italien und Deutschland, Veränderung in v.H. gegenüber dem Vorjahr

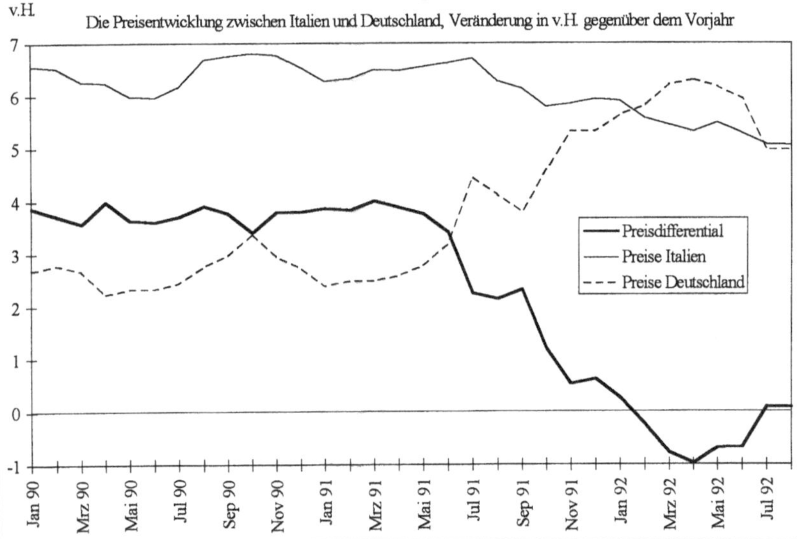

durch die marginale Rückführung der italienischen Preissteigerungsraten zu erklären. Hier zeigt sich, daß die nach dem zweiten Weltkrieg aufgebaute Reputation Deutschlands als preisstabiles Land nicht durch eine kurzfristige Abweichung von dem bisherigen Trend zerstört werden konnte, zumal von deutscher Seite her im Mai 1992 eine Umkehrung dieses Prozesses eingeleitet werden konnte. Endogene Realignmenterwartungen gründen sich daher auf die Vermutung sich künftig weiter abschwächender Preissteigerungsraten in Deutschland, während davon nicht mit der gleichen Nachhaltigkeit für Italien ausgegangen werden konnte. SMEETS und MÖLLER [1994, S. 233] weisen in diesem Zusammenhang darauf hin, daß aufgrund des italienischen Staatsdefizits und dessen zusätzlichen monetären Alimentierung durch die italienische Zentralbank gerade dieser expansive Kurs der Erfüllung der Konvergenzkriterien entgegenstand. Für unsere Betrachtung bedeutet dieser Umstand somit nichts anderes, als daß die Einschätzung der Wirtschaftssubjekte hinsichtlich der Glaubwürdigkeit der Zielzone berechtigt erschien.

Führen wir nunmehr noch eine Indexwertberechnung[168] durch, so werden die zuvor getätigten Aussagen zusätzlich gestützt und überzeugen vollständig.

[168] Quelle: Eigene Berechnungen auf der Grundlage der für die Abbildung 33 verwendeten Daten.

Abbildung 34

Das Preisdifferential zwischen Italien und Deutschland, Januar 1990 = 100

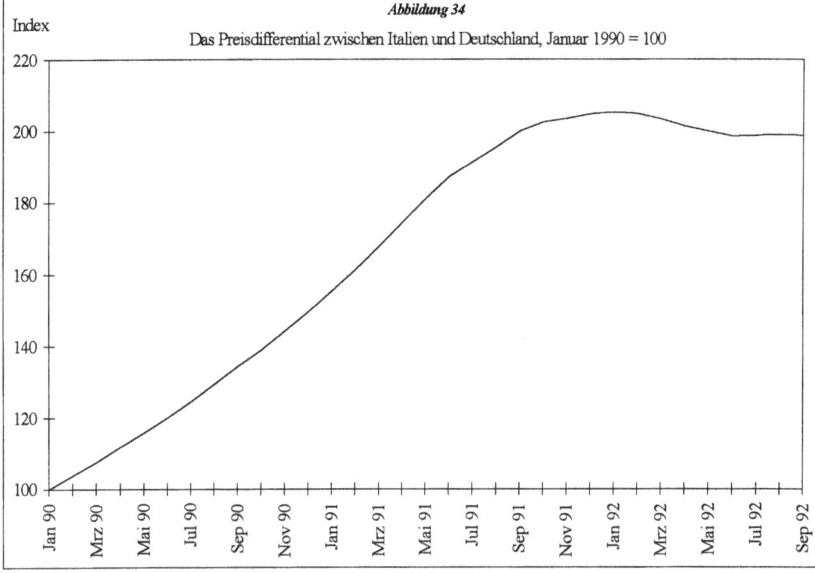

Die in der Abbildung 34 ausgewiesene kumulierte Preisdifferenz verdeutlicht die Vermutung, daß sich ab Januar 1990 ein umfangreicher Preisanpassungsdruck zwischen Deutschland und Italien aufgestaut hatte. Der Index steigt bis zum Januar 1992 kontinuierlich an und verringert sich von Februar bis Juni 1992 nur um etwa sechs Indexpunkte, um dann in den beiden Vormonaten der Währungskrise wieder geringfügig zuzunehmen. Dieses Szenario spiegelt daher die Erwartungshaltung der Wirtschaftssubjekte sehr treffend wieder: Anstelle einer Verminderung des Indexwertes war vielmehr dessen weitere Zunahme eher wahrscheinlich. Zu einer nachhaltigen Rückführung hätte es einer anhaltend hohen Unterschreitung des deutschen durch das italienische Preisniveau bedurft, die in etwa dem unter umgekehrten Vorzeichen stehenden Ausgangsniveau von 4% hätte entsprechen müssen. Insofern halten wir fest, daß die seit dem Beginn des Betrachtungszeitraums eingetretene Preisentwicklung eine sehr stichhaltige Begründung für eine endogene Erwartungshaltung darstellt.

Diese wird auch mit Blick auf die Ausgestaltung der italienischen Zahlungsbilanz zusätzlich unterstützt. Eine grobe Übersicht vermittelt hierzu die Tabelle 6.

Die Positionen der italienischen Zahlungsbilanz lassen für das Jahr 1990 einen Überschuß erkennen. Im Vergleich zu 1990 steigt das Leistungsbilanzdefizit jedoch im Jahre 1991 um etwa ein Drittel an, während sich gleichzeitig der Überschuß in der Kapitalbilanz fast halbiert. Dieses hat für das Jahr 1991 eine defizitäre Zahlungsbilanz zur Folge, d.h. Italien benötigte für seine außenwirtschaftlichen Transaktionen mehr Devisen, als über seine Einnahmen wieder ins Land zurückflossen. Dieser Mehrbedarf an Devisen war somit nur durch den Rückgriff auf bereits vorhandene Devisenreserven zu decken. Wenngleich sich die Werte für das Jahr 1992 auf das Jahresende beziehen, so bleibt unübersehbar, daß sich dieser Trend bis zum Ausbruch der EWS-Krise im September fortsetzte. Entscheidend sind hierbei also nicht die im September konkret vorliegenden Werte, sondern allein die Tatsache einer sich innerhalb kurzer Zeit deutlich verschlechternden außenwirtschaftlichen Lage für Italien, die durch den vermehrten Verbrauch eigener Devisenreserven nachgerade Spekulationen hinsichtlich der Fähigkeit Italiens induzierte, inwieweit die bestehenden Wechselkurszielzonen in Zukunft hinreichend verteidigt werden konnten; denn die verlorenen Devisenreserven standen für einen eventuellen Interventionseinsatz nicht mehr zur Verfügung. Auf der Grundlage dieses Sachverhalts müssen daher die auf eine Abwertung der Lira zielenden Realignmenterwartungen - unterstützt durch den IMF im Frühjahr 1992, der offiziell den Verlust der Hälfte der italienischen Devisenreserven im Wege vergangener Interventionen bekanntgab (vgl. SMEETS und MÖLLER [1994, S. 233]) - in zunehmendem Maße angestiegen sein. Der Zusammenbruch der Zielzone deutet dabei darauf hin, daß die Wirtschaftssubjekte hinkünftig keine Umkehrung dieser Entwicklung erwarteten.

Tabelle 6

Die italienische Zahlungsbilanz von 1990 bis 1992, in Mio. US-Dollar[1)]

	1990	1991	1992
Leistungsbilanz	- 16,992	- 24,749	- 30,091
Vermögensübertragungen	+ 759	+ 588	+ 806
Kapitalbilanz	+ 42,638	+ 24,212	+ 11,558
Sonstiges	- 14,782	- 6,769	- 6,264
Insgesamt[2)]	+ 11,623	- 6,718	- 23,992

[1)] Quelle: IMF [1997, S. 385].
[2)] Hieraus ergibt sich die Devisenbestandsveränderung mit gleichem Vorzeichen.

Abschließend halten wir daher fest, daß das TRISTANI-Modell die in der Lit/DM-Zielzone ausgewiesene und im oberen Zielzonenbereich von KRUGMAN abweichende Deterministik zwischen dem Wechselkurs und dem Zinsdifferential innerhalb der Zielzone anhand endogener Realignmenterwartungen einerseits erklären kann, andererseits jedoch keine weiterreichende Interpretation der Wechselkursdichtefunktion zuläßt. Die Frage nach den hinter der Endogenität stehenden Faktoren ließ sich hingegen sehr anschaulich anhand ökonomischer Merkmale beantworten.

Spekulative Attacken

Abgesehen von der Tatsache, daß das KRUGMAN-ROTEMBERG-Modell ebenfalls die bereits hinlänglich diskutierten Probleme in der Erklärung der Deterministik zwischen dem Wechselkurs und dem Zinsdifferential innerhalb der Zielzone sowie in der Ausgestaltung der Wechselkursdichtefunktion beinhaltet, so gehen aus ihm dennoch Anzeichen hervor, die eine spekulative Attacke auf die italienische Lira im Wege eines geringen Devisenbestandes begründen können. Dieses betrifft den modelltheoretischen Zusammenhang eines Zielzonenzusammenbruchs infolge des einmaligen Erreichens eines der Zielzonenenden durch den Wechselkurs. Die Übereinstimmung des letzteren mit der oberen Zielzonengrenze geht dabei aus der Tabelle 5 hervor. Rechnen wir den von SMEETS und MÖLLER [1994, S. 233] geäußerten Umstand in die Betrachtung ein, daß sich der Devisenbestand der italienischen Zentralbank im Frühjahr 1992 im Vergleich zum Vorjahreszeitpunkt halbierte[169] und dieses vor allem in einer erhöhten Interventionstätigkeit seine Ursache hatte, so werden die zielzonenspezifischen Implikationen und Zusammenhänge von KRUGMAN und ROTEMBERG ersichtlich. Danach haben die Wirtschaftssubjekte entweder auf der Grundlage gesicherter Informationen oder aber aufgrund einer bestimmten Erwartungshaltung hinsichtlich des noch vorhandenen Umfangs der italienischen Devisenreserven gegen die italienische Lira spekuliert. Dieser Umstand ist es, der - ohne ihn einer genauen Prüfung unterziehen zu können - die Geschehnisse in der Lit/DM-Zielzone erklären kann und - im Gegensatz zur Deterministik und Dichtefunktion - eine angemessenere Auslegung der Realität zuläßt. Gleichwohl verlangt das Modell im Wege einer spekulativen Attacke den sofortigen Übergang zu einem Free-Float-Wechselkurssystem; dieser Regimewechsel wird jedoch nicht sofort, sondern - nach einer Bandbreitenerweiterung - erst wenige Tage später vollzogen. Insgesamt ergeben sich somit aus dem Modell heraus vermehrte Anhaltspunkte, die eine spekulative Attacke auf die italienische Lira verneinen.

Preisrigiditäten

Aus der Abbildung 6 ist eine für die italienische Lira gegebene reale Wechselkursvolatilität zur Deutschen Mark erkennbar. Insofern ist auch hier im weiteren zu überprüfen, inwiefern - einerseits - die ausgewiesene Deterministik zwischen dem Wechselkurs und dem Preisdifferential sowie die vorhandene Wechselkursdichtefunktion anhand des Modells zu erklären sind und - andererseits - eine Aussage hinsichtlich der Abläufe der von MILLER und WELLER intendierten Wirkungszusammenhänge innerhalb der Lit/DM-Zielzone möglich ist.

a) Für die anstehende Betrachtung hinsichtlich der Deterministik sind die Entwicklungen in den Abbildungen 31 und 33 relevant. Es sind dabei drei Phasen zu registrieren, in denen das Preisdifferential zunächst von Januar 1990 bis Januar 1992 positiv ist, in einer weiteren Phase bis zum Juni 1992 einen negativen Wert annimmt und von Juli bis August 1992 wieder im positiven Bereich verläuft. Erinnern wir uns an den aus dem Modell dazu kompatiblen stabilen Wechselkursverlauf, so müßten die Phasen eines positiven (negativen) Preisdifferentials mit einem unterhalb (oberhalb) der zentralen Parität verlaufenden Wechselkurs einhergehen. Dieser Zusammenhang trifft für 68,8% der Fälle auch zu (Januar bis Oktober 1990, April bis Oktober 1991 und Febru-

---

[169] Diese Entwicklung der Devisenreserven ist tendenziell auch anhand der von GOLDSTEIN u.a. [1993, S. 53] ausgewiesenen Daten nachzuvollziehen. Danach hatte sich der Devisenbestand von 42,0 Mio. US-Dollar im Januar 1992 auf 20,4 Mio. US-Dollar im August 1992 vermindert.

ar bis Juni 1992). In der verbleibenden Zeit ist die ausgewiesene Deterministik hingegen durch das Modell als instabiler Bereich zu identifizieren; er ist mit etwa einem Drittel immer noch relativ hoch.

Von einem anderen Blickwinkel her betrachtet besagt das MILLER-WELLER-Modell allerdings auch, daß sowohl im oberen als auch im unteren Zielzonenbereich ein - hier: im Vergleich zum Vormonat - steigender (fallender) Wechselkurs mit einem gleichzeitig sinkenden (steigenden) Preis einhergeht. Dieses Szenario ist jedoch lediglich in 51,6% der relevanten Fälle zu beobachten und vollzieht sich insgesamt in Phasen, die nicht wesentlich zusammenhängen; allein von Dezember 1990 bis März 1991 sowie von März bis Mai 1992 zeigen sich hier etwas längere und ununterbrochene Phasen. Bezogen auf die stabile Gesamtheit der Ergebnisse zur Deterministik ergibt sich daher anhand des MILLER-WELLER-Modells ein Erklärungsgehalt, der etwas über der Hälfte des relevanten Betrachtungszeitraums angesiedelt ist. Unvereinbar miteinander sind hingegen die empirische und die theoretische Ausgestaltung der Wechselkursdichtefunktion.

b) Was den in dem Modell angelegten Wirkungsmechanismus angeht, so zeigt die Abbildung 6 deutlich, daß dieser infolge der ausgewiesenen permanenten realen Wechselkursvolatilität offensichtlich nicht in der von MILLER und WELLER intendierten Weise funktioniert hat. Auf der einen Seite verweist der Wechselkurs zwar auf eine Bewegung um die zentrale Parität, während das Preisdifferential gleichzeitig eine nachhaltige Reduzierung erfährt und zum Zeitraumende fast ausgeglichen ist; auf der anderen Seite ergeben sich diese Bewegungen nicht entsprechend der Modellierung von MILLER und WELLER, d.h. sie sind nicht aufeinander abgestimmt. Als Ursache hierfür lassen sich unter der Berücksichtigung der abgeleiteten Sattelpfadbewegung die gleichen Umstände identifizieren, wie sie auch schon beim französischen Franc dargelegt worden sind. Aus diesem Grund sollen sie an dieser Stelle nicht wiederholt werden.

Zusammenfassend bleibt daher die Erkenntnis, daß die Realität in der Lit/DM-Zielzone nur sehr eingeschränkt mit Hilfe des MILLER-WELLER-Modells zu interpretieren ist. Die Ursache hierfür resultiert vor allem aus der Tatsache eines durch das Modell nur etwa zu 50% ausgewiesenen stabilen Bereichs innerhalb der Bandbreite. Dieses wirkt sich gleichermaßen auch auf die beobachtbaren Wechselkurs-Zinsdifferential-Kombinationen aus, die ebenfalls nur in diesem Umfang erklärbar sind.

Zur Interpretation der buckelförmigen Lit/DM-Dichtefunktion kann allerdings das BEETSMA-VAN DER PLOEG-Modell herangezogen werden. Danach wird die Situation in der Lit/DM-Zielzone durch die TT_2-Funktion in der Abbildung 17 beschrieben, d.h. eine auf Unterakkomodierung ausgelegte Geldpolitik, die tendenziell gleichgerichtet zur Veränderung der Preise erfolgt, zeigt sich hierbei im Wege intramarginaler Interventionen bereits innerhalb der Zielzone. Gleichwohl verlangt das Modell in diesem Zusammenhang sowohl nahe null liegende Zinsdifferentiale als auch eine lediglich schwache Schwankungsintensität des realen Wechselkurses. Beide Szenarien sind mittels der Empirie jedoch nicht zu realisieren, da die Zinsdifferentiale deutlich positiv sind (vgl. die Abbildung 32) und sich auch der reale Wechselkurs mitunter sehr weit von seinem Ausgangsniveau entfernt (vgl. die Abbildung 7). Dieser Tatbestand mindert daher den Erklärungsgehalt des gesamten Modells.

Der Glaubwürdigkeitstest

Die Untersuchung der Glaubwürdigkeit der Lit/DM-Zielzone basiert auf den in der Abbildung 35 ausgewiesenen Wechselkursverläufen.[170] Letztere lassen dabei insbesondere die nachfolgenden Merkmale erkennen.

Abbildung 35

Der nominale Future-Wert für den Lit/DM-Wechselkurs

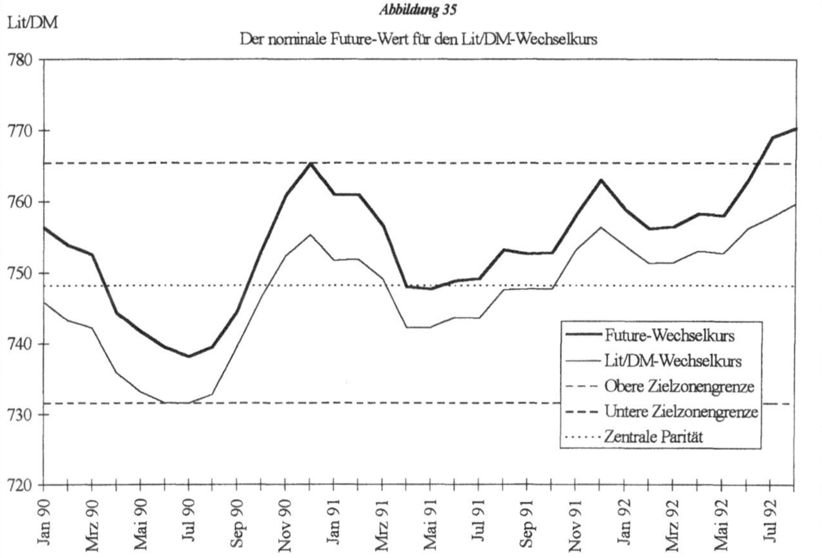

a) Infolge der zu Deutschland bestehenden positiven Zinsdifferenzen übersteigt der Future-Wechselkurs den aktuellen Wechselkurs nicht nur durchweg, sondern teilweise auch in einem beträchtlichen Umfang. Der dargestellte Wechselkursverlauf unterliegt dabei einer erhöhten Volatilität, die sowohl im oberen als auch im unteren Zielzonenbereich auftritt. Wie beim französischen Franc wird auch hier ersichtlich, daß die im Vergleich zu Deutschland höheren italienischen Zinsen kurzfristig eine relativ stabile Wechselkursbewegung des Kassakurses innerhalb der Zielzone induzieren konnten, die die Wirtschaftssubjekte jedoch vor dem Hintergrund des Glaubwürdigkeitsaspekts für die Zukunft offensichtlich nicht vollständig überzeugte.

[170] Quelle für die in der Abbildung 35 verwendeten Daten: Vgl. die Angaben zu den Abbildungen 31 und 32.

b) Betreffend der Glaubwürdigkeit ist eine innerhalb der Zielzone unterschiedlich vorliegende Ausprägung gegeben. Diese muß von Januar bis Juli 1990 relativ groß gewesen sein, da der Future-Wechselkurs in dieser Zeit kontinuierlich bis unterhalb die zentrale Parität aufwertete. Für die Zeit ab August 1990 ist dahingegen eine stetige Abwertung zu erkennen, die im Dezember 1990 kurzfristig zu einer Überschreitung des oberen Zielzonenendes um 0,027 Lit/DM führte. Diese nachhaltige Reduktion der Glaubwürdigkeit verkehrte sich ab Januar 1991 jedoch sofort wieder ins Gegenteil und damit in eine vermehrt glaubwürdigere Phase, die bis zum Juli 1991 anhielt. Ab August 1991 setzte allerdings wieder eine fortwährende Abwertung des Future-Wechselkurses ein, an deren Ende die Zielzone im Juli und August 1992 wieder verlassen wurde; diese Entwicklung verweist somit ebenfalls auf eine über einen längeren Zeitraum beeinträchtigte Glaubwürdigkeit der Lit/DM-Zielzone hin.

In einem abschließenden Fazit ist daher zu konstatieren, daß in der Lit/DM-Zielzone sowohl Zeitabschnitte festzustellen sind, die auf eine vorhandene Glaubwürdigkeit derselben hindeuten, als auch Bereiche, die letztere gleichermaßen vermissen lassen. Wenngleich der aktuelle Wechselkurs im August 1992 noch innerhalb der Zielzone liegt, so ist der gleichzeitig außerhalb liegende Future-Wechselkurs - mit Blick auf den Übergang zu einem Free-Float-System im September 1992 - schon als Indiz einer hinkünftig nicht mehr aufrechtzuerhaltenden Bandbreite zu interpretieren, der ungeachtet eines deutlichen Anstiegs des Zinsdifferentials im Juli und im August 1992 nicht mehr in die vereinbarte Zielzone zurückkehrte. Insofern gibt der auf der Dreimonatsbasis bewertete Future-Wechselkurs den Zeitpunkt der spekulativen Attacke bereits im vorhinein relativ genau an.

2. Mexiko: Die Peso-Krise im Dezember 1994

Mit der spezifischen Auswahl Mexikos ist nun die Währungskrise eines Landes zu analysieren, das, gemäß dem Länderverzeichnis der amtlichen Außenhandelsstatistik (Stand: 1994) der DEUTSCHEN BUNDESBANK [1995, S. 106], mit seiner allgemeinen wirtschaftlichen Leistungsfähigkeit und Entwicklung formal der Gruppe der „Entwicklungsländer" zugeordnet wurde. Sie umfaßt (vgl. im weiteren VAHLENS GROßES WIRTSCHAFTSLEXIKON [1987, S. 508 f.]) dabei jene Länder, deren realisiertes Entwicklungsniveau hinter dem der international als Norm betrachteten Ländern zurückgeblieben ist. Insofern bezieht sich die Gegenüberstellung auf den Vergleich von den unterentwickelten Ländern zu den fortgeschrittenen Industrieländern, wobei aus politischer Sicht nicht die Harmonisierung kultureller und weltlicher Anschauungen, sondern vielmehr die Angleichung der als erstrebenswert erachteten Lebensbedingungen als vordergründiges Interesse anzusehen ist. Üblicherweise wird die Klassifizierung anhand bestimmter Merkmale (geringes Pro-Kopf-Einkommen, Armut eines überdurchschnittlichen Anteils der Gesamtbevölkerung, etc.) vorgenommen, die gemeinhin noch objektiv bewertbar sind. Des weiteren erfolgt innerhalb der Gruppe der Entwicklungsländer eine dreifache Unterscheidung in die „Am wenigsten entwickelten Länder" (Least Developed Countries, LCD), in die „Von der Wirtschaftskrise am schwersten betroffenen Länder" (Most Seriously Affected Countries, MSAC) sowie in die Gruppe der „Schwellenländer" (Newly Industrialized Countries, NIC). Letztere sind dabei vor allem dadurch gekennzeichnet, daß durch das Vorliegen einer wirtschaftlichen Eigendynamik im Inland davon auszugehen ist, daß die ökonomischen Klassifizierungsmerkmale für ein Entwicklungsland künftig nicht mehr erfüllt sein werden;[171] häufig wird dieser Prozeß jedoch gleichzeitig durch einen starren politischen und sozialen Fortschritt begleitet. Dieser Umstand trifft u.a. auch auf Mexiko zu, dessen weitreichende wirtschaftliche Reformbemühungen im Jahre 1994 zu einer - diese Entwicklung anerkennenden - Aufnahme in die OECD, deren Mitglieder ausschließlich Industrienationen sind, geführt haben, wenngleich die soziale Lage insgesamt keine wesentliche Verbesserung erfahren hat. Insofern wird Mexiko im weiteren als Schwellenland angesehen, das aus formalen Gründen zwar weiterhin zu den Entwicklungsländern zählt, diese Gruppe jedoch aufgrund seiner allgemeinen wirtschaftlichen Situation hinkünftig zu verlassen scheint.

Zur Analyse der mexikanischen Währungskrise ist die nachstehende Gliederung gewählt worden. Während wir im Abschnitt 2.1. einen hinreichenden Überblick über die konkrete Ausgestaltung der mexikanischen Wechselkurszielzone gewinnen wollen, dient der Abschnitt 2.2. sowohl der Veranschaulichung der gesamtwirtschaftlichen Entwicklung Mexikos in der Zeit von 1987 bis 1993 als auch - mit Blick auf den Eintritt der Währungskrise - der Diskussion verschiedener Schocks des Jahres 1994. Im Abschnitt 2.3. ist dann wieder der dieser Arbeit zugrundeliegenden Arbeitshypothese nachzugehen, inwieweit der Zusammenbruch des Peso anhand der im Kapitel II dargestellten theoretischen Zielzonenmodelle tatsächlich erklärt werden kann.

2.1. Die Konzeption der mexikanischen Wechselkurszielzone

Nachdem der mexikanische Peso seit der internationalen Verschuldungskrise 1982 gegenüber allen anderen Währungen floatete, erzielten mexikanische Wirtschaftspolitiker eine generelle Übereinkunft darüber, den Peso im Rahmen eines inländischen marktwirtschaftlichen Konsolidierungskurses notwendigerweise an eine international anerkannte stabile Währung binden zu müssen und demzufolge zu einem System fester Wechselkurse zu gelangen. Als zweckmäßige Ankerwährung wurde hierzu der US-

[171] In diesem Zusammenhang wird in der Literatur häufig der Begriff der „Emerging Markets" verwendet. Dazu zählen insbesondere lateinamerikanische Staaten (z.B. Argentinien, Brasilien, Chile, Peru, Uruguay, Venezuela) und asiatische Länder (z.B. Indonesien, Malaysia, Philippinen, Singapur, Südkorea, Taiwan, Thailand). Sie zeichnen sich insbesondere durch ein hohes Wachstumspotential sowie durch hohe Kapitalzuflüsse aus (vgl. dazu später).

Dollar ausgewählt,[172] da man sich implizit erhoffte, hinkünftig eine Übertragung der stabilen wirtschaftlichen Verhältnisse der USA durch einen internationalen Vertrauensgewinn auf die eigene Ökonomie erreichen zu können. Gleichwohl war die währungspolitische Koppelung des Peso an den US-Dollar (nur) ein einseitiger Schritt, da die Interventionsverpflichtung zur Verteidigung der selbst auferlegten Parität an den Devisenmärkten ausschließlich bei der mexikanischen Zentralbank (Banco de Mexico) lag. Diese feste und einseitige Bindung wurde im März 1988 errichtet.

Infolge einer im Verlaufe des Jahres 1988 entstandenen realen Aufwertung des Peso wurde die feste Bindung an den US-Dollar jedoch teilweise gelockert und im Januar 1989 zu einem System anpassungsfähiger Wechselkurse übergegangen, indem eine einseitige Wechselkurszielzone bestimmt und offiziell verkündet wurde. Genauer betrachtet handelte es sich dabei um ein Crawling-Peg-System (auch: Crawling-Band oder Crawl), dessen prinzipielle Eigenschaften uns bislang aus der Wechselkurszielzonentheorie nicht geläufig sind und das bis zum Eintritt der mexikanischen Währungskrise im Dezember 1994 fortbestand. Im einzelnen handelt es sich dabei um ein zu Kapitel II geringfügig modifiziertes Währungsband. Während wir schon in der Zielzonentheorie auf die quasi-analoge Anwendung der dort erzielten Ergebnisse auf einseitige Währungsbänder hingewiesen haben, besteht im Vergleich dazu der Unterschied eines Crawling-Pegs lediglich in einem einzelnen Umstand. Dieses betrifft die Art und den Umfang einer administrativen Veränderung der bestehenden Wechselkurszielzone. In einem Crawling-Peg-System erfolgt diese nicht durch eine sprunghafte und unerwartete diskretionäre wirtschafts- und währungspolitische Entscheidung der beteiligten Regierung(en) bzw. Zentralbank(en) in größeren Zeitabständen, sondern vielmehr fortdauernd oder diskretionär in wesentlich kleineren Zeiteinheiten; dieses geschieht grundsätzlich mit Blick auf die Entwicklung zuvor definierter wirtschafts- und/oder währungspolitischer Indikatoren (vgl. JARCHOW und RÜHMANN [1997, S. 203]). Als Beispiel hierzu fungieren zumeist die inländische Inflationsrate oder ein aus der Vergangenheit berechneter Durchschnitt der Wechselkursentwicklung innerhalb des Crawling-Bands. Die Veränderung der Wechselkursparität bzw. der Zielzonengrenzen erfolgt dabei durch eine administrativ festgelegte und offiziell angekündigte tägliche oder wöchentliche (Auf- oder) Abwertung der eigenen Währung. Hierzu sind prinzipiell zwei Arten vorstellbar. Entweder unterliegt die zentrale Parität der beschriebenen permanenten Veränderung, infolge derer sich die Zielzonengrenzen in gleichem Umfang verschieben und die Breite der Zielzone somit konstant gehalten wird, oder aber es wird eine der Zielzonengrenzen konstant gehalten, während die andere gleichzeitig mit der (oder auch ohne die) Wechselkursparität entsprechend auf- oder abwertet; in-

---

[172] In den meisten Ländern der Welt wird der US-Dollar als glaubwürdige internationale (Anlage-)Währung angesehen. Wenngleich OCHEL [1998] aufzeigt, daß sich - im Vergleich zu anderen Währungen - die vorrangige Stellung des US-Dollars bei den Devisentransaktionen, der Fakturierung im internationalen Handel, als Anlagewährung, bei den Devisenreserven und als nominaler Wechselkursanker partiell verringerte, so verbleibt seine besondere Bedeutung als internationale Währung nach wie vor unangetastet. Diese wird, so konstatiert er, auch durch die Einführung des Euro zunächst nicht verändert werden.

nerhalb der sich daraus ergebenden Zielzone soll sich der Wechselkurs dann frei bewegen können.

Zur Vervollständigung dieser Ausführungen sei schließlich noch darauf hingewiesen, daß die bereits diskutierten Kriterien für die Wahl der Breite des Wechselkursbandes sowie die Entscheidung über den Einsatz von intramarginalen Interventionen durch die Zentralbank innerhalb eines Crawling-Bands unverändert fortbestehen. Insofern stellt auch diese Zielzonenart den Stabilitätsgedanken weiterhin in den Vordergrund, während gleichzeitig ein bestimmter Spielraum für den aus nationaler Sicht motivierten Einsatz der inländischen Wirtschaftspolitik gegeben ist. Gleichzeitig gilt es deutlich zu betonen, daß dabei die Institution eines Crawling-Bands nicht schon im vorhinein als währungspolitisches Indiz für eine weniger glaubwürdige Wechselkurszielzone anzusehen ist; denn der Tatbestand einer veränderlichen Zielzonengrenze (bzw. zentralen Parität) ist vielmehr als ein auf einen Glaubwürdigkeitsgewinn ausgerichteter Versuch zu werten, den Erfordernissen einer Anpassung der realen Wechselkursrelation hinlänglich gerecht zu werden. Nach EDWARDS [1989, S. 355] besteht die Aufgabe der wirtschaftspolitischen Entscheidungsträger dann allein darin, im Rahmen dieses Wechselkurssystems eine im Vergleich zur beobachtbaren inländischen Inflationsrate höhere nominale Abwertung der eigenen Währung zu erreichen.[173]

Für das konkrete Crawling-Peg-System in Mexiko ist zu konstatieren, daß sich die nominale Abwertung des Peso durch die mexikanische Zentralbank entsprechend der Inflationsentwicklung in einem konkret definierten Crawling-Band vollzog. Hierbei unterlag die untere Zielzonengrenze (Band Floor) keinerlei Veränderungen, wohingegen das obere Zielzonenband (Band Ceiling) und die zentrale Parität stetig einem administrativ vorgegebenen Abwertungspfad folgten. Infolgedessen entstand (vgl. FISCHER und SCHNATZ [1996, S. 17 f.]) zunächst eine tägliche nominale Abwertung der oberen Zielzonengrenze in Höhe von 0,001 Peso pro US-Dollar,[174] die 1989 (auf das Jahr gerechnet) insgesamt 16 v.H. ausmachte und fast an die jährliche Inflationsrate heranreichte. Angesichts erhöhter Preissteigerungen im Jahre 1990 ging die mexikanische Zentralbank im Mai jedoch dazu über, die tägliche nominale Abwertung des Peso auf 0,0008 Peso pro Tag zu verringern und im November eine weitere Reduzierung um 0,0004 Peso pro Tag vorzunehmen; die zentrale Parität wertete infolgedessen um 0,0002 Peso pro Tag ab. Diese täglichen Abwertungsschritte entsprachen dabei einer jährlichen nominalen Peso-Abwertung in Höhe von 10 v.H. bzw. 5 v.H. gegenüber dem US-Dollar. Das gesamte Verfahren wurde - abgesehen von einer kurzzeitigen Unterbrechung von November 1991 bis Oktober 1992, in der die nominalen Abwertungen der oberen Zielzonengrenze lediglich 0,0002 und die der zentralen Parität 0,0001 Peso pro Tag betrugen - bis zum Eintritt der mexikanischen Währungskrise im Dezember 1994 fortgeführt. Darüber hinaus halten wir noch fest, daß die untere Zielzonengrenze

---

173 Vgl. diesbezüglich auch WILLIAMSON [1987b, S. 40].

174 Im Januar 1993 führte Mexiko den Neuen Peso ein. Im Wege dieser Währungsumstellung entsprach nunmehr 1 Neuer Peso 1000 alten Peso. Zur besseren Vergleichbarkeit sind im weiteren alle Peso-Angaben in Neue Peso ausgedrückt.

ab November 1991 mit 3,0512 Peso pro US-Dollar weder auf- noch abwertete und somit durchweg konstant verlief.

Den für den Peso von Oktober 1992 bis April 1995 beobachtbaren Wechselkursverlauf gibt die Abbildung 36 wieder.[175,176]

Abbildung 36

Der nominale Peso/US-Dollar-Wechselkurs von Januar 1992 bis März 1995

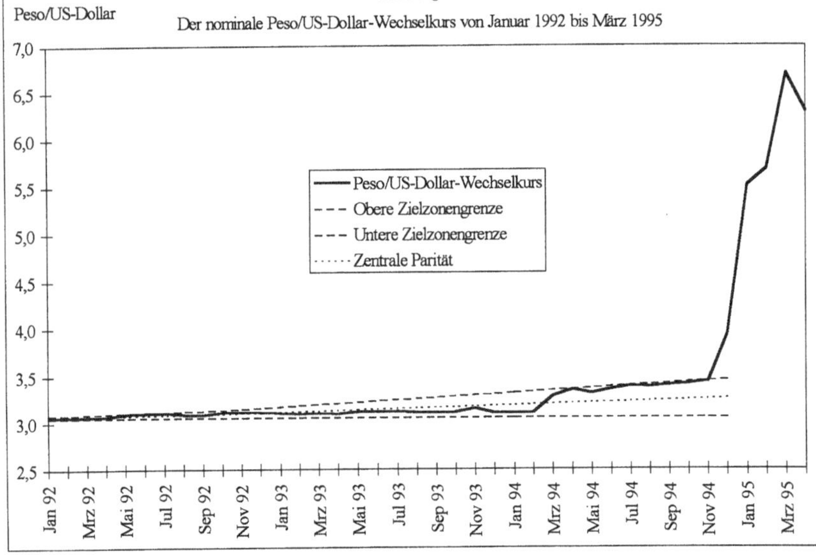

Der Beginn des Betrachtungszeitraums geht mit dem Realignment vom Oktober 1992 einher, während der Eintritt der Währungskrise im Dezember 1994 dazu führte, daß der Peso fortan im Rahmen eines flexiblen Wechselkurssystems gehandelt wurde. Im Wege der Aufgabe des Crawling-Peg-Systems stellten sich dabei im ersten Vierteljahr 1995 massive Abwertungen des Peso gegenüber dem US-Dollar ein.

Aus der erweiterten Sicht ist die von 1989 bis 1994 praktizierte wechselkurspolitische Verfahrensweise zunächst als durchaus erfolgreich zu bewerten. Abgesehen von einzelnen Korrekturen der täglichen Abwertungsschritte, die vorwiegend aus Gründen der Preisentwicklung heraus erfolgten, waren keine wesentlichen diskretionären Eingriffe der Zentralbank erforderlich, die zur Aufrechterhaltung des Crawling-Bands oder zur Abwehr einer spekulativen Attacke hätten herangezogen werden müssen. Gleichwohl

175 Quelle: Daten für das Jahr 1992 in BANCO DE MEXICO [1993, S. 277], Daten für das Jahr 1993 in BANCO DE MEXICO [1994, S. 231] und Daten für die Jahre 1994 und 1995 in BANCO DE MEXICO [1995, S. 221]. Hierbei handelt es sich jeweils um monatliche Durchschnittswerte.

176 Die Notierung des Wechselkurses erfolgt hierbei - aus mexikanischer Sicht - in der Form der Preisnotierung.

ist in diesem Zusammenhang ebenso festzuhalten, daß sich infolge dieser Währungspolitik seit 1989 eine stetige reale Aufwertung des Peso ergeben hat, die offensichtlich auf eine zu geringe tägliche nominale Abwertung des Peso schließen läßt (vgl. dazu später). Inwiefern diese spezifische Eigenheit der mexikanischen Wechselkurszielzone aus stabilitätspolitischen Aspekten hinsichtlich der Peso-Krise einzuschätzen ist, bleibt dabei der weiteren Analyse vorbehalten.

2.2. Die währungsspezifische Problematik des Jahres 1994 in Mexiko

Um nun präzise Vorstellungen über die verschiedenen Gründe und den späteren Verlauf der Peso-Krise zu entwickeln, erscheint zunächst einmal die genaue Betrachtung einer Reihe von ausgewählten Fundamentaldaten der mexikanischen Volkswirtschaft geboten. Diese sind als jährliche Bestandsgrößen der Tabelle 7 zu entnehmen und stellen die Grundlage der weiteren Betrachtung dar.

Die Wahl des Beginns des Betrachtungszeitraums im Jahre 1987 ist insofern gewählt worden, da er mit einem entscheidenden wirtschaftspolitischen Ereignis verbunden ist, das das Ende einer bis dahin beschrittenen (Wirtschafts-)Politik in Mexiko beschreibt. Infolge der gesamtwirtschaftlichen Instabilitäten der achtziger Jahre,[177] die ihren Ursprung vor allem in der Verschuldungskrise von 1982 und dem Zusammenbruch der Ölpreise im Jahre 1986 besaßen,[178,179] errichteten die mexikanische Regierung - unter der Führung ihres Präsidenten Carlos Salinas de Gortari - und Vertreter von Arbeitgebern und Gewerkschaften den Solidarpakt „Pacto para la Estabilidad y el Crecimiento Económico“ (PECE), der im Rahmen einer anhaltenden Kooperation sowie einer verstärkten Zusammenarbeit die Stabilisierung der nationalen Volkswirtschaft durch eine Begrenzung des allgemeinen Lohn- und Preisanstiegs zum Ziel hatte, von der (mittelfristig) letztlich - im weiteren Sinne - alle beteiligten Parteien profitieren sollten. Insbesondere in der 1987 „erreichten“ durchschnittlichen Wachstumsrate der Inflation in Höhe von 131,8% sah die mexikanische Regierung die zwingende Notwendigkeit eines gesamtwirtschaftlichen Reform- und Stabilisierungskurses, zumal zum damaligen Zeitpunkt ein weiterer Anstieg in der Zukunft nicht kategorisch auszuschließen war; gleichzeitig konnte das Ansteigen des staatlichen Budgetdefizits auf 13,8 v.H. des BIP ausgemacht werden. Dieser unbefriedigenden Entwicklung wurde u.a. mit Hilfe des Solidarpaktes entschieden entgegengetreten, dessen inhaltliche Ausrichtung die Hoffnung auf eine hinkünftige Preisniveaustabilität und somit auf einen zügigen und nach-

177 Vgl. zu den ablauftechnischen Einzelheiten in diesem Abschnitt BRAND und RÖHM [1995, S. 20 ff.], FISCHER und SCHNATZ [1996, S. 19 ff.] sowie RÖHM und RÖSNER [1997, S. 37 f.].

178 Vgl. SOLIS und ZEDILLO [1985, S. 263 ff.] bezüglich einer Untersuchung der verschiedenen Ursachen, die zum Eintritt der Schuldenkrise im Jahre 1982 geführt haben.

179 Vgl. LUSTIG [1992, S. 28 ff.] und OECD [1992, S. 23 ff.] hinsichtlich einer Darstellung bezüglich der von der mexikanischen Regierung nach der Schuldenkrise im Jahre 1982 eingeleiteten Stabilisierungsmaßnahmen.

Tabelle 7

Wichtige Fundamentaldaten für Mexiko von 1987 bis 1995[1)]

	1987	1988	1989	1990	1991	1992	1993	1994	1995
Allgemeine Fundamentaldaten									
Reales Bruttoinlandsprodukt[2)]	1,8	1,3	3,3	4,5	3,6	2,8	0,7	4,5	-6,2
Staatliche Verschuldung[3)]	13,8	14,1	6,1	2,7	-1,5	-3,1	-0,2	0,4	-6,0
Zinsen[4)]	96,0	68,2	44,9	34,8	19,3	15,7	15,0	13,9	48,6
Inflation[5)]	131,8	114,2	20,0	26,6	22,7	15,5	9,7	6,9	35,0
Nominaler Wechselkurs[6)]	1,38	2,27	2,46	2,81	3,02	3,10	3,12	3,38	6,42
Realer effektiver Wechselkurs[7)]	132,7	109,6	100,2	100,0	90,9	85,6	80,5	85,7	115,0
Zahlungsbilanz				*in Milliarden US-Dollar*					
Leistungsbilanzsaldo	4,2	-2,4	-5,8	-7,5	-14,9	-24,4	-23,4	-29,4	-0,7
- Exporte (f.o.b.)	27,6	30,7	35,2	40,7	42,7	46,2	51,9	60,9	79,5
- Importe (f.o.b.)	18,8	28,1	34,8	41,6	50,0	62,1	65,4	79,3	72,5
Kapitalbilanzsaldo	-1,3	-1,2	1,9	9,5	25,3	26,5	32,6	14,6	14,3
- Ausl. Direktinvestitionen	2,6	2,9	3,2	2,6	4,8	4,4	4,4	11,0	7,0
- Portfolioinvestitionen	-1,4	2,7	0,3	-4,0	12,1	19,2	28,4	7,6	-10,8
- Sonstige Investitionen	-2,5	-6,7	-1,6	10,8	8,4	2,9	-0,2	-4,0	18,0
Währungsreserven[8)]	8,0	6,0	6,5	10,1	17,9	19,4	25,4	6,3	17,0[9)]

1) Quelle: INTER-AMERICAN DEVELOPMENT BANK [1997, S. 285].
2) Durchschnittliche jährliche Wachstumsrate.
3) In v.H. des Bruttoinlandsprodukts.
4) Auf einmonatige Treasury Bills bezogener nominaler Durchschnitt, der aus dem gewichteten Diskontsatz täglicher Transaktionen berechnet ist; in v.H. des Bruttoinlandsprodukts.
5) Durchschnittliche jährliche Wachstumsrate der Konsumentenpreise.
6) Peso pro US-Dollar.
7) Index 1990=100; Ansteigen (Absinken) = Abwertung (Aufwertung).
8) Quelle: IMF [1995c, S. 92].
9) Geschätzter Wert, eigene Berechnungen.

haltigen marktwirtschaftlichen Konsolidierungsprozeß verband, sofern sich nur alle beteiligten Parteien vertragskonform verhalten würden.[180] Seine faktische Wirkung erfolgte im gleichzeitigen Einklang und unterstützend zu anderen mexikanischen Politikbereichen, die den Marktkräften ebenfalls eine erhöhte Priorität zuwiesen. Hiervon waren - zum ersten - der Staatshaushalt, der vor allem eine konsequente und kontinuierliche Konsolidierung der öffentlichen Ausgaben vorsah und die Einnahmen durch Privatisierungserlöse staatlicher Unternehmen steigern sollte, des weiteren - zum zweiten - eine restriktive inländische Geldpolitik, deren hauptsächliche Aufgabe sich auf das Er-

180 Die abermalige Verlängerung des Solidarpakts um ein weiteres Jahr im September 1994 unterstreicht die nach wie vor gegebene Wertigkeit dieses Bemühens.

reichen von Preisstabilität beschränkte,[181] daneben - zum dritten - eine Liberalisierung und Deregulierung der heimischen Finanzmärkte, die den vollständigen Abbau der bestehenden Kapitalverkehrskontrollen und -richtlinien bewirken sollten und - zum vierten - eine Umstrukturierung der mexikanischen Schulden bzw. Schuldendiensterleichterungen im Rahmen des sogenannten Brady-Plans, betroffen. Zuvor war bereits - u.a. mit Blick auf die Verwendung der inländischen Produktionsfaktoren in effizienten Faktorkombinationen - der mexikanische Außenhandel liberalisiert worden; dieses konkretisierte sich insbesondere Ende 1993 durch den Beitritt Mexikos zur NAFTA[182] und die Aufnahme in die OECD im April 1994. Zur außenwirtschaftlichen Integration Mexikos trugen darüber hinaus auch der Beitritt zur APEC im November 1993 sowie die Unterzeichnung verschiedener Freihandelsabkommen mit Chile im Januar 1992, Kolumbien und Venezuela im Dezember 1993 und Costa Rica im März 1994 bei (vgl. zur Übersicht GASSNER [1994, S. 2 f.] und OECD [1995, S. 156 ff.]). Des weiteren band Mexiko den Peso ab März 1988 - im Sinne fester Wechselkurse - an den US-Dollar (nominaler Anker), um einerseits über die unerläßliche außenwirtschaftspolitische Absicherung das zu den USA bestehende Inflationsdifferential im Rahmen des Stabilisierungsprozesses glaubwürdig zu verringern,[183] und andererseits aufgrund des verminderten Wechselkursrisikos einen reduzierten inländischen Zinssatz - mit entsprechenden Wirkungen für Wachstum und Beschäftigung - herbeiführen zu können.[184] Aber auch innenpolitisch wußte der Verzicht auf dieses diskretionäre Steuerungselement vor allem die Gewerkschaften zu überzeugen, da aus dieser Richtung eine unvermittelte Reallohnsenkung infolge einer abwertungsbedingten Preiserhöhung a priori ausschied und die Inflationserwartungen in den Lohnforderungen entsprechend reduzierte. Insofern ist die Wechselkurspolitik als das elementarste Instrument der insbesondere auf Preisreduktion bedachten Wirtschaftspolitik anzusehen; sie zeigte bereits 1989 im Jahresdurchschnitt einen beachtlichen Erfolg, wenngleich sich längerfristig keine vollständige Beseitigung des Inflationsdifferentials einstellte und infolgedessen eine reale Aufwertung des Peso gegenüber dem US-Dollar entstand. Insofern wurde dieses Wechselkurssystem im Januar 1989 durch die Wechselkurspolitik des Crawling-Pegs ersetzt.[185]

[181] Die Bedeutung dieses Ziels wurde Mitte des Jahres 1993 angesichts der konjunkturellen Schwierigkeiten in Mexiko zunächst etwas zurückgestellt.

[182] Gemäß der vertraglichen Bestimmungen wurden die amerikanischen Zölle auf 80% der mexikanischen Produkte zum 1. Januar 1994 abgeschafft und somit der Zugang zum amerikanischen Markt ermöglicht. Für die noch ausstehenden 20% wurde eine Übergangsfrist bis maximal 15 Jahre vereinbart, von der jedoch vor allem die wettbewerbsfähigsten Bereiche Mexikos, insbesondere die landwirtschaftlichen Erzeugnisse (z.B. Erdnüsse, Orangensaft) sowie Glaswaren, betroffen sind (vgl. GASSNER [1994, S. 2]).

[183] Dieser Prozeß wird unter der Berücksichtigung der Kaufkraftparitätentheorie deutlich: Sind der nominale Wechselkurs und das ausländische Preisniveau konstant, so sind von der außenwirtschaftlichen Seite her keine Auswirkungen auf das heimische Preisniveau zu erwarten.

[184] Letzteres resultiert explizit aus der ungedeckten Zinsparität: Dezimieren sich an den internationalen Devisenmärkten tatsächlich die Abwertungserwartungen bezüglich des Peso, so eröffnet sich gleichenteils die Möglichkeit zur Reduzierung des heimischen Zinsniveaus.

[185] Hierzu betonen HELPMAN, LEIDERMAN und BUFMAN [1994], daß der Übergang von festen Wechselkursen hin zu einem Crawling-Band einerseits die Lockerung der inländischen Stabilisierungspolitik beabsichtigen, andererseits aber auch auf die Wiedererlangung der infolge der realen Aufwertung

Die angekündigte tägliche nominale Abwertung des Peso war zwar generell geeignet, den dringlichen nominalen Abwertungsspielraum zu eröffnen und das Problem der realen Aufwertung zu entschärfen; insgesamt konnte jedoch kein vollständiger Inflationsausgleich zwischen den beiden Ländern herbeigeführt werden, weshalb sich weiterhin eine anhaltende reale Aufwertung des Peso ergab. Letztere hatte - einerseits - eine zunehmende Verschlechterung der waren- und dienstleistungsexportierenden Industrie zur Folge, da die mexikanischen Güter und Dienste aus der ausländischen Sicht vergleichsweise zu teuer waren, bewirkte aber - andererseits - über verringerte Importpreise den beabsichtigten Druck auf das heimische Preisniveau. Darüber hinaus gilt es in diesem Zusammenhang auch darauf hinzuweisen, daß die intendierten Ziele der Außenhandelsliberalisierung durch die reale Aufwertung des Peso systematisch geschwächt wurden; denn durch die Verzerrung der internationalen Preisrelationen wird die Wirksamkeit der Abkehr von protektionistischen Maßnahmen auf den Exportsektor im Ganzen erschwert. Vor diesem Hintergrund bemerken DORNBUSCH und WERNER [1994, S. 255] zu Recht, daß eine Liberalisierung des Außenhandels nicht mit einer realen Aufwertung, sondern vielmehr mit einer realen Abwertung der heimischen Währung einhergehen sollte.

Insgesamt halten wir demnach fest, daß das Zusammenwirken von Geld-, Wechselkurs-, Liberalisierungs- und Deregulierungs- sowie der öffentlichen Haushaltspolitik zunächst einmal günstige Voraussetzungen für den angestrebten marktwirtschaftlichen Konsolidierungskurs, insbesondere des Erreichens fortwährender Preisstabilität, bot. Daß diese wirtschaftspolitischen Reformen seit 1987 in der Amtszeit des Präsidenten Salinas de Gortari auch tatsächlich innerhalb weniger Jahre zu den gewünschten Effekten auf die mexikanische Volkswirtschaft geführt haben, wird aus der Tabelle 7 ersichtlich.

In den Jahren von 1987 bis 1993 nahm die Herstellung von Gütern und Dienstleistungen verstärkt zu; dieses zeigt sich an den durchweg positiven jährlichen Wachstumsraten des Bruttoinlandsprodukts. Der stetige Wachstumstrend wurde im Jahre 1993 im Rahmen eines allgemeinen Konjunkturabschwungs zunächst unterbrochen, konnte aber bereits 1994 wieder deutlich an Umfang hinzugewinnen. Diese Entwicklung wurde durch die gleichzeitige Reduktion der staatlichen Verschuldung, der Zinsen und der Inflation erst ermöglicht. Während das öffentliche Defizit im Jahre 1987 noch 13,8 v.H. des Bruttoinlandsprodukts betrug, konnte bereits 1991 ein Überschuß ausgewiesen werden. Letzterer war das Ergebnis eines beharrlichen Konsolidierungskurses, der auf der Ausgabenseite insbesondere eine deutliche Verringerung der staatlichen Schulden und demzufolge geringere Zinszahlungen ausweisen und die Einnahmen infolge von Privatisierungserlösen aus staatlichen Unternehmen sowie erhöhter Steuerzuflüsse steigern konnte. Im Vergleich dazu ist ein ähnlicher Trend bei den Zinssätzen und der Inflation auszumachen. Dabei ist zu bemerken, daß der nachhaltige Zinsrückgang das

verlorenen Wettbewerbsfähigkeit abzielen kann. In ihren Untersuchungen erhalten sie als Ergebnis, daß für Mexiko der zweite Grund zutraf. Mit Blick auf einen gleichgewichtigen Wechselkurs ergibt sich dann im Zuge dessen tendenziell die Stabilisierung der Finanzmärkte und der Inflationserwartungen.

mexikanische Investitionsklima sowie die -bedingungen erheblich angeregt haben dürfte, was aus der stetigen Zunahme des Bruttoinlandsprodukts und dem kontinuierlichen Zustrom ausländischer Direktinvestitionen zu vermuten ist. Darüber hinaus dürfte der ebenso nachhaltige Rückgang der durchschnittlichen jährlichen Wachstumsrate der Inflation, der vor allem durch die restriktive Geldpolitik, die Wechselkurspolitik und den Solidarpakt bewirkt wurde, die Planungssicherheit für in- und ausländische Investoren in Mexiko deutlich verbessert haben. Aber auch durch den Überschuß im Staatshaushalt konnten inflationäre Impulse auf das inländische Preisniveau von vornherein unterbunden werden. Diese Bemerkungen verdeutlichen, daß die Umsetzung des seit 1987 verfolgten marktwirtschaftlichen Stabilisierungsprozesses nunmehr auch an allgemein unempfindlichen Fundamentaldaten abzulesen war. Letztere lassen jedoch ebenfalls eine seit 1990 entstehende reale Aufwertung des Peso gegenüber dem US-Dollar erkennen, deren spezifische Eigenheit uns im weiteren Verlauf noch konkreter beschäftigen wird.

Die nachhaltige Verbesserung der wirtschaftlichen Rahmenbedingungen in Mexiko blieb dabei insbesondere vom Ausland nicht unbemerkt. Durch den konsequenten Reform- und Stabilisierungskurs der mexikanischen Regierung wurde neues Vertrauen der internationalen Investoren in die mexikanische Volkswirtschaft geschaffen. Dieses führte schon in der kurzen Frist dazu, daß die Kapitalbilanz, die 1987 noch negativ war, bereits 1989 einen Überschuß aufwies und bis 1993 auf ein mehrfaches ihres Ausgangswertes anstieg.[186] Dazu ist jedoch - differenziert betrachtet - zu konstatieren, daß die ausländischen Direktinvestitionen in Mexiko bis 1993 nur geringfügig um 1,8 Mrd. US-Dollar zunahmen und somit insgesamt weniger von dem allgemeinen Kapitalzufluß profitieren konnten. Vielmehr entfaltete sich bei den ausländischen Portfolioinvestitionen eine ausgesprochen rasante Dynamik.[187] Letztere nahmen von 1987 bis Ende 1993 um fast 30 Mrd. US-Dollar zu und zeigten sich daher als hauptsächliche Ursache für den ebenso deutlichen Anstieg der Devisenreserven im gleichen Zeitraum verantwortlich. Hierdurch wurde Mexiko materiell in die Lage versetzt, sein aufgrund des Stabilisierungsprozesses (indirekt) bzw. wegen der realen Aufwertung und der Handelsliberalisierung (direkt) entstandenes Leistungsbilanzdefizit - zum einen - durch die Hingabe dieser Devisen zu finanzieren und - zum anderen - im Wege der nominalen und realen Wechselkursentwicklung weitere handelbare Güter und Dienstleistungen durch die Ausdehnung der inländischen Importnachfrage zu beziehen.[188] Diese Entwicklung führte dazu, daß die stetig wachsenden Importe den mengenmäßigen Export-

---

186 CALVO, LEIDERMAN und REINHART [1996, S. 125 ff.] diskutieren verschiedene Ursachen, die als Grund für die Zunahme von Kapitalströmen in Entwicklungsländer anzuführen sind.

187 CALVO, LEIDERMAN und REINHART [1993] identifizieren mit der für internationale Anleger ungünstigen Zinslage in den USA einen weiteren Grund, der den Zufluß von Portfoliokapital nach Mexiko unterstützt haben dürfte. Letzterer ist daher nicht ausschließlich anhand der inländischen Politikreformen zu erklären und zielt im Ganzen auch auf supranationale Renditeüberlegungen ab. Analog dazu ist die Argumentation von JOYCE und KAMAS [1997, S. 474] zu sehen, die den Anstieg der amerikanischen Zinsen während des Jahres 1994 als Beitrag zur Entwicklung der Peso-Krise werten.

188 Der IMF [1995c, S. 96] weist darauf hin, daß eine reale Aufwertung und ein Leistungsbilanzdefizit als logische Folge eines nachdrücklichen Reform- und Stabilisierungsprogramms anzusehen sind.

anstieg überkompensierten und das Leistungsbilanzdefizit infolgedessen seit 1987 - nach einer geringfügigen Abschwächung im Jahre 1993 - eine beschleunigte Zunahme erfahren hat. Da im relevanten Zeitraum der Überschuß in der Kapitalbilanz insgesamt jeweils größer war als das Defizit in der Leistungsbilanz, entstand in Mexiko ein permanenter Zahlungsbilanzüberschuß, der bis 1993 eine Zunahme der Währungsreserven auf den Höchststand von 25,4 Mrd. US-Dollar bewirkte.

Eine genaue Betrachtung der Zahlungsbilanzstruktur offenbart jedoch, daß die übermäßige Akkumulierung von hochliquidem Portfoliokapital aus volkswirtschaftlicher Sicht insofern nicht problemfrei ist, als es vornehmlich Aktien- und Wertpapieranlagen privater Anleger beinhaltet und somit in hohem Maße für spekulative Bewegungen anfällig ist. Denn die sehr elastische Reaktion der Anleger auf z.B. internationale Zinsänderungen und/oder den Erwartungen entgegenwirkender Wirtschaftsdaten führt infolge veränderter monetärer und/oder realer Rahmenbedingungen dazu, daß das Portfoliokapital kurzfristig ohne (nennenswerte) gesetzliche Hindernisse innerhalb der international liberalisierten Finanzmärkte umgeschichtet werden kann. Gerät ein Land demnach - beabsichtigt oder unbeabsichtigt - in eine derartige (Zahlungsbilanz-)Situation, so ist der gesamte Nettokapitalzufluß per se zunächst einmal nicht als nationaler Nachteil im Vergleich zu anderen Ländern zu bewerten; dieser kann über die Zeit hinweg erst dann entstehen, wenn das wirtschaftspolitische Hinwirken auf eine - wie auch immer ausgestaltete - Umverteilung von kurzfristigem Portfoliokapital zu langfristigen Direktinvestitionen (insbesondere Sachkapital) nicht gelingt.[189] Denn das Land setzt sich somit der latenten Gefahr aus, seinen inländischen Importbedarf infolge eines plötzlichen Portfoliokapitalabzugs nicht mehr ausreichend abdecken zu können (da die notwendigen Devisenreserven fehlen) und letztlich in die - hinsichtlich ihrer gesamtwirtschaftlichen Folgen im voraus schwer abschätzbaren - Abhängigkeit internationaler Spekulanten zu geraten. Auch die theoretische Möglichkeit einer entsprechend kurzfristigen Reduzierung der inländischen Importe im Ausmaß des Devisenrückgangs, die mit einer verstärkten Nachfrage nach inländischen Produkten einhergeht, erweist sich vor dem Hintergrund ihrer praktischen Durchsetzbarkeit als eher fraglich, wenn man bedenkt, daß die heimische Industrie - z.B. aufgrund in der Vergangenheit politisch beabsichtigter Strukturanpassungsprozesse - nunmehr zur industriellen Fertigung Maschinen und/oder Vorprodukte aus dem Ausland bezieht, die kurzfristig nicht oder nicht zu vergleichbaren Preisen und standardisierter Qualität im Inland hergestellt werden können, und sich somit auch hier ein spezielles Abhängigkeitsverhältnis eingestellt hat. Letztlich entsteht in der heimischen Ökonomie ein allgemeines Liquiditätsproblem, dessen binnenwirtschaftliche Folgen sich gleichermaßen nicht exakt im voraus abschätzen lassen.

Für den konkreten Fall in Mexiko wird aus den vorigen Bemerkungen deutlich, daß sich die Regierung auf einen schmalen wirtschaftspolitischen Pfad begeben hatte, der jedoch mit dem Beginn der Reformen in seiner faktischen Ausgestaltung nicht unbe-

[189] Kurzfristiges Portfoliokapital ist somit nicht geeignet, die Basis für anhaltendes Wachstum zu bilden (vgl. DIEHL und SCHWEICKERT [1997, S. 13]).

dingt in allen Einzelheiten vorherzusehen war. Auf der einen Seite gelang es zwar, das Vertrauen der internationalen Investoren in die Glaubwürdigkeit der heimischen Wirtschaftspolitik - und damit auch in die Peso/US-Dollar-Zielzone - mit Hilfe des konsequenten innen- und außenpolitischen Kurses zu gewinnen und zu stärken, während auf der anderen Seite eine die eigene internationale Wettbewerbsfähigkeit verschlechternde reale Aufwertung[190] und die zunehmende Abhängigkeit infolge der Zusammensetzung des Kapitalzuflusses entstand. In einer solchen Situation bestand für Mexiko das Dilemma, einerseits zwar - sofern eine nachhaltige Steigerung der inländischen Direktinvestitionen kurzfristig nicht möglich war - das Vertrauen der internationalen Anleger in die eigene (und beeinflußbare) Politik zunächst einmal stabilisieren zu können und damit die Grundlage für einen Verbleib der Portfolioinvestitionen im Inland zu schaffen, andererseits aber unausweichlich den Mechanismen auf den internationalen Finanzmärkten zu unterliegen und z.B. im Wege internationaler Zinssteigerungen einen Großteil des zugeflossenen Kapitals wieder zu verlieren. Dieses würde dann bis in die Binnenwirtschaft durchwirken, da hierdurch schon in der kurzen Frist keine ausreichenden Devisenreserven zur Finanzierung des Leistungsbilanzdefizits bzw. des Importbedarfs bereitstünden und sich damit die Gefahr einer mexikanischen Zahlungsunfähigkeit ungleich vergrößerte. Es ist jedoch implizit zu konstatieren, daß einem derartigen Szenario seitens der mexikanischen Regierung keine allzu große Bedeutung zugewiesen wurde, da der Devisenbestand das Leistungsbilanzdefizit bis einschließlich 1993 größtenteils überkompensierte und diskrete Eingriffe in das Wirtschaftsgeschehen weitgehend ausblieben.

Dieses Dilemma präsentierte sich jedoch im Laufe des Jahres 1994 nicht in der beschriebenen Art und Weise als Dilemma im eigentlichen Sinne; vielmehr veränderte sich die Situation dahingehend, daß Mexiko sowohl innenpolitisch als auch von der Außenflanke her unter Druck geriet und sich das Vertrauen der internationalen Investoren in die mexikanische Volkswirtschaft gleichermaßen stark abschwächte. Letzteres resultierte insbesondere aus den auftretenden innenpolitischen Spannungen, die ihren Ursprung vor allem in den allgemein ungelösten sozialen Problemen in Mexiko besaßen. In diesem Zusammenhang sind in erster Linie die Aufstände in Chiapas im Januar 1994, vor allem die Ermordung des Präsidentschaftskandidaten Luís Donaldo Colosio im März 1994, die Entführung des Präsidenten der größten mexikanischen Finanzgruppe, Banacci, sowie die Ermordung des Generalsekretärs der Regierungspartei PRI José Francisco Ruiz Massieu im September 1994 zu nennen (vgl. OECD [1995, S. 158 f.]). Etwa zeitgleich waren in den USA erhöhte Wachstumsimpulse zu identifizieren, die die amerikanische Notenbank mit einer mehrmaligen Heraufsetzung des Diskontsatzes begleitete und die somit eine Veränderung der internationalen Finanzertragsrelationen zur Folge hatte. Aber auch die Erholung der Konjunktur in mehreren Industriestaaten trug über einen allgemeinen Nachfrageanstieg nach Finanzierungsmitteln zu einer Verteuerung derselben bei. Beide Ereignisse bewirkten, daß die internationalen Investoren ihre zurückliegenden Portfolioinvestitionen einer den veränderten

---

[190] Die reale Aufwertung war zu Beginn des Jahres 1994 bereits höher als beim Eintritt der Schuldenkrise im Jahre 1982 (vgl. DORNBUSCH und WERNER [1994, S. 265]).

Bedingungen unterliegenden Bewertung unterwarfen, die neben Mexiko auch weitere (lateinamerikanische) Länder betraf (vgl. zu diesen Veränderungen FISCHER und SCHNATZ [1996, S. 22]). Infolgedessen wurde zunehmend ausländisches Kapital aus Mexiko abgezogen. Mit Blick auf die späteren modelltheoretischen Untersuchungen sind daher noch die Umstände des Jahres 1994 detaillierter hervorzuheben, deren Auftreten im Hinblick auf den Eintritt der Währungskrise von Bedeutung sind.

Hiervon ist die Zeit von Anfang Januar bis etwa Mitte Dezember 1994 betroffen (vgl. zu den Einzelheiten IMF [1995c, S. 93 f.] und WHITT [1996, S. 2 ff.]). Dabei ist von den zu Beginn des Jahres beobachtbaren Aufständen in Chiapas[191] eine allenfalls geringfügige Auswirkung auf die Finanzmärkte zu erkennen, wenngleich gemeinhin allgemeine Zweifel bezüglich der künftigen wirtschaftlichen Stabilität in Mexiko entstanden. Aufgrund der Ermordung des Präsidentschaftskandidaten Colosio im März fielen jedoch im April - zum ersten - die mexikanischen Devisenreserven aufgrund von exorbitanten Portfoliokapitalabflüssen in Höhe von 28,25 Mrd. US-Dollar auf nur noch 11 Mrd. US-Dollar, erreichten - zum zweiten - die Devisenmarktinterventionen zur Stützung des Peso ihren Höhepunkt und erfolgte - zum dritten - ein Anstieg der kurz- und langfristigen Zinsen für Cetes[192] auf ca. 18 v.H.,[193] der etwa das doppelte ausmachte. Der kurzfristige Zinsanstieg, die administrative Abwertung des Peso um 8 v.H. innerhalb des Crawling-Bands in die Nähe der oberen Zielzonengrenze sowie eine kurzfristige Kreditlinie der NAFTA-Partner in Höhe von 6,75 Mrd. US-Dollar bewirkten dabei die Beruhigung der Finanzmärkte, einen bis November 1994 relativ stabilen Devisenbestand in Höhe von 16 bis 17 Mrd. US-Dollar, das vornehmliche Verharren des Wechselkurses am Rande der oberen Zielzonengrenze, vereinbart mit einem entsprechend limitierten Abwertungsspielraum für die Zukunft, sowie eine Abnahme der gestiegenen kurz- und langfristigen Zinsen. Hieraus wird ersichtlich, daß der Aufrechterhaltung des bestehenden Crawling-Bands sowie der Vermeidung weiterer Zinsanstiege eine absolute Priorität zugemessen wurde. Die zuvor beschriebene Entwicklung wurde dabei durch die Präsidentschaftswahlen im August sowie die abermalige Verlängerung

---

191 Bei der Region „Chiapas“ handelt es sich um einen der ärmsten Bereiche Mexikos, die hauptsächlich die Maya Indianer beheimatet und überdurchschnittlich hoch von Arbeitslosigkeit betroffen ist. Seine Bewohner verlangen insbesondere ein Wirtschaftssystem, das die Belange dieser Region wesentlich stärker berücksichtigt als bislang. Zur Durchsetzung dieser Forderung(en) kam es immer wieder zu terroristischen Anschlägen, die allein in der ersten Woche des Jahres 1994 ca. 90 Menschenleben forderten.

192 Hierbei handelt es sich um mexikanische Wertpapiere (Staatsanleihen) mit einer Laufzeit von vier bis zwölf Wochen. Daneben existieren die sogenannten Bondes, Ajustabonos und Tesobonos. Erstere sind durch eine Laufzeit von maximal 10 Jahren, zweitere durch die Ertragskopplung an die Konsumentenpreise bei einer Laufzeit von drei bis fünf Jahren charakterisiert; die Erträge der Tesobonos orientieren sich dabei anhand des zurückliegenden nominalen Wechselkursverlaufs und gelten für eine Laufzeit von einem bis zu drei Monaten (vgl. hierzu FISCHER und SCHNATZ [1996, S. 15]). Ihr An- und Verkauf verändert die monetäre Basis in direkter Weise.

193 Ob durch nationale Zinssteigerungen immer ein internationaler Glaubwürdigkeitsgewinn möglich ist, wird von GIAVAZZI [1996, S. 57] stark angezweifelt. Mit Blick auf die Erfahrungen des EWS im Jahre 1992 zeigt auch er am Beispiel der schwedischen Krone auf, daß selbst ein kurzfristiger Zinssatz in Höhe von 500 v.H. nicht ausreichte, um den Kapitalabfluß aus Schweden zu unterbrechen.

des Solidarpaktes im September zunächst unterstützt. Obwohl im September der Generalsekretär der Regierungspartei PRI, Massieu, ermordet wurde, zeigten sich auf dem Devisenmarkt keine nennenswerten Auswirkungen, wenngleich der Aktienmarkt wesentlich stärker reagierte. Erst Mitte November gerieten auch die Devisenmärkte erneut unter einen erhöhten Druck, als der Bruder des ermordeten Generalsekretärs Massieu, Mario Ruíz Massieu, einige hohe Funktionäre der Regierungspartei öffentlich der Planung und Durchführung des Mordes an seinem Bruder bezichtigte und ihnen darüber hinaus die bewußte Behinderung der andauernden Ermittlungen vorwarf. Als Anfang Dezember die Unruhen in Chiapas - nach einer zwischenzeitlichen Beruhigung - wieder fortfuhren und zunehmende Zweifel an der Finanzierbarkeit des Leistungsbilanzdefizits im Jahre 1995 sowie vermehrte Gerüchte bezüglich einer hinkünftig veränderten Wechselkurspolitik entstanden, reduzierten sich die Devisenreserven bis zum 20. Dezember auf 10 Mrd. US-Dollar. Die daraufhin beschlossene Anhebung der oberen Zielzonengrenze um 15 v.H. konnte den Devisenabfluß jedoch nicht mehr aufhalten; der Devisenbestand sank innerhalb von zwei Tagen um weitere 4 Mrd. US-Dollar.[194] Angesichts dieser Entwicklung wurde der Peso ab dem 22. Dezember flexibel gehandelt. Die Spekulationen gegen ihn führten bereits im ersten Quartal 1995 zu einer durchschnittlichen nominalen Abwertung auf 5,9669 Peso pro US-Dollar und im zweiten Quartal 1995 zu einer weiteren nominalen Abwertung auf durchschnittlich 6,1618 Peso pro US-Dollar (vgl. IMF [1995a, S. 511]); dieser Wertverlust in Höhe von ca. 50 v.H. verursachte schließlich, zusammen mit dem zeitgleichen Inflationsanstieg, eine schwere inländische Rezession. Zur Überbrückung vor allem kurzfristiger Liquiditätsschwierigkeiten wurde Mexiko letztlich Ende Januar 1995 die notwendige finanzielle Hilfe von außen gewährt, die sich aus 17,76 Mrd. US-Dollar an IWF-Krediten, 20 Mrd. US-Dollar aus dem Währungsstabilisierungsfond der USA, 10 Mrd. US-Dollar von der Bank für Internationalen Zahlungsausgleich und 3 Mrd. US-Dollar von einigen Geschäftsbanken der Industrienationen zusammensetzte (vgl. BRAND und RÖHM [1995, S. 22]).[195] Hinsichtlich des Wechselkurssystems hatten die Spekulationen somit letztlich dazu geführt, daß - entgegen des eigentlichen währungspolitischen Willens - das bestehende Wechselkurssystem nicht länger aufrechterhalten werden konnte. Aber gerade hier gilt es zu differenzieren (vgl. dazu auch später): CALVO und MENDOZA [1996a,b] unterscheiden hierbei die fundamentale Theorie, d.h. die Frage nach den die Krise konkret unterstützenden Variablen, von der Herdentheorie, infolge derer nichtfundamentale Ursachen eine Flucht aus dem Peso (oder einer anderen Währung) begründen können. Da letztere jedoch nicht direkt beobachtbar sind und ihre Einschätzung zwangsläufig nicht einer gewissen Subjektivität entbehrt, steht im weiteren eine

---

194 In ihren Untersuchungen gelangen FRANKEL und SCHMUKLER [1996] zu dem Ergebnis, daß auf der Grundlage asymmetrischer Informationen divergierende Erwartungen entstanden, die im Dezember 1994 dazu führten, daß die inländischen Investoren (Mexikaner) ihr Kapital zu einem Zeitpunkt aus Mexiko abzogen, als seitens der internationalen Investoren noch keine veränderte Verhaltensweise zu registrieren war.

195 Hierzu bemerkt ADLER [1995, S. 112], daß diese Mittel zwar kurzfristig finanzielle Engpässe beseitigen, jedoch gemeinhin nicht zur Lösung der im Inland bestehenden strukturellen Probleme beitragen können.

Untersuchung hinsichtlich der fundamentalen Umstände, die im Verlauf des Jahres 1994 die Entwicklung der Peso-Krise begünstigt haben können, im Vordergrund der nachstehenden Analyse.

Die Entwicklung wichtiger Fundamentaldaten

Für eine genaue Bestimmung der Ursachen der Währungskrise ist es zunächst einmal erforderlich zu prüfen, ob möglicherweise die quartalsmäßige Veränderung verschiedener Fundamentaldaten einen frühzeitigen Anhaltspunkt einer bevorstehenden Währungskrise hätte liefern können. Mit Blick auf die Tabelle 8 wird deutlich, daß aufgrund der dort aufgeführten fundamentalen Werte grundsätzlich kein entscheidender Anhaltspunkt für eine Währungskrise bestand, der nicht schon in den Jahren zuvor hätte identifiziert werden können; darüber hinaus zeichneten die überwiegend positiven wirtschaftlichen Prognosen ein allgemein anderes Bild für Mexiko.

Tabelle 8

Wichtige Fundamentaldaten für Mexiko nach Quartalen von 1993 bis 1994

	I/93	II/93	III/93	IV/93	I/94	II/94	III/94	IV/94
Reales Bruttoinlandsprodukt[1)]	2,4	0,3	-0,8	-0,1	0,5	3,8	4,5	4,0
Inflation (Konsumentenpreise)[1)]	10,4	9,9	9,5	8,0	7,1	6,9	6,7	7,1
Staatliches Gesamtbudget[1),2)]	2,2	2,4	0,1	-1,7	0,5	1,4	-0,1	-1,9
Leistungsbilanzsaldo[1),3)]	-5,7	-5,7	-6,7	-5,3	-6,9	-7,4	-7,8	-7,4
Kapitalbilanzsaldo[1),3)]	8,1	7,6	7,0	7,9	7,9	-1,8	7,9	-2,5
Zahlungsbilanz[1),3)]	2,4	1,9	0,4	2,5	1,0	-9,2	0,1	-9,9
Währungsreserven[1),3)]	21,8	23,5	23,6	25,6	26,3	16,9	16,8	6,7
Nominaler Wechselkurs[4)]	3,1073	3,1132	3,1163	3,1257	3,1677	3,3421	3,3943	3,5964

[1)] Quelle: IMF [1995c, S. 93].
[2)] In v.H. des Bruttoinlandsprodukts.
[3)] In Milliarden US-Dollar.
[4)] Quelle: IMF [1994, S. 447; 1995a, S. 511]; Peso pro US-Dollar.

Weder das Wachstum des realen Bruttoinlandsprodukts noch die Inflations- und die nominale Wechselkursentwicklung sowie - bis zum dritten Quartal 1994 - die Veränderung der Staatsausgaben unterlagen im dargestellten Zeitraum einer erhöhten Volatilität, die die verantwortlichen Wirtschaftspolitiker zur Unterbrechung bzw. Korrektur ihres Reformkurses hätte veranlassen müssen. Im Rahmen der allgemeinen Konjunkturabschwächung nahm das Wachstum des realen Bruttoinlandsprodukts im Jahre 1993 zwar ab, erholte sich 1994 aber rasch wieder und stieg bereits im zweiten Quartal auf ein ansprechendes Niveau an, das bis zum Ende des Jahres noch leicht verbessert werden konnte. Die Inflation sank bis zum dritten Quartal 1994 stetig und nahm danach nur unwesentlich zu; gleichzeitig ist eine stabile Entwicklung des nominalen Wechselkurses zu beobachten (vgl. auch die Abbildung 36), die die beabsichtigte Wirkungsweise des Crawling-Bands darstellt und die lediglich zwischen dem ersten und zweiten Quartal 1994 sowie dem dritten und vierten Quartal 1994 geringfügig unterbrochen wurde. Dabei ist letztere zu einem großen Teil auf die Turbulenzen infolge des Eintritts der Peso-Krise zurückzuführen. Die Inflations- und Wechselkursentwicklung wurden dabei zunächst durch das konsequent verfolgte Streben nach einem ausgeglichenen Staatshaushalt unterstützt. Dieser konnte insbesondere ab dem dritten Quartal 1993 eine nachhaltige Verringerung erfahren. Zum Zeitpunkt des Ausbruchs der Peso-Krise umfaßte er allerdings ein Ausmaß, das keineswegs als problemfrei zu beurteilen und offensichtlich in engem Zusammenhang mit der Vergabe von Wahlgeschenken im Vorfeld der Dezemberwahlen zu sehen ist.[196]

Was nun die einzelnen Teilbilanzen der Zahlungsbilanz angeht, so ist zunächst einmal zu differenzieren. Zum einen verschlechterte sich 1994 die defizitäre Leistungsbilanz in erhöhtem Maße. Dieser Prozeß wurde vor allem durch einen exorbitanten Importanstieg, der mit einem Zuwachs von 13,9 Mrd. US-Dollar den ebenfalls beträchtlichen Exportanstieg von 9 Mrd. US-Dollar mehr als überkompensierte, begünstigt (vgl. die Tabelle 7). Dennoch begründet ein Leistungsbilanzdefizit, dem - mit Blick auf den Zahlungsbilanzausgleich - ein Überschuß in der Kapitalbilanz gegenübersteht, aus der globalen Sicht zunächst einmal keinen hinreichenden Nachteil einer heimischen Ökonomie in bezug zu anderen Ländern. Zum anderen konnte der seit 1987 zum Teil enorm gestiegene Saldo der Kapitalbilanz in der Zeit von 1990 bis hin zum zweiten Quartal 1994 das Leistungsbilanzdefizit mehr als ausgleichen, wodurch die nationalen Währungsreserven erheblich an Umfang hinzugewinnen konnten. Infolge des gewaltigen Kapitalzuflusses nach Mexiko - die Portfolioinvestitionen stiegen von 1990 bis 1993 auf das Rekordniveau von 28,4 Mrd. US-Dollar an - ist jedoch notwendigerweise danach zu fragen, wie das Auslandskapital im Inland verwendet wurde. Demnach ist neben der Höhe der allgemeinen Kapitalzuflüsse auch dessen genaue Struktur und Verwendung von gesteigertem gesamtwirtschaftlichen Interesse (vgl. BRAND und RÖHM [1995, S. 23]). Hinsichtlich der Struktur ist aus der Tabelle 7 bereits bekannt, daß das Auslandskapital in einem wesentlichen Ausmaß aus Portfolioinvestitionen bestand und der Zufluß infolge eines generellen mexikanischen Glaubwürdigkeitsgewinns, international sinkender Zinsen und der weltweiten Entstehung globalisierter Finanzmärkte stattfand. Der daraus hervorgehende Rückschluß auf eine faktisch permanent bestehende hohe Wahrscheinlichkeit nationaler Liquiditätsschwierigkeiten ist dabei ebenso einleuchtend wie trivial. Dieses wird vor allem dann deutlich, wenn die konkrete Verwendung des Auslandskapitals im Inland betrachtet wird. Hierbei hat ein Land - aus der

[196] SCHUKNECHT [1999] untersucht für 25 Entwicklungsländer im Zeitraum von 1978 bis 1992 den Zusammenhang zwischen einem bestehenden Wechselkurssystem und einer expansiven Fiskalpolitik vor einer Wahl. Danach wirken flexible Wechselkurse im Ergebnis disziplinierender, da sich eine expansionäre fiskalpolitische Ausrichtung über eine Abwertung und einen Inflationsanstieg direkt auf die Reputation der amtierenden Regierung auswirkt. Feste Wechselkurse reduzieren den inflationären Effekt hingegen von vornherein bzw. schwächen ihn ab. Insofern ist für eine Regierung ein Anreiz gegeben, die eigene Reputation im Vorfeld einer Wahl durch zusätzliche Staatsausgaben zu steigern. Stehen zudem ausreichend Devisenreserven zur Verfügung, ist eine Abschwächung des Zahlungsbilanzproblems möglich.

allgemeinen Sicht - im Grunde genommen zwei Alternativen: Einerseits besteht die Möglichkeit, über eine Investition des zufließenden Kapitals in heimische und (international) wettbewerbsfähige Branchen hinkünftig in der Lage zu sein, am Weltmarkt mit ausländischen handelbaren Gütern zu konkurrieren, das Leistungsbilanzdefizit zu reduzieren und im Inland einen Wachstumsprozeß zu induzieren, der allein durch die eigene Sparleistung nicht hätte finanziert werden können; andererseits ist es aber ebenso denkbar, kurzfristig konsumtive Ziele in den Vordergrund zu stellen und den inländischen Wohlstand im Wege einer permanenten Abhängigkeit vom Ausland finanzieren zu lassen. Der erste Fall erscheint dabei immer dann sinnvoll, wenn die Grenzproduktivität des Kapitals höher ist als die Zinslast der Schulden, während im zweiten Fall der Schuldzins geringer als die Zeitpräferenzrate eines Landes sein sollte (vgl. SIEBERT [1991, S. 372]). Für die konkrete Situation in Mexiko ist diesbezüglich festzustellen (vgl. die Tabelle 9), daß die Investitionsquote zwischen 1987 und 1994 - Durchschnitt: 21,3 v.H. des Bruttoinlandsprodukts - nur wenig gestiegen ist, während die Sparquote seit 1987 nachhaltig zurückging. Die Abnahme letzterer beträgt im dargestellten Zeitraum sowohl beim privaten als auch beim öffentlichen Sparvolumen gleichenteils ca. 37 v.H. ihres Ausgangswertes.

Tabelle 9

Investitionen und Sparen in Mexiko von 1987 bis 1994[1),2)]

	1987	1988	1989	1990	1991	1992	1993	1994
Investitionen	19,3	20,4	21,4	21,9	22,4	22,8	20,6	21,6
Sparen	21,6	18,2	18,5	18,7	17,6	16,0	14,1	13,7
- privat	14,3	18,8	16,1	12,1	10,0	8,7	8,9	9,1
- öffentlich	7,3	-0,7	2,4	6,6	7,6	7,3	5,2	4,6

1) Quelle: IMF [1995c, S. 92].
2) In v.H. des Bruttoinlandsprodukts.

Insofern muß implizit davon ausgegangen werden, daß Mexiko der zweiten Alternative eine erhöhte Priorität zugewiesen hat. DORNBUSCH und WERNER [1994, S. 277] bezweifeln jedoch, daß ein Strukturanpassungsprozeß vor diesem Hintergrund überhaupt funktionieren kann. Demzufolge hätten die mexikanischen Wirtschaftspolitiker jedoch die von der Höhe, der Struktur und der Verwendung der ausländischen Kapitalzuflüsse ausgehenden Gefahren frühzeitig erkennen müssen; denn ein kurzfristiger (und überraschender) Abzug von Portfoliokapital ist nicht nur mit einem mitunter erheblichen Verlust an Devisenreserven verbunden, sondern erschwert darüber hinaus die Finanzierung eines - wegen der fehlenden Strukturanpassung - steigenden Leistungsbilanzdefizits. Dieses gilt insbesondere dann, wenn der Kapitalabfluß fortdauernd und nachhaltig ist und letztlich in eine nationale Liquiditätskrise mündet, in der die Einhaltung der Schuldendienstverpflichtungen ohne Hilfe von außen nicht mehr zu bewältigen ist.

Daß der Eintritt dieses Szenarios für Mexiko eine hinreichende ökonomische Relevanz besaß, verdeutlichen die Daten der Tabelle 8. Die Verschlechterung der Leistungsbilanz erhöhte sich über die Zeit hinweg stetig, konnte zunächst jedoch durch den gleichzeitigen Kapitalbilanzüberschuß überkompensiert werden und bis einschließlich des ersten Quartals 1994 jeweils einen Zahlungsbilanzüberschuß herbeiführen. Infolge der innenpolitischen Unruhen, deren Überwindung ungeachtet der positiven wirtschaftlichen Entwicklung nicht gelang, entstanden bei den internationalen (Portfolio-)Investoren erhebliche Zweifel dahingehend, ob die Stabilität in Mexiko in der kurz- bis mittelfristigen Sicht andauern würde. Als dann im März 1994 der Präsidentschaftskandidat Colosio ermordet wurde, zogen die internationalen Investoren in einem beträchtlichen Umfang Portfoliokapital aus Mexiko ab. Die Kapitalbilanz wies daher bereits im zweiten Quartal 1994 einen vermehrten Rückgang auf, was angesichts der weiterhin gestiegenen defizitären Leistungsbilanz zu einer Abnahme der Devisenreserven um durchschnittlich 9,4 Mrd. US-Dollar führte. Wenngleich sich die allgemeine Lage nach der Amtsübernahme des neugewählten Präsidenten Zedillo im August 1994 teilweise wieder stabilisierte, sorgten im weiteren Verlauf des dritten Quartals u.a. erneute Spannungen in Chiapas und etwas später Gerüchte über eine bevorstehende Peso-Abwertung für einen derart starken Abzug von Portfoliokapital aus Mexiko, daß die Devisenreserven im vierten Quartal 1994 so drastisch zurückgingen, daß die Gefahr einer zahlungsunfähigen mexikanischen Regierung immer größer wurde.

Insofern ist abschließend zu bemerken, daß aufgrund der allgemeinen Fundamentaldaten kein berechtigter Anlaß bestand, den Stabilitätskurs veränderten Bedingungen anpassen zu müssen bzw. ihn insgesamt zu unterbrechen. Die aufgeführten Werte weisen - gleichenteils auch mit Blick auf die Tabelle 7 - auf den im Rahmen des marktwirtschaftlichen Konsolidierungsprozesses intendierten Verlauf hin. Dahingegen hätte die Entwicklung der dargestellten Zahlungsbilanzpositionen, die eng mit der realen Aufwertung des Peso verbunden sind, bereits frühzeitig eine mögliche Zahlungsbilanzkrise erkennen lassen müssen, die hauptsächlich aufgrund des seit 1991 vorhandenen hohen Portfoliokapitalanteils am Gesamtkapital wahrscheinlich wurde.[197,198] Inwiefern diese Abhängigkeit durch eine quantitative Begrenzung oder durch eine allgemeine Besteuerung der Portfolioinvestitionen hätte reduziert werden können, ohne dabei die anderen

[197] Eine ähnliche Argumentation offerieren hierzu SACHS, TORNELL und VELASCO [1995, S. 16]. Dabei heben sie hervor, daß die gesamtwirtschaftlichen Probleme Mexikos nicht auf fundamentale Ursprünge zurückzuführen sind, sondern vielmehr aus der im Jahre 1994 entstandenen diffizilen Finanzsituation heraus resultierten. Auch SYNOTT [1996, S. 36] betont, daß die Peso-Krise teilweise auf die seit 1987 eingeführten erfolgreichen Wirtschaftsreformen zurückzuführen ist, d.h. sie ergab sich aus diesem Blickwinkel eher zwangsläufig. Im nachhinein erhält daher der frühzeitige Hinweis von DORNBUSCH [1993, S. 327] eine besondere Beachtung, als er - mit Blick auf die historischen Erfahrungen Mexikos - einerseits zwar das unbedingte Erfordernis einer inländischen Inflationsreduzierung hervorhob, andererseits aber in der Rückkehr zu wirtschaftlichem Wachstum eine ebenso hohe Bedeutung erkannte.

[198] Der Anhang 2 enthält eine theoretische Modellierung, aus der hervorgeht, wie ein Land, dessen Handelsbilanz in der Ausgangssituation ein Defizit aufweist, durch eine wirtschaftspolitische Intervention wieder ein internes und ein externes Gleichgewicht erreichen kann.

Bereiche nachteilig zu tangieren, ist insgesamt eher schwer abzuschätzen und sei an dieser Stelle einmal dahingestellt. Allgemein wird in der Literatur jedoch davon ausgegangen, daß in dieser Situation die Wiedereinführung von Kapitalverkehrskontrollen der falsche Weg zur Bewältigung der anstehenden Probleme gewesen wäre (vgl. u.a. GUNTHER, MOORE und SHORT [1996, S. 131]). Die Erfahrungen Chiles deuten z.B. darauf hin, daß der (Portfolio-)Kapitalzufluß durchaus auch infolge einer behutsamen Liberalisierung des allgemeinen Kapitalverkehrs eingeschränkt werden kann (vgl. BRAND und RÖHM [1995, S. 24]). Letztlich haben also monetäre und politische Veränderungen das Entstehen der mexikanischen Peso-Krise maßgeblich gefördert.

2.3. Ein theoretischer Erklärungsversuch

In diesem Abschnitt ist nun wieder darauf hinzuwirken, die im Kapitel II angeführten theoretischen Ergebnisse auf die empirischen Befunde der speziellen Umstände in Mexiko anzuwenden, d.h. es wird der Frage nachgegangen, inwiefern sich einzelne Ereignisse in Mexiko anhand der aus den Wechselkurszielzonenmodellen hervorgehenden (Kern-)Aussagen bzw. Implikationen erklären lassen. Dazu wird die im Kapitel II gewählte inhaltliche Strukturierung zur Durchführung der intendierten Analyse übernommen. Letztere orientiert sich dabei an den Entwicklungen des nominalen Peso/US-Dollar-Wechselkurses (vgl. im folgenden die Abbildung 37) und des Zinsdifferentials (vgl. im folgenden die Abbildung 38), um den Aussagegehalt der Theorie vor dem Hintergrund der mexikanischen Empirie zu prüfen.

Das Krugman-Modell

In seiner beschriebenen Ausgestaltung manifestiert sich das von KRUGMAN [1991] formulierte Modellgeschehen im Rahmen des monetaristischen Wechselkursmodells. Letzteres ist bekannterweise dadurch gekennzeichnet, daß der reale Wechselkurs zu jedem Zeitpunkt konstant ist, d.h. nominale Wechselkursveränderungen bewirken gleichgerichtete Preisveränderungen, und vice versa. Betrachten wir jedoch die in der Tabelle 7 enthaltenen Daten etwas genauer, so kann für Mexiko im Zeitraum von 1987 bis 1994 keinesfalls von einer gegebenen Konstanz der realen Wechselkursrelationen ausgegangen werden. Vielmehr ist zu erkennen, daß sich in dem betrachteten Zeitraum eine stetige jährliche reale Aufwertung des Peso gegenüber seiner Ankerwährung, dem US-Dollar, ergeben hat. Insofern ist zu konstatieren, daß die mexikanischen Verhältnisse nicht automatisch eine gleichermaßen äquivalente Entwicklung von nominalem Wechselkurs und Preis generierten; eine erste wichtige Grundlage ist daher nicht auf Mexiko übertragbar und gilt darüber hinaus auch für die Erweiterungen des KRUGMAN-Modells hinsichtlich intramarginaler Interventionen sowie exogener und endogener Realignmenterwartungen.

Aber auch die „kritischen" Annahmen des KRUGMAN-Modells halten einer empirischen Überprüfung nicht stand.

a) Die perfekte Glaubwürdigkeit des mexikanischen Crawling-Bands ist insofern nicht vollständig gegeben, da die Regierung bzw. die Zentralbank eine administrative Veränderung der oberen und der unteren Zielzonengrenze offiziell nicht kategorisch ausgeschlossen hat. Abgesehen von der ebenfalls wichtigen Frage, ob die materielle Verteidigung des Crawling-Bands auch immer konsequent möglich gewesen wäre, haben die bereits beschriebenen Korrekturen der täglichen Abwertungsschritte zu Beginn der neunziger Jahre und die einmalige diskrete Abwertung im April 1994 gezeigt, daß die Zentralbank mehrfach eine administrative Neugestaltung des Crawling-Bands vorgenommen hat. Ebenso muß davon ausgegangen werden, daß die Wirtschaftssubjekte im Verlauf des Jahres 1994 eine - wodurch auch immer begründete - mögliche nominale Abwertung des Peso durchaus antizipierten (vgl. dazu später); eine perfekt glaubwürdige Zielzone eliminiert derartige destabilisierende Erwartungen der Wirtschaftssubjekte allerdings schon im vorhinein und bewirkt über stabilisierende Wechselkursänderungserwartungen eine Wechselkursbewegung ins Zielzoneninnere.

b) Eine weitere Voraussetzung des KRUGMAN-Modells betraf den Umstand, daß sich die Interventionstätigkeit der Zentralbank(en) ausschließlich auf marginale Interventionen an den jeweiligen Zielzonenenden hin erstreckte. Eine genaue Betrachtung der von der BANCO DE MEXICO [1995, S. 222 f.] ausgewiesenen Daten zeigt z.B. für den Zeitraum von März bis Dezember 1994, daß zusätzlich auch in unregelmäßigen Abständen und mit unterschiedlicher Intensität intramarginal interveniert wurde.[199] Insofern ist auch die zweite Annahme des KRUGMAN-Modells nicht erfüllt.

Aufgrund dieser tatsächlichen Gegebenheiten fällt es natürlich schwer, die Krugmanschen Ergebnisse explizit auf das mexikanische Crawling-Band anzuwenden. Unabhängig davon ist jedoch in jedem Fall zu bemerken, daß - ausgehend von der Fixierung der unteren (oberen) Zielzonengrenze mit 3,0512 (3,1348) Peso pro US-Dollar sowie der zentralen Parität bei 3,095 Peso pro US-Dollar - mit Blick auf die Abbildung 37[200] ein der Krugmanschen Intention entsprechender Wechselkursverlauf von der Wirkung des Honey-Moon-Effekts nicht gänzlich unbeeinflußt erscheint. Insofern ist zu konstatieren, daß die von KRUGMAN postulierte s-förmige Wechselkursbewegung im übertragenen Sinne eine in einzelnen Bereichen mögliche Anwendung auf das mexikanische Crawling-Band zuläßt. Hierbei gelten jedoch wieder die Bemerkungen, die an gleicher Stelle beim französischen Franc aufgeworfen wurden; insofern sind der Honey-Moon- und der Smooth-Pasting-Effekt auch an dieser Stelle durchaus von Bedeutung.

Hinsichtlich der Gesamtheit des Modells gilt es nun, die beiden wichtigen Aussagen des KRUGMAN-Modells zu überprüfen.

a) Was den Verlauf der Dichtefunktion des Wechselkurses betrifft, so konnte KRUGMAN in seinem Modell eine u-förmige Gestalt ableiten, die auf eine vornehmliche Wechselkursbewegung in der Nähe der Zielzonenenden verweist. Dieser Umstand ist jedoch nicht in Übereinstimmung mit der in der Abbildung 37 aufgeführten Darstel-

---

[199] Vgl. diesbezüglich auch HELPMAN, LEIDERMAN und BUFMAN [1994, S. 286].

[200] Quelle für die in der Abbildung 37 verwendeten Daten: Vgl. die Angaben zur Abbildung 36.

lung zu sehen, da dieses aus der theoretischen Sicht gleichzeitig eine erhöhte Wechselkursvolatilität in der Mitte der Zielzone impliziert hätte. Betrachten wir den Gesamtzeitraum, so ist die hauptsächliche Präsenz des Wechselkurses in der Zielzonenmitte bzw. in der Nähe der zentralen Parität, verbunden mit einer allenfalls durchschnittlichen Volatilität, zu beobachten. Erst ab März 1994 ergibt sich ein Wechselkursverlauf in der Nähe des oberen Zielzonenendes. Insgesamt lassen diese Beobachtungen daher auf eine buckelförmige Dichtefunktion des Peso/US-Dollar-Wechselkurses schließen. Demnach ist festzuhalten, daß die im KRUGMAN-Modell aus der Dichtefunktion hervorgehenden Bestimmungen nicht auf das mexikanische Crawling-Band übertragbar sind.

Abbildung 37

Der nominale Peso/US-Dollar-Wechselkurs von Oktober 1992 bis November 1994

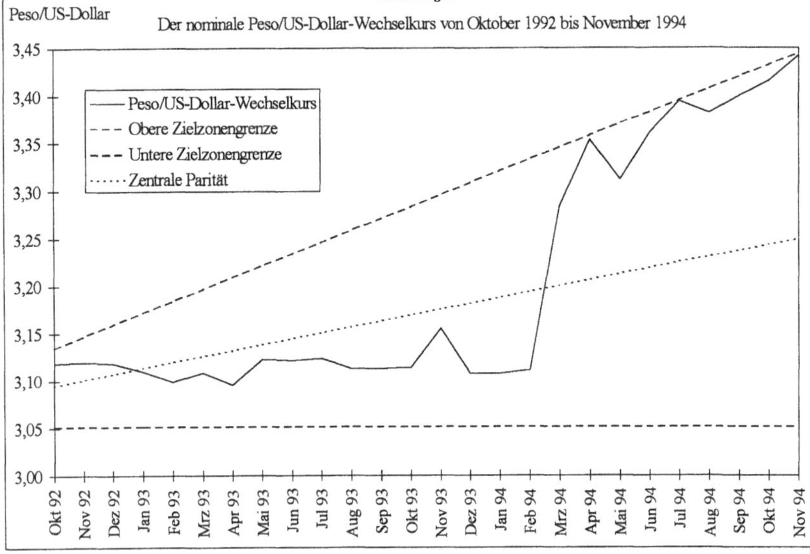

b) Betreffend des im KRUGMAN-Modell bestehenden allgemeingültigen Zusammenhangs zwischen der Position des Wechselkurses im Band und des korrespondierenden Zinsdifferentials müssen wir uns zunächst einmal den genauen Verlauf der mexikanischen und amerikanischen Zinsen vergegenwärtigen und daraus das relevante Zinsdifferential bestimmen. Dieses Szenario verdeutlicht die Abbildung 38.[201]

[201] Quelle: Zu den Daten für die amerikanischen Zinsen vgl. IMF, International Financial Statistics; für die mexikanischen Zinsen vgl. BANCO DE MEXICO [1993, S. 276] für das Jahr 1992, BANCO DE MEXICO [1994, S. 230] für das Jahr 1993 und BANCO DE MEXICO [1995, S. 220] für das Jahr 1994. Hierbei handelt es sich jeweils um monatliche Durchschnittswerte.

Abbildung 38

Die Zinsentwicklung zwischen Mexiko und den USA, Veränderung in v.H. gegenüber dem Vorjahr

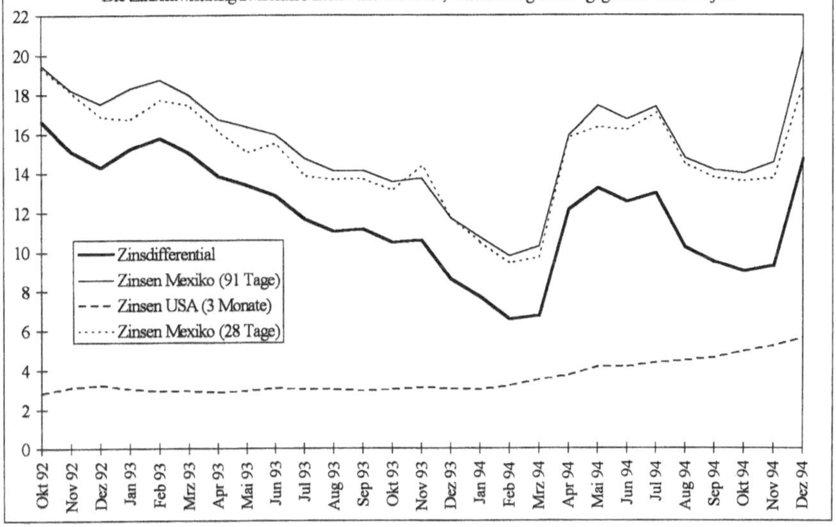

In der voranstehenden Abbildung ist das Zinsdifferential aus der Subtraktion der dreimonatigen amerikanischen Zinsen für Treasury Bills (Staatsanleihen) von den 91-tägigen mexikanischen Zinsen für Cetes berechnet worden.[202,203] Aus der isolierten Betrachtung heraus zeigt sich zunächst einmal für beide Cetes-Zinssätze ein tendenziell gleichgerichteter volatiler Verlauf, während die amerikanischen Zinsen zu Beginn des Betrachtungszeitraums fast konstant verlaufen und erst Anfang des Jahres 1994 auf etwa 5,0 v.H. zunehmen. Anhand der daraus resultierenden Entwicklung des Zinsdifferentials ist zu ersehen, daß lediglich ein isolierter Zeitabschnitt zu identifizieren ist, in dem der im KRUGMAN-Modell postulierte deterministische Zusammenhang eines unterhalb der zentralen Parität verlaufenden Wechselkurses mit einem positiven Zinsdifferential tatsächlich auftritt (Februar 1993 bis März 1994); umgekehrt zeigt das mexikanische Crawling-Band zwar auch einen oberhalb der zentralen Parität verlaufenden Wechselkurs, der jedoch zu keinem Zeitpunkt mit einem negativen Zinsdifferential einhergeht. Besonders deutlich wird die Diskrepanz zwischen der Theorie und der Empirie, wenn wir die in der Abbildung 36 enthaltene Phase von November 1994 bis März 1995 mit in die Betrachtung einbeziehen. Sie ist - wenngleich ab dem 22. Dezember 1994 kein Crawling-Band mehr bestand - durch einen Wertverfall der mexikanischen Währung von 3,43 Anfang November auf 6,7019 Peso pro US-Dollar Ende

[202] Für die modelltheoretische Betrachtung ist es zweckmäßig anzuführen, daß die Cetes hierbei den inländischen Zinssatz i und die Treasury Bills den ausländischen Zinssatz i^* markieren.

[203] Die Zugrundelegung der 28-tägigen Zinsen für Cetes bewirkt einen im Prinzip gleichgerichteten Verlauf des Zinsdifferentials.

März charakterisiert; gleichzeitig wurde diese Abwertung durch einen beträchtlichen Anstieg des ohnehin schon positiven Zinsdifferentials auf etwa 65 v.H. im selben Zeitraum begleitet (vgl. BANCO DE MEXICO [1995, S. 220 f.]). Wir sehen also, daß sich die aus dem KRUGMAN-Modell hervorgehende Deterministik zwischen dem Wechselkurs und dem Zinsdifferential im Band in einem nur sehr stark eingeschränkten Maße im mexikanischen Crawling-Band wiederfinden läßt. Vielmehr ist gleichenteils zu beobachten, daß sich oberhalb der zentralen Parität eine Bewegung des Peso/US-Dollar-Wechselkurses und dem positiven Zinsdifferential einstellt. Insofern ist die zweite Aussage des KRUGMAN-Modells nur bedingt mit den mexikanischen Verhältnissen vereinbar.

Abschließend halten wir daher fest, daß die Krugmanschen Ergebnisse größtenteils nicht in Einklang zu den empirischen Befunden des mexikanischen Crawling-Bands stehen und lediglich in einzelnen Bereichen der Wechselkurszielzone anwendbar sind. Die Analyse hat für den vorliegenden Fall gezeigt, daß es sich beim KRUGMAN-Modell - insbesondere auch mit Blick auf die Modellannahmen - in gewisser Hinsicht um ein Zielzonenmodell mit idealtypischen Regelmechanismen handelt.

Nicht-perfekte Glaubwürdigkeit bei Krugman

Die Abbildungen 36 und 37 zeigen einen Peso/US-Dollar-Wechselkurs, der das obere Zielzonenende des bestehenden Währungsbandes im Juni 1994 erreicht und dieses beim Ausbruch der Währungskrise bereits überschreitet. Aus dem modifizierten Zielzonenmodell von KRUGMAN [1991] geht dazu eine bestimmte Erwartungshaltung der Wirtschaftssubjekte hervor. Danach zielen deren Erwartungen zu den genannten Zeitpunkten allein darauf ab, inwieweit das aktuelle Wechselkurssystem künftig aufrechtzuerhalten sein wird. Folgen wir diesen Modellimplikationen, so muß diese Einschätzung im Juni 1994 für den Fortbestand des Zielzonensystems ausgefallen sein, da sich der Wechselkurs zurück ins Innere der Bandbreite bewegte. Dahingegen ist aus dem Übergang zu einem Free-Float-Wechselkurssystem im Dezember 1994 zu schließen, daß die Wirtschaftssubjekte nicht mehr von der fortwährenden Aufrechterhaltung des Währungsbandes überzeugt waren und den Regimewechsel somit durch ihre Erwartungen herbeigeführt haben.

Ungeachtet dieser Interpretationsmöglichkeiten bestehen in diesem modifizierten Modell jedoch weiterhin die gleichen Mängel, wie sie bereits im elementaren KRUGMAN-Modell thematisiert worden sind. Betroffen davon sind die Deterministik zwischen dem Wechselkurs und dem Zinsdifferential innerhalb der Zielzone sowie die Dichtefunktion des Wechselkurses. Eine weitreichendere Erklärung der Empirie ist daher mit diesem Modell nicht zu erreichen.

Intramarginale Interventionen

Im weiteren wollen wir die Analyse nun auf die theoretische Konzeption der intramarginalen Interventionen bei DELGADO und DUMAS [1992] beziehen und eine Unterscheidung in zwei verschiedene Zeitabschnitte vornehmen.

a) Von Oktober 1992 bis Februar 1994 beobachten wir in der Abbildung 37, daß die intramarginale Interventionstätigkeit der mexikanischen Zentralbank offensichtlich eine Wechselkursbewegung in der Zielzonenmitte bzw. in der Nähe der zentralen Parität erzeugen konnte. Ungeachtet der Abstrahierung von Realignmenterwartungen wollen wir das DELGADO-DUMAS-Modell im weiteren in seiner auf die perfekte Glaubwürdigkeit reduzierte Form betrachten; dazu stellen wir fest, daß der in der Gleichung (14) beschriebene Zusammenhang bis zum Februar 1994 sichtlich durchwirkte. Insofern bezogen die Wirtschaftssubjekte in ihre Erwartungen mit ein, daß infolge eines Anstiegs des Fundamentalaggregats eine umso stärkere Umkehrung dieses Prozesses aufgrund der intramarginalen Interventionstätigkeit der mexikanischen Zentralbank eintreten würde. Das korrespondierende Zinsdifferential müßte hierbei - entsprechend der theoretischen Konzeption bei DELGADO und DUMAS und mit Blick auf die ungedeckte Zinsparität - infolge der Bewegungen des Wechselkurses zum oberen (unteren) Zielzonenende hin eine deutlich erhöhte Negativität (Positivität) aufweisen, die durch die stabilisierenden Aufwertungserwartungen (Abwertungserwartungen) der Wirtschaftssubjekte hervorgerufen wird. Dieser Zusammenhang ist im mexikanischen Crawling-Band jedoch nur im unteren Zielzonenbereich zu identifizieren, da der mexikanische Zinssatz den amerikanischen im betrachteten Zeitraum durchweg in einem beträchtlichen Umfang übersteigt. Somit halten wir für die Zeit von Oktober 1992 bis Februar 1994 fest, daß das Modell von DELGADO und DUMAS einerseits den beobachtbaren mexikanischen Wechselkursverlauf durch die Modellierung von intramarginalen Interventionen erklären kann und andererseits - abgesehen von der Phase von Oktober 1992 bis Januar 1993 - keinerlei Probleme bei der Übertragung der aus dem Modell hervorgehenden deterministischen Beziehung zwischen dem Wechselkurs im Band und dem dazugehörigen Zinsdifferential auf die mexikanischen Gegebenheiten bereitet.

b) Für die Zeit ab März 1994 gestaltet sich - begleitet von der diskreten Abwertung des Peso - bis zum Ausbruch der Währungskrise hin ein Wechselkursverlauf entlang der oberen Zielzonengrenze mit lediglich geringfügigen volatilen Ausprägungen. Offensichtlich konnten die intramarginalen Interventionen hierbei keine Rückkehr des Wechselkurses zur Zielzonenmitte bewirken, oder aber sie fanden gar nicht statt. Mit Blick auf die theoretischen Ergebnisse von DELGADO und DUMAS erkennen wir vielmehr, daß die Deterministik zwischen dem Wechselkurs und dem Zinsdifferential in diesem Zeitintervall nicht anhand des Modells zu erklären ist, da in den Fällen eines oberhalb der zentralen Parität verlaufenden Wechselkurses jeweils ein positiv schwankendes Zinsdifferential auftritt.

In einem abschließenden Fazit ist daher zu resümieren, daß das von DELGADO und DUMAS formulierte Zielzonenmodell mit intramarginalen Interventionen sowohl bei der Wechselkursentwicklung im Gesamtzeitraum als auch bei der Deterministik zwischen dem Wechselkurs und dem Zinsdifferential im unteren Zielzonenbereich als hilfreiche Stütze heranzuziehen ist. Darüber hinaus steht die ausgewiesene buckelförmige Wechselkursdichtefunktion im Einklang zur Theorie. Besonders restriktiv ist allerdings die in der modelltheoretischen Konzeption beinhaltete Annahme der perfekten Glaubwürdigkeit der Zielzone zu beurteilen. In der Übertragung der theoretischen Erkenntnisse auf das mexikanische Crawling-Band werden hierdurch bereits im vorhinein weitreichende Erklärungsmuster hinsichtlich des Zusammenwirkens der ungedeckten Zinsparität und der Bewegung des Wechselkurses im Band verhindert.

Exogene Realignmenterwartungen

Mit der Einführung von Realignmenterwartungen der Wirtschaftssubjekte wurde nicht nur die Modellierung eines realitätstypischen Merkmals in der Zielzonentheorie erreicht, sondern gleichzeitig auch dem Umstand Rechnung getragen, daß eine Wechselkurszielzone mitunter auch Veränderungen unterliegen und somit keine allgemeingültige perfekte Glaubwürdigkeit für sich beanspruchen kann. Dabei wollen wir zunächst prüfen, ob sich möglicherweise mit dem Vorhandensein exogener Realignmenterwartungen verschiedene Tatbestände im mexikanischen Crawling-Band nachweisen lassen.

Die Drift-Adjustment-Methode wurde hierbei mit dem vordergründigen Ziel entwickelt, den sich aus dem KRUGMAN-Modell oberhalb und unterhalb der zentralen Parität allgemein ergebenden Zusammenhang zwischen dem Wechselkurs und dem Zinsdifferential im Band zu entkräften. Wie wir aus den Abbildungen 37 und 38 wissen, läßt sich insgesamt nur ein Zeitabschnitt identifizieren, in dem das aus dem KRUGMAN-Modell hervorgehende Verhältnis deutlich wird (Januar 1993 bis Februar 1994). In den Zeiträumen, in denen sich der Wechselkurs oberhalb der zentralen Parität befindet, beobachten wir allerdings anstelle eines negativen ein positives Zinsdifferential. Insofern ist das mexikanische Crawling-Band als Beispiel dafür anzusehen, daß in der Realität sowohl ein im oberen als auch ein im unteren Zielzonenbereich verlaufender Wechselkurs mit einem positiven Zinsdifferential einhergehen kann. Die Drift-Adjustment-Methode erklärt dieses zunächst mit dem Hinweis, daß bei einem Verlauf des Wechselkurses in der oberen Zielzonenhälfte exogene Realignmenterwartungen der Wirtschaftssubjekte dazu führen, daß die stabilisierenden Aufwertungserwartungen (hier: für den Peso) im Band (Honey-Moon-Effekt) überkompensiert werden und folglich einen Anstieg der gesamten Wechselkursänderungserwartung bewirken (vgl. die Gleichungen (16) und (17)). Diese Abwertungserwartung erfordert nunmehr über die ungedeckte Zinsparität einen im Vergleich zum konstanten ausländischen Zinssatz höheren inländischen Zinssatz. Übertragen wir diese theoretischen Implikationen auf das mexikanische Crawling-Band, so sind für die Zeiträume von Oktober bis Dezember 1992 und von März bis November 1994 der oberhalb der zentralen Parität verlaufende Wechselkurs und das gleichzeitig positive Zinsdifferential durch eine offensichtlich hohe Relevanz von exogenen Realignmenterwartungen zu erklären. Die hinter diesen Zusammenhängen stehende ökonomische Intention verweist dabei auf die Verfahrensweise der mexikanischen Zentralbank, die Glaubwürdigkeit des Crawling-Bands infolge eines im oberen Zielzonenbereich verlaufenden Peso/US-Dollar-Wechselkurses über einen Anstieg des inländischen Zinsniveaus zu flankieren.

Insofern zeigt sich in einem abschließenden Fazit, daß mit der in der Drift-Adjustment-Methode enthaltenen Einführung der exogenen Realignmenterwartungen die Korrespondenz eines oberhalb der zentralen Parität verlaufenden Peso/US-Dollar-Wechselkurses zu einem gleichenteils positiven Zinsdifferential in geeigneter Weise anhand des mexikanischen Crawling-Bands erklärt werden kann. Ungeachtet dessen ist der Umkehrschluß aus dieser Aussage - ein im unteren Zielzonenbereich verlaufender Wechselkurs geht mit einem negativen Zinsdifferential einher - für Mexiko nicht anwendbar, da ein negatives Zinsdifferential im betrachteten Zeitraum generell nicht auftritt. Demnach waren exogene Realignmenterwartungen zu diesen Zeitpunkten nicht von Bedeutung gewesen. Gleichwohl kann das Modell nicht zur Erklärung der buckelförmigen Wechselkursdichtefunktion beitragen.

Ein weiteres Zielzonenmodell mit inkorporierter exogener Realignmenterwartungsbildung beschreiben BERTOLA und CABALLERO [1992b]. Abgesehen von der für Mexiko nicht relevanten Restriktion, daß Realignments nur am jeweiligen Zielzonenende auftreten können, geht aus dem Modell in einer Kernaussage hervor, daß Wechselkurszielzonen keineswegs stabilisierend wirken müssen, wenn bereits im vorhinein bei den Wirtschaftssubjekten ein allgemeines Glaubwürdigkeitsproblem vorhanden ist. Dazu postulieren BERTOLA und CABALLERO verschiedene Wechselkursverläufe, die von den durch die Wirtschaftssubjekte gebildeten Wahrscheinlichkeiten für ein Realignment abhängen.

Betrachten wir den Wechselkursverlauf in der Abbildung 37, so haben wir bereits schon die Buckelförmigkeit seiner Dichtefunktion hervorgehoben. Nehmen wir dieses Merkmal, so sind im BERTOLA-CABALLERO-Modell anhand dieser Eigenschaft die nachstehenden Aussagen zulässig.

a) Hinsichtlich der Glaubwürdigkeit der Peso/US-Dollar-Zielzone geht die Ausgestaltung der Wechselkursdichtefunktion in dem Modell mit einer höheren Wahrscheinlichkeit für deren Unglaubwürdigkeit einher ($\psi > 0{,}5$); die Ursache hierfür ist in der Bildung von exogenen Realignmenterwartungen durch die Wirtschaftssubjekte zu sehen. Unter der Beachtung des modelltheoretischen Widerspruchs gilt es dazu festzuhalten, daß das Währungsband ab April 1994 sicherlich Glaubwürdigkeitsprobleme beinhaltete, die auf Realignmenterwartungen zurückzuführen sind. Gleichwohl ist jedoch ebenso zu betonen, daß für den im Vergleich dazu wesentlich längeren Zeitraum von Oktober 1992 bis März 1994 eine Wechselkursbewegung in der Nähe der zentralen Parität stattfindet, die eine Einordnung der Zielzone als eher „unglaubwürdig" nicht rechtfertigt. Dieser Umstand verdeutlicht somit den nachhaltigen Dissens, der zwischen der Empirie und deren theoretischer Erklärung mit diesem Modell besteht.

b) Hinsichtlich typischer Wechselkurs-Zinsdifferential-Konstellationen sind die Aussagen des Modells nur teilweise mit den empirischen Befunden in der Abbildung 38 kompatibel. Dieses trifft dabei nur für die Wechselkursverläufe oberhalb der zentralen Parität zu, da nur in diesen Fällen gleichzeitig auch ein positives Zinsdifferential auftritt; unterhalb der zentralen Parität zeigt sich diese harmonische Beziehung hingegen nicht. Demnach wird die Erklärung dieser Zusammenhänge mit Hilfe von exogenen Realignmenterwartungen gleichenteils eingeschränkt.

Insgesamt ist daher zu konstatieren, daß die im BERTOLA-CABALLERO-Modell formulierten exogenen Realignmenterwartungen der Wirtschaftssubjekte nur in bedingter Weise dazu beitragen, die empirischen Befunde im Peso/US-Dollar-Währungsband zu erklären.

In einem weiteren Schritt haben wir das Auftreten exogener Realignmenterwartungen bei BERTOLA und SVENSSON [1993] analysiert. Durch die bereits innerhalb der Zielzone gegebene Möglichkeit von administrativen stochastischen Realignments gelingt es ihnen, jedwede Kombination von Wechselkurs und Zinsdifferential im Band zu erklären. Die Anwendung dieser modelltheoretischen Gegebenheit auf das mexikanische Crawling-Band vermag diese Aussage zu unterstreichen: Mit Hilfe des Konstrukts stochastischer exogener Realignmenterwartungen ist anhand des BERTOLA-SVENSSON-Modells im gesamten Zeitraum die jeweilige Interaktion von Wechselkurs und Zinsdifferential zu erklären. Gleichwohl erhalten auch sie eine u-förmige Wechselkursdichtefunktion, deren generelle Relevanz wir bereits in einem anderen Zusammenhang für das mexikanische Crawling-Band zurückweisen mußten. Dieses gilt gleichenteils auch für die unterstellte ausschließlich marginale Interventionstätigkeit der Zentralbank(en). Allgemein gesehen vermindert sich jedoch der ökonomische Gehalt des BERTOLA-SVENSSON-Modells insofern, als a priori kein konkreter Zeitpunkt bestimmt wird, zu dem die stochastischen exogenen Realignmenterwartungen auftreten können. Daher sind für die mexikanischen Gegebenheiten einerseits zwar die zuvor getätigten Schlußfolgerungen insgesamt zulässig, andererseits ergeben sich jedoch deutliche Schwachstellen in der Analyse, da auch a posteriori nicht zu ermitteln ist, welche konkreten Faktoren die exogenen Realignmenterwartungen bewirken und die erkennbaren Wechselkurs-Zinsdifferential-Konstellationen herbeigeführt haben. Aus diesem Grund vermag das Modell allein einen Hinweis darauf zu geben, daß stochastische exogene Realignmenterwartungen als Erklärung zu den in den Abbildungen 37 und 38 dargestellten Verläufen heranzuziehen sind und das Nebeneinander eines im Zeitverlauf auf- und abwertenden Peso mit einem positiven Zinsdifferential bewirkt haben.

Die gleichenteils abgewandelte theoretische Modellierung bei LINDBERG und SÖDERLIND [1994a] ist hierbei gänzlich dazu geeignet, den von Oktober 1992 bis Februar 1994 ausgewiesenen Wechselkursverlauf in direktem und plausiblem Einklang zum mexikanischen Crawling-Band zu sehen. Durch das Einfügen der intramarginalen Interventionen aus dem DELGADO-DUMAS-Modell in das BERTOLA-SVENSSON-Modell verbleibt dabei nicht nur der beobachtbare Wechselkurs-Zinsdifferential-Zusammenhang mit Hilfe von exogenen Realignmenterwartungen vollständig erklärbar; gleichzeitig ergibt sich im LINDBERG-SÖDERLIND-Modell aufgrund der intramarginalen Interventionstätigkeit der Zentralbank(en) auch eine buckelförmige Dichtefunktion des Wechselkurses, wie sie die Abbildung 37 ausweist. Insofern halten wir abschließend fest, daß die Kombination von intramarginalen Interventionen und exogenen Realignmenterwartungen im LINDBERG-SÖDERLIND-Modell als sinnvolle theoretische Erweiterung anzusehen ist, die auf die mexikanischen Gegebenheiten in einem großen Umfang direkt anwendbar ist. Dennoch ist das Konstrukt des Vorliegens exogener Realignmenterwartungen weiterhin als unbefriedigend zu beurteilen, da sich hieraus ex-ante keine konkreten Handlungsempfehlungen für die Wirtschaftspolitik anschließen.

Endogene Realignmenterwartungen

Zur Identifikation der endogenen Realignmenterwartungen ist zunächst auf die aus dem TRISTANI-Modell hervorgehenden Wechselkurs-Zinsdifferential-Konstellationen abzustellen. Dazu halten wir fest, daß die in den Abbildungen 37 und 38 ausgewiesene Deterministik zwischen dem Wechselkurs und dem Zinsdifferential nunmehr in einer Weise zu erklären ist, die - sofern, wie im theoretischen Teil unterstellt, der Tangentialpunkt der Wechselkursfunktion mit der oberen (unteren) Zielzonengrenze links (rechts) der Free-Float-Funktion liegt - in generell konträrer Sicht zum KRUGMAN-Modell steht. Anhand der modifizierten Betrachtungsweise bei TRISTANI ist es daher möglich, den im mexikanischen Crawling-Band oberhalb der zentralen Parität verlaufenden Wechselkurs und die gleichzeitige Korrespondenz mit einem positiven Zinsdifferential durch endogene Realignmenterwartungen der Wirtschaftssubjekte zu deuten. Allerdings entsteht hierbei insofern eine erklärungsbedürftige Lücke, da im unteren Zielzonenbereich ebenfalls ein positives Zinsdifferential zu beobachten ist; entsprechend des TRISTANI-Modells müßte es jedoch negativ sein.[204,205] Im weiteren offenbart das Modell die bereits bekannten Schwächen bei der Übertragung der u-förmigen Dichtefunktion des Wechselkurses auf die mexikanischen Verhältnisse; darüber hinaus wird allein von einer marginalen Interventionstätigkeit der Zentralbank(en) ausgegangen.

Im Wege der Lokalisierung von endogenen Realignmenterwartungen im oberen Zielzonenbereich ist im weiteren zu untersuchen, welche konkreten Motive diese Erwartungshaltung begründen können. Dazu sollen die nachstehenden Unterscheidungen getroffen werden.

a) Obwohl Mexiko in den Jahren vor 1994 beachtliche Erfolge auf dem Gebiet der Stabilisierung der nationalen Volkswirtschaft erzielte, konnte gleichzeitig keine Behebung der sozialen Unterschiede erreicht werden. Aus diesen Diskrepanzen heraus entstanden im Januar 1994 insbesondere die Unruhen in der Armenregion Chiapas, die von Arbeitslosigkeit besonders stark betroffen war. Wenngleich hiervon kurzfristig keine nennenswerten Auswirkungen auf den nominalen Wechselkursverlauf auszumachen sind - er verbleibt bis Februar 1994 auf konstantem Niveau unterhalb der zentralen Parität -, so müssen sie doch insgesamt als hinreichendes Fundament für die Realignmenterwartungsbildung in den nachfolgenden Monaten angesehen werden. Vor allem aber dürften die Ende März 1994 geschehene Ermordung des Präsidentschaftskan-

[204] In ihren Untersuchungen gelangen HELPMAN, LEIDERMAN und BUFMAN [1994, S. 290] zu dem Ergebnis, daß das mexikanische Zinsdifferential nicht im Einklang zu den Realignmenterwartungen steht.

[205] Sofern wir im TRISTANI-Modell eine Situation bestimmen, in der die Wechselkursfunktion die Free-Float-Funktion innerhalb der Zielzone schneidet, sind oberhalb und unterhalb der zentralen Parität sowohl positive als auch negative Zinsdifferentiale zu beobachten. Die Vorstellung eines solchen Wechselkursverlaufs trägt jedoch nicht zu einem besseren Verständnis der mexikanischen Wechselkurs-Zinsdifferential-Konstellationen bei.

didaten Colosio und die nachfolgende diskrete Abwertung des Peso um 8 v.H. durch die mexikanische Zentralbank innerhalb des Crawling-Bands eine sehr nachhaltige Beeinträchtigung der mexikanischen Glaubwürdigkeit bewirkt und einen allgemeinen Stimmungswandel hinsichtlich der mexikanischen Stabilität herbeigeführt haben. Dieses wird aus dem bis April 1994 an das obere Zielzonenende abwertenden Peso und dem gleichzeitig umfangreichen Anstieg des Zinsdifferentials auf einen vorübergehenden Höchststand deutlich; letzteres verweist hierbei auf eine Zunahme der Risikoprämie für mexikanische Assets, die sich im Wege der reduzierten Glaubwürdigkeit einstellte. Wenngleich der Peso im Mai 1994 - begleitet von einem weiteren Anstieg des Zinsdifferentials - geringfügig aufwertete, vollzog sich in der Zeit danach eine kontinuierliche Abwertung, die bis zum Oktober 1994 überraschenderweise von einem Rückgang des nach wie vor positiven Zinsdifferentials begleitet wurde. Dennoch lassen sich verschiedenartige Gründe identifizieren, die die fortschreitende Abwertung des Peso von April bis November 1994 mitunter erheblich forcierten. Dazu sind - mit Blick auf die Schuldenproblematik - der beträchtliche Rückgang der Devisenreserven auf 16 bis 17 Mrd. US-Dollar, bestehende Unsicherheiten über den Ausgang der Präsidentschaftswahlen im August, wiederholte innenpolitische Spannungen, die über das Jahr hinweg kontinuierlich steigenden amerikanischen Zinsen sowie vermehrte Gerüchte über eine künftig veränderte Wechselkurspolitik, deren Notwendigkeit zur Angleichung der realen Wechselkursrelationen von den Märkten zunehmend erkannt wurde, zu nennen, während diese Entwicklung aus der fundamentalen Sicht lediglich durch das ansteigende Staatsdefizit unterstützt worden sein dürfte. Aber auch das mit der Zahlungsbilanz verbundene Problem der fortwährenden Finanzierbarkeit des Leistungsbilanzdefizits durch anhaltende Kapitalbilanzüberschüsse bot einen hinreichenden Anlaß zur stabilitätspolitischen Besorgnis, die sich im zweiten und vierten Quartal 1994 durch den umfangreichen Abzug von Portfolioinvestitionen aus Mexiko auch faktisch äußerte (vgl. die Tabelle 8). Insofern erkennen wir, daß bis zum November 1994 hinreichend relevante ökonomische und nichtökonomische Faktoren angeführt werden können, die die Entstehung von endogenen Realignmenterwartungen und einen dadurch beeinflußten Wechselkursverlauf nachhaltig begründen.

b) Ähnliche Schlußfolgerungen ergeben sich bezüglich der der Währungskrise vorangehenden Wochen im Dezember 1994. Hierbei sind vor allem die neuerlichen Unruhen in Chiapas, der weiterhin bestehende enorme Anpassungsdruck auf die Wechselkurspolitik sowie die im Zusammenhang mit Finanzierbarkeit des Leistungsbilanzdefizits stehende Reduktion der Devisenreserven bis zum 20. Dezember auf nur noch 10 Mrd. US-Dollar anzuführen, deren Ausmaß letztlich entscheidend zum Ausbruch der Peso-Krise beigetragen haben dürfte. Insofern haben sich auch in diesem Zeitraum ökonomische und nichtökonomische Faktoren zur Bildung von Realignmenterwartungen verantwortlich gezeigt. Demnach ist abschließend zu konstatieren, daß die realitätsspezifischen Ereignisse auch in diesem Fall verschiedene Möglichkeiten anbieten, die Endogenität von Realignmenterwartungen auf das mexikanische Crawling-Band zu übertragen.

Mit Blick auf einzelne Politikbereiche lassen sich weitere konkrete Anhaltspunkte identifizieren, die die Bildung von Realignmenterwartungen unterstützt haben.

a) Der Geldpolitik wurde durch den internationalen Kapitalzufluß im Grunde die Aufgabe übertragen, zur Sicherung des Stabilisierungskurses eine aktive Sterilisierungspolitik zu betreiben. Die Notwendigkeit dieses Eingriffs ergab sich dabei nicht nur aus der binnenwirtschaftlichen Perspektive, sondern insbesondere auch aus wechselkurspolitischen Motiven heraus, da ein Ausbleiben der Sterilisation unweigerlich Probleme bei der Aufrechterhaltung des festen Wechselkursgefüges mit sich gebracht hätte. Insofern versuchte die mexikanische Zentralbank, das Überschreiten des aufgrund der potentialorientierten Geldpolitik vorgegebenen Zwischenziels durch eine restriktive Offenmarktpolitik zu verhindern. Die Sterilisierung des ausländischen Devisenzuflusses erfolgte dabei durch den synchronen Verkauf inländischer Wertpapiere, der sich vorwiegend auf die Hingabe von Cetes beschränkte. Hierzu ist jedoch zu bemerken, daß - bei perfekter Substitutionalität in- und ausländischer Assets - diese Art der Sterilisation tendenziell höhere Zinsen erfordert, um den Verkauf der Wertpapiere attraktiv zu gestalten. Diese Verfahrensweise eignet sich daher vornehmlich lediglich dazu, erneut ausländisches Kapital anzuziehen (vgl. TURNER [1995]), wodurch der beabsichtigte Sterilisierungseffekt in seiner Wirkung wieder abgeschwächt wird.[206] Gleichzeitig sind hohe inländische Zinsen tendenziell nicht mit den gesamtwirtschaftlichen Zielen von Wachstum und Beschäftigung zu vereinen.

Neben der Sterilisierung ist aber auch die Kurzfristigkeit der Kapitalzuflüsse von Bedeutung. Hierbei steigt die Krisenanfälligkeit entsprechend an, wenn infolge der Zunahme der Deviseneinnahmen auch die kurzfristigen Verbindlichkeiten (hier: die Cetes) überproportional ansteigen; denn um glaubwürdig zu sein, muß zumindest theoretisch der Umstand gegeben sein, daß sich die Devisenreserven und die monetäre Basis vom Volumen her entsprechen. CALVO [1994, S. 302] weist in diesem Zusammenhang darauf hin, daß die Geldmenge M2 (ohne Cetes) bereits 1993 den vierfachen Umfang des Devisenbestandes erreichte und damit insgesamt einen der höchsten in Lateinamerika verzeichnete; im Vergleich dazu galten für Argentinien, Chile, Kolumbien und Uruguay lediglich Werte zwischen zwei und drei. Dieser Umstand begründete den Verdacht, daß Mexiko seine kurzfristigen Schulden hinkünftig nur teilweise bezahlen könnte. Das Verhältnis zwischen den liquiden Verpflichtungen (M2) und den Devisenreserven nahm dabei nach der Colosio-Ermordung weiter zu und erreichte schon im November 1994 den exorbitanten Wert von 10,2; gleichzeitig entwickelte sich die Geldmenge M3 (hier: benannt in ausländischer Währung) dergestalt, daß sie im April 1994 bereits 134,2 v.H. der Devisenreserven ausmachte (im Vergleich dazu: durchschnittlich 57,84 v.H. im Zeitraum von 1989 bis 1993) und bis zum November 1994 auf 259,5 v.H. anstieg (vgl. SACHS, TORNELL und VELASCO [1996a, S. 24]). Diese

---

[206] SCHNATZ [1995, S. 22 ff.] geht im Rahmen einer Schätzung des sogenannten Offset-Koeffizienten, der für eine gegebene Periode die Kompensation einer restriktiven geldpolitischen Maßnahme durch den Zufluß von Devisen angibt, im Ergebnis davon aus, daß in Mexiko innerhalb eines Quartals nahezu 76 v.H. der Sterilisierungsmaßnahmen wieder durch zusätzliche Kapitalimporte ausgeglichen wurden.

Entwicklung wurde vor allem dadurch begünstigt, daß - aus Glaubwürdigkeitsgründen - von der mexikanischen Seite her ein Umtausch von Cetes in Tesobonos stattfand, deren Erträge durch die Kopplung an die Wechselkursveränderung keinem Wechselkursrisiko unterliegen. Der Erfolg dieser Maßnahme vermindert sich jedoch von vornherein, wenn zugleich erhöhte Devisenmarktinterventionen zu einer Herabsenkung des Devisenbestandes beitragen und damit den Verdacht einer künftigen Zahlungsunfähigkeit zusätzlich verschärfen.

Die Tabelle 10 verdeutlicht, daß 1994 im Durchschnitt dreiviertel der mexikanischen Schulden aus Tesobonos bestanden und 88,6 v.H. der gesamten Schulden kurzfristiger Art waren. Es konnte somit auf der administrativen Ebene deutlich signalisiert und den bestehenden Gerüchten dahingehend entgegengewirkt werden, daß eine nominale Abwertung des Peso keinerlei Vorteile für Mexiko mit sich bringen würde, da die bestehenden Schulden größtenteils in US-Dollar bezahlt werden mußten. Der daraus erhoffte Glaubwürdigkeitsgewinn bei den Märkten konnte jedoch die Gefahr einer Schuldenkrise nicht hinreichend ausräumen. Aufgrund verschiedenartiger Devisenabflüsse im November 1994 überstiegen Anfang Dezember 1994 die kurzfristigen Verpflichtungen den noch verbliebenen Devisenbestand in Höhe von 12,5 Mrd. US-Dollar

Tabelle 10

Die Zusammensetzung der kurzfristigen mexikanischen Schulden von 1990 bis 1994[1),2)]

	1990	1991	1992	1993	1994
Cetes	31,9	26,7	27,6	52,2	13,5
Tesobonos	0,1	0,9	0,8	3,3	75,1

1) Quelle: DORNBUSCH, GOLDFAJN und VALDÉS [1995, S. 241].
2) In Mrd. Peso.

(vgl. WHITT [1996, S. 4]) dergestalt, daß der Verdacht der mexikanischen Illiquidität nunmehr nicht nur begründet erschien, sondern vielmehr seine allgemeine Bestätigung erfuhr. Darüber hinaus entstand bei den internationalen Anlegern die Furcht vor der Wiedereinführung von Kapitalverkehrskontrollen, die ihrerseits den uneingeschränkten Zugriff auf das eigene Kapital begrenzt hätten (vgl. OECD [1995, S. 41 f.]). Demnach ist abschließend festzuhalten, daß die Bildung von destabilisierenden Realignmenterwartungen mit der Handhabung der mexikanischen Geldpolitik zu begründen ist.

b) Auch betreffend der mexikanischen Haushaltspolitik ist eine destabilisierende Wirkung auf den Wechselkurs durch Realignmenterwartungen zu konstatieren. Diese kann insbesondere auf den deutlichen Anstieg des Staatsdefizits im vierten Quartal 1994 zurückgeführt werden (vgl. die Tabelle 8), dessen Ursache hauptsächlich mit den Wahlen im Dezember 1994 in Verbindung zu bringen ist. Nachteilig ist in diesem Zusammenhang ebenso der Umstand zu werten, daß die nachhaltige Rückführung des mexikanischen Staatshaushaltes insbesondere durch eine deutliche Herabsetzung der staatlichen Investitionen bewirkt wurde, wodurch wiederum notwendige Investitionen in die Humankapitalbildung und in die Infrastruktur entsprechend unterblieben (vgl. SCHWEICKERT [1995, S. 331]). Nehmen wir diesen Tatbestand, so rechnen wir ein, daß hierdurch mitunter indirekt nachteilige Einflüsse auf die wirtschaftliche Entwicklung entstehen können. Hieraus wird ersichtlich, daß von einer allgemein positiv zu wertenden Ausgabenkonsolidierung nicht unbedingt auch gleichgerichtete Impulse auf die Wirtschaftstätigkeit ausgehen müssen.

c) Schließlich deutet insbesondere der Umgang der Wechselkurspolitik mit der realen Aufwertung auf die Entstehung destabilisierender Realignmenterwartungen hin. Infolge der Colosio-Ermordung im März 1994 gingen der ausländische Kapitalzufluß und daraus folgernd auch die Devisenreserven - bei gleichzeitiger Konstanz der Leistungsbilanzentwicklung - im zweiten Quartal 1994 deutlich zurück; diese Abnahme wurde durch die innenpolitischen Umstände, die die Erwartung einer auch zur Überwindung der sozialen Probleme hinkünftig erforderlichen umfangreichen nominalen Abwertung des Peso begründete, begleitet. Demnach antizipierten die in- und ausländischen Investoren eine überraschende Wende in der mexikanischen Wechselkurspolitik, die jedoch in Anbetracht der bevorstehenden Präsidentschaftswahlen im August 1994 zu einem derart hohen Glaubwürdigkeitsverlust der amtierenden Regierung geführt hätte, daß sie zum damaligen Zeitpunkt nicht sehr wahrscheinlich war. Als aber auch nach der Amtsübernahme des neuen Präsidenten Zedillo keine nominale Wechselkurskorrektur erfolgte, hatte sich ein dermaßen hoher (realer) Anpassungsdruck an den Märkten aufgestaut, der im vierten Quartal 1994 zu einer Flucht aus dem Peso führte; infolgedessen nahmen die mexikanischen Devisenreserven bis Mitte Dezember 1994 dramatisch ab. Am 20. Dezember 1994 hob die mexikanische Regierung schließlich die obere Zielzonengrenze um 15 v.H. als Antwort auf die Währungsturbulenzen an. Die Tatsache, daß der neue Finanzminister Jaime Serra Puche diese Maßnahme nicht in einer die Bedeutung dieser währungspolitischen Vorgehensweise unterstreichenden adäquaten Art und Weise ankündigte, führte zu einem weiteren Vertrauensverlust, der den ohnehin schon umfangreichen Kapitalabzug weiter forcierte. Letztlich war die glaubwürdige Aufrechterhaltung des Crawling-Peg-Systems nicht mehr gegeben, und der Wechselkurs wurde am 22. Dezember 1994 freigegeben, ohne daß dabei gleichzeitig ein neues, auf gesamtwirtschaftliche Anpassung bedachtes Wirtschaftsprogramm durch die mexikanische Regierung mitgeteilt wurde. Innerhalb weniger Stunden wertete der Peso um weitere 15 v.H. ab. Diese Ereignisse verdeutlichen, daß die mexikanische Regierung bezüglich des aufgestauten realen Anpassungsbedarfs zu einem Zeitpunkt reagierte, als eine wohl dosierte nominale Abwertung des Peso von den Märkten nicht mehr akzeptiert wurde.[207] Eine frühzeitige Angleichung der realen Überbewertung an die gegebenen fundamentalen Verhältnisse wäre zwar einerseits mit einem hö-

[207] Hierzu bemerkt der IMF [1995b, S. 75 f.], daß eine Abwertung in einer solchen Situation nur dann sinnvoll ist, wenn die vormals überbewertete Währung einen Wert annimmt, der niedriger als unter Free-Float-Bedingungen ist. Auf der Grundlage seiner Untersuchungen stellt EDWARDS [1989, S. 354] in diesem Zusammenhang fest, daß eine gescheiterte nominale Abwertung auf eine nicht restriktiv genug ausgerichtete Makropolitik zurückzuführen ist; dazu hebt er die Fiskalpolitik besonders hervor.

heren inländischen Inflations- und Zinsanstieg einhergegangen, hätte aber andererseits die heimischen Wettbewerbschancen und das internationale Vertrauen in eine glaubwürdige inländische Wirtschaftspolitik verbessert. FISCHER [1994, S. 309] betont in diesem Zusammenhang, daß ein nominaler Wechselkursanker durchaus sinnvoll zur Inflationsrückführung beitragen kann, jedoch gleichermaßen Probleme aufwirft, wenn infolge zu geringer Abwertungsschritte eine reale Überbewertung der eigenen Währung hervorgerufen wird, die wiederum die nationalen Stabilisierungsabsichten nachteilig konterkariert.[208,209] Insofern ist in der Ausgestaltung der mexikanischen Wechselkurspolitik ein weiterer Anhaltspunkt zur Rechtfertigung des Vorliegens endogener Realignmenterwartungen gegeben.

Abschließend gilt es daher festzuhalten, daß das TRISTANI-Modell in der Erklärung der deterministischen Beziehung zwischen dem Wechselkurs und dem Zinsdifferential substanzreiche Ergebnisse für den oberen Zielzonenbereich ermöglicht und somit einen Teil der Empirie mit endogenen Realignmenterwartungen erklären kann; gleichzeitig wird jedoch die buckelförmige Dichtefunktion des Wechselkurses durch diesen theoretischen Ansatz nicht plausibel. Generell lassen sich im Zusammenhang mit diesem Modell verschiedene Gründe anführen, die eine Endogenität der Realignmenterwartungen für die mexikanische Zielzone hinreichend begründen.

Spekulative Attacken

Der Eintritt der mexikanischen Währungskrise sowie der Übergang zu einem Free-Float-Wechselkurssystem im Dezember 1994 sind nun anhand des Modells von KRUGMAN und ROTEMBERG [1992] zu untersuchen. Aus deren fundamentaler Perspektive heraus haben wir im Kapitel II gesehen, daß das Auftreten einer spekulativen Attacke in einem Zielzonensystem sehr eng mit dem vorhandenen Devisenbestand der betroffenen Zentralbank(en) verbunden ist. Bei der Unterscheidung in „geringe" und „umfangreiche" Devisenreserven ist für Mexiko - mit Blick auf das Jahr 1993 (vgl. die Tabelle

---

208 Ebenso bemerken OBSTFELD und ROGOFF [1995, S. 79 ff.], daß viele Zentralbanken dazu neigen, zunächst die strikte Einhaltung der nominalen Wechselkursbindung zu vertiefen, ohne dabei den veränderten Bedingungen in der eigenen Volkswirtschaft ausreichend Rechnung zu tragen. Demnach muß neben der externen auch die interne Sicht eine gleichwertige Berücksichtigung in der wirtschaftspolitischen Handhabung finden.
Ähnlich argumentieren auch DORNBUSCH und WERNER [1994, S. 281]. Auch sie sehen ein festes Wechselkursgefüge als unverzichtbares Instrument einer stabilitätsorientierten Wirtschaftspolitik an. Gleichzeitig verdeutlichen sie, daß hiervon - zum einen - keine vollständige Eliminierung der inländischen Inflation erwartet werden kann und - zum anderen - die ausschließliche Fixierung auf das Wechselkursziel tendenziell eine reale Überbewertung der eigenen Währung mit sich bringt. Daher fordern auch sie eine Wechselkurspolitik, die auf eine frühzeitige Verhinderung einer realen Aufwertung hinwirkt. (Vgl. hierzu auch SACHS [1996, S. 150 f.].)

209 Die generelle Fehleinschätzung der von der realen Überbewertung ausgehenden Wirkung verdeutlicht dabei ein Zitat des amtierenden mexikanischen Präsidenten Salinas de Gortari im Jahre 1993 (vgl. DORNBUSCH und WERNER [1994, S. 287]): *„We must bring inflation down to a one-digit level this year. Some say, why don't you relax your inflation goals a bit so we can have better growth rates? And I respond: There is no trade-off between inflation and growth."*

7) - das zweite Ausmaß relevant. Insofern gilt es nun mit Hilfe des Modells zu hinterfragen, inwieweit die Peso-Krise durch die Reduktion des mexikanischen Devisenbestandes ausgelöst worden ist. Dazu konstatiert der IMF [1995b, S. 73], daß die Währungsreserven im Februar 1994 mit 25 Mrd. US-Dollar einen Höchststand erreichten und in den nachfolgenden Monaten dramatisch abnahmen. Während der Rückgang um 3 Mrd. US-Dollar im März 1994 noch relativ bescheiden ausfiel, war er mit 8 Mrd. US-Dollar im April 1994 schon wesentlich höher; weitere Reserveverluste ereigneten sich danach erst wieder im November (4,5 Mrd. US-Dollar) und im Dezember (6,5 Mrd. US-Dollar). Dieses Szenario korrespondiert mit den theoretischen Implikationen des KRUGMAN-ROTEMBERG-Modells, in dem aufgrund eines permanenten Anstiegs des Velocity-Shift-Terms ein Entlangshiften der Wechselkursfunktion am oberen Zielzonenende und die gleichzeitige Abnahme des nationalen Devisenbestandes erfolgen. Bei der Übertragung auf das mexikanische Crawling-Band wird hierbei ersichtlich, daß sich von Oktober 1992 bis Februar 1994, als die Devisenreserven infolge vermehrter ausländischer Kapitalzuflüsse stetig zunahmen, ein weitgehend stabiler Wechselkursverlauf einstellt, wohingegen seine Bewegung ab März 1994 - ebenfalls mit Blick auf das Modell - auf die voluminösen Reserveverluste zurückzuführen ist. Das hierbei erkennbare Verhalten der Wirtschaftssubjekte ist insofern rational, als sie - vor allem in Anbetracht der mexikanischen Zahlungsbilanzsituation - eben nicht abwarteten, bis die Devisenreserven in einem Umfang abgenommen haben, zu dem die mexikanische Regierung zahlungsunfähig ist. Hieraus wird ersichtlich, daß sich für Mexiko durchaus die abgeleiteten Zusammenhänge des KRUGMAN-ROTEMBERG-Modells wiederfinden, die insbesondere auch anhand der Gleichung (53) zu konkretisieren sind. Letztere gibt hierbei eine Antwort auf die Frage, warum die spekulative Attacke genau am 22. Dezember 1994 und nicht schon zu einem anderen Zeitpunkt erfolgte. Offensichtlich hatte das Verhältnis der Devisenreserven zur inländischen Geldmenge ein Ausmaß angenommen, das hinsichtlich seiner Glaubwürdigkeit von den Wirtschaftssubjekten als nicht mehr vertretbar eingestuft wurde. Insofern halten wir fest, daß die von KRUGMAN und ROTEMBERG postulierte Sicht den mexikanischen Übergang von einem Zielzonen- zu einem Free-Float-Wechselkurssystem durch den Devisenbestand der mexikanischen Zentralbank in geeigneter Weise erklären kann. Gleichzeitig ist jedoch die im Modell vorhandene Deterministik zwischen dem Wechselkurs und dem Zinsdifferential allein im unteren Zielzonenbereich gegeben; das Vorhandensein einer u-förmigen Dichtefunktion liegt nicht vor. Geht die Entwicklung der Devisenreserven und des Wechselkurses also mit den modelltheoretischen Implikationen einher, legen die Deterministik und die Dichtefunktion nahe, daß das mexikanische Crawling-Band nicht von einer spekulativen Attacke betroffen war.[210]

---

[210] Eine andersartige Perspektive, die nicht in direktem Zusammenhang zur intendierten Analyse steht, eröffnen SACHS, TORNELL und VELASCO [1996a, S. 42 ff.]. Ihrer Ansicht nach ist die mexikanische Währungskrise nicht ausschließlich fundamental zu begründen, sondern vielmehr als selbsterfüllend zu bezeichnen (vgl. auch WHITT [1996, S. 17]). Danach entstehen spekulative Attacken als Folge kurzfristiger Ereignisse, die nicht fundamental bestimmt und nicht im vorhinein von den Wirtschaftssubjekten antizipiert worden sind; anders gewendet können sie somit auch bei ökonomisch vernünftigen Fundamentaldaten auftreten. SACHS, TORNELL und VELASCO deklarieren diesen Umstand in der

Preisrigiditäten

Mit Blick auf die zurückliegende Analyse haben wir bereits mehrfach den kritischen Einwand erhoben, daß die in den bisherigen Wechselkurszielzonenmodellen postulierte Konstanz des realen Wechselkurses nicht mit den mexikanischen Erfahrungen zu vereinen ist (vgl. hierzu auch die Tabelle 7). Um im weiteren eine detaillierte Analyse der mexikanischen Zielzone vor dem Hintergrund des MILLER-WELLER-Modells vornehmen zu können, ist zunächst eine genaue Vorstellung über das für den relevanten Zeitraum zwischen Mexiko und den USA bestehende Preisdifferential erforderlich.

Die Abbildung 39 weist für den relevanten Zeitraum ein durchweg positives Preisdifferential aus, das sich im Zeitverlauf mehr als halbiert.[211] Die amerikanischen Inflationsraten wurden somit zu jedem Zeitpunkt von denen Mexikos überschritten. Mit Blick auf den nominalen Wechselkursverlauf (vgl. die Abbildung 37) sind daher die nachstehenden Schlußfolgerungen zulässig.

a) Bezüglich der Deterministik zwischen dem Wechselkurs und dem Preisdifferential innerhalb der Peso/US-Dollar-Zielzone zeigt sich, daß die im MILLER-WELLER-Modell vorhandene Struktur nur teilweise durch die Empirie wiedergegeben wird.

Weise, daß die diskrete Abwertung des Peso um 15 v.H. am 20. Dezember 1994 - wenngleich bereits im Vorfeld hinreichend darüber spekuliert wurde - gleichermaßen überraschend auf die Wirtschaftssubjekte zukam und daraus schließlich eine allgemeine finanzielle Panik entstand (vgl. auch TRUMAN [1996, S. 199]). Obschon auch sie das mit dem Zustand der mexikanischen Zahlungsbilanz verbundene Reserveproblem nicht gänzlich verkennen, so stellen sie vielmehr eine ursächliche Verbindung zwischen den nach der Abwertung eintretenden Begebenheiten und der Währungskrise her. Danach hat insbesondere der belanglose Umgang mit der Beschleunigung des Crawls allgemeine destabilisierende Erwartungen hervorgerufen, die im wesentlichen darauf basierten, daß seitens der mexikanischen Regierung kein gesamtwirtschaftliches Programm zur Wiedererlangung der inländischen Stabilität sowie mit dem Umgang des Schuldenproblems bekanntgegeben wurde. Der hiermit verbundene extreme Kapitalabfluß ließ der mexikanischen Regierung insofern nur noch die Möglichkeit eines Übergangs zu einem floatenden Wechselkurs. Gleichwohl heben SACHS, TORNELL und VELASCO hervor, daß dieser währungspolitische Schritt z.B. im März oder April 1994 durchweg positive Auswirkungen im Wege der Reduzierung der realen Aufwertung gehabt hätte. Zwar ist davon auszugehen, daß die Gewerkschaften kurzfristig wegen der damit verbundenen sinkenden Reallöhne verärgert worden wären, gleichzeitig aber infolge eines überaus umfangreichen Devisenbestandes und allenfalls geringer kurzfristiger Schuldendienstverpflichtungen kein unmittelbarer Anlaß für eine Flucht aus dem Peso bestand. Diese Zusammenhänge mögen somit einen Eindruck dahingehend gewähren, inwieweit die mexikanische Peso-Krise im Einklang mit einer selbsterfüllenden spekulativen Attacke zu sehen ist.

In einer weiteren Arbeit präsentieren SACHS, TORNELL und VELASCO [1996b] für Mexiko ein Modell, in dem multiple Gleichgewichte einerseits zwar auftreten können, andererseits jedoch nur für bestimmte Reserve- und Schuldenstände relevant sind. Hierbei verweisen sie ebenfalls auf den Umstand, daß die selbsterfüllenden Erwartungen im Wege des Reservenrückgangs und des Anstiegs der kurzfristigen Schulden entstanden sind. Dahingegen erhalten COLE und KEHOE [1996] als Ergebnis ihrer Modellierung für Mexiko, daß eine selbsterfüllende spekulative Attacke für ein gegebenes Ausmaß an Schulden auch durch die Existenz von Sonnenflecken ausgelöst werden kann; ein hinreichender Bezug zu den vorhandenen Fundamentaldaten ist hierbei nicht erforderlich.

[211] Quelle zu den in der Abbildung 39 verwendeten Daten: IMF, International Financial Statistics, CD-Version.

Hiervon sind diejenigen Zeitabschnitte betroffen, in denen sich der Wechselkurs unterhalb der zentralen Parität befindet (Februar 1993 bis Februar 1994). Die Korrespondenz des im oberen Zielzonenbereich verlaufenden Wechselkurses mit einem positiven Preisdifferential ist hingegen anhand dieses Modells als instabil zu bezeichnen. Danach ist es für diesen Bereich fraglich, inwieweit stabile reale Wechselkurse langfristig erreicht werden können.

Abbildung 39

Die Preisentwicklung zwischen Mexiko und den USA, Veränderung in v.H. gegenüber dem Vorjahr

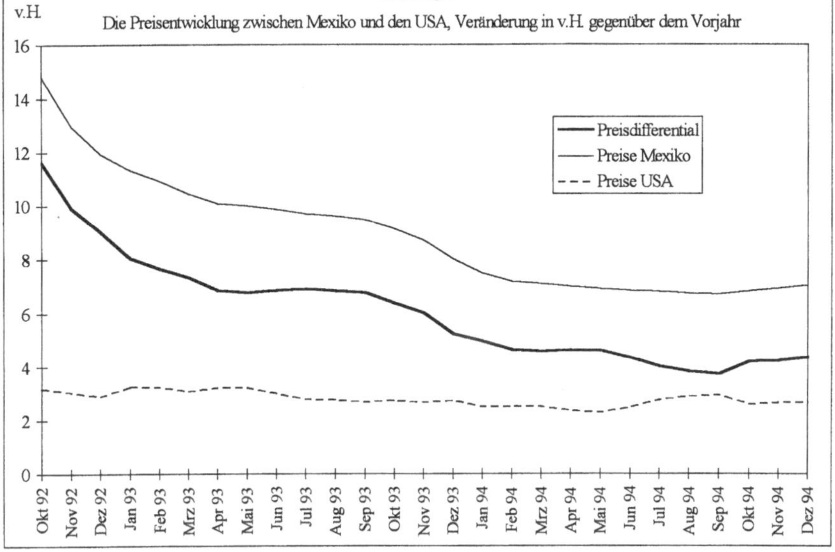

b) Darüber hinaus zeigt sich im MILLER-WELLER-Modell eine u-förmige Dichtefunktion, deren Relevanz jedoch schon bei den Ausführungen zum KRUGMAN-Modell für den Peso/US-Dollar-Wechselkurs zurückgewiesen werden mußte. Der buckelförmige Wechselkursverlauf ist daher mit den Implikationen des Modells nicht vereinbar.

Abschließend ist daher festzuhalten, daß anhand des MILLER-WELLER-Modells keine wirklich gehaltvollen Erklärungsmuster für den ausgewählten Untersuchungsgegenstand ableitbar sind. Dieses bezieht sich auch auf die beobachtbaren Wechselkurs-Zinsdifferential-Kombinationen, da der überwiegende Teil der Peso/US-Dollar-Zielzone als instabil ausgewiesen wird.

Das Vorhandensein einer buckelförmigen Dichtefunktion des Peso/US-Dollar-Wechselkurses ist jedoch durch die im BEETSMA-VAN DER PLOEG-Modell thematisierten intramarginalen Interventionen erklärbar. Danach ist das in der Peso/US-Dollar-Zielzone dargestellte Szenario mit der TT_2-Funktion in der Abbildung 17 kompatibel. Aus dem Modell geht somit hervor, daß eine unterakkomodierende mexikanische Geldpolitik im

Wege intramarginaler Interventionen innerhalb des Peso/US-Dollar-Währungsbandes den buckelförmigen Wechselkursverlauf bewirkt hat und in ihrer Ausrichtung gleichgerichtet zur Preisveränderung erfolgte. Dieser Vorgang hängt in dem Modell mit nahe null liegenden Zinsdifferentialen und mit einer nur gering ausgeprägten Schwankungsintensität des realen Wechselkurses zusammen; diesbezüglich zeigt die Empirie jedoch, daß die Zinsdifferentiale einer deutlich positiven und vor allem auch volatilen Form unterliegen (vgl. die Abbildung 38) und der reale Wechselkurs bis zum Ausbruch der Währungskrise einer permanenten Aufwertung unterliegt (vgl. die Tabelle 7). Durch diesen Umstand findet daher eine Relativierung der Anwendbarkeit des gesamten Modells statt.

Der Glaubwürdigkeitstest

In diesem Abschnitt wollen wir nun wieder die Glaubwürdigkeit der betrachteten Wechselkurszielzone anhand der bei HULL [1997, S. 63 f.] ausgewiesenen Verfahrensweise überprüfen. Die Ableitung des hierzu notwendigen Future-Wechselkurses für den Peso/US-Dollar-Wechselkurs ist, zusammen mit dem nominalen Wechselkurs, in der Abbildung 40 veranschaulicht.[212]

Abbildung 40

Der nominale Future-Wert für den Peso/US-Dollar-Wechselkurs

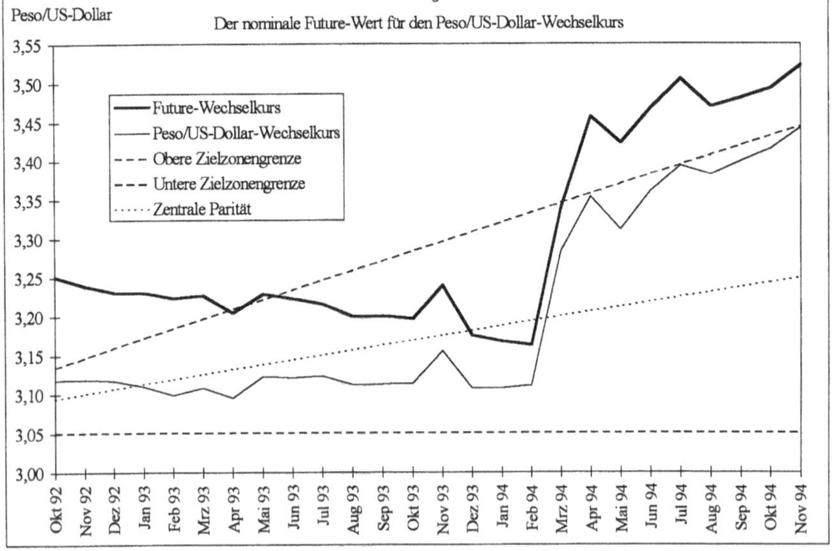

[212] Quelle für die in der Abbildung 40 verwendeten Daten: Vgl. die Angaben zu den Abbildungen 37 und 38.

Wie wir aus dieser Abbildung ersehen können, sind ein kurzer (Mai 1993) sowie zwei längere (Oktober 1992 bis März 1993 und April bis November 1994) Zeitabschnitte zu identifizieren, in denen der Future-Wechselkurs außerhalb der mexikanischen Bandbreite liegt. Somit signalisiert das bestehende Crawling-Band in dieser Zeit ein Glaubwürdigkeitsproblem, während im April 1993 sowie in der Zeit von Juni 1993 bis März 1994 eine stetig steigende Glaubwürdigkeit zu verzeichnen ist. Daneben fällt auf, daß sich tendenziell ein gleichgerichteter Verlauf zwischen dem nominalen Wechselkurs und dem Future-Wechselkurs einstellt.

Um nun zu differenzierteren Aussagen bezüglich der spezifischen Eigenheit des Future-Wechselkursverlaufs zu gelangen, sind die nachstehenden Unterscheidungen zulässig.

a) Für die Zeit von Oktober 1992 bis März 1993 geht der außerhalb der Zielzone liegende Future-Wechselkurs mit einem oberhalb (Oktober bis Dezember 1992) sowie einem unterhalb (Februar bis März 1993) der zentralen Parität verlaufenden nominalen Wechselkurs einher. Wenngleich es bei einem oberhalb der zentralen Parität bzw. einem in der Nähe der oberen Zielzonengrenze beobachtbaren nominalen Wechselkurs nicht sonderlich überraschend ist, daß der Future-Wechselkurs aufgrund subjektiver Bewertungen der Wirtschaftssubjekte außerhalb des Währungsbandes liegt bzw. liegen kann, so ist es gleichenteils schon problematisch zu erklären, wie innerhalb des Crawling-Bands eine Aufwertung des Peso mit einem gleichzeitig außerhalb der Bandbreite liegenden Future-Wechselkurs einhergehen kann; diese Aussage gilt unabhängig von der sich einstellenden Bewegung des Future-Wechselkurses zum Inneren der Zielzone hin. Darüber hinaus ist für den Mai 1993 eine ähnliche, wenngleich weniger stark ausgeprägte Konstellation zwischen dem nominalen Wechselkurs und dem Future-Wechselkurs vorzufinden. Auch hier stellt sich unweigerlich die Frage, welche Faktoren einen unterhalb der zentralen Parität verlaufenden Kassakurs bewirkten, wenn sich sein zukünftiger Wert zum gleichen Zeitpunkt außerhalb der Bandbreite lokalisieren läßt; gleichermaßen bieten hier die vorliegenden Fundamentaldaten keinen vernünftigen Erklärungsansatz.

b) Ein zweifelsfrei schlüssigerer Zusammenhang zeigt sich für den ab April 1994 über das obere Zielzonenende hinausschießenden Future-Wechselkurs. Infolge der diskreten Abwertung des nominalen Wechselkurses und der in Mexiko allgemein auftretenden Unsicherheiten hinsichtlich der künftigen Stabilität Mexikos gibt diese Entwicklung des Future-Wechselkurses deutlich die bei den Wirtschaftssubjekten schwindende Glaubwürdigkeit bezüglich der Aufrechterhaltung des aktuellen Crawling-Bands bzw. des gesamten Wechselkurssystems durch die mexikanische Zentralbank wieder. Dabei zeigt sich eine verstärkte Synchronität in den Verläufen des nominalen Wechselkurses sowie des Future-Wechselkurses. Obwohl der auf Dreimonatsbasis bewertete Future-Wechselkurs bereits schon im April 1994 außerhalb der Bandbreite liegt und das signifikante Glaubwürdigkeitsproblem des Währungsbandes somit frühzeitig anzeigt, findet die spekulative Attacke erst etwa ein dreiviertel Jahr später statt.

c) Im Gegensatz zu den Bereichen, in denen eine auf Zukunftsbasis bewertete unglaubwürdige Zielzone zu identifizieren ist, besteht im April 1993 sowie von Juni 1993 bis März 1994 ein Verlauf des Future-Wechselkurses innerhalb der vorliegenden Zielzone, der in hohem Maße auf eine allgemein vorhandene Glaubwürdigkeit letzterer hindeutet. Hierbei fällt besonders auf, daß sich von Dezember 1993 bis Februar 1994 ein Verlauf der beiden dargestellten Wechselkurse unterhalb der zentralen Parität einstellt. Offensichtlich haben hierbei die seit Anfang Januar 1994 aufkommenden Unruhen in Chiapas die Glaubwürdigkeit des Crawling-Bands nicht in Frage stellen und die wirtschaftspolitischen Stabilitätsbemühungen der vorangegangenen Jahre einen wichtigen Beitrag zum Aufbau eines hohen Maßes an (internationaler) Glaubwürdigkeit leisten können.

In einem abschließenden Fazit halten wir daher fest, daß das Heranziehen des Future-Wechselkurses zur Beurteilung der Glaubwürdigkeit des mexikanischen Crawling-Bands vor dem Hintergrund der bekannten Fakten sowie der ausgewiesenen Bewegung des nominalen Wechselkurses zu einem insgesamt plausiblen Verlauf führt. Einzig erscheinen die Bewegungen des außerhalb des Währungsbandes liegenden Future-Wechselkurses mit einem gleichzeitig im unteren Zielzonenbereich verlaufenden Kassakurs (Januar bis März 1993 und Mai 1993) weniger verständlich, da sie sich weder mit dem korrespondierenden nominalen Wechselkursverlauf noch mit den fundamentalen Gegebenheiten erklären lassen. Da diese Phasen jedoch nur etwa 15,4% des gesamten Betrachtungszeitraums ausmachen, ist zu konstatieren, daß sich - auch mit Blick auf die vorgestellten Zielzonenmodelle - mit der Darlegung des Future-Wechselkurses insgesamt verständliche Aussagen bezüglich der Glaubwürdigkeit des mexikanischen Crawling-Bands ableiten lassen und diese auch in einem angemessenen Umfang zu begründen sind.

3. Indonesien: Die Rupiah-Krise im Sommer 1997

Eine in ihren (welt-)wirtschaftlichen Auswirkungen sehr bedeutende Währungskrise ereignete sich im Sommer 1997 in Asien, von der dort viele der aufstrebenden und durch anhaltend hohes Wachstum gekennzeichneten Volkswirtschaften (Emerging Markets) in unterschiedlicher Intensität betroffen waren. Als Folge davon mußten mehrere Staaten ihre zumeist grundsätzlich feste währungspolitische Ausrichtung - an den US-Dollar - aufgeben und zu einem System flexibler Wechselkurse übergehen.

Die Analyse der indonesischen Währungskrise erfolgt in diesem Kontext vor allem aus zwei Gründen. Zum einen ist Indonesien - analog zu Mexiko - als weiteres Beispiel für die währungspolitischen Erfahrungen eines Entwicklungslandes im Umgang mit einem festen Wechselkurssystem zu betrachten, wenngleich die im Abschnitt 2. in diesem Kapitel benannten Kriterien für ein Schwellenland gleichenteils auch auf Indonesien übertragbar sind.[213] Zum zweiten unterhielt Indonesien vor dem Eintritt der Währungskrise ein einseitiges und symmetrisches Währungsband zum US-Dollar (vgl. dazu später); dieses Merkmal trifft größtenteils nicht auf andere asiatische Länder zu, die ihrerseits häufig vollständig feste Wechselkurse gegenüber ihrer Ankerwährung errichteten und die somit keine direkte Relevanz für eine zielzonenspezifische Untersuchung besitzen. Durch die Auswahl Indonesiens wird es daher möglich, eine weitere einseitige Wechselkursbandbreite eines Entwicklungs- bzw. Schwellenlandes vor dem Hintergrund der dargestellten Zielzonentheorie näher zu betrachten, die sich darüber hinaus vom Wechselkurssystem eines Crawling-Pegs deutlich unterscheidet.

Im weiteren ist dabei die nachstehend aufgeführte Verfahrensweise vorgesehen. Zunächst soll im Abschnitt 3.1. eine Vorstellung dahingehend entwickelt werden, unter welchen Rahmenbedingungen sich das Wechselkursgeschehen innerhalb der indonesischen Zielzone vollzog bzw. wie diese konkret ausgestaltet war. Im Abschnitt 3.2. geht es dann um die Frage nach einzelnen Merkmalen bzw. Indikatoren, die vordergründig einen Beitrag zum Ausbruch der Währungskrise geleistet haben. Anschließend soll im Abschnitt 3.3. wieder beurteilt werden, inwieweit die im Kapitel II vorgestellten Zielzonenmodelle einen hinreichenden Erklärungsansatz zur Beurteilung der empirischen Befunde bieten und in welchem Umfang der indonesischen Wechselkurszielzone ein Glaubwürdigkeitsproblem zu eigen war.

3.1. Die Konzeption der indonesischen Wechselkurszielzone

Ebenso wie Mexiko setzte auch Indonesien die disziplinierende Wirkung einer Wechselkurszielzone auf die nationalen Politikbereiche ein, um über eine Reduktion der Inflationserwartungen der inflationären inländischen Entwicklung entgegenzuwirken. Als Ankerwährung wurde diesbezüglich frühzeitig der US-Dollar ausgewählt. Bereits im Jahre 1993 erfolgte die Errichtung eines - engen - Zielzonensystems, dessen Bandbreite - ausgehend von ± 0,5% Schwankungsmarge - in der Folgezeit sukzessive erhöht wurde (vgl. DIEHL und SCHWEICKERT [1998, S. 17]). Die Einführung eines - im Vergleich dazu - breiteren Währungsbandes ergab sich am 1. Januar 1996 und wurde am 14. August 1997 im Wege des Übergangs zu einem flexiblen Wechselkurssystem vollständig aufgehoben; in dieser Zeit konnte der Rupiah/US-Dollar-Wechselkurs in einem Umfang von ± 4% (ab dem 11. Juli 1997 mit ± 6%) um den am 1. Januar 1996 geltenden Wechselkurs, der gleichzeitig die zentrale Parität markierte, schwanken (vgl. IMF [1998a, S. 433]). Die Bewegungen des Wechselkurses vollzogen sich somit in einer symmetrischen Zielzone, wie sie bereits schon vom EWS her geläufig ist. Als einziger Unterschied zu letzterem ist die Einseitigkeit dieser Verfahrensweise zu nennen, da durch die währungspolitische Anlehnung an den US-Dollar keinerlei Interventionsverpflichtungen seitens der US-(Währungs-)Behörden bestanden. Die Aufrechterhaltung

213 Vgl. DEUTSCHE BUNDESBANK [1997b, S. 107] zur Einordnung Indonesiens in die Gruppe der „Entwicklungsländer" (Stand: Ende 1996).

der Wechselkursbandbreite oblag somit allein der indonesischen Zentralbank (Bank Indonesia). Ein Überblick hinsichtlich der Wechselkursbewegungen für die Jahre 1996 und 1997 ist in der Abbildung 41 gegeben.[214]

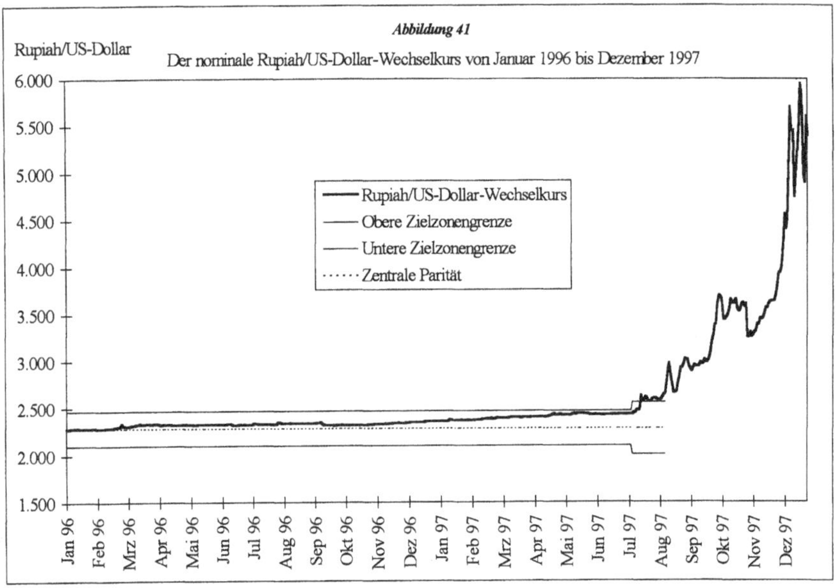

Abbildung 41

Der nominale Rupiah/US-Dollar-Wechselkurs von Januar 1996 bis Dezember 1997

Aus der voranstehenden Abbildung sind in einem Zeitraum von zwei Jahren insgesamt drei Phasen zu erkennen, in denen sich der Rupiah/US-Dollar-Wechselkurs in unterschiedlicher Weise verhält. Vom 1. Januar 1996 bis zum 10. Juli 1997 zeigt sich dabei zunächst ein Wechselkurs, der ohne große Volatilitätsausschläge ausschließlich oberhalb der zentralen Parität verläuft; während dieser Zeit wertet die Rupiah kontinuierlich in geringem Maße gegenüber dem US-Dollar ab. Nach dem Realignment vom 11. Juli 1997 ist ein nur kurzzeitiger Aufenthalt des Wechselkurses in der neuen Bandbreite zu registrieren, denn bereits nach wenigen Tagen verläßt dieser die erweiterte Zielzone und kehrt bis zu seiner Freigabe am 14. August 1997 nicht mehr in sie zurück. Nach dem Übergang zu einem Free-Float-Wechselkurssystem wertet die Rupiah schließlich bis zum Jahresende 1997 nachhaltig gegenüber dem US-Dollar ab. Diese Wechselkursbewegungen zeigen, daß sich innerhalb der Zielzone offensichtlich ein

[214] Quelle für die in der Abbildung 41 verwendeten Daten: DEUTSCHE BANK, auf Anfrage hin übermittelte Daten vom 21.06.1999. Hierbei handelt es sich um Tageswerte. Die Zielzonengrenzen und die zentrale Parität sind aus den Angaben des IMF [1998a, S. 433] berechnet worden.

dermaßen hoher Anpassungsdruck aufgestaut hatte, der die Aufgabe des Zielzonensystems nachgerade erforderte.[215]

Die Relevanz des in der Abbildung 41 dargestellten Szenarios wird sich in der noch ausstehenden modelltheoretischen Betrachtung im Abschnitt 3.3. allein auf die vom 1. Januar 1996 bis zum 10. Juli 1997 geltende Bandbreite beschränken. Aufgrund der Tatsache, daß der Rupiah/US-Dollar-Wechselkurs nach der Zielzonenerweiterung zum größten Teil außerhalb des neuen Währungsbandes liegt, ist die Diskussion über diesen Umstand insoweit vernachlässigbar, da die Zielzonenmodelle eine derartige Konstellation allgemein nicht berücksichtigen.

3.2. Die währungsspezifische Problematik des Jahres 1997 in Indonesien

Zur Betrachtung der Währungskrise in Indonesien reicht es nicht aus, im Wege eines verengten Blickwinkels allein die spezifischen (ökonomischen) Gegebenheiten in diesem Land zu berücksichtigen. Waren die Probleme des mexikanischen Peso vordergründig auf eine durch die nationalen Entscheidungsträger beeinflußte inadäquate Wirtschafts- und Währungspolitik hinsichtlich unterschiedlicher Erfordernisse zurückzuführen, so zeichnen sich für den Zusammenbruch der indonesischen Rupiah sowohl interne (im eigenen Land) als auch externe (in Asien allgemein) Faktoren verantwortlich. Anders als in Mexiko ist jedoch der eigentliche Auslöser der indonesischen Währungskrise nicht direkt im Inland zu lokalisieren; dieser besteht hauptsächlich in der wechselkurspolitischen Freigabe des thailändischen Baht, deren Auswirkungen sich gleichermaßen auf Indonesien - und weitere asiatische („Tiger“-)Staaten - übertrugen und dort von gleichartigen inländischen Mißständen weiter verschärft wurden (vgl. dazu später).

Um nun im weiteren die Anfälligkeit Indonesiens für eine Währungskrise umfassend beurteilen zu können, sind zunächst die dazu relevanten Indikatoren genauer zu analysieren. Diesbezüglich wird es zunächst darum gehen, wichtige indonesische Fundamentaldaten aufzugreifen und zu ergründen, inwieweit diese zur Erklärung der Krise beigetragen haben. Daneben gilt es, im Rahmen einer gesonderten Betrachtung einzelne Umstände hervorzuheben, die sich aus der speziellen Beschaffenheit des indonesischen Finanzsektors ergaben.

Aus den in der Tabelle 11 zusammengefaßten Fundamentaldaten ist zu erkennen, daß sich vorwiegend aus der Finanzierung des stetig steigenden Leistungsbilanzdefizits entsprechende Gefahren für die Zahlungsfähigkeit Indonesiens ableiten lassen.[216]

---

[215] Das DIW [1998b, S. 454] erkennt für die neunziger Jahre eine reale Aufwertung der Rupiah in Höhe von 20 v.H. gegenüber dem US-Dollar.

[216] Häufig wird versucht, die von einem Leistungsbilanzdefizit ausgehende Bedrohung für ein Land am Verhältnis des Leistungsbilanzdefizits zum Bruttoinlandsprodukt festzumachen. Nach herrschender

Wenngleich der Überschuß in der Kapitalbilanz das Defizit der Leistungsbilanz überkompensierte, entstehen Probleme immer dann, wenn ein Rückgang des Kapitalzuflusses die Wahrscheinlichkeit einer Schuldenposition gegenüber dem Ausland erhöht. Dieser Umstand wiegt dabei um so schwerer, sofern die Finanzierung eines Leistungsbilanzdefizits hauptsächlich durch kurzfristige Kapitalzuflüsse möglich wird, die im Wege von Portfolioumschichtungen international sehr rasch wieder umgelenkt werden

Tabelle 11

Wichtige Fundamentaldaten für Indonesien von 1992 bis 1997

	1992	1993	1994	1995	1996	1997
Allgemeine Fundamentaldaten						
Reales Bruttoinlandsprodukt[1),3)]	6,46	6,50	15,93	8,22	7,98	4,65
Staatliche Verschuldung[1),4)]	- 0,44	0,64	1,03	2,44	1,26	0,00
Zinsen[2),5)]	17,28	13,16	13,12	15,80	15,81	22,41
Inflation[1),6)]	7,59	9,60	12,56	8,95	6,64	11,62
Kurzfristige Verschuldung[1),7)]	20,52	20,17	18,05	20,87	24,98	-
Realer effektiver Wechselkurs[1),8)]	100,8	103,8	101,0	100,5	105,4	62,4
Zahlungsbilanz[2)]	*in Milliarden US-Dollar*					
Leistungsbilanzsaldo	- 2,780	- 2,106	- 2,792	- 6,431	- 7,663	- 4,816
Kapitalbilanzsaldo	6,129	5,632	3,839	10,259	10,847	1,422
Währungsreserven	10,449	11,263	12,133	13,708	18,251	16,587

1) Quelle: CORSETTI, PESENTI und ROUBINI [1998a, Tabellen im Anhang].
2) IMF [1998b, S. 489 ff.].
3) Durchschnittliche jährliche Wachstumsrate.
4) In v.H. des Bruttoinlandsprodukts.
5) Aus den Reihen 60, 60b, 60l und 60p berechneter Durchschnittswert; Werte in v.H.
6) In v.H.
7) In v.H. der Gesamtschulden.
8) Index 1990 = 100.

können.[217] Je kleiner ein Leistungsbilanzdefizit in einem solchen Fall ist, desto eher wird es möglich sein, eine Abwertung der eigenen Währung zu vermeiden oder auf protektionistische Maßnahmen zu verzichten. HESSE und AURIA [1998, S. 7] weisen in diesem Zusammenhang jedoch darauf hin, daß sich - allgemein - bis 1996 vor allem im kurzfristigen Bereich ein außerordentlich hoher Kapitalzufluß nach Asien einstellte. Wird darüber hinaus beachtet, daß Indonesien Mitte 1997 eine kurzfristige Auslands-

Meinung geben dabei Werte von 4-5 v.H. den höchsten Besorgnisgrad an (vgl. z.B. SALVATORE [1999, S. 343]). Für Indonesien galten in den Jahren 1995 und 1996 jeweils Werte von -3,3 v.H. und für das Jahr 1997 galt ein Wert von -2,9 v.H. des Bruttoinlandsprodukts (vgl. BERENSMANN und SCHLOTTHAUER [1998, S. 15]).

217 Die ökonomischen Auswirkungen dieses Szenarios sind bereits im Zusammenhang mit der mexikanischen Peso-Krise ausführlich thematisiert worden; sie sollen an dieser Stelle nicht wiederholt werden.

verschuldung besaß, die 182 v.H. der vorhandenen Währungsreserven umfaßte (vgl. BIZ [1998, S. 144]) und 25 v.H. der Gesamtschulden betrug (vgl. die Tabelle 11), so geht daraus eine unmittelbare Bedrohung der Solvenz hervor. Aufgrund der gegebenen Abhängigkeit von ausländischem Kapital mußte die indonesische Wirtschaftspolitik somit in hohem Maße dafür Sorge tragen, ein solides ökonomisches Umfeld zu schaffen, in dem ein fortwährender Kapitalzustrom aus dem Ausland den durch das hohe Leistungsbilanzdefizit eintretenden Devisenrückgang mindestens ausglich. Dennoch gilt es zu beachten, daß eine derartige Situation durch eine sich verschlechternde Wirtschaftstätigkeit oder negative Nachrichten bzw. Prognosen jederzeit dazu führen kann, im Wege der bestehenden Marktöffnung eine Umkehr der Kapitalflüsse zu bewirken und die Gefahr einer Abwertung zu erhöhen.

In den Jahren von 1992 bis 1996 wies Indonesien zudem hohe Wachstumsraten seines realen Bruttoinlandsprodukts auf, die vor allem durch das Exportwachstum getragen wurden; erst im Jahre 1997 gingen diese spürbar zurück (vgl. die Tabelle 11). CORSETTI, PESENTI und ROUBINI [1998a, S. 11 f.] heben diesbezüglich jedoch zwei unterschiedliche Wirkungsgrade von hohen Wachstumsraten hervor. Zum einen können diese dazu beitragen, die Solvenz eines Landes durch das Erreichen eines niedrigen Verhältnisses ausländischer Schulden zum Bruttoinlandsprodukt zu erhöhen und ausländischen Investoren die Möglichkeit zu signalisieren, auch künftig hohe Renditen erzielen zu können.[218] Anhaltendes Wachstum wäre somit positiv zu beurteilen. Zum anderen können hohe Wachstumsraten zur Überschätzung der inländischen Wirtschaftstätigkeit führen, die zunächst zwar weiter Auslandskapital anzieht und den Konsum wie auch die Investitionen zusätzlich steigert, jedoch bei unvorhergesehenen Ereignissen derart stark revidiert wird, daß Kapital nunmehr abgezogen und mitunter eine Währungskrise ausgelöst wird. Anhaltendes Wachstum wäre somit negativ zu beurteilen. Ungeachtet dessen ist jedoch zu konstatieren, daß Wachstum sozusagen die Grundlage für wirtschaftliche Attraktivität darstellt. Vor dem Hintergrund von Effizienz- und Renditeüberlegungen der internationalen Anleger waren die hohen Wachstumsraten Indonesiens daher als Voraussetzung dafür anzusehen, um überhaupt ausländisches Kapital zu erhalten. Inwieweit letzteres zu einem „künstlichen" Boom und zu einer wirtschaftlichen Krise im Falle unerwarteter Schocks beitragen kann, hängt dabei insbesondere auch mit dessen Verwendung zusammen. SCHWEICKERT [1998b, S. 461] hebt diesbezüglich hervor, daß eine produktive Verwendung der Kapitalzuflüsse in Indonesien, Malaysia, Thailand, auf den Philippinen, die zusammen auch als ASEAN-4-Länder bezeichnet werden, sowie in Korea nicht gegeben war.

Keinerlei negative Einflüsse gingen hingegen von der staatlichen Verschuldung auf die wirtschaftliche Aktivität aus. Dem Defizit im Jahre 1992 stehen Überschüsse in den Folgejahren gegenüber, und selbst im Krisenjahr 1997 liegt ein ausgeglichener Haushalt vor. Insofern ist davon auszugehen, daß von dieser Seite her - einerseits - keine übermäßige Beanspruchung des Kapitalmarktes mit entsprechenden Wirkungen auf das

[218] Darüber hinaus wird es dem Land möglich, den über die Exporterlöse hinausgehenden Geldbedarf für die heimischen Importe verstärkt selbst zu erwirtschaften.

Zinsniveau bestand sowie - andererseits - eine Reduktion der Inflationserwartungen und damit der Inflation insgesamt erfolgen konnte. Der indonesische Haushalt war somit durch fortwährende Solidität gekennzeichnet.

Die Entwicklung der Inflationsraten zeigt, mit Ausnahme des Jahres 1994 und des Krisenjahres 1997, Werte von weniger als 10 v.H. an. Im Frühjahr 1997 hatten die Preissteigerungen noch 5 v.H. betragen (vgl. BIZ [1998, S. 44]). Der inflationäre Prozeß in Indonesien ist damit im Ganzen als tolerabel zu bezeichnen. Auch die Höhe der Zinsen ist weitgehend unproblematisch, ist sie doch vor dem Krisenbeginn durch Kontinuität gekennzeichnet, die u.a. auch auf die Währungsstabilität zurückzuführen ist. Der Zinsanstieg im Jahre 1997 ist hingegen mit der Zunahme der Risikoprämie durch die Währungsturbulenzen begründbar. Von der realen Aufwertung der Rupiah dürften bis zum Jahre 1996 nur geringfügige Auswirkungen auf die indonesische Wettbewerbsfähigkeit ausgegangen sein. Die reale Abwertung des Jahres 1997 hängt dabei mit der nominalen Freigabe der Rupiah zusammen. Insgesamt ist daher festzuhalten, daß Zinsen, Inflation und reale Wechselkursentwicklung wertbeständige Fundamentaldaten offenlegen, die die Attraktivität des Standortes Indonesien für ausländische Anleger begünstigten.

Wenn nun aber die Fundamentaldaten - mit Ausnahme der Zahlungsbilanzsituation - eine nur bedingte Gefahr für den Ausbruch einer Währungskrise begründen, stellt sich primär die Frage nach anderweitigen Faktoren, die diese mitunter ausgelöst haben. Hierzu ist an dieser Stelle auf den indonesischen Finanzsektor einzugehen, dessen institutionelle Ausgestaltung insgesamt nicht in der Lage war, den sich aus der allgemeinen Liberalisierung des Kapitalverkehrs ergebenden (Reform-)Erfordernissen entsprechend Rechnung zu tragen.[219] Besonders hervorzuheben sind dabei - erstens - die staatliche Regulierung des Bankensystems sowie - zweitens - die prinzipiell fehlende Bankenaufsicht bzw. -kontrolle (vgl. hierzu und zu diesem Punkt im weiteren BERENSMANN und SCHLOTTHAUER [1998, S. 6 ff.]).

a) Hinsichtlich der Regulierungsbestrebungen entstehen somit zumeist entsprechende Verzerrungen, wenn die staatlichen Vorschriften in einer Weise erfolgen, mit denen der Wettbewerb der inländischen Banken untereinander verhindert wird. In Indonesien bestanden die staatlichen Reglementierungen insbesondere in der Festlegung des Zinsniveaus und des Kreditvergabeumfangs. Wenn der Finanzsektor nun aber den genannten Beschränkungen unterworfen wird, werden seine Entfaltungsmöglichkeiten insoweit begrenzt, als daß ein der marktwirtschaftlichen Intention entgegenwirkendes Verhalten nicht dazu führt, die vorhandenen - finanziellen - Ressourcen (z.B. im Wege von Kooperationen oder Fusionen) der bestmöglichen Verwendung zuzuführen und innerhalb des Bankensektors vor dem Hintergrund von Effizienz- und Renditeüberlegungen ein „survival of the fittest" zu gewährleisten. Innerhalb Indonesiens konnten sich die Banken somit zur Beschaffung liquider Mittel nur zu einem administrativ festgelegten Zinssatz refinanzieren. Dieser lag dabei deutlich über dem der Industrieländer und bot den Banken die Möglichkeit, sich zu einem günstigeren Zinssatz im Ausland

219 Vgl. GOLDSTEIN und TURNER [1996, S. 8 ff.] hinsichtlich eines allgemeinen Überblicks, der unterschiedliche Gründe für Bankenkrisen offenlegt.

zu verschulden. Die in US-Dollar erhaltenen Kredite wurden dann in Indonesien in Rupiah eingetauscht und zu dem fixierten höheren Zinssatz wieder vergeben. Aufgrund des durch die Wechselkursbindung an den US-Dollar vorhandenen Wegfalls des Währungsrisikos konnten die inländischen Kreditnehmer auch davon ausgehen, bei Fälligkeit der Einlagen nicht mehr inländische Währung für den Kauf von US-Dollar aufwenden zu müssen, als sie zum Zeitpunkt der Kreditvergabe erhalten hatten. Diese Konstellation trug somit zu einer unkontrollierten Kreditexpansion bei, wodurch die hohe Nachfrage nach Krediten auch befriedigt werden konnte. Dennoch gilt es zu betonen, daß diese Entwicklung primär durch die bestehenden staatlichen Regulierungsvorschriften ausgelöst wurde.[220] Waren die Zinshöhe und das Kreditvolumen durch den Staat vorgegeben, so war es für die Banken sehr lukrativ, im Wege des freien Kapitalverkehrs dazu überzugehen, sich zusätzliche Liquidität aus dem Ausland zu verschaffen. Hieraus wird ersichtlich, daß mit dieser Verfahrensweise ein wichtiger Faktor dazu beitrug, die Expansion der inländischen Geldmenge voranschreiten zu lassen und Inflationsgefahren zu schüren, die letztlich eine fortschreitende reale Aufwertung der Rupiah begünstigten. Aufgrund der Wechselkursbindung stand die Zinspolitik nur sehr eingeschränkt zur Stabilisierung der Binnenwirtschaft zur Verfügung (vgl. BIZ [1997, S. 122]); höhere Zinsen hätten dabei - einerseits - den Kapitalzufluß mitunter noch verstärkt sowie vermutlich eine Währungsaufwertung bewirkt (vgl. CORSETTI, PESENTI und ROUBINI [1998b, S. 2]) und - andererseits - zunehmende Belastungen für die Kreditnehmer - und damit auch der Banken - dargestellt (vgl. BIZ [1998, S. 146]).

Die Ineffizienz des indonesischen Finanzsektors wurde darüber hinaus durch eine Regelung unterstützt, die bei den inländischen Banken das sogenannte „Moral-Hazard"-Verhalten hervorrief. Dabei handelte es sich um staatliche Garantien („Bail-Outs") dahingehend, jeder einzelnen Bank im Falle von auftretenden Zahlungsschwierigkeiten umfassend Liquidität zur Verfügung zu stellen. Obwohl die beschriebenen Regulierungsvorschriften bereits nachhaltig dazu beitrugen, den Wettbewerb zwischen den Banken entscheidend einzuschränken, schaffte diese Handhabung zusätzlichen Raum für Ineffizienzen und wettbewerbswidrigem Verhalten. Dieser Umstand leuchtet unmittelbar ein: Die Kreditvergabe durch die Banken an die Kreditnehmer konnte problemlos erfolgen, ohne dabei das Finanzierungsvorhaben einer genauen Prüfung unterziehen zu müssen. Im Falle von Liquiditätsengpässen konnten sich die Banken sicher sein, diese durch die Bereitstellung staatlicher Mittel abzuwenden; ein Ausscheiden aus dem Markt konnte somit generell nicht eintreten.

b) Eine funktionierende Bankenaufsicht, die dieses Szenario unterbunden hätte, war allgemein nicht gegenwärtig. Im Ergebnis führte es dazu, daß die Banken vermehrt Risikopositionen aufbauten, deren Deckung durch eigene Guthaben oftmals nicht vorlag. Da die Bilanzierungsvorschriften keinen allgemeingültigen Bestimmungen unterlagen, waren die Bilanzen zwischen den Banken nicht vergleichbar und ließen überdies keine Rückschlüsse auf deren tatsächliche Finanzlage zu. Insofern erleichterten auch diese

[220] NUNNENKAMP [1998b, S. 136] betont, daß das Kreditwachstum vor allem durch die „großzügige" Kreditzuteilung des Auslands begünstigt wurde.

institutionellen Gegebenheiten die vorherrschende Kreditvergabepraxis. Letztere wurde darüber hinaus u.a. dadurch forciert, daß erhebliche Ausbildungsdefizite des Personals sowie das Vorhandensein einer weit verbreiteten Korruption in zusätzlicher Weise nicht dazu beitragen konnten, eine rentabilitätsorientierte Verwendung der Kredite zu erreichen. Dieses wäre aber erforderlich gewesen, um die hohen Kapitalmarktzinsen realwirtschaftlich auch zu erwirtschaften (vgl. das DIW [1998b, S. 457]). Wenngleich Indonesien Anfang der neunziger Jahre erste Reformschritte unternahm, um die strukturellen Unterschiede im Finanzsektor zu beheben, so führten diese nicht dazu, die vorhandene Zementierung kurz- bis mittelfristig aufzulösen. Insofern weist auch dieser Umstand darauf hin, daß neben dem aus der Finanzierbarkeit des Leistungsbilanzdefizits hervorgehenden fundamentalen Problem ein wesentlich gewichtigeres Problem existierte, dessen Ausgestaltung die Wahrscheinlichkeit einer (Schulden-)Krise entsprechend erhöhte.[221]

Nun gilt es zu bemerken, daß weitere asiatische Länder zu Indonesien vergleichbare Strukturen hinsichtlich der Leistungsbilanz und des Finanzsektors offenbarten und sich somit krisenanfällig zeigten. Namentlich sind hier vor allem Malaysia, die Philippinen und Thailand anzuführen. Aber auch Korea, dessen wirtschaftlicher Erfolgspfad bereits früher als in den ASEAN-4-Ländern einsetzte, wurde im Sommer 1997 maßgeblich von der Währungskrise erfaßt. Ebenso zeigten sich Auswirkungen auf China, Hongkong und Singapur, die jedoch weniger stark ausfielen. Letztlich aber boten alle Länder vergleichbare ökonomische und institutionelle Voraussetzungen, die die gemeinsame Anfälligkeit für eine Währungskrise sichtbar erhöhten. Diese Schwächen bestanden - zum ersten - in der Notwendigkeit, die vorhandenen Leistungsbilanzdefizite durch anhaltende Kapitalzuflüsse aus dem Ausland finanzieren zu müssen, daneben - zum zweiten - in der Struktur des Finanzsektors, die sich in den Ländern nicht sonderlich unterschied, sowie - zum dritten - hinsichtlich der realen Aufwertungstendenzen, die die Aufrechterhaltung der nominalen Wechselkursfixierung, die von den einzelnen Ländern in verschiedenen Formen durchgeführt wurde, zunehmend erschwerte und die Glaubwürdigkeit dieser Wechselkurssysteme beeinträchtigte. Ungeachtet dieser spezifischen Konstellationen wiesen die ASEAN-4-Staaten aber gemeinsam eine solide Grundlage in wichtigen ökonomischen und fundamentalen Teilbereichen auf (vgl. die Tabelle 12).

Die hohen Wachstumsraten des Bruttoinlandsprodukts und des Exports[222] trugen demnach während der neunziger Jahre entscheidend dazu bei, daß der Kapitalfluß in diese Länder nicht unterbrochen wurde. Sie signalisierten für die ausländischen Investoren

---

[221] Im Wege empirischer Untersuchungen zu 76 Währungskrisen und 26 Bankenkrisen gelangen KAMINSKY und REINHART [1999, S. 491] zu dem Ergebnis, daß Währungs- und Bankenkrisen sehr stark miteinander verbunden sind, sofern zuvor der Finanzsektor liberalisiert wurde; im Vergleich zu ihrem einzelnen Auftreten wirkt ihr gemeinsamer Eintritt dabei deutlich nachteiliger.

[222] Ein hohes Exportwachstum eines Landes beschneidet - einerseits - die Exportmöglichkeiten anderer Länder; diese können aber - andererseits - ebenfalls eine Exportsteigerung erwarten, da das steigende Exportwachstum des einen Landes die Einkommen und damit dessen Importnachfrage tendenziell verbessert.

die Möglichkeit der Gewinnerzielung bzw. steigende Renditen ihrer Investitionen, die durch die Wechselkursbindung an den US-Dollar und die tolerablen Inflationsraten - vor allem in Malaysia - zusätzlich begünstigt wurden; auch der hohe Umfang des Spar- und Investitionsvolumens unterstützte diese Entwicklung (vgl. die Tabelle 12). Somit bleibt insgesamt festzuhalten, daß sich einerseits zwar hinreichende Anhaltspunkte identifizieren ließen, die mit unmittelbaren Gefahren für den fortwährenden wirtschaftlichen Aufschwung verbunden waren, diese aber andererseits nicht eintraten, da andere fundamentale Begleitumstände positiver Natur waren und eine Krise daher abwenden konnten.[223]

Tabelle 12

Wichtige Fundamentaldaten der ASEAN-4-Länder[1),2)]

Land	Wachstum des BIP	Inflation	Exportwachstum[3)]	Investitions- und Sparvolumen[4)]
		1987-1996		
Indonesien	6,4	8,4	11,3	34,6
Malaysia	7,9	3,3	15,6	35,5
Philippinen	3,2	9,9	13,6	21,7
Thailand	8,7	4,7	16,7	39,3
		1996		
Indonesien	7,8	8,0	10,3	33,5
Malaysia	8,2	3,5	6,2	43,3
Philippinen	5,5	8,4	17,7	23,9
Thailand	8,4	5,8	- 1,9	43,1

1) Quelle: DIEHL und SCHWEICKERT [1998, S. 3].
2) Jährliche Durchschnittsraten, in Prozent.
3) Veränderung der Handelsexporte, bewertet in US-Dollar.
4) Inländische Bruttoinvestitionen im Verhältnis zum Bruttoinlandsprodukt, gegenwärtige Preise.

Daß der Eintritt der asiatischen - und vor allem der indonesischen - Währungskrise letztlich nicht zu verhindern war, ist auf die Verschlechterung einzelner Begleitumstände zurückzuführen, die sich ab Ende 1996 einstellten. Wenngleich sich der Ursprung der Währungsturbulenzen konkret an der Freigabe des an den US-Dollar gebundenen thailändischen Baht am 2. Juli 1997 festmachen läßt (vgl. SCHWEICKERT [1998b, S. 457]), so waren die ASEAN-Länder von der Veränderung der nachstehend aufgeführten Faktoren in gewisser Hinsicht gleichmäßig betroffen.

a) Eine erste Ursache ist in der bereits im Jahre 1995 beginnenden nominalen Aufwertung des US-Dollars gegenüber dem japanischen Yen auszumachen (vgl. HILPERT [1997, S. 3] und IMF [1998c, S. 27]). Da die ASEAN-Länder ihre Währungen im Rahmen von unterschiedlich festen Wechselkursregelungen gegenüber dem US-Dollar

223 Die BIZ [1997, S. 142 f.] zeigt auf, daß wichtige Rating-Agenturen - in Kenntnis der ökonomischen Verhältnisse - erst Monate nach dem Eintritt der asiatischen Währungskrise dazu übergingen, Indonesien, Thailand und Korea in die Kategorie „non-investment grade“ einzustufen.

festgezurrt hatten, verzeichneten auch sie eine nominale - sowie eine reale - Aufwertung ihrer Währungen mit Blick auf den Yen. Dadurch entstanden jedoch Wettbewerbsnachteile in zweierlei Hinsicht: Zum einen war es nun für nichtasiatische Länder bedeutend günstiger, japanische Produkte nachzufragen, da sie nun für die größtenteils homogenen Güter vergleichsweise weniger US-Dollar aufbringen mußten; zum anderen wurden die asiatischen Produkte für die japanischen Wirtschaftssubjekte entsprechend teurer, weswegen es über eine Reduzierung ihrer Importnachfrage gleichzeitig zu einem Rückgang der asiatischen Exporte nach Japan kam. Dieser Umstand verschärfte die Situation der defizitären Leistungsbilanzen, da zu deren Finanzierung nunmehr weitere Kapitalzuflüsse aus dem Ausland auf noch höherem Niveau erforderlich waren.

b) Das Exportwachstum wurde darüber hinaus durch Überkapazitäten, vor allem bei Produkten der Elektronikbranche, beeinträchtigt (vgl. BIZ [1997, S. 46]) sowie durch die Tatsache, daß China, Vietnam und Indien die ASEAN-4-Staaten als führende Produzenten im Bereich des Niedriglohnsektors ablösten (vgl. HILPERT [1997, S. 3]). Der damit einhergehende Preisverfall für diese Produkte löste somit - bei sonst gleichen Kosten - eine deutliche Reduktion der (internationalen) Wettbewerbsfähigkeit der ASEAN-4-Länder aus; die geringeren Absatzmöglichkeiten bewirkten Zahlungsschwierigkeiten, da z.B. aufgenommene Kredite nicht in vereinbarter Weise zurückgezahlt werden konnten. Sinkende Exportwachstumsraten lassen darüber hinaus Zweifel dahingehend entstehen, wie die Finanzierung eines Leistungsbilanzdefizits künftig vorgenommen werden soll.

c) Das Problem der Überkapazitäten ist auch im Immobiliensektor von Bedeutung gewesen. BERENSMANN und SCHLOTTHAUER [1998, S. 23] heben diesbezüglich die guten Zukunftsprognosen für den asiatischen Raum hervor, die nicht nur den Kapitalzufluß aus dem Ausland unterstützten, sondern über eine vermehrt mögliche Kreditvergabe die Nachfrage - und damit auch die Preise - nach Immobilien erhöhten. Diese Entwicklung bot nun den inländischen Unternehmen die Möglichkeit, dem Markt neu beizutreten oder aber zu expandieren, um über eine Befriedigung der Nachfrage zusätzliche Einnahmen zu verbuchen. Nimmt die Nachfrage hingegen bis zur Fertigstellung der Projekte weiter zu, so entsteht wieder ein Angebotsdefizit mit entsprechenden Preissteigerungstendenzen. Dieses Szenario hat sich in Asien mehrfach wiederholt; dabei haben die Banken diese Entwicklung - wegen der Wertzunahme der als Sicherheit fungierenden Finanzierungsobjekte - entscheidend forciert und vielfach Kredite vergeben, die ohne genaue Prüfung der Rentabilitätsaussichten der Investitionsvorhaben zunehmend in risikoreiche Projekte investiert wurden. Die so herbeigeführten Wertsteigerungen, die sich hauptsächlich im Wege der gesamtwirtschaftlichen Euphorie einstellten, bedeuteten jedoch eine große Gefahr für die Investoren, da ein Ausbleiben der Nachfrage nicht nur mit einem Überangebot und einem Preisverfall verbunden ist, sondern vor allem eine nachhaltige Wertminderung zeitlich erst kurz zurückliegender Investitionen mit sich bringt. BERENSMANN und SCHLOTTHAUER sprechen in diesem Zusammenhang für Asien vom „Zerplatzen einer Seifenblase", das bei vielen Unternehmen dazu führte, daß die Passiva deutlich höher als die von der Wertminderung betroffenen Aktiva waren und eine allgemeine Zahlungsfähigkeit somit immer weniger bestand.

d) Mit Blick auf die Ereignisse im Zusammenhang mit der mexikanischen Währungskrise konnte gezeigt werden, daß politische Unstimmigkeiten einen mitunter destabilen Einfluß auf ein Wechselkurssystem haben können. CORSETTI, PESENTI und ROUBINI [1998a, S. 23 f.] nennen für das Jahr 1997 verschiedene politische Instabilitäten in Thailand, Malaysia und Korea; speziell für Indonesien identifizieren sie insbesondere den anhaltend schlechten Gesundheitszustand des Präsidenten Suharto sowie seine politischen Kehrtwenden als Verschlechterung des politischen Umfelds. Es muß davon ausgegangen werden, daß auch dieser Tatbestand zu einer Neubewertung der Portfolioentscheidungen der internationalen Anleger beigetragen hat.

Die Veränderungen im globalen Umfeld - Aufwertung des US-Dollars, Rückgang des Exportwachstums - sowie die reformbedürftigen inländischen Strukturen im Bereich des Finanzsektors und die politischen Veränderungen hatten somit die Gefahr einer Währungsabwertung in den ASEAN-Staaten vergrößert.[224] Isoliert ausgeführt hätte dieser währungspolitische Schritt für jedes einzelne Land die Chance eröffnet, über die Erzielung von Wettbewerbsvorteilen zur Erholung der eigenen gesamtwirtschaftlichen Situation beizutragen. Gleichwohl wurde diese Art der wirtschaftspolitischen Einflußnahme zunehmend von den Märkten erkannt, da sie mit entsprechenden Nachteilen sowohl für die Kreditgeber als auch für die Investoren im Ausland verbunden war. Vor allem die Kreditinstitute mußten damit rechnen, daß infolge der Mehraufwendung inländischer (asiatischer) Währung zum Kauf von US-Dollar und aufgrund der Überschuldung vieler Unternehmen vermehrte Inkonsistenzen bei der Kreditrückzahlung entstehen würden, die wegen steigender Insolvenzen unter Umständen sogar vollständig ausblieben; die ausländischen Investoren mußten davon ausgehen, von einer zusätzlichen Wertminderung ihres eingesetzten Kapitals betroffen zu sein.

Beim Vorliegen derart instabiler gesamtwirtschaftlicher Zusammenhänge reichen oftmals bereits geringfügige Veränderungen aus, um eine spekulative Attacke auszulösen; dieses war auch in Asien der Fall. Den Anfang machte hierbei der thailändische Baht im Februar 1997, der wegen des gravierenden Exportrückgangs im Jahre 1996 (vgl. dazu auch die Tabelle 12) und den damit verbundenen Auswirkungen auf die ohnehin schon defizitäre Leistungsbilanz, die eines der höchsten Ausmaße in Asien annahm, das Ziel der Spekulationsbewegungen darstellte (vgl. SVR [1997, S. 19]). Offensichtlich herrschte an den internationalen Devisenmärkten die Einschätzung vor, Thailand könne sein enormes Leistungsbilanzdefizit künftig nicht mehr finanzieren. Daraus entstand aber gleichzeitig die Notwendigkeit einer Abwertung des Baht, um die thailändische Exportsituation zu einem Zeitpunkt zu verbessern, als die Gefahr einer Schuldenposition, die sich beim Fortbestand der defizitären Leistungsbilanz und dem gleichzeitigen Verbrauch von Devisenreserven - u.a. im Wege interventionistischer Einsätze - ergeben hätte, noch nicht übermäßig bedrohlich war. Ungeachtet dieser makroökonomischen Zusammenhänge gab Thailand seine feste Wechselkursbindung an den US-

[224] Vgl. auch STIGLITZ [1999] zu den Lehren aus der Asien-Krise.

Dollar jedoch nicht auf; vielmehr wurde versucht, diese durch Interventionen am Devisenmarkt zu verteidigen, wodurch schließlich sämtliche Devisenreserven verloren gingen (vgl. SVR [1997, S. 19 f.]). Der Druck auf den Baht konnte damit jedoch nicht beseitigt werden. Letztlich blieb den thailändischen Währungsbehörden am 2. Juli 1997 keine andere Alternative, als den Baht aus seiner wechselkurspolitischen Bindung zu lösen und gegenüber dem US-Dollar frei schwanken zu lassen. Sein Außenwert verlor innerhalb von zwei Wochen 15 v.H. (vgl. DIEHL und SCHWEICKERT [1998, S. 4]).

Durch den sich anschließenden Kursverfall des Baht übertrug sich die Krise relativ schnell auch auf die asiatischen Nachbarstaaten. Eine Erklärung dieser Entwicklung ist vor allem dadurch plausibel, daß die Wettbewerbsfähigkeit dieser Länder gegenüber Thailand nun extreme Einbußen zu verzeichnen hatte und deren konjunkturelle Entwicklung nachteilig beeinträchtigte. SCHWEICKERT [1998b, S. 457 ff.] zeigt auf, daß die realen effektiven Wechselkurse der ASEAN-4-Staaten und Korea sehr hoch miteinander korrelierten, während zu anderen Ländern eine vergleichsweise geringere Korrelation festzustellen war. Die Gefahr für diese Länder, die thailändische Krise oder aber die von Korea oder eines anderen ASEAN-4-Staates über diese Verbindung zu importieren, zeigte sich daher in zunehmendem Maße.[225] Aber auch ohne die Beachtung dieses Aspekts war der Eintritt einer Währungskrise in anderen asiatischen Staaten generell nicht abwegig, da diese hinsichtlich der Fundamentaldaten und des Finanzsektors ähnliche Strukturen zu Thailand aufwiesen, die bereits für sich genommen krisenhafte Tendenzen begründeten.

Vor dem Hintergrund dieser zwischen- und innerstaatlichen Beziehungen konnte es somit nicht sonderlich überraschen, daß die Währungen Indonesiens, Malaysias und der Philippinen im Wege des Zusammenbruchs des thailändischen Bahts einem vermehrten Druck der Devisenmärkte ausgesetzt waren. Dieses führte bereits in der kurzen Frist dazu (vgl. im weiteren BIZ [1998, S. 147] sowie DIEHL und SCHWEICKERT [1998, S. 4]), daß die festen Wechselkursbindungen dieser Länder gelockert werden mußten. Davon waren der philippinische Peso und die indonesische Rupiah am 11. Juli 1997 betroffen. Das Wechselkursband des ersteren wurde erweitert, ohne dessen Umfang genau zu spezifizieren, während die Schwankungsmarge der zweiteren von ± 4% auf ± 6% vergrößert wurde. Auch Malaysia löste seine feste Wechselkursbindung und ließ eine Abwertung des Ringgit zu. Am 14. August 1997 gab Indonesien seine stabilitätsorientierte Währungspolitik zugunsten eines Free-Float-Systems auf, nachdem die Rupiah bereits mehrere Tage zuvor außerhalb der vorgesehenen Bandbreite gelegen hatte (vgl. die Abbildung 41). Schließlich geriet auch der koreanische Won zwischen dem 20. und dem 23. Oktober 1997 unter Druck, der am 20. November 1997 zu einem Anstieg der täglichen Schwankungsbreite von ± 2,25% auf ± 10% führte. Diese Maßnahme konnte jedoch nicht verhindern, daß der Won am 16. Dezember 1997 flexibel gehandelt werden mußte. Insgesamt zeigten sich dabei von Januar bis November 1997

[225] Aus der allgemeinen Betrachtung offenbart eine erweiterte Sichtweise, daß die Handelsverpflechtungen innerhalb zehn wichtiger asiatischer Länder von 23 v.H. im Jahre 1985 auf 36 v.H. im Jahre 1995 zunahmen (vgl. NUNNENKAMP [1998a, S. 69]). Dieser Umstand erhöhte somit seinerseits die Übertragungsmöglichkeit der Krise eines einzelnen Landes.

die nachstehenden Kursveränderungen gegenüber dem US-Dollar (vgl. HILPERT [1997, S. 3]): Japanischer Yen -7,1%, koreanischer Won -18,3%, malaysischer Ringgit -31,2%, thailändischer Baht -45,6%, indonesische Rupiah -51,3%, philippinischer Peso -30,6%; die Währungen Singapurs (-12,3%) und Taiwans (-12,6%)[226] offenbarten im Vergleich dazu geringere Abwertungen ihrer Währungen, während der Hongkong-Dollar sogar um 0,1% aufwertete. Im Wege der krisenhaften Entwicklung wurden - hauptsächlich vom IMF - umfangreiche Beistandskredite[227] an die am schwersten betroffenen Länder vergeben.[228] Diese waren mit entsprechenden Auflagen verbunden, die die Länder zur Durchführung von stabilisierenden Wirtschaftsreformen verpflichteten.[229]

3.3. Ein theoretischer Erklärungsversuch

Analog zu den Währungskrisen im EWS und in Mexiko soll nun in diesem Abschnitt wieder die Frage nach dem allgemeinen Erklärungsumfang der einzelnen Zielzonenmodelle hinsichtlich der indonesischen Wechselkurszielzone im Vordergrund der anstehenden Betrachtung stehen. Dazu wird im besonderen darauf abzustellen sein, inwieweit die thematisierten Modelle die jeweiligen empirischen Interaktionen zwischen dem Wechselkurs und dem Zins- bzw. dem Preisdifferential sowie bezüglich der vorhandenen Wechselkursdichtefunktion plausibel erläutern können.

Das Krugman-Modell

Die Anwendbarkeit des KRUGMAN-Modells setzt zunächst einmal eine gegebene reale Wechselkurskonstanz voraus, die, übertragen auf das Fallbeispiel, zwischen der indonesischen Rupiah und dem US-Dollar bestehen müßte. Hierzu zeigt die Tabelle 11 jedoch, daß dieser Umstand empirisch nicht eintritt. Im Betrachtungszeitraum wertet die Rupiah - wenn auch nur gering - real gegenüber dem US-Dollar auf. Obgleich der Umfang der realen Aufwertung nicht sonderlich groß ist, so deutet er dennoch auf die Nichterfüllung eines wichtigen Kriteriums hin, das durch das Modell explizit vorgegeben ist. Mit Blick auf die Abbildung 42[230] wird ersichtlich, daß die Rupiah im Betrach-

[226] Die Leistungsbilanz Singapurs wies dabei für die Jahre 1996 (15,5%) und 1997 (15,2%) einen deutlichen Überschuß auf; auch Taiwan konnte in diesen Jahren mit 4% und 2,7% schwarze Zahlen schreiben (vgl. BIZ [1998, S. 38]). Beide Volkswirtschaften zeigten sich somit vergleichsweise robust.

[227] Vgl. das DIW [1998a, S. 5 f.] zu den Vor- und Nachteilen dieser Hilfsmaßnahme.

[228] ASCHINGER [1998, S. 60] führt an, daß das am 31. Oktober 1997 gestartete Hilfsprogramm für Indonesien einen Umfang von 33 Milliarden US-Dollar annahm; daran beteiligten sich der IMF, die Weltbank, die Asian Development Bank sowie verschiedene Länder.

[229] Hierzu vermittelt der IMF [1998c, S. 30 ff.] einen Überblick.

[230] Quelle zu den in der Abbildung 42 verwendeten Daten: IMF, auf Anfrage hin übermittelte Monatswerte vom 18.05.1999. Der Wert für den Juli 1997 ist - wegen der Bandbreitenerweiterung Mitte des Monats - aus den für die Abbildung 41 verwendeten Tageswerten als Durchschnittswert bis einschließlich zum 10. Juli gesondert berechnet worden.

tungszeitraum nominal zwar kontinuierlich gegenüber dem US-Dollar innerhalb der Zielzone abwertet. Dieses läßt dann aber die Schlußfolgerung eines die nominale Abwertung der Rupiah überkompensierenden Anstiegs des Preisdifferentials zwischen Indonesien und den USA zu.

Abbildung 42

Der nominale Rupiah/US-Dollar-Wechselkurs von Januar 1996 bis Juli 1997

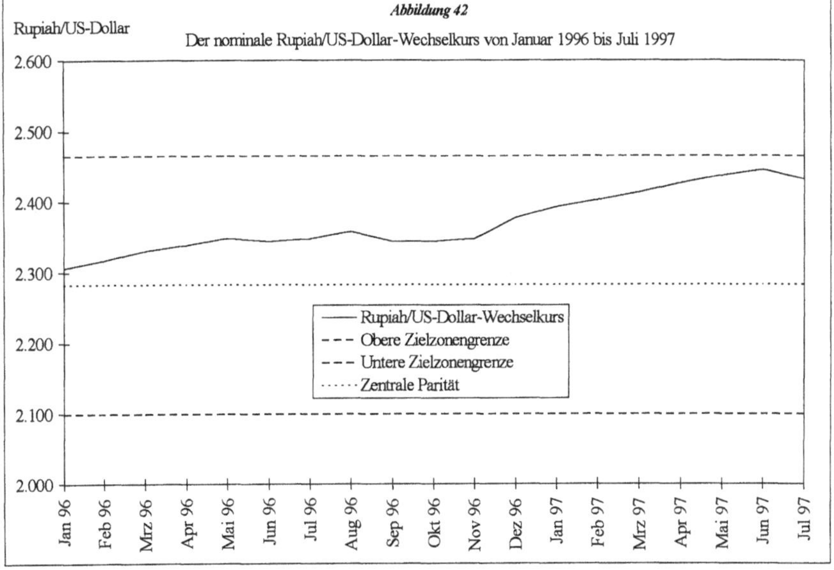

Problematisch erweisen sich in diesem Zusammenhang auch die „kritischen“ Annahmen des Modells bei ihrer Übertragung auf das indonesische Fallbeispiel. Die indonesischen Währungsbehörden haben im relevanten Zeitraum nicht verlautbaren lassen, sowohl auf Realignments zu verzichten (perfekte Glaubwürdigkeit) als auch von intramarginalen Interventionen innerhalb der Zielzone abzusehen (ausschließlich marginale Interventionstätigkeit). Insbesondere auch die perfekte Glaubwürdigkeit der Bandbreite wäre vor dem Hintergrund der bereits vor 1996 mehrfach durchgeführten Veränderung des Währungsbandes mit hoher Wahrscheinlichkeit nur schwer zu vermitteln gewesen.

Fraglich bleibt hingegen, inwieweit das KRUGMAN-Modell die indonesische Wechselkurszielzone hinsichtlich der Deterministik zwischen dem Wechselkurs und dem Zinsdifferential innerhalb der Bandbreite sowie bezüglich der Wechselkursdichtefunktion als perfekt glaubwürdig ausweist. Insofern gilt es zu differenzieren.

a) Der in der Abbildung 42 dargestellte Wechselkursverlauf deutet auf eine buckelförmige Dichtefunktion des Wechselkurses hin. Ein um die zentrale Parität schwankender Wechselkurs wird im eigentlichen Sinne zwar nicht ersichtlich; dennoch hält sich der Wechselkurs vornehmlich in der Nähe der zentralen Parität auf. Eine u-förmi-

In einem abschließenden Fazit halten wir daher fest, daß die Krugmanschen Implikationen gleichermaßen nicht auf den empirischen Untersuchungsgegenstand anwendbar sind. Vor diesem Hintergrund ist die indonesische Wechselkurszielzone folglich dahingehend zu charakterisieren, daß ihre vorhandene Glaubwürdigkeit als nicht-perfekt anzusehen ist. Diese Eigenschaft ist jedoch mit dem um die nicht-perfekte Glaubwürdigkeit erweiterten KRUGMAN-Modell allgemein nicht zu erklären, da der Wechselkurs - entgegen der Verhaltensmaßregel des Modells - zu keinem Zeitpunkt mit einem der beiden Zielzonenenden übereinstimmt. Gerade aber dieser Umstand ist eine notwendige Voraussetzung für eine substanzreiche Interpretation der Empirie, zumal ansonsten die gleiche Kritik wie zum elementaren KRUGMAN-Modell anfällt. Insofern sei auf eine ausführliche Diskussion dieses Modells an dieser Stelle verzichtet.

Intramarginale Interventionen

Im weiteren gilt es nun zu prüfen, inwieweit das DELGADO-DUMAS-Modell den ausgewiesenen Wechselkursverlauf und das bestehende Zinsdifferential als durch intramarginale Interventionen der indonesischen Zentralbank beeinflußte Ergebnisse interpretiert. Ähnlich wie in den Untersuchungen zuvor wird dazu wieder auf die Wechselkursdichtefunktion und auf die Deterministik zwischen dem Wechselkurs und dem Zinsdifferential innerhalb der Zielzone abgestellt.

a) Der in der Abbildung 42 ausgewiesene Wechselkursverlauf ist hinsichtlich seiner Dichtefunktion bereits während der Bemerkungen zum KRUGMAN-Modell als buckelförmig identifiziert worden. DELGADO und DUMAS erklären die Ausgestaltung einer derartigen Dichtefunktion mit der Durchführung von intramarginalen Interventionen seitens der verantwortlichen währungspolitischen Entscheidungsträger. Auf der Basis dieses Modells ist daher schlußzufolgern, daß diese Interventionsart der indonesischen Zentralbank in der Rupiah/US-Dollar-Zielzone nicht nur vorgelegen hat, sondern darüber hinaus auch maßgeblichen Einfluß auf den Wechselkursverlauf genommen hat. Die von April bis zum Juli 1997 andauernde Phase deutet dabei entweder darauf hin, daß die Nachhaltigkeit der intramarginalen Interventionstätigkeit nicht mehr in dem Ausmaß wie im Zeitraum zuvor vorgelegen hat und demzufolge eine Wechselkursbewegung zum oberen Zielzonenende hin ermöglichte, oder aber insgesamt nicht mehr ausreichte, um den Wechselkurs von den Zielzonenenden fernzuhalten.

b) Die Funktionsweise des Modells setzt gleichenteils eine strenge Deterministik zwischen dem Wechselkurs und dem Zinsdifferential innerhalb der Zielzone voraus, die während des Einsatzes der intramarginalen Interventionen gegeben ist. Hierzu treten jedoch wieder die gleichen inhaltlichen Probleme auf, wie sie bereits schon beim KRUGMAN-Modell zum Ausdruck gekommen sind. Danach kann das DELGADO-DUMAS-Modell den aus den Abbildungen 42 und 43 hervorgehenden Zusammenhang eines oberhalb der zentralen Parität verlaufenden Wechselkurses mit einem gleichzeitig positiven Zinsdifferential nicht miteinander vereinbaren. Insofern besteht in diesem Merkmal wieder ein theoretischer Erklärungsmangel.

Aufgrund der untersuchten Kriterien ist daher zu bemerken, daß das DELGADO-DUMAS-Modell eine nur untergeordnete Rolle in der Interpretation der indonesischen Wechselkurszielzone einnimmt. Wenngleich die im Modell beinhalteten intramarginalen Interventionen in einem plausiblen Zusammenhang zur Wechselkursdichtefunktion stehen, so ist es darüber hinaus nicht möglich, mit ihnen die vorhandene Deterministik zwischen dem Wechselkurs und dem Zinsdifferential innerhalb der Zielzone zu erklären.

Exogene Realignmenterwartungen

Dieser Abschnitt beschäftigt sich in bekannter Weise mit der Frage, inwieweit alternative Zielzonenmodelle mit Hilfe von exogenen Realignmenterwartungen der Wirtschaftssubjekte eine erhöhte Auslegung der Realität erreichen. Dazu soll wieder auf die vier diesbezüglich relevanten Modelle eingegangen werden.

Hierbei steht die Drift-Adjustment-Methode in entgegengesetzter Sicht zu dem zuvor diskutierten Modell mit intramarginalen Interventionen der Zentralbanken. Dieser Umstand ist wie folgt zu konkretisieren.

a) Was die Dichtefunktion des Rupiah/US-Dollar-Wechselkurses angeht, so ist die Drift-Adjustment-Methode nicht in der Lage, deren buckelförmige Ausgestaltung mit Hilfe von exogenen Realignmenterwartungen der Wirtschaftssubjekte zu erklären. Vielmehr ist in dem Modell eine u-förmige Dichtefunktion auszumachen, die den vornehmlichen Aufenthalt des Wechselkurses an den Zielzonenenden verlangt. Dieser theoretische Sachverhalt geht empirisch jedoch nicht aus der Abbildung 42 hervor.

b) Ein gänzlich anderes Ergebnis ist hinsichtlich des deterministischen Zusammenhangs zwischen dem Wechselkurs und dem Zinsdifferential innerhalb der Zielzone erkennbar. Diesen Umstand konnten die Modelle mit ausschließlich perfekter Glaubwürdigkeit bisher nicht interpretieren. Der Drift-Adjustment-Methode ist es unter der Berücksichtigung des Unsicherheitsaspektes hingegen möglich, die in der Rupiah/US-Dollar-Zielzone vorliegende Konstellation eines oberhalb der zentralen Parität verlaufenden Wechselkurses mit einem gleichzeitig positiven Zinsdifferential durch zu diesen Zeitpunkten vorhandene exogene Realignmenterwartungen der Wirtschaftssubjekte zu erklären. Anders ausgedrückt bedeutet dieses somit, daß die exogenen Realignmenterwartungen der Wirtschaftssubjekte während des gesamten Betrachtungszeitraums zu den beobachtbaren Wechselkurs-Zinsdifferential-Kombinationen geführt und die stabilisierenden Aufwertungserwartungen für die Rupiah, die für sich genommen ein negatives Zinsdifferential bewirkt hätten, überkompensiert haben. Hierdurch wird ein generell vorliegender Unsicherheitsaspekt deutlich.

Im Vergleich zum DELGADO-DUMAS-Modell gelingt es der Drift-Adjustment-Methode somit einerseits zwar, eine vollständige Interpretation des deterministischen Zusammenhangs zwischen dem Wechselkurs und dem Zinsdifferential über die Beachtung einer nicht perfekt glaubwürdigen Zielzone durch die Berücksichtigung von exogenen Realignmenterwartungen der Wirtschaftssubjekte zu erreichen; andererseits ist es ihr jedoch nicht möglich, diesen Ansatz auch auf die Wechselkursdichtefunktion zu übertragen.

Eine erhöhte Auslegung der Empirie in der indonesischen Wechselkurszielzone ist im Zusammenhang mit der Frage nach dem Vorhandensein von exogenen Realignmenterwartungen mit dem BERTOLA-CABALLERO-Modell möglich. Die empirischen Merkmale einer buckelförmigen Dichtefunktion des Rupiah/US-Dollar-Wechselkurses sowie einer zu jedem Zeitpunkt gültigen Deterministik eines im oberen Zielzonenbereich verlaufenden Wechselkurses mit einem gleichzeitig positiven Zinsdifferential führen unter der Beachtung der vorhandenen Modellimplikationen zu dem Schluß, daß die Rupiah/US-Dollar-Zielzone währungspolitisch insgesamt als unglaubwürdig zu beurteilen ist ($\psi > 0{,}5$). Dieser Umstand wird in dem Modell durch eine oberhalb der Free-Float-Funktion verlaufende Wechselkursfunktion dargestellt. Die ausschließlich positiven Wechselkurs-Zinsdifferential-Konstellationen erklärt das Modell durch das permanente Auftreten von exogenen Realignmenterwartungen der Wirtschaftssubjekte, die während des gesamten Betrachtungszeitraums vorgelegen haben. Hiermit bietet das Modell eine allumfassende theoretische Erklärung, die über den Ansatz der Drift-Adjustment-Methode hinausgeht. Ebenso wird der theoretische Aspekt eines vorwiegend in der Zielzonenmitte verlaufenden Wechselkurses im Zusammenhang mit einer buckelförmigen Wechselkursdichtefunktion aus der Abbildung 42 ersichtlich. Dieses verlangt jedoch wieder den Hinweis nach dem modellspezifischen Widerspruch im Zusammenhang mit einer buckelförmigen Wechselkursdichtefunktion, die eine vorwiegend unglaubwürdige Zielzone kennzeichnet. Da dieser Dissens im Rahmen der anstehenden Untersuchung nicht zu lösen ist, halten wir fest, daß sich die Beschaffenheit des BERTOLA-CABALLERO-Modells prinzipiell zur Interpretation der empirischen Befunde mit Hilfe von exogenen Realignmenterwartungen der Wirtschaftssubjekte eignet. Inwieweit die daraus hervorgehenden währungspolitischen Schlußfolgerungen allerdings als geeigneter Maßstab für eine konkrete Beurteilung der Glaubwürdigkeit der indonesischen Wechselkurszielzone heranzuziehen sind, bleibt auch für dieses Beispiel eher fraglich.[233]

Ein weiteres Zielzonenmodell mit vorhandenen exogenen Realignmenterwartungen der Wirtschaftssubjekte formulieren BERTOLA und SVENSSON [1993]. Dazu definieren sie die Art dieser Realignmenterwartungen als stochastisch. Der modelltheoretische Umstand möglicher Realignments bereits innerhalb der Zielzone besitzt auch für die indonesische Zielzone die bereits an anderer Stelle vermerkte realitätsspezifische Relevanz. Insgesamt sind die nachstehenden Merkmale zu unterscheiden.

a) Die Deterministik zwischen dem Wechselkurs und dem Zinsdifferential innerhalb der Zielzone ist - ebenso wie mit der Drift-Adjustment-Methode - vollständig mit dem BERTOLA-SVENSSON-Modell interpretierbar. Danach kann die zu jedem Zeitpunkt vorliegende Kombination eines im oberen Zielzonenbereich verlaufenden Wechselkurses mit einem gleichzeitig positiven Zinsdifferential durch das permanente Vorliegen sto-

---

[233] Gleiches gilt auch für den Zeitpunkt der Realignmenterwartungsbildung allein an den Zielzonenenden.

chastischer exogener Realignmenterwartungen der Wirtschaftssubjekte erklärt werden. Insofern ist auch mit diesem Modell eindeutig festzustellen, daß die Wirtschaftssubjekte die Glaubwürdigkeit der indonesischen Wechselkurszielzone in hohem Maße in Frage stellten.

b) Im Gegensatz zur Deterministik kann das BERTOLA-SVENSSON-Modell jedoch nicht die in der Rupiah/US-Dollar-Zielzone bestehende Wechselkursdichtefunktion mit exogenen Realignmenterwartungen erklären; in diesem Punkt ist das Modell - ähnlich wie die Drift-Adjustment-Methode und das BERTOLA-CABALLERO-Modell - zu restriktiv angelegt. Die exogenen Realignmenterwartungen generieren in dem Modell einen Wechselkursverlauf, der sich für den Fall Indonesiens vollständig von der Realität unterscheidet.

Zusammenfassend halten wir daher fest, daß das Konstrukt der exogenen Realignmenterwartungen auch mit diesem Modell in plausibler Weise ein Glaubwürdigkeitsproblem in der indonesischen Wechselkurszielzone ausmachen konnte. Gleichwohl ist dieser Ansatz modelltheoretisch nicht auf die Dichtefunktion des Rupiah/US-Dollar-Wechselkurses zu übertragen.

Abschließend verbleibt nun wieder die Frage nach dem Erklärungsgehalt des LINDBERG-SÖDERLIND-Modells hinsichtlich der empirischen Befunde. Mit Blick auf die drei zuvor diskutierten Zielzonenmodelle konnte der im oberen Zielzonenbereich verlaufende Wechselkurs mit dem korrespondierenden durchweg positiven Zinsdifferential als durch exogene Realignmenterwartungen der Wirtschaftssubjekte verursacht interpretiert werden; eine gleichzeitige Begründung für eine buckelförmige Dichtefunktion in der indonesischen Wechselkurszielzone war jedoch lediglich mit dem BERTOLA-CABALLERO-Modell möglich. Letzteres mußte hierbei allerdings in seiner Implikation für die Währungspolitik als problematisch angesehen werden. Die theoretische Ausgestaltung des LINDBERG-SÖDERLIND-Modells ist vor diesem Hintergrund nach wie vor in der Lage, die Deterministik zwischen dem Wechselkurs und dem Zinsdifferential innerhalb der Rupiah/US-Dollar-Zielzone durch das Auftreten von exogenen Realignmenterwartungen zu erklären und so auf das bestehende Glaubwürdigkeitsproblem in dieser Bandbreite aufmerksam zu machen. Darüber hinaus kann das Modell die buckelförmige Dichtefunktion dahingehend auslegen, daß die indonesische Zentralbank bereits innerhalb der Zielzone intramarginal intervenierte und so eine vorwiegende Wechselkursbewegung in der Nähe der Zielzonenenden verhinderte. Dem Parameter ρ kommt in dieser Betrachtung somit wieder die bereits bekannte Bedeutung zu.

Nehmen wir diesen Umstand, so wird zusätzlich noch ein interessanter Punkt ersichtlich. Mit Blick auf das DELGADO-DUMAS-Modell wurde deutlich, daß intramarginale Interventionen im oberen Zielzonenbereich für sich genommen ein negatives Zinsdifferential bewirken. Da wir für das indonesische Fallbeispiel ein generell positives Zinsdifferential in der Abbildung 43 ausmachen können, liegt es auf der Hand, daß die das Glaubwürdigkeitsproblem signalisierenden exogenen Realignmenterwartungen der Wirtschaftssubjekte diese Tendenz überkompensiert haben. Anders betrachtet ist aber auch die Schlußfolgerung zulässig, daß ohne intramarginale Interventionen der indonesischen Zentralbank weitaus höhere positive Zinsdifferentiale innerhalb der Zielzone vorgelegen hätten - mit entsprechenden Rückschlüssen auf ihre vorhandene Glaubwürdigkeit.

Insgesamt halten wir zum LINDBERG-SÖDERLIND-Modell daher fest, daß die Interpretationsmöglichkeit der indonesischen Wechselkurszielzone einen Umfang annimmt, der als einheitlich und zusammenhängend anzusehen ist. Das Modell läßt mit Hilfe von exogenen Realignmenterwartungen der Wirtschaftssubjekte und intramarginalen Interventionen der Zentralbank eine umfassende Beschreibung der empirischen Befunde zu. Darüber hinaus gilt es hervorzuheben, daß die Modelle mit exogenen Realignmenterwartungen allesamt das positive Zinsdifferential vollständig erklären konnten, d.h. die exogenen Realignmenterwartungen zeigten sich in der indonesischen Zielzone für das positive Zinsdifferential verantwortlich.

Endogene Realignmenterwartungen

Anhand des TRISTANI-Modells soll nun der Frage nachgegangen werden, inwieweit sich endogene Realignmenterwartungen der Wirtschaftssubjekte in der Rupiah/US-Dollar-Zielzone konkretisieren lassen. Dazu ist es zunächst erforderlich, die Interaktion zwischen dem Wechselkurs und dem Zinsdifferential innerhalb der Bandbreite zu überprüfen sowie die vorhandene Wechselkursdichtefunktion zu identifizieren. Die modelltheoretische Grundlage hierfür ist - per Annahme - wieder eine Wechselkursfunktion, deren Tangentialpunkt mit dem oberen (unteren) Zielzonenende links (rechts) der Free-Float-Funktion liegt.

a) Hinsichtlich der Deterministik zwischen dem Wechselkurs und dem Zinsdifferential in der Rupiah/US-Dollar-Zielzone ist festzustellen, daß diese vollständig mit dem TRISTANI-Modell zu erklären ist. Danach haben während des gesamten dargestellten Zeitraums endogene Realignmenterwartungen der Wirtschaftssubjekte dazu geführt, daß der oberhalb der zentralen Parität verlaufende Wechselkurs mit einem durchweg positiven Zinsdifferential einherging (vgl. die Abbildungen 42 und 43). Es zeigt sich somit wieder die wichtige Relevanz des Parameters ρ.

b) Nicht im Einklang mit den empirischen Befunden steht hingegen die Ausgestaltung der vorhandenen Wechselkursdichtefunktion. Das Modell weist diesbezüglich eine U-Form aus, wohingegen aus der Rupiah/US-Dollar-Zielzone deren Buckelförmigkeit ersichtlich wird. Hier wird somit deutlich, daß eine weitergehende Interpretation der Empirie mit Hilfe des Modells nicht möglich ist.

Aufgrund der Tatsache, daß die vorhandene Deterministik theoretisch plausibel zu erklären ist, ist nun - unter der Berücksichtigung der Ausführungen im Abschnitt 3.2. dieses Kapitels - danach zu fragen, welche konkreten Faktoren sich für den indonesischen Fall hinter den endogenen Realignmenterwartungen der Wirtschaftssubjekte verborgen haben können. Hierzu gilt es zu differenzieren.

a) Hinsichtlich der Fundamentaldaten ging eine wesentliche Gefahr von der Struktur der indonesischen Zahlungsbilanz aus, während die anderen Indikatoren keine ernsthaften Tendenzen für eine krisenhafte Entwicklung erkennen ließen. Analog zum mexikanischen Beispiel ergab sich somit auch für Indonesien unmittelbar das Problem, zur Finanzierung des durch die Wechselkursfixierung bedingten Leistungsbilanzdefizits auf den Zufluß von ausländischem Kapital angewiesen zu sein. Dieses Szenario kann dabei solange aufrechterhalten werden, wie sich die sonstigen gesamtwirtschaftlichen Rahmenbedingungen nicht in einer Weise verschlechtern, die eine Herabsetzung der investiven Attraktivität des kapitalnehmenden Landes bedingen. Wäre dieses der Fall, so verminderten sich die Kapitalzuflüsse, und das Land (hier: Indonesien) wäre gezwungen, die Finanzierung des Leistungsbilanzdefizits aus seinen Devisenreserven vorzunehmen, wenn die Marktöffnung beibehalten werden soll. Abhängig vom Umfang des Devisenbestandes stößt diese Handhabung naturgemäß dann an Grenzen, wenn die Devisenreserven vollständig verbraucht sind. Die Folgen eines solchen Szenarios sind den ausländischen Investoren dabei bekannt: Zum einen können sie ihr Kapital mangels vorhandener Devisen nicht sofort aus dem kapitalnehmenden Land abziehen und müssen - unter der Einrechnung von Verlusten - abwarten, bis das Land im Wege einer Abwertung seiner Währung Überschüsse erzielt oder aber Beistandskredite aus dem Ausland erhält; zum anderen wirkt sich eine Abwertung insofern nachteilig aus, als zum Kauf der stabilen Währung nunmehr eine höhere Anzahl der abgewerteten Währung aufzubringen ist. Diese Zusammenhänge waren auch den in Indonesien investierenden Wirtschaftssubjekten bekannt. Vor diesem Hintergrund rechneten sie offenbar die Möglichkeit einer derartigen Abfolge mit in ihr Kalkül ein und verlangten für die Hingabe ihres Kapitals eine höhere Risikoprämie, die sich in der Form des positiven Zinsdifferentials zu den USA in der Abbildung 43 ausdrückt. Endogene Realignmenterwartungen müssen daher mit Blick auf die Zahlungsbilanzstruktur von großer Bedeutung gewesen sein. Im Vertrauen auf die anhaltend hohe Wirtschaftstätigkeit gingen die Kapitalzuflüsse zunächst aber nicht zurück.

b) Ein weiterer Faktor, der zur Bildung von endogenen Realignmenterwartungen geführt haben dürfte, ist im jederzeit möglichen Eintreten einer spekulativen Attacke zu sehen, die sich von einem auf ein anderes Land überträgt (contagious speculative attack). Aufgrund der hohen Handelsverpflechtungen zwischen den asiatischen Ländern, auf die bereits im Abschnitt 3.2. eingegangen wurde, mußten die (inter-)nationalen Anleger unter der Beachtung sich ähnelnder Zahlungsbilanzsituationen davon ausgehen, daß für den Fall, daß ein Land - freiwillig oder gezwungenermaßen - abwertete, vor allem aus Wettbewerbsgründen eine Übertragung dieses währungspolitischen Schritts auch auf andere Länder sehr wahrscheinlich war. Die damit einhergehenden Implikationen sind bereits in a) hinreichend beschrieben worden. Insofern muß die Krisenanfälligkeit der indonesischen Wirtschaft auch aus diesem Blickwinkel eine zentrale Position hinsichtlich der Einschätzung der Glaubwürdigkeit des indonesischen Währungsbandes eingenommen haben. Diese wurde durch die im Jahre 1997 auftretenden politischen Instabilitäten in den einzelnen Ländern zusätzlich unterstützt.

c) Die von der Ausgestaltung des indonesischen Finanzsektors ausgehenden Risiken begründen - für sich genommen - zwar die Bildung von endogenen Realignmenterwartungen, haben in der Realität jedoch offenbar keine besondere Berücksichtigung erfahren. Die BIZ [1998, S. 131] betont diesbezüglich, daß - für die asiatischen Länder insgesamt - das Vertrauen der Kreditgeber durch die steigende Auslandsverschuldung nicht beeinträchtigt wurde und selbst die den wirtschaftlichen Entfaltungsprozeß überwachenden Institutionen nicht die umfangreiche Bedrohung im Zusammenhang mit der Struktur des Finanzsektors erkannten. Insofern ist schlußzufolgern, daß das Einbeziehen dieses Tatbestandes in die endogenen Realignmenterwartungen zwar durchaus relevant gewesen wäre, mit Blick auf die Realität allerdings nicht erfolgte.

Im Ergebnis zeigt sich somit, daß das TRISTANI-Modell nicht nur endogene Realignmenterwartungen in der Rupiah/US-Dollar-Zielzone identifiziert, sondern daß sich vor dem Hintergrund der realitätsspezifischen Entwicklung in Indonesien überzeugende Erklärungen anbieten, die diesen Vorgang inhaltlich auch begründen. Gleichwohl ist die Wechselkursdichtefunktion nicht mit diesem Modell zu erklären.

Spekulative Attacken

Im weiteren gilt es nun wieder zu überprüfen, inwieweit das KRUGMAN-ROTEMBERG-Modell eine spekulative Attacke in der Rupiah/US-Dollar-Zielzone ausmachen kann. Mit Blick auf die diskutierten Modellimplikationen erfordert der Nachweis einer spekulativen Attacke das Vorliegen der nachstehenden Merkmale.

a) Unabhängig davon, ob für dieses Beispiel von geringen oder von umfangreichen Devisenreserven der indonesischen Zentralbank ausgegangen wird, ist zur Identifikation einer spekulativen Attacke das Erreichen eines der Zielzonenenden durch den Wechselkurs unabdingbar. Aus der Abbildung 42 wird jedoch ersichtlich, daß dieser Tatbestand während des gesamten Betrachtungszeitraums nicht eintritt; es wird weder eine zu einem einzelnen Zeitpunkt vorhandene Übereinstimmung zwischen dem Rupiah/US-Dollar-Wechselkurs und einem der beiden Zielzonenenden noch ein Entlangshiften des letzteren an einem der beiden Zielzonenenden deutlich. Insofern ist ein wichtiges Merkmal des KRUGMAN-ROTEMBERG-Modells empirisch nicht nachvollziehbar.

b) Aus dem Modell geht ein weiterer Aspekt hervor, der einen bestehenden Dissens zwischen der Theorie und der Empirie offenlegt. Dieser betrifft die Art der Dichtefunktion des Rupiah/US-Dollar-Wechselkurses. Im Modell kennzeichnet eine u-förmige Dichtefunktion die Kompatibilität mit einer spekulativen Attacke, während in der Rupiah/US-Dollar-Zielzone eine buckelförmige Dichtefunktion vorliegt. Somit besteht also auch von diesem Blickwinkel her ein anwendungstechnisches Defizit.

c) Ebenso scheitert das KRUGMAN-ROTEMBERG-Modell in der Erklärung der vorhandenen Wechselkurs-Zinsdifferential-Konstellationen innerhalb der Rupiah/US-Dollar-Zielzone. Das durch das Modell beschriebene Einhergehen eines im oberen (unteren) Zielzonenbereich verlaufenden Wechselkurses mit einem gleichzeitig negativen (positiven) Zinsdifferential ist generell nicht mit dem empirischen Befund zu vereinen. Letzterer weist vielmehr auf einen Rupiah/US-Dollar-Wechselkurs hin, der oberhalb der zentralen Parität durchweg mit einem positiven Zinsdifferential einhergeht (vgl. die Abbildungen 42 und 43).

Zusammenfassend läßt sich somit festhalten, daß die währungspolitische Neudefinition der vom 1. Januar 1996 bis zum 10. Juli 1997 geltenden Rupiah/US-Dollar-Zielzone unter der Beachtung des KRUGMAN-ROTEMBERG-Modells nicht darauf zurückzuführen ist, daß eine spekulative Attacke stattgefunden hat. Gleichwohl hätte dieses Ergebnis bereits schon zu Beginn dieser Ausführungen abgeleitet werden können, da wir den Eintritt spekulativer Attacken im Kapitel II immer mit dem gleichzeitigen Übergang zu einem Free-Float-Wechselkurssystem verknüpft haben. Die Abkehr von dieser Vorgehensweise ist jedoch insbesondere damit zu begründen, daß die Position des Rupiah/US-Dollar-Wechselkurses zumeist außerhalb der vom 11. Juli bis zum 14. August 1997 geltenden - und offensichtlich wohl unrealistischen - Wechselkurszielzone lag und somit bereits unmittelbar nach der Bandbreitenerweiterung eine vermehrt flexible Notierung signalisierte. Im Endeffekt ist jedoch mit beiden aufgezeigten Varianten anhand des Modells schlußzufolgern, daß in der untersuchten Wechselkurszielzone keine spekulative Attacke stattgefunden hat.

Preisrigiditäten

Im Rahmen der Modelle, die eine reale Wechselkursvolatilität durch die Berücksichtigung von Preisrigiditäten erlauben, sind die Implikationen des MILLER-WELLER-Modells einer genauen Prüfung zu unterziehen. Dazu ist es vorab zunächst einmal erforderlich, eine genaue Vorstellung über die konkrete inhaltliche Ausgestaltung des Preisdifferentials zwischen Indonesien und den USA zu erhalten.

Aus der Abbildung 44 ist für den relevanten Zeitraum ein durchweg positives Preisdifferential zu erkennen,[234] d.h. die Inflationsraten in Indonesien lagen - anfangs zum Teil recht deutlich - über denen der USA; die Differenz schwächte sich im Zeitverlauf jedoch zunehmend ab. Dieses Szenario ist nicht unbedingt als ungewöhnlich zu betrachten, da (Schwellen-)Länder, die sich einseitig an eine stabile Währung binden, zumeist diese Form von Preisdifferentialen aufweisen. Welche Bedeutung diesem empirischen Umstand allerdings mit Blick auf den modelltheoretischen Zusammenhang zukommt, soll im weiteren hinterfragt werden.

a) Betreffend der Deterministik zwischen dem Wechselkurs und dem Preisdifferential ist für das indonesische Beispiel zu konstatieren, daß ein allein im oberen Zielzonenbereich verlaufender Wechselkurs (vgl. die Abbildung 42) zu jeder Zeit mit einem positiven Preisdifferential (vgl. die Abbildung 44) einhergeht. Da dem MILLER-WELLER-Modell eine derartige deterministische Beschaffenheit nicht bekannt ist, ist eine theoretische Erklärung somit auch nicht möglich; dieses schließt die beobachtbaren Wechselkurs-Zinsdifferential-Konstellationen vollständig mit ein. Als einzige Aussage bleibt in diesem Zusammenhang festzuhalten, daß diese Form von Wechselkurs-Preis-

[234] Quelle zu den in der Abbildung 44 verwendeten Daten: IMF, International Financial Statistics, CD-Version.

differential-Kombinationen durch das Modell als instabil ausgewiesen wird. Inwieweit dabei langfristig wieder konstante reale Wechselkurse erreicht werden können, bleibt allerdings offen.

Abbildung 44

Die Preisentwicklung zwischen Indonesien und den USA, Veränderung in v.H. gegenüber dem Vorjahr

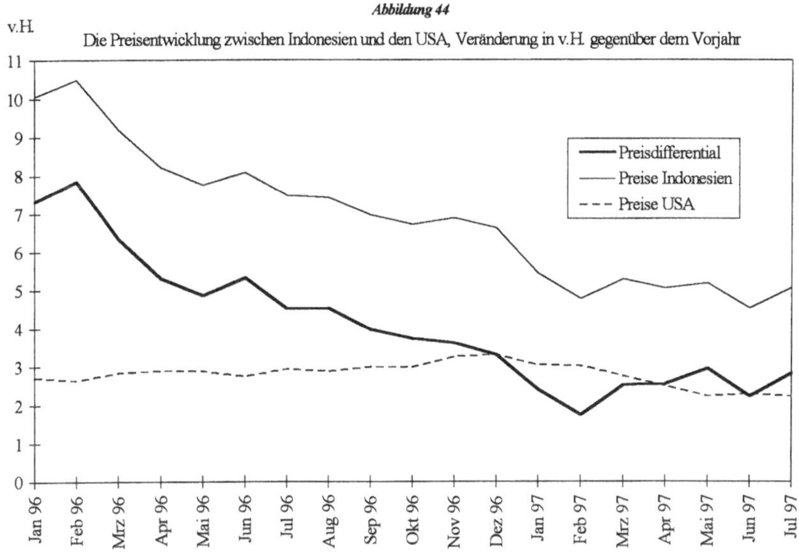

b) Aufgrund der im MILLER-WELLER-Modell ausschließlich marginal angelegten Interventionstätigkeit ergibt sich dort eine u-förmige Wechselkursdichtefunktion. Diesbezüglich ist jedoch bereits schon in einem anderen Zusammenhang deutlich geworden, daß diese Art der Dichtefunktion nicht auf die Rupiah/US-Dollar-Zielzone übertragbar ist.

Die voranstehenden Bemerkungen haben gezeigt, daß sich das MILLER-WELLER-Modell generell nicht zur Interpretation der indonesischen Bandbreite mit Hilfe von Preisrigiditäten eignet. Die empirischen Befunde können zu keinem Zeitpunkt durch das Modell erklärt werden.

Eine umfassendere Beurteilung dieses Sachverhalts ist hingegen zu erreichen, wenn das BEETSMA-VAN DER PLOEG-Modell zur Interpretation herangezogen wird. Die theoretische Konzeption dieses Modells erlaubt es dabei, die buckelförmige Dichtefunktion des Rupiah/US-Dollar-Wechselkurses mit Hilfe von intramarginalen Interventionen der indonesischen Zentralbank zu erklären. Danach konnte die intramarginale Interventionstätigkeit eine Wechselkursbewegung zu den Zielzonenenden verhindern. Diesbezüglich intervenierte die indonesische Zentralbank in einer Form, die einerseits gleichgerichtet zur Preisveränderung erfolgte, letztere aber andererseits nur unvollständig akkomodierte. Dieses Szenario wird in der Abbildung 17 durch die TT_2-Funktion beschrieben. Gleichwohl geht diese Interventionsform mit nahe null liegenden Zinsdifferentialen einher; hier zeigt die Abbildung 43 jedoch, daß die Zinsdifferenz zwischen Indonesien und den USA - bis auf eine Ausnahme - während des gesamten Betrachtungszeitraums größer als 6% ist. In diesem Punkt besteht somit ein Dissens zwischen der Theorie und der Empirie. Die nicht sonderlich ausgeprägten Schwankungen des realen Wechselkurses (vgl. die Tabelle 11) zeigen hingegen eine erhöhte Übereinstimmung mit den theoretischen Implikationen. Insofern ist schlußzufolgern, daß das BEETSMA-VAN DER PLOEG-Modell hinsichtlich vorhandener Preisrigiditäten eine erhöhte Transparenz in der Interpretation der Rupiah/US-Dollar-Wechselkurszielzone vermittelt.

Der Glaubwürdigkeitstest

Zum Abschluß der theoretischen Erklärungsansätze soll nun die Glaubwürdigkeit der indonesischen Wechselkurszielzone mit Hilfe des bereits bekannten Verfahrens überprüft werden. Die Ableitung des dazu erforderlichen Future-Wechselkurses ist in der Abbildung 45 veranschaulicht.[235]

Aus dem Verlauf des Future-Wechselkurses geht zunächst einmal hervor, daß er den oberhalb der zentralen Parität verlaufenden Kassakurs während des gesamten Betrachtungszeitraums durchweg übersteigt und eine gewisse Synchronität zu diesem aufweist. Wenngleich die Differenz zwischen beiden Wechselkursverläufen nicht sonderlich groß ist, so deutet sie dennoch an, daß die Wirtschaftssubjekte zu den jeweiligen Zeitpunkten nicht von einem perfekt glaubwürdigen Währungsband ausgingen und somit ein permanentes Glaubwürdigkeitsproblem innerhalb der Zielzone bestand, welches sich in einem positiven Zinsdifferential konkretisierte. Hierbei ist jedoch zu differenzieren.

a) Für das Jahr 1996 ist diese Einschätzung zunächst relativ unproblematisch, da sie nicht zu einem Herausdriften des Future-Wechselkurses aus der betrachteten Zielzone führte und letztere somit von den Wirtschaftssubjekten im allgemeinen akzeptiert wurde. Mit dem Beginn des Jahres 1997 (Januar bis März) zeigt sich jedoch eine verstärkte Anlehnung des Future-Wechselkurses an das obere Zielzonenende; obwohl die Differenz zwischen beiden Wechselkursverläufen dabei abnimmt, bewirken die fortwährende nominale Kassaabwertung der Rupiah sowie das bestehende positive Zinsdifferential die anhaltenden Unterschiede. Im Vergleich zu 1996 zeigt sich bereits für diesen kurzen Zeitabschnitt eine deutliche Reduktion hinsichtlich der Glaubwürdigkeit des bestehenden Währungsbandes. Da der Future-Wechselkurs jedoch noch innerhalb der Bandbreite liegt, kann allgemein nicht von einem signifikanten Glaubwürdigkeitsproblem ausgegangen werden.

---

[235] Quelle zu den in der Abbildung 45 verwendeten Daten: Vgl. die Angaben zu den Abbildungen 41 und 42.

Abbildung 45

Der nominale Future-Wert für den Rupiah/US-Dollar-Wechselkurs

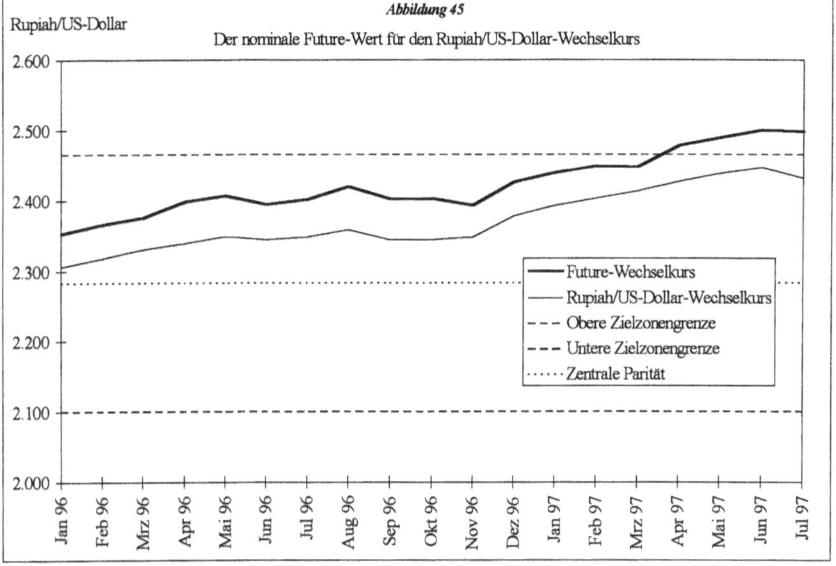

b) Im April 1997 überschreitet der Future-Wechselkurs erstmals die obere Zielzonengrenze und kehrt bis zur Bandbreitenerweiterung im Juli 1997 nicht mehr in diese zurück. Ungeachtet der Tatsache, daß sich der Kassakurs im Juli 1997 vom oberen Zielzonenband wegbewegt, ist gleichenteils auch ein auf (fast) konstantem Niveau verharrender Future-Wechselkurs zu beobachten. Dieser Umstand besitzt seine Ursache in einem Anstieg des bilateralen Zinsdifferentials, der die Kassaaufwertung der Rupiah (nahezu) kompensierte. Aus der allgemeinen Sicht ist daher zu konstatieren, daß die Wirtschaftssubjekte seit April 1997 nicht mehr von der künftigen Aufrechterhaltung der Zielzone überzeugt waren und diese somit in hohem Maße als unglaubwürdig einschätzten. Wie die Abbildung 41 offenlegt, konnte auch die Bandbreitenerweiterung vom 11. Juli 1997 nicht zu einer Rückgewinnung der verlorenen Glaubwürdigkeit beitragen, da der Kassakurs bereits wenige Tage nach deren Errichtung außerhalb der neuen Bandbreite liegt. Da sich das Zinsdifferential unmittelbar vor der Währungskrise im August 1997 auf über 50 v.H. vergrößerte, ist für diesen Monat von einem Future-Wechselkurs auszugehen, der den Kassakurs nicht nur in einem beträchtlichen Umfang überschritt, sondern ebenfalls den nachhaltigen Glaubwürdigkeitsverlust der indonesischen Wechselkurszielzone dokumentiert.

Fassen wir die voranstehenden Bemerkungen zusammen, so ist anhand des durchgeführten Glaubwürdigkeitstests nicht nur die im Dezember 1996 einsetzende Reduktion der Glaubwürdigkeit der indonesischen Wechselkurszielzone plausibel nachzuvollziehen; darüber hinaus wird ebenso ersichtlich, daß ein Übergang zu einem Free-Float-Wechselkurssystem unausweichlich war. Besonders gilt es in diesem Zusammenhang hervorzuheben, daß der Test die anstehenden Probleme mit der Aufrechterhaltung der Zielzone bis auf wenige Tage exakt vorhersagt. So vergehen vom Überschreiten der oberen Zielzonengrenze bis hin zur Bandbreitenerweiterung nur etwas mehr als drei Monate. Aus dieser Sicht ist der Test als zuverlässiger Indikator in der Antizipation der indonesischen Währungskrise anzusehen.

KAPITEL IV

Zusammenfassung und Ausblick

Für den weiteren Fortgang ist es zunächst erforderlich, sich die Zielsetzung dieser Arbeit noch einmal zu vergegenwärtigen, die bei der Einführung in die Thematik in Kapitel I dargelegt wurde. Diese unterschied sich inhaltlich in zwei Teile. Das Kapitel II gab hier zunächst eine Antwort auf die Frage, inwieweit Wechselkurszielzonen überhaupt als sinnvolles währungspolitisches Instrument zur Stabilisierung von Wechselkursen heranzuziehen sind, während im Kapitel III ein Resultat hinsichtlich des tatsächlichen theoretischen Erklärungsgehalts einzelner Zielzonenmodelle anhand konkreter empirischer Beispiele abgeleitet werden konnte. Im Rahmen dieses Kapitels gilt es nun, diese Ergebnisse einer gesonderten und abschließenden Zusammenfassung zu unterziehen; darüber hinaus werden innerhalb eines Ausblicks sowohl wirtschaftstheoretische als auch wirtschaftspolitische Merkmale aufgegriffen und diskutiert.

1. Die währungspolitische Botschaft der Wechselkursziel–zonenmodelle

Hinsichtlich des Stabilisierungspotentials von Wechselkurszielzonen wurde deutlich, daß dieses unter einer einzelnen und wesentlichen Voraussetzung grundsätzlich einen großen Umfang einnehmen kann. Insofern sind das Für und Wider der theoretischen

Analyse auf einen relativ einfachen ökonomischen Nenner zu bringen: Erreichen die beteiligten Wirtschaftspolitiker untereinander - losgelöst von den sie dazu motivierenden Gründen - den allgemeinen währungspolitischen Konsens, einem System vollständig fester oder völlig flexibler Wechselkurse eine Wechselkurszielzone vorzuziehen, so ist das Ziel der Wechselkursstabilisierung dann - und nur dann - konsequent zu erreichen, wenn die beteiligten Länder gemeinsam eine durchweg *glaubhafte Zielzonenpolitik* betreiben, die primär auf Konsens und Kooperation der wirtschaftspolitischen Aktivitäten untereinander ausgerichtet ist, die verschiedenen nationalen Interessen entsprechend gemeinsamer Zielvorgaben unterordnet und demnach nichts anderes als einen teilweisen nationalen Souveränitätsverzicht[236] bedeutet;[237] dieses gilt in analoger Weise auch für ein einseitiges Währungsband. Die voranstehende Aussage kennzeichnet somit die zwingende Notwendigkeit für die Wirtschaftspolitik, eine inhaltliche Vorstellung über die sich hinter der Glaubwürdigkeit befindlichen Elemente zu entwickeln.[238] Aus der allgemeinen Sicht betonen BLACKBURN und CHRISTENSEN [1989, S. 2] dazu, daß Glaubwürdigkeit nichts anderes bedeutet, als daß die Wirtschaftssubjekte die gegenwärtige und die zukünftige Ausrichtung der Wirtschaftspolitik mit den zurückliegenden Absichtserklärungen der relevanten Entscheidungsträger vergleichen. Demnach richten sie ihre Erwartungen entsprechend der jeweiligen wirtschafts- und währungspolitischen Vorgaben aus. Hinsichtlich einer Wechselkurszielzone ergibt sich aus dieser Aussage heraus die unbedingte Erkenntnis, daß bestehende Paritäten - um glaubwürdig zu sein - nicht beliebig verändert werden dürfen, sondern vielmehr gezielt verteidigt und durch eine geeignete Wirtschafts- und Währungspolitik zu unterstützen sind. Den Wirtschaftssubjekten wird es dadurch möglich, ihre Planungen entsprechend der von der Wirtschaftspolitik angestrebten Zielsetzungen auszurichten, und die intendierte Stabilität des gesamten Systems kann vollständig durchwirken.[239] Mit Blick auf die Theorie bedeutet das umfassende Vorliegen dieses inhaltlichen Verständnisses der Glaubwürdigkeit somit nichts anderes als einen wirtschaftspolitischen Idealfall, und eine Ökonomie bzw. ein Zielzonensystem wären durch die Ausgestaltung des KRUG-

[236] Als Beispiel ist hierzu der von den Staats- und Regierungschefs der einzelnen EG-Mitgliedsstaaten im Dezember 1969 in Den Haag gefaßte Beschluß zu nennen, langfristig eine erhöhte wirtschaftliche Integration Europas über den stufenweisen Ausbau der EG zu einer WWU anzustreben. Um dieses Ziel (bis 1980) zu erreichen, wurde der dreistufige Werner-Plan entwickelt, der im Februar 1971 in Kraft trat und - mit Blick auf eine mögliche Gemeinschaftswährung in der (Integrations-)Endphase - eine stetige Verkleinerung der bestehenden - und zur Zielerreichung als erforderlich erachteten - Bandbreiten über die Stufen hinweg bis hin zu einem irreversiblen Festkurssystem vorsah. Gleichwohl scheiterte die praktische Umsetzung des gesamten Vorhabens im Verlauf der siebziger und achtziger Jahre immer wieder daran, daß die mangelnde Bereitschaft der einzelnen Mitgliedsstaaten zum (teilweisen) Souveränitätsverzicht einem stabilen Wechselkurssystem entgegenstand. Das Auseinanderdriften zwischen dem eigentlichen Vorhaben und dem Verhalten in der Realität wird hierbei besonders deutlich.

[237] JARCHOW und RÜHMANN [1997, S. 282] formulieren: *„Das Zielzonen-Konzept erfordert internationale Zusammenarbeit“*.

[238] Eine umfassende Diskussion hinsichtlich der Bedeutung und der Ursachen von Glaubwürdigkeitsdefiziten sowie zur Steigerung der Glaubwürdigkeit führt FUNKE [1991] durch.

[239] ISSING [1998, S. 181] formuliert: *„Glaubwürdigkeit erleichtert die zwischenmenschlichen Beziehungen und nicht zuletzt den Wirtschaftsverkehr.“*

MAN-Modells sowie des DELGADO-DUMAS-Modells vollständig beschrieben. Im Vergleich zu vollständig festen Wechselkursen verbleibt im Rahmen dieser Modellausrichtung ein gewisser, durch die Bandbreite bestimmter, nationaler Handlungsspielraum, in dem das wirtschaftspolitische Instrumentarium, d.h. insbesondere die nationale Geldpolitik, entsprechend den binnenwirtschaftlichen Erfordernissen eingesetzt werden kann. Die Realisierung eines derartigen Wechselkurssystems ist somit durch das unbegrenzte Vertrauen der Wirtschaftssubjekte in eine unveränderte und berechenbare Handlungsweise der zuständigen Währungsbehörden gekennzeichnet.

Dennoch hat die - insbesondere im Kapitel III untersuchte - Realität gezeigt, daß bestehende Währungsparitäten - ungeachtet zum Teil umfangreicher marginaler und intramarginaler bilateraler zentralbankpolitischer Interventionen - nicht aufrechterhalten werden können und infolgedessen Realignments oder die Aufgabe einer Wechselkursbindung oftmals unvermeidbar sind;[240] der zuvor beschriebene wirtschaftspolitische Idealfall erscheint hier offenbar nicht realisierbar. Die theoretischen Überlegungen haben dazu hervorgebracht, daß durch die fehlende Glaubwürdigkeit insbesondere destabilisierende Realignmenterwartungen der Wirtschaftssubjekte hervorgerufen werden, die als eine der wesentlichen Ursachen für beobachtbare Realignments anzusehen sind. Dabei ist es im einzelnen zunächst unerheblich, ob die Realignmenterwartungen im Sinne von BERTOLA und CABALLERO [1992a,b], BERTOLA und SVENSSON [1993] oder TRISTANI [1994] und WERNER [1995] entstehen. Entscheidend für ihre Bildung ist allein die Tatsache einer insgesamt unentschlossenen und nicht schlüssigen bilateralen Zielzonenpolitik, die bei den Wirtschaftssubjekten einen wie auch immer ausgeprägten Glaubwürdigkeits- bzw. Vertrauensverlust in den weiteren Bestand einer Bandbreite herbeiführt und letztere nunmehr das Wechselkursverhalten und das Zinsdifferential innerhalb der Zielzone entgegen der ursprünglichen währungspolitischen Intention über die Bildung spezifischer Erwartungen bestimmen. In diesem Fall kann eine Wechselkurszielzone deutlich destabilisierend bzw. funktionsstörend wirken, und das wirtschaftspolitische Festhalten an der gegebenen Bandbreite löst möglicherweise binnenwirtschaftliche Fehlentwicklungen aus. Gleichwohl präsentieren sich spekulative Attacken in diesem Zusammenhang als weitaus problematischer, da sie letztlich nicht nur die Funktionsweise des gesamten Wechselkurssystems beeinträchtigen, sondern vielmehr dessen (Fort-)Bestand in außerordentlich hohem Maße gefährden. Wir wissen, daß dieses Szenario vor allem von den bei den jeweiligen Zentralbanken bestehenden Devisenreservebeständen gesteuert wird.[241] Dennoch ist hier eine deutliche Ver-

[240] Diese Aussage besitzt selbstverständlich keinen allgemeingültigen Charakter. Der IMF [1999b, S. 85 f.] zeigt z.B. auf, daß viele Wechselkursbindungen sowohl in Südamerika als auch in Osteuropa seit dem Ende der achtziger Jahre nicht zusammenbrachen.

[241] Vor dem Hintergrund, daß im EWS einige Länder (z.B. Großbritannien und Italien im September 1992) ihre Beteiligung am Wechselkursmechanismus zu einem Zeitpunkt zurückzogen, als deren Devisenreserven noch nicht vollständig verbraucht waren, betonen OZKAN und SUTHERLAND [1995], daß Modelle, die diesen Umstand als Voraussetzung für den Übergang von einem festen zu einem flexiblen Wechselkurssystem ansehen, z.B. nicht zur Erklärung dieser Währungskrise im EWS beitragen. Insofern formulieren sie ein Modell, in dem der Fortbestand des festen Wechselkurssystems nicht vom Umfang der Devisenreserven abhängig ist, sondern vielmehr - wesentlich - vom Anreiz des

bindung zu den beschriebenen Realignmenterwartungen auszumachen, da relativ problemfrei davon auszugehen ist, daß häufige Realignments nicht zum allgemeinen Vertrauensaufbau eines Zielzonensystems beitragen und somit zweifelsohne als „Nährboden“ für (zum Teil exorbitante) Spekulationsbewegungen auszumachen sind.[242] Insofern ist es hier in beiden Fällen unabdingbar, mit Hilfe einer glaubhaften Zielzonenpolitik dem Auftreten von Realignmenterwartungen und spekulativen Attacken entschieden entgegenzuwirken, damit die (langfristige) Stabilität der nominalen - und vor allem auch der realen - Wechselkurse gewährleistet wird. Darüber hinaus steht dieses Vorhaben in enger Beziehung zu dem innerhalb der Bandbreite beobachtbaren Zinsdifferential, da sich die nominale und die reale Wechselkursstabilität auch für dessen Stabilität verantwortlich zeigen. Daher ist es wenig überraschend, daß sich im Wege einer erhöhten Wechselkursvolatilität innerhalb einer Zielzone mitunter eine ebenso vermehrte Volatilität des ausgewiesenen Zinsdifferentials ergibt.[243,244] Dieses zeigte sich, wie bereits an anderer Stelle erwähnt, z.B. in einer sehr starken Ausprägung im September 1992, als sich die schwedische Zentralbank - aufgrund eines exorbitanten spekulativen Drucks der Devisenmärkte gegen die schwedische Krone, der zu erheblichen Wechselkursschwankungen führte - dazu veranlaßt sah, den Leitzins auf 500% pro Jahr anzuheben, um somit das Fortbestehen der festgelegten Paritäten der Krone zu sichern und den Abwertungsdruck aus dem Markt zu nehmen.[245,246] Dennoch kann sich durch das Erreichen des wirtschaftspolitischen Ziels der Wechselkursstabilität durchaus auch eine geringere Zinsdifferentialvolatilität ergeben, wie sie z.B. für den Zeitraum von 1979

zuständigen Politikers, dieses System zu verlassen. Daraufhin untersuchen sie verschiedene Maßnahmen, die dieses System lebensfähiger machen können. Ebenso heben EICHENGREEN und WYPLOSZ [1993, S. 90 ff.] für den gleichen Zeitraum hervor, daß die Währungsturbulenzen auch im Zusammenhang mit einer selbsterfüllenden spekulativen Attacke zu begründen sind.

242 Aus der allgemeinen Sicht stellt sich in diesem Kontext ohnehin die Frage, inwieweit eine Zielzone für das betreffende Land unter diesen Bedingungen überhaupt sinnvoll ist. LABHARD und WYPLOSZ [1996, S. 146] betonen diesbezüglich eine erhöhte Zinsvolatilität oder eine steigende Wechselkursprämie als mögliche Folge wiederholter Änderungen der Bandbreite.

243 Zur überschaubareren Einordnung dieser Aussage ist festzustellen, daß z.B. aus dem KRUGMAN-Modell eine u-förmige Dichtfunktion hervorgeht, die nichts anderes als eine stabile (und hauptsächliche) Wechselkursbewegung entlang der Zielzonenenden und gleichzeitig eine damit verbundene geringfügige Zinsdifferentialvolatilität bedeutet. Dieser Zusammenhang gilt allgemein für sämtliche Zielzonenmodelle, die eine u-förmige Dichtefunktion ausweisen.

244 FLOOD und ROSE [1995] finden hingegen im Wege ihrer Untersuchungen keine Unterstützung für diese Aussage. Einen Trade-Off zwischen geringerer Wechselkursvolatilität und makroökonomischer Stabilität können sie nicht erkennen.

245 Für diesen Fall tritt der Trade-Off zwischen der uneingeschränkten Glaubwürdigkeit des Wechselkurszielzonensystems und der kurzfristigen Handlungsflexibilität in der Binnenwirtschaft sehr deutlich hervor.

246 BENSAID und JEANNE [1997] formulieren ein Modell, in dem die Verteidigung einer festen Wechselkursparität mittels eines Nominalzinsanstiegs keine Abwehr einer spekulativen Attacke bedeuten muß. Sie begründen dieses damit, daß einer Regierung Verteidigungskosten entstehen, die, je länger eine Krise andauert, einen Anreiz zur Aufgabe der Verteidigung bzw. der Parität bieten. Für die Spekulanten ist daher weiter Anlaß zur Spekulation gegeben. Die wichtige Frage hinsichtlich des Spekulationserfolgs ist in diesem Zusammenhang, wie lange eine Regierung bereit ist, die durch die hohen Zinsen entstehenden Kosten hinzunehmen.

bis 1998 im EWS für den französischen Franc, den holländischen Gulden und die italienische Lira zu erkennen ist (vgl. die Abbildungen 1 bis 5).[247]

Fassen wir die voranstehenden Bemerkungen zusammen, so ergeben sich aus den einzelnen Zielzonenmodellen heraus konkrete Anhaltspunkte, die die Glaubwürdigkeit eines Zielzonensystems - einerseits - nachhaltig unterstützen und - andererseits - dessen uneingeschränkte Aufrechterhaltung in hohem Maße wahrscheinlich werden lassen. Ohne hierbei nun vordergründig eine detailliert geordnete und allgemeingültige Prioritätenliste aufstellen zu wollen, die ohnehin mit einer gewissen Subjektivität behaftet wäre, so sind aus den Modellen - objektiv - vor allem drei glaubwürdigkeitsfördernde Aspekte zu erkennen, die situationsbedingt auch interdependent sein können; sie werden im weiteren thematisiert.

a) Zunächst einmal ist es für den Fortbestand eines Wechselkurszielzonensystems unumgänglich, daß die Ausgestaltung einer Zielzone eine entsprechende Vereinbarkeit mit den *Fundamentalvariablen* aufweist, da ansonsten eine der Stabilisierungsabsicht entgegengesetzte Entwicklung des Wechselkurses zu den Zielzonenenden - und darüber hinaus - nachgerade zu erwarten ist.[248] Da gleichenteils hinreichend ökonomische Gründe anzuführen sind, die eine Trägheit der Preise als plausibel erscheinen lassen, nimmt hier insbesondere auch die realwirtschaftliche Beschaffenheit einen besonderen Stellenwert an. Insofern gilt es, im Wege einer an supranationalen Erfordernissen orientierten inländischen Wirtschaftspolitik, die vornehmlich von der Geld- und Fiskalpolitik, aber auch von der Lohnpolitik bestimmt wird, eine reale Auf- oder Abwertung der beteiligten Währungen zu vermeiden oder zumindest in vernachlässigbaren Grenzen zu halten und so den Druck auf den nominalen Wechselkurs entsprechend zu reduzieren. Die Bewerkstelligung dieser wichtigen Aufgabe nimmt gegenüber den beiden nachfolgenden Voraussetzungen eine sehr zentrale Position ein, da hiermit ein großer Teil an destabilisierenden Faktoren direkt ausgeschaltet werden kann.[249]

b) Des weiteren hat die Theorie auf die Bedeutung des Umfangs der vorhandenen *Devisenreserven* der beteiligten Länder hingewiesen, die zu Interventionszwecken zwingend bereitgehalten werden müssen. Danach ist es zur Aufrechterhaltung einer Wechselkurszielzone hilfreich, wenn eine hinreichend große Menge an Interventionsmitteln auch zur Verfügung steht. Je kleiner der Devisenvorrat dabei ist, desto

[247] Diese Aussage wird zusätzlich durch die empirischen Untersuchungen von WERNER [1996] unterstützt. Dabei zeigt er am Beispiel der israelischen und der mexikanischen Zielzone auf, daß dieses Wechselkurssystem zur Senkung der Varianz des Zinsdifferentials geeignet ist.

[248] Vor allem auch mit Blick auf unsere Untersuchungen im Kapitel III sind hier insbesonders steigende Leistungsbilanzdefizite, die Höhe und die Beschaffenheit der Kapitalzuflüsse, hohe Inflationsraten bzw. -differentiale sowie ein zunehmender Wert der Gleichung (53) zu nennen. Des weiteren wirken auch eine expansiv ausgerichtete Fiskalpolitik und ein instabiles Bankensystem den Stabilitätszielen entgegen. ÖTKER und PAZARBASIOGLU [1996] finden im Wege ihrer empirischen Analyse der Jahre 1982-1994 für Mexiko heraus, daß eine Verschlechterung von Fundamentalvariablen letztlich zu einem veränderten Wechselkurssystem führen kann.

[249] Vgl. hierzu auch MACDONALD [1999], der die Auswirkungen der Fundamentalvariablen auf den Wechselkurs untersucht.

eher ist die Möglichkeit gegeben, z.B. im Wege anhaltend hoher Realignmenterwartungen oder einer spekulativen Attacke eine bestehende Bandbreite bei übergroßem Druck von außen aufgeben zu müssen. Insofern sollte sich jedes Land vor dem Beitritt zu einem Zielzonensystem die aus einem wie auch immer ausgeprägten Verlust an Devisenreserven resultierenden Konsequenzen auf die Glaubwürdigkeit und damit auf den Fortbestand der Bandbreite und die intendierte Stabilisierungsabsicht bereits im vorhinein verdeutlichen.

c) Zur Förderung der Glaubwürdigkeit ist als dritter Anhaltspunkt ein faktisch vorhandener *Interventionswille* der beteiligten Zentralbanken unabdingbar. Dieser äußert sich zunächst einmal in einer kompromißlosen offiziellen Ankündigung, daß die bestehenden Währungsbänder im Zweifel unter allen Umständen verteidigt und die dafür benötigten Interventionsmittel auch in unbegrenztem Umfang eingesetzt werden. Sollte es je zu einem Interventionsfall kommen, ist den Märkten die konsequente Umsetzung dieser Ankündigung auch praktisch zu demonstrieren; dieses gilt sowohl für die marginale als auch für die intramarginale Interventionsstrategie. Erkennen die Märkte hingegen zu einem beliebigen Zeitpunkt den Mangel an einer nachhaltigen Interventionsabsicht, so ist über die Bildung entsprechender Erwartungen geradezu von einer sofort einsetzenden destabilen Wechselkursentwicklung auszugehen.

Die drei zuvor beschriebenen Aspekte haben die wichtigen Voraussetzungen für eine erfolgreiche Wechselkursstabilisierung innerhalb einer Zielzone benannt, die sich unmittelbar aus der theoretischen Modellierung ergeben.[250] Insofern vermochte die Theorie nicht nur die Grundvoraussetzung einer gegebenen Glaubwürdigkeit für das Gelingen eines Zielzonensystems zu identifizieren, sondern darüber hinaus auch eine Antwort auf die Frage der die Glaubwürdigkeit prägenden Faktoren zu geben. Damit ist es möglich, der Wirtschaftspolitik nicht nur die wesentlichen Bedingungen für eine stabile Wechselkursentwicklung innerhalb einer Zielzone an die Hand zu geben; vielmehr werden auch Bereiche thematisiert, die dem System zu einer Umkehr von einer destabilen in eine stabile Entwicklung verhelfen können. Gelingt die Umsetzung dieser Vorgaben hingegen nicht, so ist eine Währungskrise nicht per se als schädlich anzusehen, da sie die vorhandenen Systemmängel aufzeigt und eine Anpassung an veränderte Rahmenbedingungen erzwingt; insofern übernehmen die Finanzmärkte lediglich eine korrigierende Funktion. Sie lösen die Krise letztlich zwar aus, stellen aber nicht die Ursache für sie dar.[251]

---

[250] Prinzipiell ist im Rahmen dieser Diskussion noch ein weiterer Faktor zu benennen, der in der Zielzonentheorie zwar nicht explizit benannt worden ist, gleichwohl aber eine existentielle Grundvoraussetzung zur Etablierung einer umfassenden Glaubwürdigkeit annimmt. Dieser betrifft eine allgemein gegebene *politische Stabilität* eines Landes, ohne die der Fortbestand eines Zielzonensystems bereits in der kurzen Frist nicht zu gewährleisten wäre.

[251] FRANKEL [1996, S. 153] weist z.B. darauf hin, daß die Währungskrisen des britischen Pfundes und der italienischen Lira im Jahre 1992 sowie des mexikanischen Peso im Jahre 1994 auf Bestrebungen der jeweiligen Regierungen zurückzuführen sind, alte Wechselkursparitäten ungeachtet veränderter Fundamentalvariablen aufrechtzuerhalten.

Insgesamt zeigen die theoretischen Überlegungen, unter welchen Voraussetzungen stabile Wechselkurse innerhalb einer Zielzone erreicht werden können; gleichzeitig schließt dieses jedoch nicht aus, daß es, ungeachtet der glaubwürdigkeitsfördernden Faktoren, doch zu einer den Grundsätzen der Wechselkursstabilisierung entgegengesetzten Entwicklung des Wechselkurses innerhalb der Bandbreite kommt. Diese tritt z.B. ein, wenn die Wirtschaftssubjekte eine bereits in einem anderen Zusammenhang thematisierte irrationale Verhaltensweise in den Vordergrund ihrer Handlungsaktivitäten stellen und sich eben nicht entsprechend der von der Theorie postulierten Annahme verhalten. In diesem Fall ist es für die Währungsbehörden überaus schwierig und wahrscheinlich nahezu unmöglich, den Ansprüchen und Erwartungen der Wirtschaftssubjekte hinreichend gerecht zu werden. Daher gilt es zu berücksichtigen, daß die Bereitstellung optimaler zielzonenspezifischer Voraussetzungen nicht in letzter Konsequenz auch ein entsprechendes wechselkursstabilisierendes Ergebnis zur Folge haben muß.[252] Dieser Umstand ist jedoch bei keinem Vorhaben gänzlich auszuschließen und kann somit nicht als Begründung für den Verzicht auf eine Wechselkursstabilisierung mit Hilfe einer Zielzone dienen.

Nachdem wir uns bislang also ausschließlich mit der inhaltlichen Beschaffenheit der Glaubwürdigkeit vor dem Hintergrund der Möglichkeit der Stabilisierung von Wechselkursen innerhalb einer Zielzone beschäftigt haben, müssen wir uns nun im weiteren der wichtigen Frage nach den Gemeinsamkeiten der dargestellten Theorie und der von uns untersuchten Empirie zuwenden. Dazu hatten wir zunächst verschiedene Wechselkurszielzonen ausgesucht und sie mit den jeweiligen Zielzonenmodellen konfrontiert. Das Ziel dieser Vorgehensweise bestand in der Absicht, einerseits den Erklärungsgehalt der einzelnen Modelle im Zusammenhang mit der Empirie aufzuzeigen und andererseits eine Antwort auf die Frage zu finden, welche Modelle mitunter am ehesten geeignet erscheinen, die Interaktion zwischen den verschiedenen Variablen innerhalb der Bandbreite sowie deren Verläufe in einem hinreichenden Umfang zu erklären.

Nehmen wir diesen Anspruch, so offenbarten die Zielzonenmodelle sowohl Stärken als auch Schwächen in der Beschreibung der Realität; dieses war dabei unabhängig von der gerade konkret herangezogenen Empirie. Insofern konnte in einem allumfassenden Ergebnis herausgearbeitet werden, daß die Theorie wechselseitig nur einzelne Teile der empirischen Befunde plausibel zu erklären vermochte. Es ist daher immer die Frage, welches der Modelle gerade auf einen speziellen Untersuchungsgegenstand an-

---

[252] In diese Diskussion münden die Ergebnisse von EICHENGREEN, ROSE und WYPLOSZ [1995, S. 295 f.] ein. Zur Vermeidung der von ihnen thematisierten spekulativen Attacken ist es ihnen jedoch im Rahmen ihrer Untersuchungen ebenfalls nicht möglich, der Wirtschafts- und Währungspolitik entsprechende Kriterien zu benennen. Insofern leiten sich ihre Schlußfolgerungen, die sie für den Fall spekulativer Attacken treffen, auf einer übergeordneten Ebene dahingehend ab, daß lediglich eine einheitliche Weltwährung (vielleicht auch nur der OECD-Länder) oder aber die Tobinsche Devisenertragssteuer - bei allen damit verbundenen Problemen - diesen Beitrag leisten können. Dieses Ergebnis ist in seinem ersten Teil gleichenteils auch auf unsere Zielzonenbetrachtung übertragbar, da infolge einer Realisierung keinerlei Probleme mehr mit Wechselkursvolatilitäten oder misalignten Wechselkursen bestünden. Die jüngere Entwicklung in Europa zeigt hierbei, daß diese Überlegungen bei der Einführung des Euro durchaus eine Rolle gespielt haben.

gewendet wird, da deren konzeptionelle Ausgestaltung nun einmal so angelegt ist, daß immer nur bestimmte Merkmale im Einklang zur Empirie stehen können. Prinzipiell sind somit zu den einzelnen Modellen die nachstehenden Bemerkungen zulässig.

a) Was das elementare KRUGMAN-Modell angeht, so wird dieses allein nur dann zur Erklärung der Gegebenheiten in einer Wechselkurszielzone heranzuziehen sein, wenn empirisch eine u-förmige Dichtefunktion und eine im oberen (unteren) Zielzonenbereich vorliegende Korrelation mit einem negativen (positiven) Zinsdifferential nachzuweisen sind. Hier wäre dann letztlich die Schlußfolgerung statthaft, daß die Zielzone perfekt glaubwürdig ist. Wie unsere Untersuchungen jedoch hervorbrachten, war das KRUGMAN-Modell in keinem der Beispiele auch nur annähernd in der Lage, einen vernünftigen Erklärungsansatz anzubieten; hier traten in allen Bereichen entsprechende Unwägbarkeiten auf, die ihren Beginn in der Formulierung der gesonderten Annahmen fanden. Insofern ist zu diesem Modell zu resümieren, daß es in der Deutung der empirischen Umstände eine insgesamt vernachlässigbare Position einnimmt. Dieses gilt gleichenteils auch für die modelltheoretische Erweiterung hinsichtlich der Möglichkeit eines Regimewechsels.

b) Eine vergleichsweise positivere Einschätzung zeigte sich hingegen durch die Hinzunahme des DELGADO-DUMAS-Modells. Zwar ist dieses Modell hinsichtlich der Deterministik zwischen dem Wechselkurs und dem Zinsdifferential innerhalb der Zielzone sowie des Anspruchs der Einvernahme der perfekten Glaubwürdigkeit ähnlich restriktiv gefaßt wie das KRUGMAN-Modell; allerdings erlaubte es, eine Aussage dahingehend zu treffen, inwieweit in einer Zielzone eine intramarginale Interventionstätigkeit durch die Zentralbanken vorgelegen haben kann. Daher wurde es - in Anlehnung an unsere Untersuchungen - nunmehr möglich, aus jeder Form einer Wechselkursdichtefunktion eine umfassende Aussage hinsichtlich der intramarginalen Interventionsintensität abzuleiten.

c) Die Erklärung der Wechselkursdichtefunktion vermochte die Drift-Adjustment-Methode hingegen nicht zu leisten, da sie wieder die U-Förmigkeit der Dichtefunktion des Wechselkurses impliziert. Im Gegensatz zu KRUGMAN sowie DELGADO und DUMAS erklären sich die Wechselkurs-Zinsdifferentilal-Konstellationen jedoch in geeigneter Weise durch die Berücksichtigung von exogenen Realignmenterwartungen; dabei ist - und das ist ein wichtiger Bestandteil - das generelle Vorliegen letzterer allgemein nicht zwingend. Dennoch wird anhand der Untersuchungen auch bei diesem Modell ersichtlich, daß wieder nur ein spezieller Teilbereich einer gehaltvollen Interpretation unterliegt.

d) Betreffend des BERTOLA-CABALLERO-Modells hat sich zunächst einmal die universelle Möglichkeit einer Einordnung der jeweiligen Wechselkursdichtefunktion in die Kategorien u-förmig oder buckelförmig ergeben. Abgesehen von der insgesamt sehr restriktiven Bestimmung des Zeitpunktes der Realignmenterwartungsbildung durch die Wirtschaftssubjekte an den jeweiligen Zielzonenenden, zog der Nachweis der Dichtefunktion ein ganz stringentes Verhältnis des Wechselkurses zum korrespondierenden Zinsdifferential nach sich; dieses war jedoch vielfach nicht durchgängig anhand der Empirie einsehbar. Wenngleich das Modell keine Schwächen bei der Interpretation der Dichtefunktion offenbarte, so verhinderte die strenge Deterministik oftmals eine weiterreichende Auslegung. Der in dem Modell verankerte Widerspruch konnte hierbei ebenfalls keine positiven Akzente setzen und erlaubte sogar eine Fehleinschätzung hinsichtlich der Glaubwürdigkeit einer Zielzone. Insofern beinhaltet auch dieses Modell insgesamt zu restriktive Elemente.

e) Einen mit isoliertem Blick auf beobachtbare Wechselkurs-Zinsdifferential-Konstellationen vollständigen Erklärungsansatz konnte das BERTOLA-SVENSSON-Modell generieren. Über das Konstrukt der stochastischen exogenen Realignmenterwartungsbildung wurden hierbei auch Bereiche inhaltlich plausibel, in denen in der oberen (unteren) Zielzonenhälfte ein positives (negatives) Zinsdifferential auftrat. Der Mangel einiger zuvor thematisierter Modelle, die lediglich eine bestimmte und unveränderliche Deterministik für die beiden Zielzonenbereiche festlegten, konnte hiermit entscheidend verbessert werden, da die untersuchten Wechselkurszielzonen generell eine eher unsymmetrische und unsystematische Deterministik offenlegten. Probleme ergaben sich mit diesem Modell jedoch ebenfalls hinsichtlich der Interpretation der empirischen Wechselkursdichtefunktion, die einseitig deren U-Förmigkeit betonte. Daher gilt diesbezüglich auch hier die in diesem Zusammenhang bereits an anderer Stelle geäußerte Kritik.

f) Mit Blick auf das LINDBERG-SÖDERLIND-Modell wurde ersichtlich, daß hierdurch eine insgesamt sehr weitreichende Erklärung der Realität in den von uns untersuchten Wechselkurszielzonen entstand. Die Modellprämissen ließen hinsichtlich der Verläufe der einzelnen Variablen, aber auch betreffend deren Interaktion, eine umfassende und inhaltlich plausible Vorstellung bezüglich der empirischen Gegebenheiten zu. Daher ist dieses Modell im Vergleich zu den zuvor diskutierten Zielzonenmodellen dahingehend zu beurteilen, daß es die Zusammenhänge in einer Zielzone am besten zu erklären vermag. Einzig gilt es zu beanstanden, daß - wie in den anderen Modellen aber auch - der schlüssige Erklärungsansatz auf der Basis der problematischen Annahmen konstanter realer Wechselkursverhältnisse und exogener Realignmenterwartungen erreicht wird. Dieser Umstand ist jedoch insgesamt nicht so bedeutend, als daß er die allgemeine theoretische Ablehnung dieses Modells rechtfertigen könnte.

g) Die im TRISTANI-Modell thematisierten endogenen Realignmenterwartungen ermöglichten immer dann eine Interpretation der Empirie, wenn die aus dem Modell hervorgehende Deterministik identifiziert werden konnte. Da diese unter umgekehrtem Vorzeichen ebenso streng wie im KRUGMAN-Modell angelegt ist, wurde hierdurch bereits im vorhinein ein umfangreicher Erklärungsansatz verhindert. Dieses betraf auch den Umgang mit der Wechselkursdichtefunktion. Sofern endogene Realignmenterwartungen aber identifiziert werden konnten, waren sie mit Blick auf die Realität inhaltlich zumeist auch interpretierbar.

h) Das KRUGMAN-ROTEMBERG-Modell war - soweit relevant - zur Erklärung der ausgesuchten Untersuchungsgegenstände nur bedingt geeignet. Ähnlich wie in den zuvor behandelten Zielzonenmodellen wirkten hier vor allem die strenge Deterministik zwischen dem Wechselkurs und dem Zinsdifferential innerhalb der Zielzone als auch die vorhandene u-förmige Wechselkursdichtefunktion einer breiter gefaßten Interpretation entgegen. Darüber hinaus konnte das Entlangshiften am Zielzonenende im Vorfeld einer spekulativen Attacke nicht beobachtet werden.

i) Das Zentralproblem einer allgemeinen realen Wechselkurskonstanz alternativer Zielzonenmodelle konnte durch das MILLER-WELLER-Modell behoben werden. Die Abweichung des Wechselkurses von seinem als gleichgewichtig erachteten Niveau konnte hierbei unter der Annahme träger Güterpreise einen Mechanismus aufzeigen, bei dem sich mittel- bis langfristig wieder ein Ausgleich der realen Wechselkursverhältnisse einstellt und auf dessen Anpassungspfad jedwede Kombination zwischen dem Wechselkurs und dem Zinsdifferential innerhalb der Zielzone erklärbar ist. Allerdings wirkt das Modell - ungeachtet seines inhaltlichen Fortschritts - in wichtigen Bereichen sehr einschränkend. Dieses betrifft sowohl die Deterministik zwischen dem Wechselkurs und dem Preis als auch die Ausgestaltung der Wechselkursdichtefunktion; empirisch ist dieser Sachverhalt daran zu erkennen, daß der Modellmechanismus in weiten Teilen einer Zielzone offensichtlich nicht vollständig durchwirken konnte und so eine gehaltvolle Auslegung verhinderte.

j) Eine weiterreichende Interpretation der modelleigenen Deterministik zwischen dem Wechselkurs und dem Preisdifferential innerhalb der Zielzone sowie der Dichtefunktion des Wechselkurses gelang hingegen mit dem BEETSMA-VAN DER PLOEG-Modell. Unter der Beibehaltung der trägen Güterpreise war es möglich, den empirischen Tatbestand sowohl einer u-förmigen als auch einer buckelförmigen Wechselkursdichtefunktion einschließlich der dazugehörigen Zinsdifferentiale mit Hilfe einer intramarginalen Interventionstätigkeit der Zentralbanken theoretisch zu erklären. Voraussetzung dafür war allerdings eine Unterakkomodierung der Preisveränderung durch die Zentralbank, die auf drei verschiedene Arten erfolgen konnte. Die Fälle einer vollständigen Akkomodierung und einer Überakkomodierung wies das Modell hingegen als instabil aus.

Betrachten wir die voranstehenden Bemerkungen insgesamt, so wird deutlich, daß das häufig auftretende Mißverhältnis zwischen der Theorie und der Empirie,[253] das sich durch die fehlende Erklärbarkeit verschiedenster empirischer Belege durch die Theorie äußert, vornehmlich nicht - und dieses gilt es besonders zu betonen - mit der Auswahl der untersuchten Zielzonenbeispiele zu begründen ist, sondern seine Ursache vielmehr in der konzeptionellen Beschaffenheit der einzelnen Zielzonenmodelle findet; eine Übereinstimmung zwischen der Theorie und der Empirie ist daher oftmals rein zufällig.[254] Dieses Charakteristikum läßt somit auf eine immer wiederkehrende Problematik

---

[253] GRILLI [1994, S. 296] nennt - neben der perfekten Glaubwürdigkeit und der Interventionsart - einen weiteren Aspekt, der eine Übereinstimmung von Theorie und Empirie erschwert. Danach verhindert die imperfekte Kapitalmobilität die stabilitätsorientierte Wirkung dieser Zielzonenmodelle.

[254] ROGOFF [1999, S. 658] hebt in diesem Zusammenhang hervor, daß sich Ökonomen aus diesem Grund nicht von monetären Modellen abwenden sollten, da sie gleichenteils auch zu einem besseren

schließen, die sich nicht nur ausschließlich für die von uns untersuchten Wechselkurszielzonen manifestiert, sondern gleichenteils auf sämtliche beobachtbare Bandbreiten übertragbar ist. Um diesen Dissens lösen zu können, sind prinzipiell nur zwei Lösungswege denkbar. Eine unwahrscheinliche und nicht praktizierbare Möglichkeit wäre, daß sich die Empirie - in Kenntnis der theoretischen Modelle - nunmehr allein entsprechend der theoretischen Weisungen verhält. Wenngleich dieses Szenario vor dem Hintergrund einer Vereinbarkeit von Theorie und Empirie durchaus wünschenswert wäre, so dürfte es jedoch generell nicht zu realisieren sein. Insofern verbleibt es allein auf der Grundlage der vorhandenen Zielzonenmodelle erstrebenswert, eine theoretische Weiterentwicklung zu erreichen, die eine vollständige Harmonie zu den realitätsspezifischen Verhaltensweisen der einzelnen Akteure sowie bezüglich der verschiedenen Konstellationen zwischen dem Wechselkurs und dem Zins- bzw. dem Preisdifferential innerhalb der Bandbreite und unter Beachtung der realen Wechselkursverhältnisse erreichen kann. Dieses hätte dann den Vorteil einer gehaltvollen theoretischen Auslegung der Empirie, aus der wiederum entsprechende Weisungen für die währungspolitischen Institutionen entstünden. Inwieweit dieser Transfer allerdings zu leisten ist, mag dabei an anderer Stelle diskutiert werden.

Ungeachtet der voranstehenden Ungleichmäßigkeiten sind mit Blick auf die von uns thematisierten Zielzonenmodelle durchaus substanzreiche Schlußfolgerungen abzuleiten. Hier ist zu konstatieren, daß der Interpretationsgehalt der Modelle in hohem Maße zunimmt, sofern sich die Berücksichtigung unterschiedlichster ökonomischer Merkmale zeigt. Diese konkretisierten sich, wie wir gesehen haben, z.B. in der Abstrahierung von der perfekten Glaubwürdigkeit einer Wechselkurszielzone, in der Einrechnung einer differenten Interventionsstrategie der Zentralbanken, in der Realignmenterwartungsbildung durch die Wirtschaftssubjekte, in der Möglichkeit einer spekulativen Attacke sowie im Auftreten von Preisrigiditäten. Dabei ist in diesem Zusammenhang das LINDBERG-SÖDERLIND-Modell besonders hervorzuheben, das im Vergleich zu den anderen vorgestellten Zielzonenmodellen den wohl umfassendsten Erklärungsansatz hinsichtlich der ausgesuchten Empirie lieferte. Je reduzierter die Modelle demnach bezüglich einzelner ökonomischer Merkmale beschaffen sind, desto eher stellt sich eine disharmonische Beziehung zur Empirie ein. Insofern unterstützen unsere Untersuchungen die Forderung nach einer Überarbeitung bzw. Erweiterung der bisherigen Modelle.

Blicken wir nochmals zurück auf das LINDBERG-SÖDERLIND-Modell, so haben wir bereits auf dessen theoretische und empirische Implikationen hingewiesen. Gleichwohl ist im Rahmen der theoretischen Analyse der Umstand kritisiert worden, daß in der Exogenität der Realignmenterwartungsbildung durch die Wirtschaftssubjekte keine gehaltvollen Anhaltspunkte für die Wirtschafts- und Währungspolitik beinhaltet sind, deren Erfüllung die Entwicklung und den Ausbau destabiler Tendenzen bereits im vorhinein verhindern könnte. Diese Feststellung ist für dieses einzelne und isoliert betrachtete Modell insgesamt auch nicht zu widerlegen. Demnach ist es wichtig, sich die-

Verständnis der Wirkungen veränderter Politiken auf den Wechselkurs, die Beschäftigung und die Leistungsbilanz beigetragen haben.

ses Problem nochmals an dieser Stelle speziell zu vergegenwärtigen, da unter der Berücksichtigung der spezifischen Weisungen der anderen Zielzonenmodelle eine inhaltliche Interpretation durchaus in einem bestimmten Umfang möglich wird. Danach sind in den anderen Modellen verschiedene Merkmale benannt, die mitunter destabilisierend wirken können. Sofern die politischen Institutionen diese Tatbestandsmerkmale hinter den endogenen Realignmenterwartungen vermuten und ihre wirtschafts- und währungspolitischen Aktivitäten in Anlehnung daran entsprechend ausrichten, kann zunächst von einer Ausschaltung eines Großteils der destabilen exogenen Wirkungen ausgegangen werden. Sicherlich ist es ebenso zutreffend, daß die Modelle nicht alle denkbaren Ursachen für eine endogene Realignmenterwartungsbildung erfassen können und in der Realität immer wieder Wirtschaftssubjekte anzutreffen sind, deren Erwartungshaltung auf einer im Vergleich zur Allgemeinheit entgegengesetzten, eventuell auch irrationalen Verhaltensweise beruht; die Darstellung dessen war jedoch auch nicht das Ziel dieser Bemerkungen. Wichtig war es vielmehr aufzuzeigen, daß durch die Übertragung der Ergebnisse eines einzelnen Modells auf ein anderes weiterreichende Informationen und Handlungsimplikationen entstehen können, als sie ein isoliertes Zielzonenmodell mitunter zu vermitteln vermag.

In einem abschließenden Fazit bezüglich der Ergebnisse der vorliegenden Modelle ist daher deutlich geworden, unter welchen Voraussetzungen die Stabilisierung von Wechselkursen innerhalb einer Zielzone gelingen kann und inwieweit es der Theorie der Wechselkurszielzonen aus der globalen Perspektive heraus überhaupt möglich ist, die Empirie in geeigneter Weise abzubilden.

Als überaus hilfreich hat sich in der Antizipation von Währungskrisen auch der zu den einzelnen Wechselkursen durchgeführte Glaubwürdigkeitstest erwiesen. Am deutlichsten konnte er, unter Beachtung der Vorlaufzeit von drei Monaten, die anstehende Krise der indonesischen Rupiah vorhersagen. Aber auch für die italienische Lira und den mexikanischen Peso zeigte der Test an, daß nachhaltige Probleme mit der Aufrechterhaltung des jeweiligen Währungsbandes zu erwarten sind. Diese traten im ersten Fall dann auch fast unmittelbar ein, während die Dreimonatsfrist im zweiten Fall nachdrücklich überschritten wurde. Daß der französische Franc nur geringfügigen und der holländische Gulden keinen bemerkenswerten Spannungen im Wege der EWS-Krise im Juli 1993 unterlagen, geht ebenfalls aus dem Glaubwürdigkeitstest hervor. Insofern sendete er für alle fünf Fallbeispiele bereits frühzeitig entsprechende Signale aus, die eine Einordnung der Währungsparitäten in die Kategorien „glaubwürdig“ oder „unglaubwürdig“ ermöglichten.

2. Zukunftsperspektiven von Wechselkurszielzonen

Im Rahmen eines Ausblicks sind zwei nicht voneinander zu trennende Richtungen zu thematisieren, die kennzeichnend für die weitere Entwicklung sein könnten.

a) Aus der *wirtschaftstheoretischen* Sicht sei hierzu auf die Bedeutung verschiedener Erweiterungen der vorgestellten Zielzonenmodelle eingegangen. Wie wir gesehen haben, unterliegen die einzelnen Modelle jeweils einer bestimmten Anzahl von Restriktionen und schließen per Annahme bestimmte Szenarien bereits a priori aus, wobei das Ausmaß dieser Vorgehensweise insgesamt nicht einheitlich ist. Die Aufhebung dieser Beschränkungen hätte dabei möglicherweise den Vorteil, zusätzliche Informationen hinsichtlich des Stabilisierungspotentials von Wechselkurszielzonen bzw. über die Interaktion zwischen dem Wechselkurs, dem Zinsdifferential und dem Preis innerhalb der Zielzone zu erhalten. Eventuell ergäben sich im Wege dessen auch veränderte oder andersartige wirtschaftspolitische Empfehlungen, als sie auf der Basis der bisherigen Modelle möglich sind.

Den Ausgangspunkt des dargelegten Vorhabens bietet hierbei zunächst der Abschnitt 3. im Kapitel II.[255] Dazu wollen wir die Frage in den Vordergrund der Betrachtung stellen, inwiefern die Modifikation einzelner Modelle zu einer größeren inhaltlichen Berücksichtigung realitätsspezifischer Eigenschaften führen könnte.

Als besonders gut vereinbar mit der Realität haben wir, insbesondere mit Blick auf die Empirie, das Modell von LINDBERG und SÖDERLIND [1994a] bewertet, da es sowohl die Merkmale einer marginalen und intramarginalen Interventionstätigkeit durch die Zentralbanken als auch jedwede Kombination zwischen dem Wechselkurs und dem Zinsdifferential innerhalb der Zielzone sowie die Erklärung der Wechselkursdichtefunktion miteinander verknüpfte. Insofern soll an dieser Beurteilung festgehalten werden. Gleichwohl haben wir aber auch erkannt, daß sich durch das Arbeiten mit exogenen Realignmenterwartungen der Wirtschaftssubjekte keine konkreten Handlungsempfehlungen für die Wirtschaftspolitik ergeben. Von dieser Perspektive her wäre es daher wünschenswert, ein umfassenderes theoretisches Modell zu entwickeln, das die Eigenschaften der exogenen und der endogenen Realignmenterwartungen miteinander verbindet; dieses könnte z.B. auf der Basis des erweiterten Modells von TRISTANI [1994] erfolgen. Wichtig wäre dabei, daß der Erklärungsansatz der endogenen Realignmenterwartungen durch weiterreichendere Merkmale, wie sie u.a. durch ROSE und SVENSSON [1994], CHEN und GIOVANNINI [1997] sowie KEMPA und NELLES [1999] beschrieben werden, ergänzt wird. Der Vorteil dieser Verfahrensweise läge dabei darin, anhand der endogenen Komponente eventuelle Fehlentwicklungen nicht nur konkret zu erfassen, sondern auch gezielt zu beseitigen, während die exogene Komponente weiterhin allein auf Faktoren zugeschnitten ist, die unvorhergesehene Ereignisse charakterisieren. Fraglich ist hingegen, wo die Grenze zwischen den exogenen und den endogenen Realignmenterwartungen zu ziehen ist. Diese muß unter Umständen nicht einheitlich verlaufen und hängt, sofern es die Modellkonstruktion erlaubt, von dem für die endogenen Realignmenterwartungen gebildeten Kriterienkatalog ab. All jene Variablen, die dieser Katalog nicht beinhaltet, sind dann folglich als exogen zu bezeichnen und erfordern bei einer destabilisierenden Entwicklung eine währungspolitische Korrektur durch die ver-

[255] Das KRUGMAN-Modell wird nicht weiter berücksichtigt, da dessen modellspezifische Erweiterungen den Gegenstand der anstehenden Diskussion bilden.

antwortlichen Entscheidungsträger, die nach der Prüfung des konkreten Einzelfalls in diskreter Weise erfolgen kann und - im Gegensatz zu den endogenen Variablen - nicht bereits schon im vorhinein feststeht. Unabdingbar ist in diesem Zusammenhang jedoch, daß all jene Merkmale, die innerhalb des LINDBERG-SÖDERLIND-Modells und des TRISTANI-Modells bereits berücksichtigt, verarbeitet und gelöst worden sind, infolge der angeregten Modifikation nicht zu einer Minderung des bislang erreichten Erklärungsgehalts führen.

Gehen wir einen Schritt weiter, so ergibt sich betreffend der Theorie der spekulativen Attacken auch hier die Suche nach den modelltheoretischen Erweiterungsmöglichkeiten. Um eine insgesamt größere inhaltliche Ausgewogenheit in gegenwärtigen und künftigen Zielzonenmodellen mit spekulativen Attacken zu erreichen, wäre es zweckmäßig zu hinterfragen, ob die Präsenz von Realignmenterwartungen und/oder das administrative Durchführen von Realignments generell dazu befähigt erscheinen, spekulative Attacken zeitlich hinauszuzögern oder unter Umständen gänzlich zu vermeiden. Diese Vorstellung wäre intuitiv dann einleuchtend, sofern die Wirtschaftssubjekte, in Anbetracht eines rechtzeitigen, umfangreichen und den volkswirtschaftlichen Daten genügenden Realignments, der neuen Zielzone eine höhere Glaubwürdigkeit zuweisen würden als der alten. Insofern käme dem Devisenreserveproblem (zunächst) eine nachrangige bzw. untergeordnete Bedeutung zu, und es wäre von weitreichendem theoretischen Nutzen zu wissen, unter welchen Voraussetzungen Realignmenterwartungen bzw. Realignments mitunter einen stabilisierenden oder destabilisierenden Einfluß auf das gesamte Wechselkurszielzonensystem entfachen. Darüber hinaus ist es zweckmäßig, weitere realitätsspezifische Merkmale spekulativer Attacken in künftigen Modellen theoretisch zu formulieren, wie sie z.B. bei DUMAS und SVENSSON [1994], KAMINSKY, LIZONDO und REINHART [1998] sowie SALVATORE [1999] aufgeführt sind.

Ein weiterer wichtiger Aspekt innerhalb der Zielzonentheorie rankt um die Frage nach der realen Wechselkursstabilität. Dabei konnten innerhalb des Modells von BEETSMA und VAN DER PLOEG [1994] die Auswirkungen alternativer Interventionsstrategien auf die Stabilität einer Wechselkurszielzone erklärt werden. Diese vor dem Hintergrund der empirischen Entwicklung recht gehaltvolle Weiterentwicklung geht jedoch mit einem entscheidenden Nachteil einher: Realignmenterwartungen der Wirtschaftssubjekte werden in diesem Modell gänzlich ausgeklammert. Durch diese Abstrahierung bleibt daher ein wichtiges realitätsspezifisches Merkmal gänzlich unberücksichtigt. Insofern stellt sich auch hier die Frage, wie eine entsprechende theoretische Berücksichtigung eventuell gelingen könnte.

- Einen Ansatz, der diesen Tatbestand modelltheoretisch zu integrieren versucht, präsentieren z.B. NEELY, WELLER und CORBAE [1995]. Auf der Grundlage des MILLER-WELLER-Modells, das um die Aufnahme des Realzinses in der Gütermarktgleichgewichtsbedingung erweitert wird, fügen sie endogene Realignmenterwartungen der Wirtschaftssubjekte in das Modellgeschehen ein. Die Ursache letzterer sehen sie - in Anlehnung an die Untersuchungen von EDIN und VREDIN [1993] - in der von der Empirie gestützten These, daß Realignmenterwartungen von ökonomischen (fundamentalen) Variablen beeinflußt werden. Insofern gehen sie davon aus, daß die Wahrscheinlichkeit für ein Realignment mit der Abweichung des tatsächlichen Outputs von seinem natürlichen Niveau ansteigt und daß ein Realignment, so es aus wirtschaftspolitischer Sicht als erforderlich angesehen wird, die Rückkehr des nominalen Wechselkurses zur Kaufkraftparität bewirkt. Im Ergebnis zeigen sie, daß - z.B. bei den engen Bandbreiten im EWS von ± 2,25% - schon geringe Wahrscheinlichkeiten für ein Realignment ausreichten, um die Wirkungslosigkeit der Interventionspolitik und damit den Zusammenbruch der Wechselkurszielzonen herbeizuführen. Hierdurch sind ihrer Ansicht nach die währungspolitischen Spannungen der Jahre 1992 und 1993 im EWS zu erklären. Des weiteren verweisen sie auf eine Beschleunigung von Misalignments, die durch seltene Paritätskorrekturen hervorgerufen werden. Hält die (Währungs-)Politik bestehende Bandbreiten aus Glaubwürdigkeitsmotiven, ungeachtet auftretender Schocks in dem System, um jeden Preis aufrecht, so wirkt sie dabei am Ende selbstzerstörerisch.

- Dahingegen wählen BEETSMA und VAN DER PLOEG [1998] selbst eine veränderte Modellierung. Sie erweitern das MILLER-WELLER-Modell und das ursprüngliche BEETSMA-VAN DER PLOEG-Modell dahingehend, indem sie für verschiedene Ursachen diagnostizierter Schocks bewerten, inwieweit eine Wechselkurszielzone sinnvoll ist. Dazu leiten sie eine Bandbreite ab, in der, zusätzlich zur Preisträgheit, eine Vielzahl von Schocks bestehen bzw. auftreten können.

Zum Abschluß der Überlegungen bezüglich des wirtschaftstheoretischen Erweiterungspotentials erscheint es aus der allgemeinen Sicht geboten, auf zwei grundsätzliche modellspezifische Besonderheiten einzugehen.

- Den Ausgangspunkt unserer betrachteten Zielzonenmodelle bildete immer die von KRUGMAN formulierte elementare Wechselkursgleichung (4). Die Bewegung des Wechselkurses hing dabei von den gegenwärtigen Fundamentalvariablen und von einer Wechselkursänderungserwartung homogener und rational handelnder Wirtschaftssubjekte ab. Es läßt sich jedoch generell kein ökonomisch gehaltvoller Grund anführen, der die kategorische theoretische Vernachlässigung einer *irrationalen* Handlungsweise durch die Wirtschaftssubjekte von vornherein rechtfertigt. Daher erscheint es durchaus sinnvoll, heterogene Wirtschaftssubjekte in künftige Zielzonenmodelle zu integrieren. Dieses könnte z.B. entsprechend FRANKEL und FROOT [1986] erfolgen, die zwei voneinander getrennte Gruppen von Wirtschaftssubjekten unterscheiden: Zum einen in die Zukunft blickende Wirtschaftssubjekte, die ihre Erwartungen anhand bestehender Zielzonenmodelle formulieren (Fundamentalisten); zum anderen zurückschauende Wirtschaftssubjekte, die vergangene Trends des Wechselkurses in die Zukunft extrapolieren und daraus ihre Erwartungen formen (Chartisten)[256]. Wir erkennen die rationale und die irrationale Zusammensetzung der (gesamten) Erwartungsbildung, die die Fra-

[256] Für diese Verfahrensweise können z.B. Banken und Devisenhändler genannt werden, die im Zuge anstehender (Devisenmarkt-)Entscheidungen zumeist als Chartisten auftreten.

ge aufwirft, inwieweit eine Wechselkurszielzone unter den veränderten Bedingungen weiterhin stabilisierend wirken und destabilisierende Erwartungen unterdrücken kann.

- Die von KRUGMAN geprägten Zielzonenmodelle vereinbaren allesamt miteinander die theoretische Vorstellung, daß den betrachteten Ökonomien lediglich zwei „große" Akteure innewohnen, deren aktive wirtschaftliche Handlungsweise ein wie auch immer ausgestaltetes Wechselkursgeschehen innerhalb der Zielzone nach sich zieht. Namentlich sind dieses die nationalen Notenbanken und die Gesamtheit der Wirtschaftssubjekte in den betrachteten Ökonomien. Gleichwohl ergibt sich daraus aber intuitiv die Frage nach dem konkreten währungs- und wechselkurspolitischen Einfluß der wirtschaftlichen Aktivitäten des *Staates* bzw. der jeweiligen nationalen *Regierungen* auf den Wechselkurs in einem Zielzonensystem, die bei der Formulierung spezifischer Zielzonenmodelle bisher gänzlich unberücksichtigt bleiben. Dieses mag sich zum einen aus der formalen Schwierigkeit ergeben, den Staat als zusätzlichen aktiven wirtschaftspolitischen Akteur in ein Zielzonenmodell zu integrieren; zum anderen aber möglicherweise auch aus der Vorstellung heraus, die staatlichen Entscheidungen verfügten nur über einen unzureichenden - und damit vernachlässigbaren - Einfluß auf die Wechselkursvolatilität. Diese Vermutungen mögen zutreffen oder auch nicht; unübersehbar bleibt jedoch die theoretische und praktische Möglichkeit, daß man sich durchaus ernstzunehmende Wechselkursbewegungen infolge staatlicher Handlungen vorstellen kann. Hier ist zunächst - der Einfachheit halber - an Leitkursänderungen oder Bandbreitenveränderungen zu denken, die zumeist nicht von der Notenbank, sondern vielmehr auf staatlicher Ebene im Wege eines politischen Konsens der Teilnehmerländer direkt erfolgen. Wirtschaftspolitisch interessanter erscheint aber z.B. die jeweilige nationale konjunkturpolitische Verfahrensweise, sei sie angebots- oder nachfrageorientiert, mit der der Staat im Hinblick auf binnenwirtschaftliche Ziele direkt beeinflussend auf die heimische Ökonomie wirken möchte und somit bei den Wirtschaftssubjekten - beabsichtigt oder unbeabsichtigt - differenzierte Erwartungen hinsichtlich des künftigen Konjunkturverlaufs auslösen kann, die dann wiederum das Wechselkursverhalten tangieren. Dabei ist jedoch zu beachten, daß der Einfluß derselben Politik nicht immer auch ein gleichgerichtetes Wechselkursverhalten nach sich ziehen muß. Im Falle einer Schuldenpolitik ist es z.B. möglich, daß es sowohl zu einer Aufwertung als auch zu einer Abwertung der inländischen Währung (in einem Zielzonensystem) kommen kann. Unterstellen wir einmal, daß die staatliche Verschuldung nicht von der Notenbank akkomodiert wird, so muß der Staat seine Ausgaben letztlich über den privaten Sektor finanzieren. Dieses Vorhaben wird nur dann erfolgreich sein, wenn der Staat - im Vergleich zu alternativen Kapitalanlagen - höhere Zinsen bietet. Dadurch entsteht in diesem Bereich im Inland ein Zinsvorteil gegenüber dem Ausland, der Kapitalzuflüsse und somit - aufgrund der erhöhten Nachfrage nach heimischer Währung - eine Aufwertung derselben zur Folge hat. Anders gewendet besteht aber durchaus der Umstand, daß eine ständig steigende Staatsverschuldung (irgendwann einmal) zu einem Vertrauensverlust in die inländische

Währung - und damit zu deren Abwertung - führt; nämlich dann, wenn die Wirtschaftssubjekte aufgrund ihnen bekannter Sachverhalte und Vermutungen davon ausgehen müssen, daß sie ihr angelegtes Kapital infolge der exorbitant steigenden Zahlungsverpflichtungen des Staates bei Fälligkeit nicht zurückerhalten werden. Des weiteren ist es ebenso denkbar, daß die inländische Notenbank - wie z.B. im Falle Italiens in den achtziger Jahren und Griechenlands in den neunziger Jahren - die staatliche Kreditaufnahme durch eine entsprechende Geldmengenexpansion unterstützt. Hierbei sind zweierlei (mitunter auch parallele) Effekte möglich, die auf eine künftige Abwertung der inländischen Währung hindeuten: Zum einen ist es sehr wahrscheinlich, daß die erhöhte inländische Geldmenge ein nominal sinkendes inländisches Zinsniveau zur Folge hat und somit eine Kapitalanlage im Inland unattraktiver macht; zum anderen ist infolge der Geldmengenexpansion mit einem steigenden Preisniveau zu rechnen, sofern die inländischen Kapazitäten ausgelastet sind und/oder wegen pessimistischer Erwartungen der Unternehmer zumindest mittelfristig nicht erweitert werden oder aber pessimistische Erwartungen einer Behebung der Unterauslastung entgegenstehen. Beide Effekte führen schließlich, egal ob einzeln oder gemeinsam, dazu, daß der Realzins im Inland sinkt, Kapitalanlagen im Ausland attraktiver werden und sich aufgrund der erhöhten Devisennachfrage eine Abwertung der inländischen Währung ergibt. Wir sehen also, daß der staatliche Einfluß auf den Wechselkurs über Bandbreiten-, Zins- und Preisveränderungen durchaus plausibel vorstellbar ist. Es besteht somit insgesamt die Gefahr, daß notenbankpolitische Maßnahmen (z.B. die entschlossene Verteidigung einer Wechselkurszielzone) durch staatliche Aktivitäten konterkarriert werden.[257] Demnach wäre es wünschenswert, den Staat in die theoretische Formulierung bestehender und künftiger Zielzonenmodelle aufzunehmen und als gleichwertigen wirtschaftspolitischen Akteur zu begreifen, dessen spezifische Handlungsweisen generell befähigt erscheinen, einen destabilisierenden Einfluß auf ein Wechselkurszielzonensystem auszuüben.

Zur Realisation dieses Vorhabens könnte dazu auf ein Modell von CLAUSEN [1995] zurückgegriffen werden. CLAUSEN modifiziert das ursprüngliche DORNBUSCH-Modell dahingehend, indem er es um eine Gleichung erweitert, in der die Haushaltskonsolidierung des Staates zum Ausdruck kommt. Letztere wird in dem Modell immer dann erforderlich, wenn die tatsächlichen Staatsausgaben von einem bestimmten langfristig gewünschten realen Niveau an Staatsausgaben abweichen. Im Ergebnis zeigt das Modell eine abnehmende reale Wechselkursvolatilität, sofern die Rückführung der öffentlichen Defizite gelingt. Die Integration der Zielzonenperspektive könnte hierbei aufzeigen, inwieweit die Haushaltskonsolidierung zu vernachlässigen wäre, ohne gleichzeitig destabilisierend auf das Gesamtsystem zu wirken.

---

[257] Die Bedeutung dessen zeigt sich in einer Aussage von WILLIAMSON und HENNING [1994, S. 87]: *„The moral is that exchange rate management may need to be accompanied by supportive fiscal policies"*.

b) Aus der *wirtschaftspolitischen* bzw. *währungspolitischen* Sicht ergibt sich die Frage nach dem praktischen Anwendungsgebiet von Wechselkurszielzonen in der Zukunft. In diesem Zusammenhang sind in den Jahren 1997 und 1998 - insbesondere im Wege der Asien-, Lateinamerika- und Rußland-Krise - wieder vermehrt Stimmen laut geworden, die eine stabile Beziehung zwischen den wichtigsten Währungen der Welt mit Hilfe eines derartigen Wechselkurssystems erreichen wollen. In der engeren Diskussion stehen dabei der Euro, der US-Dollar und der japanische Yen. Ob bzw. in welchem Umfang die Einführung von Zielzonen tatsächlich zu einer umfassenden Wechselkursstabilisierung zwischen diesen Währungen führen kann, soll an dieser Stelle ausführlicher untersucht werden.

Wie unsere theoretischen und empirischen Untersuchungen gezeigt haben, gehen Wechselkurszielzonen automatisch mit entsprechenden wirtschafts- und währungspolitischen „Spielregeln" einher, deren Einhaltung sich maßgeblich für den Fortbestand bzw. den Erfolg des gesamten Systems verantwortlich zeigen. Vor dem von *uns* erarbeiteten Hintergrund fallen daher vor allem zwei besonders wichtige Merkmale auf, deren allgemeine Nichterfüllung der Aufrechterhaltung eines Zielzonensystems zwischen den zuvor benannten Währungen entgegensteht.[258] Im einzelnen sind dies

- eine unkoordinierte Geld- und Fiskalpolitik zwischen diesen Ländern sowie
- das Problem, gleichgewichtige zentrale Paritäten zwischen diesen Währungen nicht bestimmen zu können oder aber gleichgewichtige Paritäten nicht verteidigen zu wollen.

Nehmen wir zunächst die Geldpolitik, so wissen wir mittlerweile, daß ihr innerhalb eines Zielzonensystems eine zentrale Aufgabe zugewiesen ist. Diese ergibt sich insbesondere aus der Notwendigkeit, beim Erreichen der Zielzonengrenzen mitunter größere Interventionen vornehmen zu müssen, ohne dabei den Erfordernissen, die aus der binnenwirtschaftlichen Perspektive her zu beachten wären, entsprechend Rechnung tragen zu dürfen. Solange ein konjunktureller Gleichlauf in diesen Währungsgebieten zu beobachten ist, wäre dieser Umstand lediglich von nachrangiger Bedeutung, da sich die Geldpolitik einheitlichen Zwängen gegenüber sähe. Dieses trifft jedoch gleichenteils nicht bei einer unterschiedlichen Konjunkturentwicklung in diesen Ländern zu. Hier stellt sich ein umfangreiches Akzeptanzproblem im jeweiligen Inland, d.h. es gilt aus nationaler Sicht zu prüfen, inwieweit z.B. eine restriktive Geldpolitik zur Aufrechterhaltung einer Wechselkurszielzone durchzuhalten ist, wenn gleichzeitig für die inländische Konjunktur eine expansivere Ausrichtung erforderlich wäre, und umgekehrt. Es wird somit deutlich, daß eine dem Wechselkursziel unterstellte Binnenwirtschaft einen mitunter destabilisierenden Einfluß auf das gesamte Wechselkurssystem ausüben kann.

Gleiches gilt prinzipiell auch für die Fiskalpolitik. Ihre Handhabung hätte so zu erfolgen, daß sie im Ergebnis neutral auf Zinsen und Preise wirkt. Ähnlich wie bei der Geldpolitik ist aber auch hier danach zu fragen, inwieweit diese Politik z.B. in einer

[258] Inhaltlich gleichgerichtete Äußerungen führt der SVR [1998, S. 219] an.

konjunkturellen Abschwungphase, die oftmals von hoher Arbeitslosigkeit begleitet wird, ein tragfähiges Konzept darstellt. Insofern wird auch aus dieser Sicht das inländische Akzeptanzproblem deutlich.

Abbildung 46

Das Bruttoinlandsprodukt von Deutschland, Japan und den USA, Veränderung in v.H. gegenüber dem Vorjahr

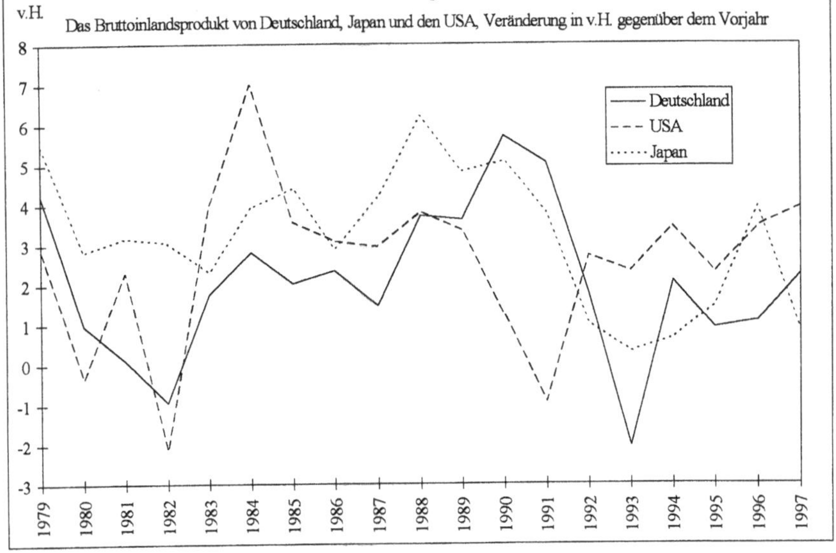

Die Abbildung 46 läßt erkennen,[259,260] daß die am Bruttoinlandsprodukt dokumentierte wirtschaftliche Entwicklung der relevanten Länder in den letzten fast zwanzig Jahren kaum Gemeinsamkeiten aufweist. Die Unterschiede der dargestellten Wirtschaftszyklen sind sowohl in den achtziger als auch in den neunziger Jahren sehr deutlich ausgeprägt. Aus der binnenwirtschaftlichen Perspektive resultieren daher Anforderungen an die jeweilige nationale Wirtschaftspolitik, die eine andersartige Ausrichtung - hauptsächlich von Geld- und Fiskalpolitik - verlangten.[261] Zur Aufrechterhaltung ei-

[259] Quelle für die in der Abbildung 46 verwendeten Daten: SVR [1998, S. 312 f.]. Die jährlichen Veränderungsraten des Bruttoinlandsprodukts (in Preisen von 1991) sind aus den absoluten Werten berechnet worden. Die Daten für Deutschland beziehen sich bis zum Jahre 1992 auf das alte Bundesgebiet und für die Zeit danach auch auf die neuen Bundesländer; ab dem Jahr 1993 wird der Gebietssprung statistisch berücksichtigt. Zur Vermeidung dadurch entstehender Verzerrungen ist die Wachstumsrate für das Jahr 1993 durch eigene Berechnungen bereinigt worden.

[260] Stellvertretend für das Euroland konzentriert sich - aufgrund seiner Funktion als Währungsankerland innerhalb des EWS - der Blick in die Vergangenheit auf Deutschland.

[261] Die skizzierten Schwierigkeiten, die sich somit in der Realität aus der praktischen Umsetzung eines Wechselkurszielzonensystems ergeben können, dokumentiert SCHEIDE [1986, S. 42 f.] am Beispiel der realen Wechselkursentwicklung und der Beschaffenheit von Leistungsbilanzsalden für die Länder Deutschland, Japan und die USA. Seine Überlegungen gestalten sich dahingehend, daß er anhand

nes - wie auch immer ausgestalteten - Wechselkurszielzonensystems und der Vermeidung von (häufigen) Realignments hätte es demnach einer nachhaltigen Vernachlässigung der Binnenwirtschaft durch diese Länder bedurft. Es muß mit hoher Wahrscheinlichkeit davon ausgegangen werden, daß diese wirtschaftspolitische Handlungsweise keine realistische Option für die Vergangenheit gewesen ist und in der mittelbaren Zukunft auch nicht sein wird. Sowohl das Euroland, Japan als auch die USA werden sich nicht dauerhaft über binnenwirtschaftliche Zwänge hinwegsetzen können (und wollen), d.h. der Wechselkurs war in der Vergangenheit und ist aus dieser Sicht auch in der Gegenwart als Anpassungsvariable in seiner flexiblen Form unverzichtbar. Zwar könnte diesem Umstand durch die Errichtung besonders weiter Zielzonenbänder in gewisser Weise Rechnung getragen werden; gleichzeitig verbleibt aber ein hohes Schwankungspotential für den Wechselkurs, das mit Blick auf die Glaubwürdigkeit des gesamten Systems entsprechende Zweifel dahingehend entstehen läßt, wie nachhaltig eine Verteidigung im Ernstfall tatsächlich vorgenommen wird. Ein Zielzonensystem ist aber nur dann sinnvoll, wenn die Absicht der Wirtschaftspolitik den Märkten bereits von Anfang an durch eine glaubwürdige Ausgestaltung des Wechselkurssystems sowie eine dazu kompatible Verhaltensweise der verantwortlichen Entscheidungsträger verdeutlicht werden kann. Insofern kann sich die Diskussion nicht nur allein auf die Frage konzentrieren, ob ein derartiges Wechselkurssystem politisch möglich ist, sondern sie muß darüber hinaus berücksichtigen, inwieweit es vor allem wirtschaftlich überhaupt durchsetzbar ist. Die aktuelle Situation zwischen diesen Ländern läßt hierbei erkennen, daß Bestrebungen, die auf eine erhöhte wirtschaftspolitische Koordination zwischen diesen Ländern abzielen, allgemein nicht zu registrieren sind und daher aufgrund der Unterschiede in den nationalen Ökonomien von einem Zielzonensystem zwischen diesen Währungen zum jetzigen Zeitpunkt entsprechend Abstand zu nehmen ist;[262] gleichwohl stellt es eine alternative währungspolitische Option für die Zukunft dar, sollten sich die politischen Einstellungen dazu ändern.

Eine weitere Schwierigkeit (vgl. hierzu auch LANGHAMMER [1998]), die sich im Wege der Errichtung eines Zielzonensystems immer ergibt, ist die Benennung gleichgewichtiger Wechselkurse bzw. zentraler Paritäten zwischen den relevanten Währungen,[263] da bereits hiervon ein Signal für die Glaubwürdigkeit desselben ausgeht. Sofern diese zentralen Paritäten nicht bereits zu Beginn eines solchen Wechselkurssystems die

dieser Indikatoren untersucht, inwieweit von etwa Mitte der siebziger Jahre bis 1985 eine an den Erfordernissen der Aufrechterhaltung der Zielzonen zwischen diesen Ländern (die natürlich nur gedanklich existieren) orientierte Wirtschaftspolitik im Hinblick auf deren konkrete Ausrichtung im Einklang zu den Notwendigkeiten der einzelnen Binnenwirtschaften stand. Dabei wird deutlich, daß beide Sichtweisen größtenteils eine gänzlich andersartige Handhabung der jeweiligen inländischen Wirtschaftspolitik verlangt hätten, d.h. eine zur Stärkung des Wechselkursziels durchgeführte Politik wäre konjunkturpolitisch oftmals nicht vertretbar gewesen. STURM, ULBRICH und UNTERBERG [1998, S. 23 f.] gelangen für die neunziger Jahre zu ähnlichen Ergebnissen.

262 Ein festes Wechselkurssystem zwischen dem US-Dollar und dem Euro ist für KACHELRIEß [1999, S. 2] schon deswegen entbehrlich, da er wegen der zwischen den beiden Währungen bestehenden Konkurrenz künftig eine gleichartige Ausrichtung der nationalen Wirtschaftspolitiken erwartet.

263 Vgl. auch OHR [1996, S. 220], die diese Aussage mit Blick auf Transformationsländer trifft.

Kaufkraftparitäten der einzelnen Länder nahezu exakt wiedergeben, sind Realignments mitunter schon in der Anfangsphase währungspolitisch nicht zu umgehen und es entstehen eventuell direkt nachteilige Wirkungen auf die künftige Glaubwürdigkeit. Insbesondere mit Blick auf den Euro hat sich seit seiner Einführung am 1. Januar 1999 und der gleichzeitigen Festlegung des Kurses auf 1,18 US-Dollar/Euro gezeigt, daß dieser bis zum Ende des Jahres 1999 gegenüber dem US-Dollar auf ein Verhältnis von nahezu 1:1 abwertete. Unabhängig von der Tatsache, daß dieses Szenario bei der Einführung einer neuen Währung nicht unbedingt überraschen bzw. beunruhigen muß,[264] so zeigt es doch die Probleme auf, die sich mit der Definition eines solchen Kurses ergeben können. Diesen zwischen großen Volkswirtschaften zu finden, bedeutet daher eine besondere währungspolitische Herausforderung.[265]

Unter der Zugrundelegung einer anderen Betrachtungsposition ist es jedoch gleichenteils möglich, die Einführung von Wechselkurszielzonen zwischen den zuvor benannten Ländern allgemein zu befürworten.[266] Der bei MÜLLER und STRAUBHAAR [1999] ausgeführte Zusammenhang stützt sich dabei auf die wirtschaftlichen Folgen eines abwertenden realen Wechselkurses einer Währung sowie auf die wechselkurspolitischen Kompetenzen innerhalb der EWU; er ist Gegenstand der weiteren Diskussion.

In Verbindung mit den Untersuchungen im Kapitel III ist bereits ausführlich auf die ökonomischen Implikationen eines auf- bzw. abwertenden realen Wechselkurses für die ausländische und die heimische Industrie eingegangen worden. Mit Blick auf den Euro, der im ersten Jahr seit seiner Einführung - bei annähernder Preisstabilität in den EWU-Ländern und in den USA - gegenüber dem US-Dollar nominal nachhaltig abwertete, stellte sich somit gleichermaßen auch eine reale Abwertung ein, die die Exportwirtschaft der an der EWU teilnehmenden Länder begünstigte. Unter der Berücksichtigung der zu diesem Zeitpunkt andauernden rezessiven Entwicklung und der zum Teil hohen Arbeitslosigkeit in den EWU-Ländern war die reale Abwertung des Euro daher politisch begrüßenswert, zumal sie ohne den Einsatz diskretionärer wirtschaftspolitischer Maßnahmen entstanden ist. Obwohl von der realen Abwertung des Euro somit eine Beeinträchtigung der amerikanischen Wirtschaft ausging, wäre dieser Umstand solange nicht von essentieller Bedeutung, sofern von beiden Seiten, vor allem aber von der amerikanischen her, ein gewisses Maß an Toleranz und Einsicht dahingehend besteht, daß die gegenwärtige Situation letztlich allein durch die Handlungsweise der Märkte herbeigeführt worden ist.

---

[264] Für eine Diskussion vgl. OHR [1999] und POHL [1999].

[265] WILLIAMSON [1987a, S. 202] spricht in diesem Zusammenhang auch von *„fundamental equilibrium exchange rates"*, die sowohl zu einem internen Gleichgewicht, d.h. der geringsten Arbeitslosenrate bei gleichzeitig kontrollierter Inflation, und zu einem externen Gleichgewicht, d.h. ein Leistungsbilanzsaldo, der zur Ersparnisbildung und Produktivitätsentwicklung einer Volkswirtschaft kompatibel ist, führen. Darüber hinaus betont WILLIAMSON [1993, S. 195], daß Situationen vermieden werden müssen, die zur Verteidigung ungleichgewichtiger Wechselkurse durch die Währungsbehörden geführt haben.

[266] Für eine mehr allgemeine Diskussion vgl. auch MCKINNON [1988].

Vor diesem Hintergrund gelangen wir jedoch zu einer gänzlich andersartigen Einschätzung der zuvor beschriebenen Situation, wenn wir die genaue Zuständigkeit für die Wechselkurspolitik innerhalb der EWU hinterfragen. Dazu gilt es festzuhalten, daß die Europäische Zentralbank - einerseits - zwar in der formellen Ausgestaltung ihrer Geldpolitik unabhängig ist, darüber hinaus aber - andererseits - allgemeine Vorgaben des Ministerrats hinsichtlich der Wechselkurspolitik, die dieser auf der Grundlage des Maastricht-Vertrags (Artikel 109) erteilen kann, entsprechend berücksichtigen muß. Sollten die an der EWU teilnehmenden Länder - aus binnenwirtschaftlichen Erfordernissen - somit je zu dem Ergebnis kommen, den Euro zur Erzielung von Wettbewerbsvorteilen z.B. gegenüber dem US-Dollar nominal stärker abzuwerten, so wäre die Europäische Zentralbank über diese Vorgabe dazu gezwungen, unabhängig von der Frage nach der Preisstabilität einen expansiven Kurs in ihrer Geldpolitik zu verfolgen. Der Ministerrat hat damit prinzipiell zu jedem Zeitpunkt die Möglichkeit, von der Europäischen Zentralbank - über den Umweg der Wechselkurspolitik - eine konjunkturelle Belebung der Binnennachfrage einzufordern, ohne daß dazu gleichzeitig erhöhte Staatsdefizite notwendig wären. Es ist jedoch mit hoher Wahrscheinlichkeit davon auszugehen, daß die Wettbewerbsvorteile, die durch diese Maßnahme zu erzielen sind, allenfalls kurzfristiger Art sind; denn die USA und Japan werden diese Entwicklung beobachten und versuchen, die Nachteile, die ihnen aus der realen Aufwertung ihrer Währungen für ihre Ökonomie entstanden sind, durch Gegenmaßnahmen auszugleichen. MÜLLER und STRAUBHAAR [1999] führen hierzu an, daß letztere im Wege strategischer Interventionen erfolgen könnten, die letztlich - auf beiden Seiten - einen Geldmengenanstieg und damit Inflation(sgefahren) bewirken; daneben ist es ebenso denkbar, daß sich die USA und Japan - als Reaktion auf die EWU-Wechselkurspolitik - mit protektionistischen Maßnahmen gegen EWU-Produkte zur Wehr setzen, dieses eine gleichgerichtete Antwort der EWU-Länder auslöst und die mehrmalige gegenseitige Wiederholung dieser Maßnahmen letztlich zu einer (Selbst-)Isolierung der Wirtschaftsräume zueinander führt. Es entstünde somit zwischen den EWU-Ländern - auf der einen Seite - und Japan und den USA - auf der anderen Seite - eine vermehrt autarke Situation, die die erwiesenen Vorteile des Freihandels und der internationalen Arbeitsteilung nicht durchwirken lassen würde und somit sukzessive reduzierte. Im Ergebnis zeigen sich dann bereits mittelfristig Wohlfahrtsverluste für die beteiligten Wirtschaftsräume, die jedoch nicht das Ziel der jeweiligen wirtschaftspolitischen Bemühungen sein können.[267,268]

Zur Vermeidung des zuvor skizzierten Szenarios verbleiben daher prinzipiell nur zwei Möglichkeiten. Auf der einen Seite können sich die beteiligten Länder unterein-

267 Praktisch ist es natürlich ebenso möglich, daß die USA und Japan - einzeln oder gemeinsam - zuerst ihre Währung(en) abwerten. Das beschriebene Szenario wäre dann verlaufstechnisch analog denkbar.

268 Eine gleichartige Entwicklung könnte sich auch dann abzeichnen, wenn die reale Aufwertung allein auf die Wirkung der Marktkräfte zurückzuführen ist. Forderten die USA und/oder Japan von den Europäern, mehr auf die Stabilität des Euro zu achten, so wäre die zuvor skizzierte Verhaltensweise für einen Moment nachvollziehbar, in dem die USA und/oder Japan keine oder nur unzureichende Stabilisierungsbemühungen der Europäer erkennen würden.

ander darauf verständigen, generell auf den Einsatz der Wechselkurspolitik zur Erreichung von nationalen Wettbewerbsvorteilen zu verzichten. Da bei dieser Alternative jedoch ein hoher Interpretationsspielraum der wirtschaftspolitischen Maßnahmen verbleibt bzw. von vornherein ungeklärt ist, welche Motive sich z.B. hinter einer expansiven Geldpolitik verbergen, ist zu vermuten, daß hiervon kaum nennenswerte Erfolge zu erwarten sein dürften. Wollen sich die Länder aber dennoch nicht der Gefahr einer Abwertungsspirale oder einem erhöhten Protektionismus aussetzen, so könnten sie sich durch die Errichtung von Wechselkurszielzonen selbst zu währungspolitischer Disziplin zwingen. Zwar wäre es hierbei ebenso denkbar, z.B. im Wege eines Realignments entsprechende Wettbewerbsvorteile auf sich zu ziehen; die Beschlußfassung hierüber ist aber insofern wesentlich erschwert, da eine Entscheidung im Rahmen eines derartigen Währungssystems nicht einseitig erfolgen kann, sondern vielmehr der Abstimmung mit den jeweiligen Partnerländern bedarf. Unter anderen Voraussetzungen machte ein festes Wechselkurssystem daher auch keinen Sinn.

Fassen wir die vorliegenden Tatbestände zusammen, so haben wir - einerseits - feststellen müssen, daß Wechselkurszielzonen vor dem Hintergrund des konjunkturellen Gleichlaufs im Euroland, in Japan und in den USA zum jetzigen Zeitpunkt als weniger sinnvoll erscheinen. Dahingegen hat - andererseits - eine alternative Sichtweise die Vorteile eines solchen Systems offenbart, sofern sich Abwertungswettläufe und/oder protektionistische Entwicklungen zwischen diesen Ländern abzeichnen. Für die Wirtschaftspolitik gilt es daher, konkret abzuwägen, inwieweit die Vor- und Nachteile des derzeitigen flexiblen Wechselkurssystems die Vor- und Nachteile, die sich unter Wechselkurszielzonen ergeben können, (über-)kompensieren.

So sehr also inhaltlich plausible Gründe zur Ablehnung und zur Befürwortung eines Wechselkurszielzonensystems zwischen dem Euroland, Japan und den USA anzuführen sind, so sehr muß aus der allgemeinen Sicht aber auch betont werden, daß Zielzonen grundsätzlich einen akzeptablen Weg für miteinander vergleichbare Länder beschreiben, stabilitätspolitisch über die nationalen Grenzen hinaus aktiv zu werden, oder aber für kleine Länder die Chance eröffnen, im Wege einer einseitigen Bindung (Preis-)Stabilität aus dem Ausland in die heimische Ökonomie zu importieren. Insofern wirkt die Einführung dieses Wechselkurssystems in jedem Fall disziplinierend auf die einzelnen nationalen Politikbereiche und vermindert tendenziell die Wechselkursvolatilität, wenngleich sie mit hohen inländischen Anpassungskosten (z.B. in der Form von - dauerhafter - Arbeitslosigkeit) verbunden sein kann. Die zentrale Frage, die sich in diesem Kontext also immer wieder stellen wird, ist die nach der Ausrichtung der jeweiligen nationalen (Wirtschafts-)Politik. Steht diese im Einklang zu den in dieser Arbeit thematisierten zielzonenspezifischen Bedingungen, können Zielzonen - bei allen Vor- und Nachteilen - eine allgemein stabilisierende Wirkung entfachen. Ist dieser Zustand hingegen - aus welchen Gründen auch immer - nicht zu erreichen, sollte von der Einführung dieses Wechselkurssystems abgesehen und - sofern dieses politisch gewünscht ist - im Wege flexibler Wechselkurse versucht werden, eine spätere Realisation dieser Voraussetzungen zu erreichen.[269] In diesem Kontext tritt somit wieder die alte Kontroverse zwischen den Monetaristen und den Ökonomisten auf.

Daß Wechselkurszielzonen gegenwärtig währungspolitisch durchaus eine bedeutende Rolle einnehmen, zeigt sich innerhalb der Industrieländer u.a. in Europa am Beispiel von Dänemark und Griechenland, die durch die Errichtung und Einhaltung einseitiger Bandbreiten zum Euro (± 2,25% bzw. ± 15%) die Erfüllung einer Voraussetzung für eine spätere Teilnahme an der EWU anstreben.[270] Aber auch in Lateinamerika und in Osteuropa sind - zumeist einseitige - Zielzonen ein wichtiger Bestandteil der aktuellen Währungspolitik. Ihre künftige Inanspruchnahme, die über einseitige Bindungen hinausgeht, wird dabei insbesondere auch davon abhängen, inwieweit sich die Länder einzelner Wirtschaftsräume für eine zunehmende wirtschaftliche Integration untereinander entscheiden und Wechselkurszielzonen - zur Verminderung der Wechselkursabhängigkeit - als probates Mittel zur Förderung des Integrationsprozesses ansehen.[271]

Ein generelles Problem, mit dem Wechselkurszielzonen gegenwärtig und künftig (wohl) immer konfrontiert sein werden, besteht in der durch das „magische Dreieck" der internationalen Währungspolitik beschriebenen Interdependenz (vgl. hierzu STURM, ULBRICH und UNTERBERG [1998, S. 22]). Danach sind feste Wechselkurse, ein freier Kapitalverkehr und eine autonome Geldpolitik[272] simultan nicht zu realisieren.[273] Vielmehr muß beachtet werden, daß sich diese Komponenten nur jeweils zu zweit in drei Kombinationen miteinander vereinbaren lassen. Hier zeigt sich, daß feste Wechselkurse und eine autonome Geldpolitik immer dann möglich sind, wenn Kapitalflüsse nicht zu einem Ungleichgewicht auf dem Devisenmarkt führen oder die Geldpolitik zu Zinsanpassungen zwingen. Auch das Zusammenwirken von festen Wechselkursen und einem freien Kapitalverkehr kann nur dann uneingeschränkt erfolgen, sofern die Geldpolitik diesen Bereichen untergeordnet wird und auf etwaige Veränderungen ausgleichend reagiert. Schließlich müssen Wechselkurse flexibel sein, wenn gleichzei-

---

[269] Diese Forderung ist konform zu den Überlegungen von SCHWEICKERT [1993, S. 213 f.], der vor dem Hintergrund des im Kapitel III (Abschnitt 1.1.) dargestellten gesamtwirtschaftlichen Anpassungsprozesses die Überlegenheit von flexiblen gegenüber festen Wechselkursen zur Inflationsreduzierung anhand eines einzelnen Merkmals feststellt. Letztere hängt dabei entscheidend davon ab, inwieweit es durch die Wechselkursbindung zu einer monetären Kontraktion in den Ländern (in dem Land) mit höherer Inflation kommt. Hierzu betont er, daß im Rahmen von festen Wechselkursen nicht endgültig sichergestellt ist, ob eine monetäre Kontraktion wirklich eintritt, während diese bei flexiblen Wechselkursen am Anfang des Prozesses steht und die Transparenz für die Wirtschaftssubjekte entsprechend erhöht.

[270] KEMPA [1998] diskutiert verschiedene währungspolitische Vorgehensweisen, die die zur Zeit nicht an der EWU teilnehmenden Länder nutzen können, um dieser eventuell zu einem anderen Zeitpunkt beizutreten.

[271] Dieses gilt gleichenteils auch für die Transformationsländer. OHR [1996, S. 217] hebt diesbezüglich hervor, daß sowohl die Struktur als auch der Erfolg des Transformationsprozesses wesentlich vom Wechselkurssystem abhängen können.

[272] Autonom im Sinne von weisungsungebunden.

[273] Vgl. auch EICHENGREEN und WYPLOSZ [1993, S. 122]. FRANKEL [1996, S. 156 f.] bezeichnet diese Merkmale auch als *„Impossible Trinity"*.

tig ein freier Kapitalverkehr und eine autonome Geldpolitik aufrechterhalten werden sollen. Diese theoretischen Überlegungen zeigen, auf welchem schmalen Grad sich die Einführung eines Zielzonensystems zwischen dem Euroland, Japan und den USA von vornherein bewegen würde. Es erfordert entweder den Verzicht auf einen freien Kapitalverkehr oder aber auf eine autonome Geldpolitik. Hierbei ist zur Zeit nicht davon auszugehen, daß der weltweit vermehrte Wegfall der Kapitalverkehrsbeschränkungen in absehbarer Zeit wieder aufgehoben wird. Diesen Gedanken konsequent zu Ende gedacht bedeutet dann aber die Notwendigkeit zur vollständigen Aufgabe einer eigenständigen Geldpolitik dieser Länder. Abhängig von ihrer Breite ermöglichen Zielzonen hierbei jedoch - im Vergleich zu vollständig festen Wechselkursen - zumindest eine gewisse geldpolitische Autonomie, die unter Einschränkungen auch andere wirtschaftspolitische Ziele verfolgen kann. Dennoch wird ersichtlich, wie eng die Gestaltungsspielräume durch die politisch gewollte Freigabe des Kapitalverkehrs zusätzlich geworden sind. Es wird abzuwarten sein, inwieweit die Länder an einer kompromißlosen Aufgabe ihrer geldpolitischen Unabhängigkeit zugunsten stabiler Wechselkurse interessiert sind. Ohne diese Bereitschaft wird sich die stabilisierende Wirkung von Wechselkurszielzonen ins Gegenteil verkehren.

Anhang 1

Zu den Gleichungen (4b) bis (4d):

(4) $$e_t = f_t + \alpha E_t\left(\frac{de}{dt}\right)$$ (Kontinuierlicher Ansatz)

$$E_t\left(\frac{de}{dt}\right) = E_t(e_{t+1}) - e_t$$ (Diskreter Ansatz)

(4a) $$e_t = f_t + \alpha\left[E_t(e_{t+1}) - e_t\right],$$

$$e_t = \frac{1}{1+\alpha} f_t + \frac{\alpha}{1+\alpha} E_t(e_{t+1}),$$

(4b) $$e_t = \theta f_t + \xi E_t(e_{t+1}),\ 0 < \theta \equiv \frac{1}{1+\alpha}; \xi \equiv \frac{\alpha}{1+\alpha} < 1.$$

Um einen genauen Wert für die Erwartungsvariable $E_t(e_{t+1})$ zu erhalten, müssen wir die Gleichung (4b) durch *Vorwärtsintegration* lösen.

$$E_t(e_{t+1}) = \theta E_t(f_{t+1}) + \xi E_t(e_{t+2})$$

Diesen Ausdruck setzen wir in die Gleichung (4b) ein.

$$e_t = \theta f_t + \xi\theta E_t(f_{t+1}) + \xi^2 E_t(e_{t+2})$$

Nun haben wir zwar die endogene Erwartungsvariable $E_t(e_{t+1})$ eliminiert, aber mit $E_t(e_{t+2})$ eine neue endogene Erwartungsvariable erhalten. Diese gilt es nun ebenfalls zu eliminieren.

$$E_t(e_{t+2}) = \theta E_t(f_{t+2}) + \xi E_t(e_{t+3})$$

Diesen Ausdruck setzen wir in die vorherige Gleichung ein.

$$e_t = \theta f_t + \xi\theta E_t(f_{t+1}) + \xi^2\theta E_t(f_{t+2}) + \xi^3 E_t(e_{t+3})$$

Wieder erhalten wir mit $E_t(e_{t+3})$ eine endogene Erwartungsvariable, wobei wir jedoch feststellen, daß der vor der Wechselkursänderungserwartung stehende Koeffizient ξ^3 immer kleiner wird, je weiter wir die Erwartungen in die Zukunft schieben.

$$\lim_{t\to\infty} \xi^{t+1} \equiv \lim_{t\to\infty}\left(\frac{\alpha}{1+\alpha}\right)^{t+1} = 0$$

Dieses wird auch als *Transversalitätsbedingung* umschrieben, und solange sie gilt, erhalten wir die nachstehende Wechselkursgleichung des diskreten Ansatzes:

(4c) $$e_t = \theta \sum_{i=0}^{\infty} \xi^i E_t(f_{t+i}).$$

Die tatsächliche Wechselkursänderung bestimmt sich - respektive der Gleichung (4c) - wie folgt:

$$e_{t+1} - e_t = \left[E_t(e_{t+1}) - e_t\right] + \left[e_{t+1} - E_t(e_{t+1})\right],$$

$$e_{t+1} - e_t = \left[\theta \sum_{i=0}^{\infty} \xi^i E_t(f_{t+1+i}) - \theta \sum_{i=0}^{\infty} \xi^i E_t(f_{t+i})\right]$$

$$+ \left[\theta \sum_{i=0}^{\infty} \xi^i E_{t+1}(f_{t+1+i}) - \theta \sum_{i=0}^{\infty} \xi^i E_t(f_{t+1+i})\right],$$

(4d) $$e_{t+1} - e_t = \theta \sum_{i=0}^{\infty} \xi^i E_t(f_{t+1+i} - f_{t+i}) + \theta \sum_{i=0}^{\infty} \xi^i E_{t+1}(f_{t+1+i}) - E_t(f_{t+1+i}).$$

Zur Gleichung (8):[1]

In einem *ersten* Schritt sei angenommen, x folgt einer Brownschen Bewegung mit

μ = Erwartungswert,

σ = Standardabweichung.

Darüber hinaus sei angenommen, y sei ein stochastischer Prozeß, der x über eine deterministische Funktion f der Form

$$f(x) = y$$

mit y verbindet.

Ausgehend von $y_0 = f(x_0)$ ergibt sich:

$$y_t - y_0 = f'(x_0)(x_t - x_0) + \frac{1}{2} f''(x_0)(x_t - x_0)^2 + \ldots$$

Terme höherer Ordnung werden herausgenommen, da sie vernachlässigbar klein sind. Daraus folgt:

[1] Zur Herleitung von Ito's Lemma vgl. DIXIT [1994, S. 4 ff.].

$$E[y_t - y_0] = f'(x_0)E[x_t - x_0] + \frac{1}{2}f''(x_0)E\left[(x_t - x_0)^2\right] + \ldots$$

$$E[y_t - y_0] = f'(x_0)\mu t + \frac{1}{2}f''(x_0)\left[\sigma^2 t + \mu^2 t^2\right] + \ldots$$

$$E[y_t - y_0] = \left[\mu f'(x_0) + \frac{1}{2}\sigma^2 f''(x_0)\right]t + \ldots$$

Eine gleiche Kalkulation für die Varianz ergibt

$$Var[y_t - y_0] = f'(x_0)^2 \sigma^2 t + \ldots$$

Bisher wurden nur diskrete Schritte betrachtet. Aus dem Übergang zur kontinuierlichen Darstellung (*t* wird durch *dt* ersetzt) folgt

$$E[dy] = \left[f'(x)\mu + \frac{1}{2}f''(x)\sigma^2\right]dt$$

und

$$Var[dy] = f'(x)^2 \sigma^2 dt\,.$$

Damit wird der allgemeine Diffusionsprozeß (beachte: $\sigma\sqrt{t}$ = Standardabweichung) zu

$$dy = \left[f'(x)\mu + \frac{1}{2}f''(x)\sigma^2\right]dt + f'(x)\sigma dw\,.$$

Die voranstehende Gleichung gibt Ito´s Lemma wieder. In einem *zweiten* Schritt kann die Gleichung (5) auch als

$$df = dm + dv$$

geschrieben werden. Die Veränderung der Variablen *dm* zeigt die deterministische Veränderung eines Teils der Fundamentalvariablen an; innerhalb des Bandes gilt *dm* = 0. Daraus folgt:

$$df = dv = \mu dt + \sigma dw\,.$$

Im folgenden wird Ito´s Lemma nun auf

$$e(t) = e(f(t))$$

angewandt, um

$$E[de]/_{dt} = E[de(f)]/_{dt}$$

auszudrücken. Dieses ergibt die Gleichung (8) im Text.

Zur Gleichung (15):

(13) $$x_t = h_t + \alpha E_t\left(dx/_{dt}\right)$$

(14) $$E_t\left(dh/_{dt}\right) = -\rho h_t$$

Die in der Gleichung (14) modellierte mean reversion des erweiterten Fundamentalaggregats h_t bewirkt ebenso eine mean reversion des nominalen Wechselkurses im Band x_t im Ausmaß der Konstanten ρ. Folglich kann die Erwartung hinsichtlich x_t wie folgt definiert werden: $E_t(dx/dt) = -\rho x_t$. Daraus folgt:

$$x_t = h_t + \alpha(-\rho x_t),$$

$$x_t + \alpha\rho x_t = h_t,$$

$$x_t(1+\alpha\rho) = h_t,$$

$$x_t = \frac{h_t}{1+\alpha\rho}.$$

Zur Gleichung (34):

(4) $$e_t = f_t + \alpha E_t\left(de/_{dx}\right)$$

(27) $$E_t\left(de/_{dt}\right) = E_t\left(dx/_{dt}\right) + g_t$$

(33) $$g = g_1 + a + bx_t$$

Einsetzen der Gleichungen (27) und (33) in die Gleichung (4):

$$e_t = f_t + \alpha E_t\left(dx/_{dt}\right) + \alpha g_1 + \alpha a + \alpha b x_t.$$

Unter Berücksichtigung der Gleichung (11) ergibt sich im weiteren:

$$x_t + c_t = f_t + \alpha E_t\left(dx/_{dt}\right) + \alpha g_1 + \alpha a + \alpha b x_t,$$

$$x_t = \tilde{f}_t + \alpha g_1 + \alpha E_t\left(dx/_{dt}\right) + \alpha a + \alpha b x_t,$$

$$x_t - \alpha b x_t = \alpha a + \left(\tilde{f}_t + \alpha g_1\right) + \alpha E_t\left(dx/_{dt}\right),$$

$$x_t = \frac{\alpha a}{1-\alpha b} + \frac{1}{1-\alpha b}\left(\tilde{f}_t + \alpha g_1\right) + \frac{\alpha}{1-\alpha b} E_t\left(dx/_{dt}\right).$$

Zu den Gleichungen (35) und (36):

(3) $$i_t - i_t^* = \delta_t = E_t\left(de/_{dt}\right)$$

(27) $$E_t\left(de/_{dt}\right) = E_t\left(dx/_{dt}\right) + g_t$$

(30) $$x_t = h_t + \alpha E_t\left(dx/_{dt}\right)$$

Einsetzen der Gleichung (27) in die Gleichung (3):

$$\delta_t = E_t\left(dx/_{dt}\right) + g_t,$$

$$\delta_t(h_t, g_t) = \tilde{\delta}_t(h_t) + g_t.$$

Um einen konkreten Wert für $\tilde{\delta}_t$ bestimmen zu können, das nicht durch Realignmenterwartungen beeinflußt wird und folglich der Wechselkursänderungserwartung innerhalb der Bandbreite entsprechen muß, berücksichtigen wir die Gleichung (30). Es folgt

$$\tilde{\delta}_t(h_t) = E_t\left(dx/_{dt}\right) = \frac{x_t(h_t) - h_t}{\alpha}.$$

Zur Gleichung (39):

(4) $$e_t = f_t + \alpha E_t\left(de/_{dt}\right)$$

(38) $$E_t\left(de/_{dt}\right) = E_t\left(dx/_{dt}\right) + j\rho\tilde{f}_t$$

Einsetzen der Gleichung (38) in die Gleichung (4). Es folgt

$$e_t = f_t + \alpha E_t\left(dx/_{dt}\right) + \alpha j\rho\tilde{f}_t.$$

Beachte: $\tilde{f}_t = f_t - c_t$ und $x_t = e_t - c_t$.

$$x_t + c_t = \tilde{f}_t + c_t + \alpha j \rho \tilde{f}_t + \alpha E_t\left({dx}/{dt}\right),$$

$$x_t\left(\tilde{f}_t\right) = \tilde{f}_t(1 + \alpha j \rho) + \alpha E_t\left({dx}/{dt}\right).$$

Zur Gleichung (42):

(4) $$e_t = f_t + \alpha E_t\left({de}/{dt}\right)$$

(16) $$E_t\left({de}/{dt}\right) = E_t\left({dx}/{dt}\right) + E_t\left({dc}/{dt}\right)$$

(41) $$E_t\left({dc}/{dt}\right) = g_t + \rho j \tilde{f}_t$$

Einsetzen der Gleichungen (16) und (41) in die Gleichung (4):

$$e_t = f_t + E_t\left({dx}/{dt}\right) + \alpha g_t + \alpha \rho j \tilde{f}_t .$$

Beachte: $f_t = \tilde{f}_t + c_t$ und $e_t = x_t + c_t$. Daraus folgt:

$$x_t + c_t = \tilde{f}_t + c_t + E_t\left({dx}/{dt}\right) + \alpha g_t + \alpha p j \tilde{f} ,$$

$$x_t = \alpha g_t + \tilde{f}_t(1 + \alpha p j) + \alpha E_t\left({dx}/{dt}\right).$$

Zur Gleichung (49):

(48) $${de}/{dv} = 1 + \lambda_1 A_1 \exp\left[\lambda_1 v_t^{'}\right] = 0$$

Der Ausdruck ($-1/\lambda_1$) in der Gleichung (49) ergibt sich durch die Umformung der Gleichung (48).

$$1 + \lambda_1 A_1 \exp\left[\lambda_1 v_t^{'}\right] = 0$$

$$A_1 \exp\left[\lambda_1 v_t^{'}\right] = -\frac{1}{\lambda_1}$$

Zur Herleitung der Sattelpfadstabilität im Abschnitt 3.4. in Kapitel II:

Wir setzen die Gleichung (55) in die Gleichung (54) ein und fügen den nach *i* aufgelösten Ausdruck in die Gleichung (3) ein:

$$E(de) = \left[\lambda^{-1}\left(\kappa\delta e + p(1-\kappa\delta) - m\right) - i^*\right]dt .$$

Des weiteren fügen wir die Gleichung (55) in die Gleichung (56) ein:

$$dp = \phi\delta e - \phi\delta p - \phi\bar{y} + \sigma dz .$$

Insgesamt erhalten wir zwei stochastische Differentialgleichungen, die die Dynamik des Modells in einer linearen und simultanen Form beschreiben. Um zu einer Aussage bezüglich der Stabilität des Systems zu gelangen, formulieren wir die obigen Differentialgleichungen um:

$$dp = \phi\delta e - \phi\delta p - \phi\bar{y} + 0i^* dt + \sigma dz ,$$

und

$$E(de) = \lambda^{-1}\kappa\delta e + \lambda^{-1}p(1-\kappa\delta) - \lambda^{-1}m - i^* + 0dz .$$

Hieraus ergibt sich:

$$\begin{bmatrix} dp \\ E(de) \end{bmatrix} = A\begin{bmatrix} pdt \\ edt \end{bmatrix} + B\begin{bmatrix} \bar{y}dt \\ i^* dt \end{bmatrix} + \begin{bmatrix} \sigma dz \\ 0 \end{bmatrix},$$

wobei

$$A = \begin{bmatrix} -\phi\delta & \phi\delta \\ \lambda^{-1}(1-\kappa\delta) & \lambda^{-1}\kappa\delta \end{bmatrix}$$

und

$$B = \begin{bmatrix} -\phi & 0 \\ 0 & -1 \end{bmatrix}$$

sind. Dieses System ist *sattelpfadstabil*, da wir im Ergebnis eine negative Determinante erhalten:

$$\rho_1\rho_2 = -\lambda^{-1}\phi\delta < 0 .$$

Da die Determinante der Koeffizientenmatrix A negativ ist, sind die Eigenwerte ρ_1 und ρ_2 entweder mit $\rho_1 < 0 < \rho_2$ oder mit $\rho_1 > 0 > \rho_2$ bestimmt.

Zu den Gleichungen (59) und (60):

$$\frac{de}{dt} = a_{21}(p - \overline{p}) + a_{22}(e - \overline{e}) = 0$$

Annahme: $\overline{p} = \overline{e} = 0$.

$$a_{22}e = -a_{21}p,$$

$$\left.\frac{de}{dp}\right|_{E(de/dt)=0} = -\frac{a_{21}}{a_{22}} = 1 - \kappa^{-1}\delta^{-1}.$$

$$\frac{dp}{dt} = a_{11}(p - \overline{p}) + a_{12}(e - \overline{e}) = 0$$

Annahme: $\overline{p} = \overline{e} = 0$.

$$a_{12}e = -a_{11}p,$$

$$\left.\frac{de}{dp}\right|_{dp/dt=0} = -\frac{a_{11}}{a_{12}} = 1.$$

Anhang 2

Eine allgemeine modelltheoretische Überlegung

Ohne an dieser Stelle die Vor- und Nachteile der einzelnen diskretionären Maßnahmen explizit hervorzuheben, wollen wir anhand eines einfachen keynesianischen Makromodells einer offenen Volkswirtschaft (vgl. WHITT [1996, S. 6 f.]) überprüfen, wie aus der nationalen Sicht ein vorhandenes Handelsbilanzdefizit durch gezielte wirtschaftspolitische Eingriffe in ein internes sowie in ein externes Gleichgewicht überführt werden kann. Das Modell ist dabei annahmegemäß durch in- und ausländische Preisstabilität sowie die nachstehenden Gleichungen charakterisiert.

(1) $$y = [i(r) - s(y)] + g - t(y) + [x(y^*) - m(y, ep^*/p)]$$

(2) $$\frac{M^S}{p} = L(y, r)$$

(3) $$x(y^*) - m(y, ep^*/p) = 0$$

In einem Zins-Einkommen-Diagramm wird das inländische Güterangebot y in der Gleichung (1) durch die aggregierte Güternachfrage auf der rechten Seite bestimmt;[1] letztere setzt sich aus der negativen Zinsabhängigkeit der Investitionsnachfrage $i(r)$, der positiv vom Einkommen y abhängigen Sparquote s, der exogen gegebenen Staatsnachfrage g, den positiv vom Einkommen abhängigen Steuern $t(y)$ und dem Außenbeitrag, der sich aus der Differenz zwischen den positiv vom ausländischen Einkommen y^* determinierten Exporten x sowie den positiv vom inländischen Einkommen y und negativ vom realen Wechselkurs (ep^*/p) abhängigen Importen m ergibt, zusammen. Insgesamt wird hiermit die durch eine negative Steigung charakterisierte IS-Kurve repräsentiert, auf der sich ein inländisches Gütermarktgleichgewicht für alternative Zins-Einkommen-Konstellationen einstellt. Sie verschiebt sich ceteris paribus infolge einer Staatsausgabenerhöhung (Staatsausgabensenkung) oder einer Steuersenkung (Steuererhöhung) nach rechts (links) und erhöht (vermindert) - unter der Berücksichtigung eines Crowding-Out-Effekts - tendenziell den Zins und das Güterangebot. Die zweite Gleichung beschreibt die positiv ansteigende LM-Kurve. Auf dieser Funktion besteht - ebenfalls für verschiedene Zins-Einkommen-Konstellationen - ein Gleichgewicht auf dem heimischen Geldmarkt. Die linke Seite der Gleichung (2) zeigt das nominale Geldangebot M^S, das mit dem inländischen Preisniveau p deflationiert wird und demzufolge das Ausmaß der realen Geldmenge angibt. Die Geldnachfrage L auf der rechten Seite hängt dabei positiv vom inländischen Einkommen y sowie negativ von der Entwicklung des heimischen Zinssatzes r ab. Die Verschiebung der LM-Funktion er-

[1] Auf der Abzisse fallen das inländische Einkommen und das inländische Güterangebot (Output) stets zusammen; beide werden durch die Variable y repräsentiert.

gibt sich in diesem Kontext ceteris paribus aufgrund einer expansiven (restriktiven) Geldpolitik nach rechts (links); dabei vermindern (erhöhen) sich tendenziell die Zinsen, während der Output entsprechend zunimmt (abnimmt). Schließlich verweist die Gleichung (3) auf die inländische Handelsbilanz, die bei der numerischen Gleichheit von Exporten und Importen ausgeglichen ist. Die repräsentative TB-Funktion verläuft in einem Zins-Einkommen-Diagramm senkrecht, da es bei den gegebenen Variablen y^*, e, p^* und p nur ein y geben kann, bei dem die Handelsbilanz egalisiert wird. Sie verschiebt sich infolge einer nominalen Aufwertung (Abwertung) ceteris paribus nach links (rechts), während sich die IS-Funktion gleichzeitig um einen geringeren Betrag in die gleiche Richtung bewegt. Ein gesamtwirtschaftliches (externes und internes) Gleichgewicht ist dabei immer dann gegeben, wenn sich die IS-, LM- und TB-Funktion in einem Punkt schneiden. Diese Überlegungen lassen sich grafisch wie folgt veranschaulichen.

Abbildung A1

Wirtschaftspolitik in einem keynesianischen Makromodell

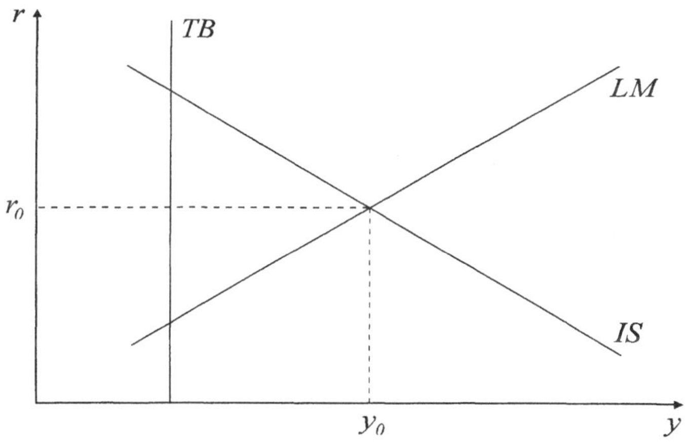

In der dargestellten Situation ist einerseits zwar ein simultanes Gleichgewicht auf dem inländischen Geld- und Gütermarkt erreicht, wohingegen aber gleichzeitig eine defizitäre Handelsbilanz auszumachen ist. Dieses folgt aus dem Umstand, daß das Einkommen y_0 insgesamt größer ist als das zum Handelsbilanzausgleich erforderliche Einkommen; in dieser Ökonomie sind folglich die einkommensabhängigen Importe größer als die vom ausländischen Einkommen determinierten Exporte. Demnach ist links (rechts) der TB-Funktion generell eine überschüssige (defizitäre) Handelsbilanz zu identifizieren. Hierbei interessiert uns - mit Blick auf die mexikanischen Verhältnisse - fortan jedoch lediglich der defizitäre Fall, wie er aus der obigen Abbildung abzulesen ist. (Die nachfolgende Argumentation gilt dabei analog für das Szenario eines identifizierbaren Handelsbilanzüberschusses.)

Aufgrund des diagnostizierten Handelsbilanzdefizits ist die nationale Regierung unweigerlich dazu gezwungen, selbiges durch die Hingabe eigener Devisenreserven oder mittels ausländischer Kapitalzuflüsse zu finanzieren. Da jedoch abzusehen ist, daß beide Alternativen hinsichtlich ihrer quantitativen Verfügbarkeit langfristig an Kapazitätsgrenzen stoßen werden, ist davon auszugehen, daß ein permanentes Handelsbilanzdefizit auf Dauer nicht aufrechtzuerhalten ist. Insofern ist in einer derartigen Situation eine aktive Wirtschaftspolitik unausweichlich geboten. Diese kann sich in dem dargestellten Modell in drei verschiedenen Ausprägungen zeigen. Hier ist - zum ersten - eine genau dosierte nominale Abwertung der heimischen Währung dann sinnvoll, wenn der Vollbeschäftigungsoutput rechts vom derzeitigen Einkommen y_0 liegt. Die Rechtsverschiebungen der TB- und der IS-Funktion bewirken dabei sowohl die Überwindung der inländischen Rezession (Unterbeschäftigungsgleichgewicht) als auch den Ausgleich der Handelsbilanz. Darüber hinaus erfordert - zum zweiten - die aktuelle Lokalisierung des Vollbeschäftigungsoutputs zwischen der TB-Funktion und y_0 zwar ebenfalls eine genau dosierte Abwertung der heimischen Währung, die jedoch entweder durch eine restriktive Geldpolitik oder eine Verringerung der Staatsausgaben zwingend flankiert werden muß; ungeachtet dessen ist jedoch auch der gleichzeitige Einsatz beider Politikalternativen in abgeschwächter Form denkbar. Im Ergebnis zeigt sich neben dem Abbau des inländischen Inflationsdrucks (ausgelastete Kapazitäten) auch der beabsichtigte Handelsbilanzausgleich. Schließlich ist - zum dritten - eine Politik möglich, die nicht allein im Wege interventionistischer Eingriffe agiert, sondern vielmehr im Sinne einer langfristig ausgerichteten Perspektive darauf hinwirkt, die vornehmliche Investition der ausländischen Kapitalzuflüsse in Sachkapital und Faktorausstattungen im Inland zu erreichen, um dadurch hinkünftig in der Lage zu sein, das Handelsbilanzdefizit über einen am Weltmarkt wettbewerbsfähigeren Exportsektor zu verringern und den Devisenbedarf entsprechend zu senken. Dadurch würde sich die TB-Funktion sukzessive nach rechts verschieben und, vorausgesetzt y_0 wäre der Vollbeschäftigungsoutput, im Schnittpunkt mit der IS- und der LM-Funktion ein gesamtwirtschaftliches Gleichgewicht markieren.

Wir sehen also, daß in der dargestellten modelltheoretischen Situation, die sich insgesamt auf die in Mexiko vorliegende Entwicklung übertragen läßt, seitens der mexikanischen Regierung durchaus unterschiedliche Verhaltensweisen und Eingriffsmöglichkeiten bestanden, einen drohenden Devisenabfluß und damit eine Liquiditätskrise von vornherein abzuschwächen bzw. einer derartigen Abfolge in geeigneter Weise die Grundlage zu entziehen. Dadurch wird nicht nur die Anfälligkeit des gesamtwirtschaftlichen Systems nachgerade reduziert, sondern auch die Glaubwürdigkeit der nationalen Politik gestärkt.

Literaturverzeichnis

Adler, M. [1995], Mexico's devaluation, *The Columbia Journal of World Business*, Spring, 112-120.

Agénor, P.-R., Bhandari, J.S. und Flood, R.P. [1992], Speculative attacks and models of balance of payments crises, *International Monetary Fund Staff Papers*, 39 (2), 357-394.

Alogoskoufis, G. [1994], Discussion on Helpman/Leiderman/Bufman, *Economic Policy*, 19, 293-295.

Anthony, M. und MacDonald, R. [1999], The width of the band and exchange rate mean-reversion: some further ERM-based results, *Journal of International Money and Finance*, 18, 411-428.

Aschinger, G. [1998], An economic analysis of the East Asia crisis, *Intereconomics*, March/April, 55-63.

Banco de Mexico [1993], *The Mexican economy 1993. Economic and financial developments in 1992. Policies for 1993*, Banco de Mexico.

— [1994], *The Mexican economy 1994. Economic and financial developments in 1993. Policies for 1994*, Banco de Mexico.

— [1995], *The Mexican economy 1995. Economic and financial developments in 1994. Policies for 1995*, Banco de Mexico.

Bank für Internationalen Zahlungsausgleich [1997], *67. Jahresbericht*, Basel.

— [1998], *68. Jahresbericht*, Basel.

Bartolini, L. und Prati, A. [1997], Soft versus hard targets for exchange rate intervention, *Economic Policy*, 24, 15-52.

— [1999], Soft exchange rate bands and speculative attacks: theory, and evidence from the ERM since August 1993, *Journal of International Economics*, 49, 1-29.

Beetsma, R.M.W.J. [1995], EMS exchange rate bands: a Monte Carlo investigation of three target zone models, *Journal of International Money and Finance*, 14 (2), 311-328.

Beetsma, R.M.W.J. und Van der Ploeg, F. [1994], Intramarginal interventions, bands and the pattern of EMS exchange rate distributions, *International Economic Review*, 35 (3), 583-602.

— [1998], Macroeconomic stabilization and intervention policy under an exchange rate band, *Journal of International Money and Finance*, 17, 339-353.

Bensaid, B. und Jeanne, O. [1997], The instability of fixed exchange rate systems when raising the nominal interest rate is costly, *European Economic Review*, 41, 1461-1478.

Berensmann, K. und Schlotthauer, N. [1998], *Asiatische Währungs- und Finanzkrise. Ursachen, Auswirkungen und Lösungsansätze*, Institut der deutschen Wirtschaft Köln, Beiträge zur Wirtschafts- und Sozialpolitik.

Bertola, G. [1994], Continuous-time models of exchange rates and intervention, in Van der Ploeg, F. (Hrsg.): *The Handbook of International Macroeconomics*, Cambridge, 251-298.

Bertola, G. und Caballero, R.J. [1992a], Sustainable intervention policies and exchange rate dynamics, in Krugman, P.R. und Miller, M. (Hrsg.): *Exchange rate targets and currency bands*, Cambridge University Press, Cambridge, 186-208.

— [1992b], Target zones and realignments, *The American Economic Review*, 82 (3), 520-536.

Bertola, G. und Svensson, L.E.O. [1993], Stochastic devaluation risk and the empirical fit of target-zone models, *Review of Economic Studies*, 60, 689-712.

Bilson, J.F.O. [1979a], Leading indicators of currency devaluation, *Columbia Journal of World Business*, 14 (4), 62-76.

— [1979b], Recent developments in monetary models of exchange rate determination, *International Monetary Fund Staff Papers*, 26, 201-223.

Blackburn, K. und Christensen, M. [1989], Monetary policy and policy credibility: Theories and evidence, *Journal of Economic Literature*, 27, March, 1-45.

Blackburn, K. und Sola, M. [1993], Speculative currency attacks and balance of payments crises, *Journal of Economic Surveys*, 7, 119-144.

Borchert, M. [1997], *Außenwirtschaftslehre. Theorie und Politik*, 5., überarbeitete und erweiterte Auflage, Wiesbaden.

Brand, D. und Röhm, T. [1995], Ursachen und Konsequenzen der mexikanischen Währungskrise, *ifo-Schnelldienst*, 7/95, 20-29.

Branson, W.H. [1993], Comments and discussion on Eichengreen/Wyplosz, *Brookings Papers on Economic Activity*, 125-129.

Buch, C.M. [1999], Auslandskapital und Transformation - Sind Währungskrisen vermeidbar?, *Die Weltwirtschaft*, Heft 1, 90-110.

Buiter, W.H., Corsetti, G. und Pesenti, P.A. [1998], *Financial markets and European monetary cooperation. The lessons of the 1992-93 Exchange Rate Mechanism crisis*, Cambridge University Press, Cambridge.

Burda, M.C. und Wyplosz, C. [1994], *Makroökonomik. Eine europäische Perspektive*, München.

Calvo, G. [1994], Comment on Dornbusch/Werner, *Brookings Papers on Economic Activity*, 298-303.

Calvo, G.A., Leiderman, L., Reinhart, C.M. [1993], Capital inflows and real exchange rate appreciation in Latin America. The role of external factors, *International Monetary Fund Staff Papers*, 40 (1), 108-151.

— [1996], Inflows of capital to developing countries in the 1990s, *Journal of Economic Perspectives*, 10 (2), 123-139.

Calvo, G.A. und Mendoza, E.G. [1996a], Mexico's balance-of-payments crisis: a chronicle of a death foretold, *Journal of International Economics*, 41, 235-264.

— [1996b], Petty crime and cruel punishment: Lessons from the Mexican debacle, *The American Economic Review. Papers and Proceedings*, 86 (2), 170-175.

Calvo, G.A., Reinhart, C.M. und Végh, C.A. [1995], Targeting the real exchange rate: Theory and evidence, *Journal of Development Economics*, 47, 97-133.

Calvo, G.A. und Végh, C.A. [1994], Inflation stabilization and nominal anchors, *Contemporary Economic Policy*, 12 (2), April, 35-45.

Caramazza, F. [1993], French-German interest rate differentials and time-varying realignment risk, *International Monetary Fund Staff Papers*, 40 (3), 567-583.

Chen, Z. und Giovannini, A. [1997], The determinants of realignment expectations under the EMS: Some empirical regularities, *European Economic Review*, 41, 1687-1707.

Clark, P., Bartolini, L., Bayoumi, T. und Symansky, S. [1994], *Exchange rates and economic fundamentals. A framework for analysis*, International Monetary Fund, Washington, D.C., December.

Clausen, V. [1995], Haushaltskonsolidierung und Wechselkurs, *Konjunkturpolitik*, 41. Jahrgang, Heft 2, 95-114.

Cole, H.L. und Kehoe, T.J. [1996], A self-fulfilling model of Mexico's 1994-1995 debt crisis, *Journal of International Economics*, 41, 309-330.

Corsetti, G., Pesenti, P. und Roubini, N. [1998a], *What caused the Asian currency and financial crisis? Part I: A macroeconomic overview*, National Bureau of Economic Research, Working Paper 6833, December.

— [1998b], *What caused the Asian currency and financial crisis? Part II: The policy debate*, National Bureau of Economic Research, Working Paper 6834, December.

De Arcangelis, G. [1994], Exchange rate target zone modelling: Recent theoretical and empirical contributions, *Economic Notes*, 23 (1), 74-115.

De Grauwe, P. [1997], *The economics of monetary integration*, third revised edition, Oxford University Press, Oxford.

Delgado, F. und Dumas, B. [1992], Target zones, broad and narrow, in Krugman, P.R. und Miller, M. (Hrsg.): *Exchange rate targets and currency bands*, Cambridge University Press, Cambridge, 35-56.

Deutsche Bundesbank, *Devisenkursstatistik*, Statistisches Beiheft zum Monatsbericht, Reihe 5, verschiedene Ausgaben.

— *Die Währungen der Welt*, Statistische Beihefte zu den Monatsberichten der Deutschen Bundesbank, Reihe 5, verschiedene Ausgaben.

— [1995], *Zahlungsbilanz nach Regionen*, Statistische Sonderveröffentlichung 11, August.

— [1997a], *Europäische Organisationen und Gremien im Bereich von Währung und Wirtschaft*, Mai, Frankfurt am Main.

— [1997b], *Zahlungsbilanz nach Regionen*, Statistische Sonderveröffentlichung 11, August.

Deutsches Institut für Wirtschaftsforschung [1993], *Erweiterte Bandbreiten im EWS: ein notwendiges Provisorium*, 60. Jahrgang, Wochenbericht 36/93, 9. September, Berlin.

— [1998a], *Grundlinien der Wirtschaftsentwicklung*, 65. Jahrgang, Wochenbericht 1-2/98, 8. Januar, Berlin.

— [1998b], *Finanzkrise in Asien: Realistische Währungspolitik erforderlich*, 65. Jahrgang, Wochenbericht 26/98, 25. Juni, Berlin.

Dieckheuer, G. [1998], *Internationale Wirtschaftsbeziehungen*, 4., unwesentlich veränderte Auflage, München, Wien.

Diehl, M. und Schweickert, R. [1997], *Wechselkurspolitik im Aufholprozeß. Erfahrungen lateinamerikanischer, europäischer und asiatischer Länder*, Institut für Weltwirtschaft an der Universität Kiel, Kieler Studien, 286, Tübingen.

— [1998], *Currency crises: Is Asia different?*, Institut für Weltwirtschaft Kiel, Kieler Diskussionsbeiträge, 309, Januar.

Dixit, A.K. [1994], *The Art of Smooth Pasting*, Chur, Switzerland.

Dominguez, K.M. und Kenen, P.B. [1992], Intramarginal intervention in the EMS and the target-zone model of exchange-rate behaviour, *European Economic Review*, 36, 1523-1532.

Dornbusch, R. [1976], Expectations and exchange rate dynamics, *Journal of Political Economy*, 84 (6), 1161-1176.

— [1982], PPP exchange-rate rules and macroeconomic stability, *Journal of Political Economy*, 90 (1), 158-165.

— [1993], *Stabilization, debt, and reform. Policy analysis for developing countries*, New York usw.

Dornbusch, R. und Fischer, S. [1995], *Makroökonomik*, 6., völlig überarbeitete und erweiterte Auflage, München.

Dornbusch, R., Goldfajn, I. und Valdés, R.O. [1995], Currency crises and collapses, *Brookings Papers on Economic Activity*, 219-293.

Dornbusch, R. und Werner, A. [1994], Mexico: Stabilization, reform, and no growth, *Brookings Papers on Economic Activity*, 253-315.

Dumas, B. und Svensson, L.E.O. [1994], How long do unilateral target zones last?, *Journal of International Economics*, 36, 467-481.

Edin, P.-A. und Vredin, A. [1993], Devaluation risk in target zones: Evidence from the nordic countries, *The Economic Journal*, 103 (January), 161-175.

Edwards, S. [1989], *Real exchange rates, devaluation, and adjustment. Exchange rate policy in developing countries*, The MIT Press, Cambridge, London.

— [1996], Exchange-rate anchors, credibility, and inertia: A tale of two crises, Chile and Mexiko, *The American Economic Review. Papers and Proceedings*, 86 (2), 176-180.

Eichengreen, B., Rose, A.K. und Wyplosz, C. [1995], Exchange market mayhem. The antecedents and aftermath of speculative attacks, *Economic Policy*, 21, 249-312.

— [1996], Contagious currency crises: First tests, *Scandinavian Journal of Economics*, 98 (4), 463-484.

Eichengreen, B., Tobin, J. und Wyplosz, C. [1995], Two cases for sand in the wheels of international finance, *The Economic Journal*, 105 (January), 162-172.

Eichengreen, B. und Wyplosz, C. [1993], The unstable EMS, *Brookings Papers on Economic Activity*, 51-143.

Fischer, B. und Schnatz, B. [1996], Stabilitätspolitische Probleme bei der Integration in die internationalen Finanzmärkte: Mexikos Weg in die Peso-Krise, in Behrens, P. und Schäfer, H.-B. (Hrsg.): *Entwicklungsländer im Zeitalter der Globalisierung*, Berlin, 13-39.

Fischer, S. [1994], Comment on Dornbusch/Werner, *Brookings Papers on Economic Activity*, 303-309.

— [1996], Wahrung der Preisstabilität, *Finanzierung & Entwicklung*, Dezember, 32-35.

Flood, R.P. und Garber, P.M. [1984], Collapsing exchange-rate regimes. Some linear examples, *Journal of International Economics*, 17, 1-13.

— [1992], The linkage between speculative attack and target zone models of exchange rates: some extended results, in Krugman, P.R. und Miller, W. (Hrsg.): *Exchange rate targets and currency bands*, Cambridge University Press, Cambridge, 17-34.

Flood, R.P. und Rose, A.K. [1995], Fixing exchange rates. A virtual quest for fundamentals, *Journal of Monetary Economics*, 36, 3-37.

Flood, R.P., Rose, A.K. und Mathieson, D.J. [1991], An empirical exploration of exchange rate target zones, *Carnegie-Rochester Series on Public Policy*, 35, 7-65.

Frankel, J.A. [1979], On the mark: A theory of floating exchange rates based on real interest differentials, *The American Economic Review*, 69 (4), 610-622.

— [1996], Recent exchange-rate experience and proposals for reform, *The American Economic Review. Papers and Proceedings*, 86 (2), 153-158.

Frankel, J.A. und Froot, K.A. [1986], Understanding the US Dollar in the eighties: The expectations of chartists and fundamentalists, *Supplement to the Economic Record*, 24-38.

Frankel, J.A. und Rose, A.K. [1996], Currency crashes in emerging markets: An empirical treatment, *Journal of International Economics*, 41, 351-366.

Frankel, J.A. und Schmukler, S.L. [1996], Country fund discounts and the Mexican crisis of december 1994: Did local residents turn pessimistic before international investors?, *Open economies review*, 7, 511-534.

Fratzscher, M. [1998], Why are currency crises contagious? A comparison of the Latin American crisis of 1994-1995 and the Asian crisis of 1997-1998, *Weltwirtschaftliches Archiv*, Band 134, Heft 4, 664-691.

Frenkel, J.A. [1977], A monetary approach to the exchange rate: Doctrinal aspects and empirical evidence, in Herin, J., Lindbeck, A. und Myhrman, J. (Hrsg.): *Flexible exchange rates and stabilization policy*, London, 68-92.

Frenkel, J.A. und Goldstein, M. [1986], A guide to target zones, *International Monetary Fund Staff Papers*, 33, 633-673.

Froot, K.A. und Obstfeld, M. [1989], *Exchange rate dynamics under stochastic regime shifts: A unified approach*, National Bureau of Economic Research, Cambridge, Working Paper, No. 2835.

Funke, N. [1991], Die Glaubwürdigkeit von Wirtschaftsreformen: Bedeutung, Ursachen und Ansatzpunkte zur Lösung von Glaubwürdigkeitsproblemen, *Die Weltwirtschaft*, Heft 2, 175-186.

Garber, P.M. und Svensson, L.E.O. [1994], *The operation and collapse of fixed exchange rate regimes*, National Bureau of Economic Research, Working Paper, No. 4971.

Garber, P. und Taylor, M.P. [1995], Sand in the wheels of foreign exchange markets: A sceptical note, *The Economic Journal*, 105 (January), 173-180.

Gärtner, M. [1997], *Makroökonomik flexibler und fester Wechselkurse*, Zweite, überarbeitete Auflage, Berlin, Heidelberg.

Gassner, C. [1994], Mexiko und Chile: Wirtschaftliche Entwicklung und Anforderungen an die zukünftige Reformpolitik, *ifo-Schnelldienst*, 19/94, 23-34.

Genberg, H. [1989], Exchange rate management and macroeconomic policy: A national perspective, *Scandinavian Journal of Economics*, 91 (2), 439-469.

Gerlach, S. und Smets, F. [1995], Contagious speculative attacks, *European Journal of Political Economy*, 11, 45-63.

Giavazzi, F. [1996], Discussion on Sachs/Tornell/Velasco, *Economic Policy*, 22, 56-58.

Giavazzi, F. und Giovannini, A. [1989], *Limiting exchange rate flexibility. The European Monetary System*, The MIT Press, Cambridge, London.

Glastetter, W. [1998], *Außenwirtschaftspolitik. Problemorientierte Einführung*, Dritte, völlig überarbeitete und erweiterte Auflage, München, Wien.

Glismann, H.H., Horn, E.-J., Nehring, S. und Vaubel, R. [1986], *Weltwirtschaftslehre. I. Außenhandels- und Währungspolitik*, 3., überarbeitete und erweiterte Auflage, Göttingen.

Goldfajn, I. und Valdés, R.O. [1998], Are currency crises predictable?, *European Economic Review*, 42, 873-885.

Goldstein, M., Folkerts-Landau, D., Garber, P., Rojas-Suárez, L. und Spencer, M. [1993], *International Capital Markets. Part I. Exchange Rate Management and International Capital Flows*, International Monetary Fund, April, Washington, D.C.

Goldstein, M. und Turner, P. [1996], *Banking crises in emerging economies: Origins and policy options*, BIS Economic Papers, Bank for International Settlements, Nr. 46, October.

Grilli, V. [1994], Discussion on Helpman/Leiderman/Bufman, *Economic Policy*, 19, 295-296.

Gros, D. [1992], Capital controls and foreign exchange market crises in the EMS, *European Economic Review*, 36, 1533-1544.

Größl-Gschwendtner, I. [1991], *Zahlungsbilanz- und Wechselkurstheorie*, München, Wien.

Guidotti, P.E. und Végh, C.A. [1992], Macroeconomic interdependence under capital controls. A two-country model of dual exchange rates, *Journal of International Economics*, 32, 353-267.

Gunther, J.W., Moore, R.R. und Short, G.D. [1996], Mexican banks and the 1994 peso crisis: The importance of initial conditions, *North American Journal of Economics & Finance*, 7 (2), 125-133.

Hallett, A.J.H. [1992], Target zones and international policy coordination. The contrast between the necessary and sufficient conditions for sucess, *European Economic Review*, 36, 893-914.

Halpern, L. [1996], Real exchange rate and exchange rate policy in Hungary, *Economics of transition*, 4 (1), 211-228.

Harrison, J.M. [1985], *Brownian motion and stochastic flow systems*, New York usw.

Helpman, E., Leiderman, L. und Bufman, G. [1994], New exchange rate bands, *Economic Policy*, 19, 259-306.

Herz, B. [1993], Die Folgen der September-Krise des EWS, *Wirtschaftsdienst*, 5, 247-251.

Hesse, H. und Auria, L. [1998], *Die Finanzkrise in Südostasien: Ursachen und Auswirkungen auf die Weltwirtschaft*, Ibero-Amerika Institut für Wirtschaftsforschung, Februar, Nr. 1.

Hilpert, H.G. [1997], Währungsturbulenzen in Südostasien, *ifo-Schnelldienst*, 50. Jahrgang, 32/97, 3-5.

Hull, J.C. [1997], *Options, futures, and other derivatives*, Prentice Hall International, Inc.

Inter-American Development Bank [1997], *Latin America after a decade of reforms*, Washington, D.C.

International Monetary Fund, *International financial statistics*, auf CD International statistical Yearbook 1998.

— *International financial statistics*, verschiedene Ausgaben.

— [1980], *Annual report on exchange arrangements and exchange restrictions 1980*, Washington, D.C.

— [1993], *World economic outlook. October 1993.*

— [1994], *Balance of payments statistics yearbook*, Part 1.

— [1995a], *Balance of payments statistics yearbook*, Part 1.

— [1995b], *International capital markets. Developments, prospects, and policy issues*, August, Washington, D.C.

— [1995c], *World economic outlook. May 1995.*

— [1996], *International financial statistics yearbook.*

— [1997], *Balance of payments statistics yearbook.*

— [1998a], *Exchange arrangements and exchange restrictions.*

— [1998b], *International financial statistics yearbook.*

— [1998c], *Jahresbericht 1998.*

— [1999a], *International financial statistics yearbook.*

— [1999b], *World economic outlook. May 1999.*

Issing, O. [1998], Die Europäische Zentralbank. Das Problem der Glaubwürdigkeit, in Duwendag, D. (Hrsg.): *Finanzmärkte im Spannungsfeld von Globalisierung, Regulierung und Geldpolitik*, Berlin, 179-192.

Jarchow, H.-J. und Rühmann, P. [1997], *Monetäre Außenwirtschaft. II. Internationale Währungspolitik*, 4., überarbeitete und erweiterte Auflage, Göttingen.

Joyce, J.P. und Kamas, L. [1997], The relative importance of foreign and domestic shocks to output and prices in Mexico and Columbia, *Weltwirtschaftliches Archiv*, Band 133, Heft 3, 458-478.

Kachelrieß, M. [1999], *Euro versus Dollar - Währungskonkurrenz statt Monopol*, Eurostudie der HypoVereinsbank, Ausgabe vom 15. Januar 1999.

Kaminsky, G.L. und Lewis, K.K. [1996], Does foreign exchange intervention signal future monetary policy?, *Journal of Monetary Economics*, 37, 285-312.

Kaminsky, G., Lizondo, S. und Reinhart, C.M. [1998], Leading indicators of currency crises, *International Monetary Fund Staff Papers*, 45 (1), 1-48.

Kaminsky, G.L. und Reinhart, C.M. [1999], The twin crises: The causes of banking and balance-of-payments problems, *The American Economic Review*, 89 (3), 473-500.

Kempa, B. [1998], Währungspolitische Strategien zur Heranführung der „Pre-Ins" an die europäische Währungsunion, *Außenwirtschaft*, 53. Jahrgang, Heft IV, 539-551.

Kempa, B. und Nelles, M. [1998], On the viability of exchange rate target zones in a Mundell-Fleming model with stochastic output shocks, *Journal of Policy Modeling*, 20 (5), 603-619.

— [1999a], Misalignments of real exchange rates and the credibility of nominal currency bands, *Weltwirtschaftliches Archiv*, 135 (4), 613-628.

— [1999b], The theory of exchange rate target zones, *Journal of Economic Surveys*, 13 (2), 173-210.

Kenen, P.B. [1995a], Capital controls, the EMS and EMU, *The Economic Journal*, 105 (January), 181-192.

— [1995b], What have we learned from the EMS crises?, *Journal of Policy Modeling*, 17 (5), 449-461.

Klein, M.W. und Lewis, K.K. [1993], Learning about intervention target zones, *Journal of International Economics*, 35, 275-295.

Koch, E. [1992], *Internationale Wirtschaftsbeziehungen. Eine praxisorientierte Einführung*, München.

Kontulainen, J., Lehmussaari, O.-P. und Suvanto, A. [1990], *The Finnish experience of maintaining a currency band in the 1980s*, Bank of Finland, Working Paper, No. 26/90.

Kösters, W. [1990], Wohlfahrtsgewinne durch international koordinierte Wirtschaftspolitik?, in Kantzenbach, E. (Hrsg.): *Probleme der internationalen Koordination der Wirtschaftspolitik*, Schriften des Vereins für Socialpolitik, Band 198, Berlin, 45-70.

Krüger, M. [1992], Was dem EWS geschehen ist, *Wirtschaftsdienst*, 10, 516-519.

Krugman, P.R. [1979], A model of balance-of-payments crises, *Journal of Money, Credit and Banking*, 11, 311-325.

— [1988], *Target zones and exchange rate dynamics*, National Bureau of Economic Research, Working Paper, No. 2481.

— [1990], Equilibrium exchange rates, in Branson, W.H., Frenkel, J.A. und Goldstein, M. (Hrsg.): *International policy coordination and exchange rate fluctuations*, The University of Chicago Press, Chicago, London, 159-195.

— [1991], Target zones and exchange rate dynamics, *The Quarterly Journal of Economics*, 106 (3), 669-682.

— [1992a], *Currencies and Crises*, The MIT Press, Cambridge, London.

— [1992b], Exchange rates in a currency band: a sketch of the new approach, in Krugman, P.R. und Miller, M. (Hrsg.): *Exchange rate targets and currency bands*, Cambridge University Press, Cambridge, 9-14.

Krugman, P.R. und Miller, M. [1993], Why have a target zone?, *Carnegie-Rochester Conference Series on Public Policy*, 38, 279-314.

Krugman, P.R. und Obstfeld, M. [1997], *International Economics. Theory an Policy*, vierte Auflage, Reading, Massachusetts usw.

Krugman, P.R. und Rotemberg, J. [1992], Speculative attacks on target zones, in Krugman, P.R. und Miller, M. (Hrsg.): *Exchange rate targets and currency bands*, Cambridge University Press, Cambridge, 117-132.

Krzak, M. [1995], *The experience of East European countries with different exchange-rate regimes*, Wiener Institut für Internationale Wirtschaftsvergleiche, April, Nr. 217.

Labhard, V. und Wyplosz, C. [1996], The new EMS: Narrow bands inside deep bands, *The American Economic Review. Papers and Proceedings*, 86 (2), 143-146.

Langhammer, R.J. [1998], Zielzonen für Wechselkurse taugen nichts, *Frankfurter Allgemeine Zeitung*, 9. November, Nr. 260, 19.

Lewis, K.K. [1991], An empirical exploration of exchange-rate target-zones. A comment, *Carnegie-Rochester Conference Series on Public Policy*, 35, 67-78.

Lindberg, H. und Söderlind, P. [1992], *Target zone models and the intervention policy: The Swedish case*, Institute for International Economic Studies, Stockholm, Seminar Paper, Nr. 496.

— [1994a], Intervention policy and mean reversion in exchange rate target zones: The Swedish case, *Scandinavian Journal of Economics*, 96 (4), 499-513.

— [1994b], Testing the basic target zone model on Swedish data 1982-1990, *European Economic Review*, 38, 1441-1469.

Lindberg, H., Söderlind, P. und Svensson, L.E.O. [1993], Devaluation expectations: The Swedish krona 1985-1992, *The Economic Journal*, 103 (September), 1170-1179.

Loureiro, J. [1996], *Monetary policy in the European Monetary System. A critical appraisal*, Berlin, Heidelberg.

Lustig, N. [1992], *Mexico. The remaking of an economy*, The Brookings Institution, Washington, D.C.

MacDonald, R. [1999], Exchange rate behaviour: Are fundamentals important?, *The Economic Journal*, 109 (November), 673-691.

Marquardt, R.-M. [1994], *Vom Europäischen Währungssystem zur Europäischen Wirtschafts- und Währungsunion. Eine Untersuchung langfristiger geldpolitischer Implikationen und ihrer Folgen für die Preisstabilität*, Frankfurt am Main.

McCallum, B.T. [1996], *International monetary economics*, Oxford University Press, New York, Oxford.

McKinnon, R.I. [1988], Monetary and exchange rate policies for international financial stability: A proposal, *Journal of Economic Perspectives*, 2 (1), 83-103.

Meese, R.A. und Rogoff, K. [1983], Empirical exchange rate models of the seventies. Do they fit out of sample?, *Journal of International Economics*, 14, 3-24.

Mélitz, J. [1994], French monetary policy and recent speculative attacks on the franc, in Cobham, D. (Hrsg.): *European monetary upheavals*, Manchester University Press, 61-77.

Miller, M. und Weller, P. [1989], *Solving stochastic saddlepoint systems: A qualitative treatment with economic applications*, Centre for Economic Policy Research, Discussion Paper, Nr. 308.

— [1991], Exchange rate bands with price inertia, *The Economic Journal*, 101 (November), 1380-1399.

Miller, M. und Zhang, L. [1996], Optimal target zones: How an exchange rate mechanism can improve upon discretion, *Journal of Economic Dynamics and Control*, 20, 1641-1660.

Moutot, P.P. [1993], Comments on Svensson, *European Economic Review*, 37, 794-800.

Müller, H. [1999], *Wechselkurspolitik des Eurolandes. Konfliktstoff für die neue währungspolitische Ära*, Frankfurt am Main.

Müller, H. und Straubhaar, T. [1999], Das trojanische Pferd der Währungsunion, *Frankfurter Allgemeine Zeitung*, 5. Juni, Nr. 127, 16.

Mundell, R.A. [1997], Currency areas, common currencies, and EMU, *The American Economic Review. Papers and Proceedings*, 87 (2), 214-216.

Neely, C.J., Weller, P.A. und Corbae, P.D. [1995], *Endogenous realignments and the sustainability of a target zone*, Centre for Economic Policy Research, Discussion Paper, Nr. 1253, October.

Niehans, J. [1984], *International Monetary Economics*, Baltimore, Maryland.

Nunnenkamp, P. [1998a], Dealing with the Asian crisis, *Intereconomics*, March/April, 64-72.

— [1998b], Ursachen und Konsequenzen der Asien-Krise, *Wirtschaftsdienst*, 1998/III, 135-138.

Nuti, D.M. [1996], Inflation, interest and exchange rates in the transition, *Economics of Transition*, 4 (1), 137-158.

Obstfeld, M. [1986], Rational and self-fulfilling balance-of-payments crises, *The American Economic Review*, 76, 72-81.

— [1996], Models of currency crises with self-fulfilling features, *European Economic Review*, 40, 1037-1047.

Obstfeld, R. und Rogoff, K. [1995], The mirage of fixed exchange rates, *Journal of Economic Perspectives*, 9 (4), 73-96.

Ochel, W. [1998], Der Euro - das Ende der Vorherrschaft des Dollar?, *ifo-Schnelldienst*, 8/98, 3-14.

OECD [1992], *OECD Economic Surveys. Mexiko*, Paris.

— [1995], *OECD Economic Surveys. Mexiko. 1995*, Paris.

Ohr, R. [1996], Exchange rate policy in Eastern Europe, in Lang, F.P. und Ohr, R. (Hrsg.): *Openness and development*, Heidelberg, 217-242.

— [1999], Euroschwäche - Wasser auf die Mühlen der Euro-Kritiker?, *Wirtschaftsdienst*, 1999/7, 403-405.

Ötker, I. und Pazarbasioglu, C. [1996], Speculative attacks and currency crises: The Mexican experience, *Open economies review*, 7, 535-552.

Ozkan, F.G. und Sutherland, A. [1995], Policy measures to avoid a currency crisis, *The Economic Journal*, 105 (March), 510-519.

Plümper, T. [1996], *Lexikon der internationalen Wirtschaftsbeziehungen*, München, Wien.

Pohl, R. [1999], Der Fall des Euro: kein Grund zur Panik, *Wirtschaftsdienst*, 1999/7, 399-403.

Portes, R. [1993], EMS and EMU after the fall, *The World Economy*, 16 (1), 1-15.

Rogoff, K. [1993], Comments on Svensson, *European Economic Review*, 37, 800-802.

— [1999], Monetary models of Dollar/Yen/Euro nominal exchange rates: Dead or undead?, *The Economic Journal*, 109 (November), 655-659.

Röhm, T. und Rösner, N. [1997], Mexiko: Der dornige Weg zu mehr Stabilität, *ifo-Schnelldienst*, 19/97, 37-46.

Rose, K. und Sauernheimer, K. [1995], *Theorie der Außenwirtschaft*, 12., überarbeitete Auflage, München.

Rose, A.K. und Svensson, L.E.O. [1994], European exchange rate credibility before the fall, *European Economic Review*, 38, 1185-1216.

— [1995], Expected and predicted realignments: The FF/DM exchange rate during the EMS, 1979-93, *Scandinavian Journal of Economics*, 97 (2), 173-200.

Sachs, J.D. [1996], Economic transition and the exchange-rate regime, *The American Economic Review. Papers and Proceedings*, 86 (2), 147-152.

Sachs, J.D., Tornell, A. und Velasco, A. [1995], „The real story", *The International Economy*, March/April, 14-17 und 50-51.

— [1996a], The collapse of the Mexican peso. What have we learned?, *Economic Policy*, 22, 13-63.

— [1996b], The Mexican peso crisis: Sudden death or death foretold?, *Journal of International Economics*, 41, 265-283.

Sachverständigenrat zur Begutachtung der gesamtwirtschaftlichen Entwicklung [1992], *Für Wachstumsorientierung - gegen lähmenden Verteilungsstreit*, Jahresgutachten 1992/93, Stuttgart.

— [1993], *Zeit zum Handeln - Antriebskräfte stärken*, Jahresgutachten 1993/94, Stuttgart.

— [1997], *Wachstum, Beschäftigung, Währungsunion - Orientierungen für die Zukunft*, Jahresgutachten 1997/98, Stuttgart.

— [1998], *Vor weitreichenden Entscheidungen*, Jahresgutachten 1998/99, Stuttgart.

Salvatore, D. [1995], The operation and future of the international monetary system, *Journal of Policy Modeling*, 17 (5), 513-530.

— [1999], Could the financial crisis in East Asia have been predicted?, *Journal of Policy Modeling*, 21 (3), 341-347.

Sandte, H. [1999], Frühwarnsysteme für Währungskrisen, *WISU-Magazin*, 4/99, 458-464.

Scheide, J. [1986], Mehr Stabilität durch Wechselkurszielzonen?, *Die Weltwirtschaft*, Heft 1, 38-46.

Schnatz, B. [1995], *Destabilisierende Effekte privater Kapitalströme in „Emerging Markets" - eine empirische Analyse für Mexiko*, HWWA-Diskussionspapier, Nr. 22, Hamburg.

Schuknecht, L. [1999], Fiscal policy cycles and the exchange rate regime in developing countries, *European Journal of Political Economy*, 15, 569-580.

Schweickert, R. [1993], Implikationen alternativer geld- und wechselkurspolitischer Regeln im Transformationsprozeß, *Kredit und Kapital*, 26. Jahrgang, 205-229.

— [1995], Der Wechselkurs als Stabilisierungsinstrument - ‚Pacto‘ (Mexiko) versus ‚Convertibility‘ (Argentinien), *Die Weltwirtschaft*, Heft 3, 325-339.

— [1996], Which target for exchange rate policy in developing countries: Stability or competitiveness, in Lang, F.P. und Ohr, R. (Hrsg.): *Openness and development*, Heidelberg, 189-216.

— [1998a], Chancen und Risiken eines Currency Board Systems, *Die Weltwirtschaft*, Heft 4, 421-442.

— [1998b], Die asiatische Währungskrise. Eine makroökonomische Zwischenbilanz, *Wirtschaftswissenschaftliches Studium*, Heft 9, September, 454-462.

Siebert, H. [1991], *Außenwirtschaft*, 5., überarbeitete Auflage, Stuttgart.

Smeets, H.-D. und Möller, M. [1994], Zur Krise des Europäischen Währungssystems, *List Forum für Wirtschafts- und Finanzpolitik*, Band 20, 226-243.

Solis, L. und Zedillo, E. [1985], The foreign debt of Mexico, in Smith, G. und Cuddington, J. (Hrsg.): *International debt and the developing countries*, World Bank, Washington D.C.

Sommer-Herberich, U. [1983], *Probleme der Interventionspolitik am Devisenmarkt unter besonderer Berücksichtigung des Europäischen Währungssystems*, Frankfurt am Main, Bern, New York.

Spahn, H.-P. [1996], Glaubwürdigkeit, Zeitinkonsistenz und Zinsdifferenzen in einem System fester Wechselkurse, *Kredit und Kapital*, 29. Jahrgang, Heft 4, 511-527.

Stansfield, E. und Sutherland, A. [1995], Exchange rate realignments and realignment expectations, *Oxford Economic Papers*, 47, 211-228.

Stiglitz, J.E. [1999], Lessons from East Asia, *Journal of Policy Modeling*, 21 (3), 311-330.

Sturm, M., Ulbrich, J. und Unterberg, A. [1998], *Wechselkurs-Zielzonen für den Euro? Währungskrisen und die Zukunft der internationalen Währungsordnung*, Dresdner Bank, Wirtschaftsanalysen, Dezember.

Sutherland, A. [1995], Monetary and real shocks and the optimal target zone, *European Economic Review*, 39, 161-172.

Svensson, L.E.O [1991a], Target zones and interest rate variability, *Journal of International Economics*, 31, 27-54.

— [1991b], The simplest test of target zone credibility, *International Monetary Fund Staff Papers*, 38 (3), 655-665.

— [1991c], The term structure of interest rate differentials in a target zone. Theory and Swedish data, *Journal of Monetary Economics*, 28, 87-116.

— [1992a], An interpretation of recent research on exchange rate target zones, *Journal of Economic Perspectives*, 6 (4), 119-144.

— [1992b], The foreign exchange risk premium in a target zone with devaluation risk, *Journal of International Economics*, 33, 21-40.

— [1993], Assessing target zone credibility. Mean reversion and devaluation expectations in the ERM, 1973-1992, *European Economic Review*, 37, 763-802.

— [1994a], Fixed exchange rates as a means to price stability: What have we learned?, *European Economic Review*, 38, 447-468.

— [1994b], Why exchange rate bands? Monetary independence in spite of fixed exchange rates, *Journal of Monetary Economics*, 33, 157-199.

Synott, T.A. [1996], International monetary reform: A modest proposal, *Business Economics*, July, 33-39.

Taylor, J.B. [1982], Establishing credibility: A rational expectations viewpoint, *The American Economic Review. Papers and Proceedings*, 72 (2), 81-85.

Thomasberger, C. [1993], *Europäische Währungsintegration und globale Währungskonkurrenz*, Tübingen.

Tristani, O. [1994], Variable probability of realignment in a target zone, *Scandinavian Journal of Economics*, 96 (1), 1-14.

Truman, E.M. [1996], The Mexican peso crisis: Implications for international finance, *Federal Reserve Bulletin*, March, 199-209.

Turner, P. [1995], *Capital flows in Latin America: A new phase*, BIS Economic Papers, Bank for International Settlements, Nr. 44, Basel.

Vahlens Großes Wirtschaftslexikon [1987], München.

Vehrkamp, R. [1992], Die Lehren der Währungskrise, *Wirtschaftsdienst*, 12, 639-645.

Wagner, H. [1991], *Einführung in die Weltwirtschaftspolitik. Internationale Wirtschaftsbeziehungen - Internationale Organisationen - Internationale Politikkoordinierung*, München, Wien.

— [1995], *Einführung in die Weltwirtschaftspolitik. Internationale Wirtschaftsbeziehungen - Internationale Organisationen - Internationale Politikkoordinierung*, 3., völlig überarbeitete und erweiterte Auflage, München, Wien.

Weber, A.A. [1998], Ursachen spekulativer Attacken: Eine empirische Analyse, in Baltensperger, E. (Hrsg.): *Spekulation, Preisbildung und Volatilität auf Finanz- und Devisenmärkten*, Schriften des Vereins für Socialpolitik, Band 257, Berlin, 55-93.

Werner, A.M. [1995], Exchange rate target zones, realignments and the interest rate differential: Theory and evidence, *Journal of International Economics*, 39, 353-367.

— [1996], Target zones and realignment expectations: The Israeli and Mexican experiences, *International Monetary Fund Staff Papers*, 43 (3), 571-586.

Whitt, J.A. jr. [1996], The Mexican peso crisis, *Economic Review*, Federal Reserve Bank of Atlanta, January/February, 1-20.

Williamson, J. [1985], *The Exchange Rate System*, Institute for International Economics, Washington, D.C.

— [1987a], Exchange rate management: The role of target zones, *The American Economic Review. Papers and Proceedings*, 77 (2), 200-204.

— [1987b], Exchange rate policy for developing countries. A case for collective action, *Journal of Foreign Exchange and International Finance*, 1 (1), 39-46.

— [1993], Exchange rate management, *The Economic Journal*, 103 (January), 188-197.

Williamson, J. und Henning, C.R. [1994], Managing the monetary system, in Kenen, P.B. (Hrsg.): *Managing the world economy fifty years after Bretton Woods*, Institute for International Economics, Washington, D.C.

Williamson, J. und Miller, M.H. [1987], *Targets and indicators: A blueprint for the international coordination of economic policy*, Institute for International Economics, Washington, D.C.

Willms, M. [1988], Ansätze zur Währungskooperation und Wechselkursstabilisierung, in Gutowski, A. (Hrsg.): *Wechselkursstabilisierung und Währungskooperation*, Schriften des Vereins für Socialpolitik, Band 172, Berlin, 37-58.

— [1990], Concepts and implications of international monetary coordination, *Außenwirtschaft*, 45. Jahrgang, Heft III, 329-352.

— [1992], *Internationale Währungspolitik*, München.

Peter Lang · Europäischer Verlag der Wissenschaften

Walter Naggl

Konjunktur

Frankfurt/M., Berlin, Bern, New York, Paris, Wien, 1999. 221 S., zahlr. Abb.
ISBN 3-631-33969-0 · br. DM 69.–*

Dieses Buch soll einen praxisorientierten Überblick der Verfahren zur Konjunkturanalyse und -prognose liefern. Es beginnt mit dem Verlauf der konjunkturellen Entwicklung in den USA und Deutschland seit den zwanziger Jahren. Danach werden das offizielle amerikanische Verfahren und von der Finanzpresse popularisierte Faustregeln der Datierung von Konjunkturzyklen dargestellt. Es folgt ein Abriß der wichtigsten Konjunkturtheorien und ihrer Aussagekraft bezüglich aktueller konjunktureller Fragestellungen. Die Schilderung typischer Muster des Konjunkturverlaufs bildet ein empirisches Pendant zu den Theorien. Es wird gezeigt, wie die Daten des ifo-Konjunkturtests und der Konsumentenstimmung zu Indizes verdichtet werden und welche Aussagekraft sie haben. Methoden zur Konstruktion von Frühindikatorindizes werden vorgestellt und deren Prognoseleistung diskutiert. Das Buch schließt mit einem Kapitel zur Inflation.

Aus dem Inhalt: Konjunkturzyklen in den USA und Deutschland und ihre Messung · Konjunkturtheorie und Muster der Konjunktur · Stimmungen, Erwartungen und Kaufpläne als Einzelindikatoren und ihre Verdichtung in einem Frühindikatorindex · Prognoseleistung von Vorlaufindikatoren · Historischer Überblick und Indikatoren der Inflation

Frankfurt/M · Berlin · Bern · Bruxelles · New York · Oxford · Wien
Auslieferung: Verlag Peter Lang AG
Jupiterstr. 15, CH-3000 Bern 15
Telefax (004131) 9402131
*inklusive Mehrwertsteuer
Preisänderungen vorbehalten

Kolibri 360 GmbH
Ferdinand-Jühlke-Straße 7
99095 Erfurt, Deutschland
produktsicherheit@kolibri360.de

Druck:
CPI Druckdienstleistungen GmbH
im Auftrag der
Kolibri 360 GmbH
Ferdinand-Jühlke-Str. 7
99095 Erfurt